Les Troubles bipolaires

pour les nuls

Les Troubles bipolaires

pour les nuls

Dr Candida Fink
Joe Kraynak

Adaptation française par
Dr Élie Hantouche

FIRST
Editions

Les Troubles bipolaires pour les Nuls

Titre original : *Bipolar disorders For Dummies*
« Pour les Nuls » est une marque déposée de John Wiley & Sons, Inc.
« For Dummies » est une marque déposée de John Wiley & Sons, Inc.

Éditions First, un département d'Édi8,
12, avenue d'Italie
75013 Paris
Tél : 01 44 16 09 00
Fax : 01 44 16 09 01
Courriel : firstinfo@efirst.com
Internet : www.editionsfirst.fr

ISBN : 978-2-7540-8467-3
Dépôt légal : mars 2017
Imprimé en Espagne

Adaptaton : Dr Élie Hantouche, avec la collaboration d'Anne-Laure Schneider
Traduction : Alma Rota et Anne-Laure Schneider
Édition : Lisa Marie
Correction : Raphaëlle Richard de Latour
Illustrations : Stéphane Martinez
Couverture et mise en page : KN Conception

À propos des auteurs

Dr Candida Fink (New Rochelle, New York) est une psychiatre spécialisée pour les adultes, adolescents et enfants dans la région de New York. Diplômée de l'Université de Médecine de Boston, le Dr Fink a réalisé sa formation postdoctorale à la Harvard Medical School. Elle a beaucoup travaillé avec les enfants et les adultes souffrant de maladies psychiatriques complexes. Les troubles de l'humeur, en particulier les questions de diagnostic et de traitement entourant le trouble bipolaire chez les enfants, font partie de ses spécialités actuelles. Elle intervient en tant que consultant auprès des écoles et d'autres institutions sur les questions de développement et de psychiatrie. Le Dr Fink a grandi avec des troubles de l'humeur dans sa famille, elle les a ainsi vus sous tous les angles et connaît l'importance de la mobilisation de la famille comme faisant partie d'un traitement réussi. Auparavant, elle a coécrit la première édition du livre *Les Troubles bipolaires pour les Nuls* (Wiley), et avec Judith Lederman, *Les Hauts et les bas pour élever un enfant bipolaire. Guide pour les parents* (*The Ups and Downs of Raising a Bipolar Child: A Survival Guide for Parents*, chez Fireside).

Joe Kraynak, diplômé d'un Master of Arts (Crawfordsville, Indiana), est un rédacteur pigiste qui a écrit et coécrit des dizaines de livres sur des sujets allant du slam aux ordinateurs personnels. Joe a obtenu son diplôme en trouble bipolaire au Collège des coups durs de la vie. Le 10 décembre 1999, la femme de Joe, Cecie, professeur d'espagnol à l'époque, a été diagnostiquée bipolaire. Depuis ce jour, ils sont passés dans les mains d'une demi-douzaine de médecins et encore plus de thérapeutes, ont usé quelques jeunes conseillers conjugaux, ont survécu à plusieurs changements de leur couverture d'Assurance Maladie, ont assisté à des dizaines de réunions de groupes de soutien, ont lancé un groupe de soutien NAMI, et enduré les changements de carrière et les difficultés financières qui accompagnent souvent le trouble bipolaire. Dans ce livre, Joe offre son expérience et la perspicacité du point de vue d'un membre de la famille.

À propos de l'adaptateur

Dr Élie Hantouche (Paris, France) est psychiatre spécialisé, depuis 30 ans, dans les troubles anxieux (notamment les TOC) et les troubles bipolaires. Il exerce au CTAH, Centre des troubles anxieux et de l'humeur, qu'il dirige avec une équipe de quatre psychologues. Le Dr Hantouche a commencé ses travaux de recherche clinique en collaborant avec des grands experts internationaux et partagé ses connaissances en organisant des centaines de conférences en France et des dizaines de congrès internationaux. Il a également été le conseiller scientifique de plusieurs associations de patients notamment l'AFTOC et Bicycle. Le Dr Hantouche est l'auteur de centaines d'articles et de nombreux ouvrages sur le TOC, les troubles bipolaires, la cyclothymie et les tempéraments affectifs.

Remerciements de l'adaptateur

À l'équipe du CTAH, Centre des troubles anxieux et de l'humeur, Caline Majdalani, Vincent Trybou et Raya Hantouche, qui font un travail remarquable dans les évaluations cliniques et les suivis psychothérapeutiques.

Aux experts et amis qui m'ont guidé tout au long de mon travail clinique et de recherche sur les troubles bipolaires :

Au Pr. Hagop Akiskal (San Diego), à qui je dois mon initiation dans le domaine de la bipolarité et des tempéraments, de laquelle est née une grande amitié qui dure depuis plus de 30 ans et une collaboration active dans la recherche et la transmission des connaissances sur les troubles bipolaires à travers des dizaines de congrès nationaux (en France) et internationaux.

Au Pr. Giulio Perugi (Pise), avec qui j'ai eu le plaisir de travailler sur le projet international sur les Tempéraments (TEMPS), de combiner nos approches respectives du spectre bipolaire et de défendre la place nosologique de la cyclothymie.

Au Pr. Jules Angst (Zürich), qui m'a appris la rigueur et l'innovation dans l'épidémiologie des troubles de l'humeur, et avec qui j'ai collaboré dans la recherche clinique sur l'hypomanie et le spectre bipolaire.

Au Pr. Élie Karam (Beyrouth), qui, malgré la situation chaotique au Liban, a réussi à réaliser une des plus belles études nationales sur l'épidémiologie des troubles mentaux et des tempéraments affectifs. J'ai eu la chance de travailler avec Élie pour partager les données de son étude et les confronter avec mes données personnelles à travers des conférences et des congrès internationaux.

Au Pr. Athanasios Koukopoulos (Rome), qui a été pour moi un des plus grands cliniciens et penseurs des troubles bipolaires, un vrai philosophe de la bipolarité et qui, malheureusement, nous a quittés en 2013. Sa façon de penser la maladie bipolaire continue à me guider dans la poursuite de mes recherches et mon travail clinique.

Dédicace de l'adaptateur

À mes patients qui m'ont aidé, depuis 30 ans, à comprendre la bipolarité et mieux soigner les personnes qui en souffrent.

Sommaire

INTRODUCTION 1

À propos de ce livre 1
Les conventions utilisées dans ce livre 3
Ce que vous n'êtes pas obligé de lire 3
Hypothèses gratuites 4
Comment ce livre est organisé 4
Première partie : Introduction aux troubles bipolaires 5
Deuxième partie : Apprivoiser la « bête bipolaire » 5
Troisième partie : Médicaments et traitements pour gérer le trouble bipolaire 5
Quatrième partie : Développer des techniques de survie 6
Cinquième partie : Gérer les conséquences 7
Sixième partie : Accompagner un ami ou un proche bipolaire 7
Septième partie : La partie des Dix 7
Les icônes utilisées dans ce livre 8
Et maintenant, par où commencer ? 8

PARTIE 1 : COMPRENDRE LE TROUBLE BIPOLAIRE 9

CHAPITRE 1 : **Comprendre le trouble bipolaire : du diagnostic à la guérison** 11

Surfer sur la vague bipolaire 12
À la recherche du niveau de confort perdu 13
S'écraser sur les rochers 14
Gagner votre badge de bipolaire 16
Décider de se faire aider 16
Être correctement diagnostiqué 17
Traiter le trouble bipolaire sous toutes ses coutures 20
Traiter les causes biologiques du trouble bipolaire 21
Se battre contre le trouble bipolaire grâce aux thérapies et soutiens 22
Reconquérir votre vie : le rétablissement 23
Soutenir un ami ou un proche qui souffre d'un trouble bipolaire 26
Adopter le bon état d'esprit 27
Passer à l'action pour aider 27
Diagnostiquer et traiter un enfant ou un adolescent avec un trouble bipolaire 28

CHAPITRE 2 : Démystifier le trouble bipolaire 29
Ouvrir le manuel de diagnostic........ 30
Le manuel américain « Diagnostique et statistique des troubles mentaux » (DSM)........ 30
La Classification internationale des maladies (CIM) 31
Les caractéristiques du trouble bipolaire 31
Épisode dépressif majeur ou caractérisé........ 32
Épisode maniaque 33
Épisode d'hypomanie........ 34
Épisodes mixtes........ 34
Le débat autour des dépressions mixtes........ 36
La psychose... parfois........ 37
Les nombreux visages du trouble bipolaire........ 38
Le trouble bipolaire de type I 39
Le trouble bipolaire de type II........ 40
Le trouble cyclothymique 41
Trouble bipolaire induit par une substance........ 42
Trouble bipolaire associé à une autre pathologie........ 43
Autre trouble bipolaire spécifié (ATBS) 43
La cyclicité rapide 43
Savoir ce qui ne constitue pas un trouble bipolaire........ 44
Chercher les racines génétiques 46
Secouer l'arbre généalogique........ 48
Probabilité, pas prédestination........ 49
Étudier la biochimie du trouble bipolaire 50
Où se situe le trouble bipolaire dans le cerveau ? 51
Les neurotransmetteurs, c'est quoi ? 54
Comment les médicaments aident-ils ? 56
Reconnaître les autres facteurs impliqués dans la bipolarité 57

CHAPITRE 3 : Un pronostic positif grâce à un plan proactif........ 59
Alors Docteur, quel est le pronostic ? 60
Être proactif et réactif face au trouble bipolaire 61
Réagir : éteindre l'incendie 61
Être proactif : prévenir les poussées........ 62
Reconnaître les composantes d'un plan de traitement efficace........ 63
Les médicaments et autres remèdes biologiques 64
Développement personnel et mode de vie : choisir ce qui vous convient. 67
Les psychothérapies et autres aides professionnelles 68
Les relations et le soutien familial 70
La continuité des soins 71

PARTIE 2 : APPRIVOISER LA « BÊTE BIPOLAIRE » 73

CHAPITRE 4 : **L'examen médical : Exclure d'autres pathologies médicales** 75
Est-ce que cela pourrait être autre chose ? 76
Chanter le blues du corps 76
Considérer d'autres coupables : médicaments, alcool et autres substances 79
Demander conseil à son médecin 80
Quels sont vos symptômes ? 81
Quand vos problèmes ont-ils commencé ? 82
Qu'est-ce qui améliore ou empire vos symptômes ? 83
Que devez-vous dire d'autre à votre médecin ? 84
L'examen médical, enfin !. 84
Continuer de creuser avec des tests complémentaires. 85
Les tests médicaux que peut demander votre médecin 85
Les tests de la thyroïde 86
Autres tests hormonaux 86
Vous êtes en bonne santé. Et maintenant ? 87

CHAPITRE 5 : **Obtenir une évaluation psychiatrique et un plan de soins** 89
Trouver une aide professionnelle. 90
Demandez à votre médecin de famille 90
Posez des questions à votre thérapeute 91
Faire des recherches en ligne. 91
Consultez votre groupe de soutien 92
Qu'attendre d'un psychiatre ? 92
Qu'apporter à votre premier rendez-vous ? 94
Pourquoi vous (ou les autres) pensez que vous avez besoin d'aide 95
Plus d'infos sur les symptômes, SVP ! 96
Antécédents médicaux. 98
Antécédents familiaux 98
Liste des drogues licites et... illicites 99
Journal de sommeil. 100
Parvenir à un diagnostic. 101
Évaluer vos symptômes 101
Considérer d'autres causes possibles. 111
Recevoir le diagnostic. 114
Jauger la gravité de votre maladie 115
Réagir au diagnostic 116
Recevoir votre plan de traitement 117

CHAPITRE 6 : Constituer une équipe gagnante de gestion de l'humeur 119
Un médecin responsable du diagnostic et de la gestion des médicaments . 120
Le diagnostiqueur 120
Quand avoir un psychiatre est impossible 121
Un coach de vie : souligner les rôles d'un thérapeute 122
Coach, entraîneur et arbitre 122
Le contrôleur de l'humeur 123
Une caisse de résonance permanente 123
Coach en bien-être 124
Un service de référence 124
Quand avoir un thérapeute est impossible 124
Rassembler votre staff personnel : famille et amis 126
Construire un réseau basé sur la confiance 126
Comprendre leurs peurs, leurs inquiétudes et autres émotions 127
Former ceux qui vous soutiennent 127
Établir le degré d'implication de votre équipe 129
Encourager la communication ouverte 130
Travailler en équipe 132
Étendre votre réseau avec des groupes de soutien locaux 133

PARTIE 3 : MÉDICAMENTS ET TRAITEMENTS POUR GÉRER LE TROUBLE BIPOLAIRE 135

CHAPITRE 7 : Faire le tour de la pharmacie bipolaire 137
Ouvrir l'armoire à pharmacie bipolaire 137
Le lithium 138
Anticonvulsifs 139
Antipsychotiques 142
Les antidépresseurs stimulants de l'humeur 145
Les anxiolytiques et somnifères 151
La psychopharmacologie bipolaire 155
Choisir les bons médicaments pour vous 157
Savoir à quoi vous attendre 158
Tester les niveaux de médicaments et autres paramètres médicaux 159
Mélanger votre cocktail pharmaceutique 160
Jongler avec les médicaments en cas de pathologies comorbides 163

CHAPITRE 8 : Accepter et se réconcilier avec le médicament 165
Faire face à vos réactions émotionnelles 166
Examiner les objections à prendre les médicaments 166
Accepter que votre réticence soit normale 173
Faire une analyse coûts/bénéfices 174

Soulager les effets indésirables 176
Adapter les doses et les horaires 176
Essayer différents médicaments d'une même classe 177
Explorer d'autres options 178
Gérer les effets secondaires spécifiques 178
Changer, réduire et arrêter les médicaments 181

CHAPITRE 9 : **Étendre vos options de traitements biologiques** 185
Traiter vos humeurs avec des compléments alimentaires 185
À la pêche d'un remède : les acides gras Oméga-3 186
Booster votre cerveau avec des vitamines et minéraux 187
Essayer les plantes et autres compléments 189
Évaluer l'innocuité des traitements naturels 191
Traiter la dépression avec la photothérapie 193
Stimuler votre cerveau avec l'électricité et le magnétisme 194
Supprimer vos humeurs grâce à l'électro-convulsivo-thérapie (ECT) 194
Modérer ses humeurs avec la stimulation magnétique trans-crânienne répétitive (TMSr) 196
Apaiser la dépression avec la neurostimulation 196

CHAPITRE 10 : **Traiter le trouble bipolaire chez la femme et autres populations spécifiques** 199
Le trouble bipolaire chez la femme 200
Considérer la nature de la maladie 200
Suivre les changements hormonaux 201
Grossesse et trouble bipolaire 203
Gérer un trouble bipolaire pendant la ménopause 209
Le trouble bipolaire chez les personnes âgées 210
Qu'est-ce qui est si différent avec les personnes âgées ? 210
Aborder la démence et le trouble bipolaire 211
Les problèmes de médicaments chez les personnes âgées 212
S'adapter aux différences culturelles 214
Le trouble bipolaire dans la communauté LGBT 215

PARTIE 4 : DÉVELOPPER DES TECHNIQUES DE SURVIE 217

CHAPITRE 11 : **Explorer les stratégies de développement personnel, les thérapies et autres formes de soutien** 219
Monitorer vos humeurs 220
Monitorer votre sommeil et vos niveaux d'énergie 221
Identifier les facteurs déclencheurs et de stress 223
Chercher une thérapie ou du soutien 225
La psychoéducation 225

Thérapie cognitivo-comportementale (TCC). 226
Thérapie comportementale dialectique (TCD). 228
La thérapie interpersonnelle et des rythmes sociaux (TIPRS). 229
La pleine conscience et autres activités de centrage 233
Thérapies familiales et conjugales 235
Groupes de soutien 235

CHAPITRE 12 : Apporter des modifications à votre mode de vie. 237
Cultiver un environnement sain à la maison 238
Éduquer tous les membres du foyer. 238
Établir un planning structuré 238
Baisser le volume 239
Réduire les conflits et les critiques. 239
Établir des règles à la maison 240
Prendre en considération les enfants. 243
Établir des routines saines. 244
Réguler votre sommeil 244
Planifier des activités sociales. 246
Garder de la place pour la spontanéité 246
Construire des relations saines 248
Définir les relations vitales. 248
S'amuser un peu 249
S'éloigner de temps en temps 250
Se libérer du stress grâce à l'exercice physique 250
Manger sainement 251
Réduire les glucides simples. 252
Prendre des forces avec des protéines 253
Faire le plein de fruits et légumes 253
Éviter ce qui est mauvais 254

CHAPITRE 13 : Communiquer efficacement 257
Ouvrir la voie 258
Choisir le bon endroit et le bon moment 258
Établir des règles de base 259
Faites attention à ce que vous dites 259
S'exprimer de façon positive. 260
Être sensible aux postures, aux positions et au langage corporel. 261
Ajouter une pincée de symptômes de l'humeur à ce mélange 262
Éviter les quatre grandes sources de conflit 263
La critique. 263
Le jugement 264
La revendication 265
Le reproche 265
Être moins conflictuel en utilisant le « je » 265

Valider les sentiments des autres 267
Se sortir de conflits improductifs 268

CHAPITRE 14 : **Résoudre les problèmes et conflits** 271
Préparer le terrain pour une résolution de problèmes efficace. 272
Identifier le problème 273
Redéfinir le problème/conflit : du « vrai ou faux » aux besoins non satisfaits . 275
Faire un brainstorming pour trouver des solutions 277
Planifier et mettre en œuvre les solutions choisies 278
Éviter les approches improductives. 280
Lâcher prise sur les problèmes que vous ne pouvez pas résoudre seul 281

CHAPITRE 15 : **Prévenir un épisode thymique** 283
Faites équipe avec vos soignants 284
Déjouer un épisode thymique 285
Choisir un établissement psychiatrique 286
Regrouper les informations essentielles. 288
Signer ou non des autorisations de divulgation de renseignements médicaux. 290
Le formulaire d'autorisation de divulgation d'informations médicales . . . 291
La délégation de pouvoir 292

PARTIE 5 : GÉRER LES CONSÉQUENCES 295

CHAPITRE 16 : **De l'hospitalisation au rétablissement** 297
Accepter l'hospitalisation 298
Savoir à quoi vous attendre. 298
Voir le médecin 299
Adapter vos médicaments. 299
Démarrer une thérapie 299
Regarder les politiques de contention 300
Étudier les variations des heures de visite 301
Savoir combien de temps vous allez rester 301
Sortir de l'hôpital 301
Connaître vos droits en tant que patient 302
Droits des personnes hospitalisées en milieu fermé 302
Droit de refuser un traitement. 303
Rendre votre séjour plus confortable 304
Gardez votre équipe dans la boucle 305
Faire de votre rétablissement votre priorité absolue 306
Anticiper le contrecoup 306
Maîtriser l'art d'être égoïste. 307
S'isoler dans un endroit sûr et calme 308
Suivre les ordres de votre médecin. 310

Récupérer votre vie . . . 310
Savoir quand vous êtes prêt . . . 311
Revenir vers votre famille et vos amis . . . 313

CHAPITRE 17 : Reprendre le travail… ou pas . . . 315
Examen objectif. Êtes-vous prêt ? . . . 316
Reprendre le rythme . . . 317
Révéler votre diagnostic… ou pas . . . 318
Peser le pour et le contre . . . 319
Parler à vos supérieurs et collègues . . . 320
Demander des aménagements du lieu de travail . . . 321
Alors, quels sont exactement les aménagements raisonnables ? . . . 321
Être reconnu « travailleur handicapé » . . . 323
Quelles sont les démarches à accomplir ? . . . 323
Qui peut effectuer les démarches ? . . . 323
Comment se déroule l'examen du dossier ? . . . 324
Quels sont les effets du statut de « travailleur handicapé » ? . . . 324
Trouver un emploi plus adapté . . . 326
Imaginer des conditions de travail idéales . . . 326
Faire l'inventaire de vos compétences et centres d'intérêt . . . 327
Chercher votre job de rêve . . . 328
Retourner au travail est-il bon pour vous ? . . . 329

CHAPITRE 18 : Surmonter les problèmes financiers . . . 331
Le système public de santé mentale . . . 332
Chercher le soutien de ses pairs . . . 333
D'autres façons de survivre aux périodes de vaches maigres . . . 333
Demander de l'aide à sa famille et à ses amis . . . 333
Trouver une aide financière d'appoint . . . 334

PARTIE 6 : ACCOMPAGNER UN AMI OU UN PROCHE BIPOLAIRE . . . 335

CHAPITRE 19 : Soutenir un proche . . . 337
Adopter le bon état d'esprit . . . 338
Avoir des attentes réalistes . . . 338
Faites la différence entre la maladie et la personne que vous aimez . . . 339
Apprendre à ne pas prendre les choses personnellement . . . 339
Nourrir votre sens de l'empathie . . . 340
Reconnaître vos limites . . . 341
Faites ce que vous pouvez . . . 342
Reconnaître ce que vous ne pouvez pas faire . . . 343
Rester attentif aux signes d'alerte . . . 343
Savoir quand vous impliquer . . . 344

Savoir quand vous mettre en retrait . . . 344
Faisons un marché ! Élaborer un contrat . . . 345
Aider quelqu'un qui refuse de l'aide. . . . 347
Agir en cas d'urgence . . . 347
Exprimer vos inquiétudes . . . 348
Appeler le docteur ou le thérapeute . . . 348
Prendre soin de vous . . . 349

CHAPITRE 20 : **Gérer les situations de crise** . . . 351
Consulter le médecin ou thérapeute de votre proche . . . 352
Discuter du plan à suivre en cas d'urgence . . . 353
Comprendre comment s'impliquer . . . 353
Déterminer quand intervenir . . . 355
Savoir qui appeler à l'aide . . . 356
Décider où aller . . . 357
Réagir face à une crise . . . 357
Menaces et tentatives de suicide . . . 358
Les comportements agressifs. . . . 359
Conduite dangereuse. . . . 360
Dépenses excessives . . . 360
Sexualité compulsive . . . 362
Abus de substances . . . 362
Fugues et disparitions . . . 363
Arrestations . . . 364
Modalités d'hospitalisation . . . 368

CHAPITRE 21 : **Soutenir votre enfant ou adolescent bipolaire** . . . 373
Comprendre les difficultés du diagnostic . . . 374
L'enfant en colère . . . 376
L'enfant hyperactif. . . . 378
L'enfant dépressif . . . 381
L'enfant en opposition . . . 384
L'enfant qui enfreint la loi . . . 386
Demander une évaluation professionnelle . . . 388
Trouver le bon médecin. . . . 388
Savoir quoi faire quand vous allez chercher de l'aide . . . 389
Casser la boîte des remèdes. . . . 391
Tenir compte des problèmes liés aux médicaments . . . 392
Comprendre le diagnostic et le plan de traitement . . . 395
Être parent d'un enfant bipolaire . . . 398
S'occuper des questions scolaires. . . . 399
Réaliser des changements de mode de vie . . . 405
Reconnaître les signes d'alerte du suicide . . . 406

PARTIE 7 : LA PARTIE DES DIX 409

CHAPITRE 22 : **Dix questions à poser à votre psychiatre ou thérapeute** 411
Quelle expérience avez-vous du trouble bipolaire ? 412
Est-il difficile d'obtenir un rendez-vous ? 412
Puis-je vous contacter lors d'une crise ? 412
Quel est le diagnostic et comment y êtes-vous arrivé ? 413
Quel est le plan de soins ? 414
Quand puis-je espérer me sentir mieux ? 415
Comment saurais-je que je vais mieux ? 415
Que dois-je faire si je me sens plus mal ? 416
Quels effets secondaires dois-je surveiller ? 417
Comment allez-vous travailler avec mes autres soignants et soutiens ? 417

CHAPITRE 23 : **Dix conseils pour gérer la bipolarité** 419
Faites équipe avec votre thérapeute 419
Prenez bien le traitement prescrit 420
Régulez votre sommeil 421
Mettez en place des routines quotidiennes 421
Développez la pleine conscience et d'autres techniques autocentrées 422
Communiquez clairement vos besoins 423
Évitez l'alcool et les stimulants 423
Monitorez vos humeurs 424
Identifiez les signes avant-coureurs 424
Cherchez de l'aide dès la première alerte rouge 425

PARTIE 8 : ANNEXES 427

ANNEXE A : **Tout lire sur la bipolarité** 429
De l'adaptateur 429
D'autres experts 430
Des livres témoignages 431

ANNEXE B : **Glossaire de la bipolarité** 433

INDEX 443

Introduction

Imaginez-vous conduire tranquillement sur l'autoroute à 90 km/h et que votre régulateur de vitesse s'emballe. Le compteur grimpe à 100, puis à 120… Vous appuyez sur le bouton pour essayer de l'arrêter… Enfoncez à fond la pédale de freins… 130… Rien ne vous aide à ralentir… 140… Votre voiture tremble et zigzague… 150… Les autres conducteurs vous klaxonnent… 155… Des voitures de police se lancent à vos trousses… 160… Votre conjoint vous hurle dessus pour que vous RA-LEN-TI-SSIEZ… 165… 170…

Ou imaginez le contraire : vous conduisez en ville dans une zone limitée à 40 km/h. Il n'y a personne en face de vous – vous appuyez à fond sur l'accélérateur – mais votre voiture ne se traîne qu'à 5 km/h. Les autres conducteurs vous klaxonnent, ils vous doublent par la droite – même à vélo – en vous lançant un regard noir et vous gratifiant de différents gestes de mécontentement.

Lorsque vous souffrez d'un trouble bipolaire, l'accélérateur de votre cerveau est bloqué. À pleine vitesse, il vous pousse dans un épisode maniaque. À basse vitesse, il vous broie dans une profonde dépression. S'il s'agissait d'une pathologie liée à votre cœur, quelqu'un appellerait immédiatement une ambulance ; les médecins et infirmières afflueraient à votre chevet, vos proches viendraient de très loin pour vous voir et vous recevriez des fleurs et des paniers de fruits. Mais quand votre cerveau est figé sur place ou surchauffe, les gens ont tendance à penser que vous êtes paresseux, que vous avez craqué ou que vous êtes trop faible pour faire face à la vie. Au lieu de fleurs et de paniers de fruits, vous recevez une lettre de licenciement ou une demande de divorce.

La bonne nouvelle est que les « garagistes de l'esprit » – psychiatres, psychologues et thérapeutes – possèdent les outils pour réparer l'accélérateur de votre cerveau (grâce à des médicaments et des thérapies). Dans ce livre, nous vous présenterons ces outils ainsi que des stratégies et des techniques que vous pouvez utiliser pour atteindre et maintenir une stabilité de votre humeur et vous aider à vous sentir beaucoup mieux.

À propos de ce livre

Ce livre est bien plus qu'un guide de réparation pour cerveau bipolaire. Bien sûr, nous abordons les sujets du diagnostic et des traitements, les médicaments et thérapies, ainsi que les changements de vie qui peuvent vous aider à mieux gérer votre trouble. Nous allons aussi plus loin, en vous révélant quelques-unes des causes et conséquences du trouble bipolaire, mais aussi certaines stratégies de survie aux crises et nous vous expliquons comment les amis et membres de la famille peuvent soutenir celles et ceux qui souffrent de ce trouble. Notre objectif est de vous aider à développer une compréhension plus profonde du trouble bipolaire et de ses symptômes et de vous donner les moyens de prendre davantage le contrôle sur votre traitement, de réduire et d'éliminer vos symptômes, et de retrouver votre capacité à fonctionner.

Dans notre désir de vous aider (vous ou la personne que vous aimez) à vous sentir mieux et à stabiliser votre humeur, nous nous concentrons sur les 3 C du trouble bipolaire :

- **Une continuité des soins.** En cette ère de spécialisation dans le domaine de la santé, les gens sont souvent ballottés d'un médecin ou d'un thérapeute à un autre, et chaque professionnel peut avoir sa propre approche. Tout changement drastique apporté à un traitement médicamenteux ou à une thérapie peut perturber l'équilibre du patient. C'est pourquoi ce livre vous encourage à mettre en place un plan de soins auquel se réfèrent tous vos soignants et qui vous suit lorsque vous changez de médecin ou de thérapeute.
- **Un traitement complet.** Le plan de soins le plus efficace se mène sur trois fronts : médicaments, thérapie et changement de mode de vie. Dans ce livre, nous expliquons pourquoi votre plan de soins doit tenir compte de ces trois facteurs, et nous présentons les médicaments les plus efficaces, les thérapies, les possibilités de soutien par des tiers, ainsi que les changements de mode de vie actuellement disponibles pour les bipolaires.
- **Un traitement coordonné.** La communication est l'élément clé pour coordonner le traitement, le manque ou les problèmes de communication étant à l'origine de la plupart des échecs. Pour améliorer les chances de succès, communiquez ouvertement et honnêtement avec votre médecin, votre thérapeute, et vos proches et encouragez-les à communiquer entre eux. Tout au long du livre, en particulier au chapitre 13, nous vous présentons des techniques pour améliorer la circulation de l'information entre tous les membres de votre équipe de soin.

Bien sûr, ce livre ne remplace pas des soins psychiatriques professionnels (nous avons lancé l'idée de sortir ce livre avec un bloc d'ordonnances vierges mais notre éditeur l'a abandonnée !). Malgré tout, *Les Troubles bipolaires pour les Nuls* peut vous aider à mieux comprendre les choix de traitement et à établir une relation de collaboration avec vos soignants.

Les conventions utilisées dans ce livre

Notre livre n'est certes pas *conventionnel*, mais nous avons conservé des moyens classiques de présentation des contenus. Par exemple :

- Chaque fois que nous introduisons un nouveau terme, un peu technique, comme l'*expression émotionnelle*, nous utilisons l'*italique*.
- Utilisez l'index pour rechercher un terme lié à la bipolarité avec lequel vous n'êtes pas familier pour le retrouver dans le livre. Un glossaire figure également à la fin de ce livre vous donnant les définitions des termes liés à la bipolarité présents dans l'ouvrage.
- Les sites internet et les adresses e-mail apparaissent en `police monotype` pour qu'ils se démarquent sur la page et faciliter leur accès.
- Tout au long du livre sont insérées des histoires de personnes souffrant de trouble bipolaire, y compris des proches. Certains de ces récits, rapportés à la première personne, ont été rédigés par des personnes réelles. D'autres sont issus de la vie de personnes que nous avons rencontrées et avec lesquelles nous avons travaillé au fil des années.
- Quand on parle d'un médicament ou d'un traitement, nous utilisons le format suivant sur la première référence : nom générique (nom de marque), comme pour la fluoxétine (Prozac).
- Dans un souci de parité entre hommes et femmes, nous alternons l'utilisation du « il » et du « elle » d'une section à l'autre au lieu d'utiliser l'encombrant « il/elle » habituel.

Ce que vous n'êtes pas obligé de lire

Les encadrés sont faits pour vous détendre quand vous n'avez nulle part ailleurs où aller ou rien de mieux à faire. La plupart de nos encadrés racontent des histoires vraies de la vie de bipolaires, que vous êtes susceptible de trouver intéressants et judicieux, alors soyez sélectif dans ce que vous zappez.

Hypothèses gratuites

Lorsque vous (ou vos proches) êtes diagnostiqué bipolaire, vous redevenez automatiquement un débutant. Vous n'aviez jamais eu besoin auparavant d'informations sur cette maladie et aviez probablement peu d'intérêt pour le sujet. Maintenant, il y a urgence à vous informer. En gardant cela à l'esprit, nous supposons que vous en savez très peu sur le trouble bipolaire. Si vous êtes allé voir un médecin ou un thérapeute et avez reçu ce diagnostic, cependant, vous en savez au moins un peu sur le sujet. Et si vous avez été échaudé par un diagnostic erroné ou par une mauvaise approche, vous savez que vous ne voulez pas que cela se reproduise. Peu importe votre niveau de connaissances sur le sujet, ce livre peut vous aider. Nous supposons également que vous ou quelqu'un que vous connaissez est bipolaire ou que vous êtes curieux d'en apprendre plus à ce sujet. Plus le trouble vous affecte, vous ou votre famille ou une personne que vous connaissez, plus ce livre peut vous aider.

Enfin, nous supposons que vous avez le sens de l'humour. Selon Jean de la Bruyère, « La vie est une tragédie pour celui qui sent et une comédie pour celui qui pense ». Nous sommes des êtres pensants. Nous préférons rire au-delà de nos larmes plutôt que de nous complaire dans notre misère, mais nous aussi avons eu notre part de souffrances.

Nous avons des personnes bipolaires dans notre entourage proche et nous savons que cela est difficile pour tout le monde, mais nous avons aussi constaté que la plupart des bipolaires et de leurs proches possèdent un grand sens de l'humour. Peut-être parce qu'ils sont plus intelligents que la moyenne, ou peut-être parce qu'ils ont juste eu à affronter tant de choses difficiles dans leur vie ; quel que soit le cas, ils connaissent la valeur du rire.

Dans ce livre, nous essayons de dépoussiérer toutes les subtilités politiquement correctes et les discours psycho-gnangnan. Nous n'allons pas vous raconter des histoires pour enrober certaines dures réalités et n'hésitons pas à rire des absurdités de la vie avec un trouble bipolaire. Nous espérons vraiment que notre approche plus « légère » ne vous offensera pas et que vous allez rire parfois avec nous.

Comment ce livre est organisé

Nous avons écrit ce livre de façon à ce que vous puissiez l'aborder de deux façons. Vous pouvez commencer par n'importe quel chapitre, comme un mini-cours autonome sur un sujet spécifique concernant la bipolarité, ou vous pouvez le lire du début à la fin. Pour vous aider à naviguer dans ce livre, nous avons regroupé les chapitres en sept parties. Voici un résumé de ce que nous couvrons dans chaque partie.

Première partie : Introduction aux troubles bipolaires

Les trois chapitres de cette partie fournissent un aperçu rapide du trouble bipolaire. Vous pouvez y découvrir les caractéristiques du trouble bipolaire et les effets qu'il a sur les personnes qui en souffrent et leurs proches. Nous levons le voile sur le diagnostic pour vous présenter les différentes façons qu'a cette maladie de se déclarer et les principales théories sur ce qui la provoque. Nous introduisons certains des traitements les plus efficaces, expliquons pourquoi le traitement préventif joue un rôle essentiel pour en diminuer les symptômes, et soulignons comment, avec une bonne combinaison de médicaments, thérapie et aménagements de votre mode de vie, vous pouvez espérer une issue positive.

Deuxième partie : Apprivoiser la « bête bipolaire »

Une discussion d'une demi-heure avec un médecin ou un thérapeute peut être suffisante pour éveiller les soupçons d'un trouble bipolaire, mais elle est certainement insuffisante pour obtenir un diagnostic précis. D'abord, vous devez voir votre médecin de famille pour exclure d'autres pathologies possibles. Plusieurs pathologies physiques graves peuvent causer des symptômes semblables à ceux du trouble bipolaire, et il est nécessaire de faire réaliser un examen clinique et des tests appropriés en laboratoire pour les exclure. Dans cette partie, nous exposons tout le processus par lequel vous devez passer pour obtenir un diagnostic précis. Nous vous montrons aussi comment constituer votre propre équipe de gestion de l'humeur en réunissant autour de vous un médecin, un thérapeute, des amis dévoués et des membres de votre famille, pour vous aider à apprivoiser la bête bipolaire.

Troisième partie : Médicaments et traitements pour gérer le trouble bipolaire

Bien que le trouble bipolaire soit souvent désigné comme une *maladie mentale*, c'est en réalité une maladie physique avec des prédispositions génétiques, et les traitements les plus efficaces incluent généralement des médicaments ou autres traitements biologiques qui ciblent le cerveau, qualifiés de « psychotropes ».

Cette partie du livre débute par une visite de la pharmacie bipolaire et une vue d'ensemble des médicaments pour traiter les deux « pôles » du trouble bipolaire – manie et de dépression.

Notre guide de référence des médicaments décrit les traitements les plus efficaces actuellement disponibles et leurs effets secondaires potentiels afin que vous puissiez intelligemment discuter de vos options avec votre médecin. Nous incluons également un chapitre pour savoir comment gérer votre traitement médicamenteux, ce qui n'est pas aussi facile qu'il y paraît, surtout lorsque vous rencontrez des effets secondaires désagréables. Nous vous offrons des suggestions sur la façon de minimiser ces effets secondaires et de traiter les problématiques philosophiques et émotionnelles liées au fait de prendre des médicaments pour gérer vos humeurs.

La partie 3 comprend deux chapitres encore plus précieux. L'un d'eux explique comment étendre vos options de traitement en envisageant une thérapie par électrochocs (ECT), une stimulation cérébrale profonde (DBS), et des alternatives et traitements complémentaires, y compris des compléments alimentaires, des plantes, des vitamines et des minéraux. Dans ce chapitre, nous séparons la réalité de la fiction pour que vous et votre médecin puissiez prendre des décisions éclairées. Le dernier chapitre de cette partie couvre les besoins spécifiques en matière de diagnostic et de traitement pour les femmes, les personnes âgées et les autres populations spécifiques.

Quatrième partie : Développer des techniques de survie

Le trouble bipolaire répond mieux à un traitement lorsque ceux qui en souffrent et leurs proches jouent un rôle actif dans la gestion des dérèglements de l'humeur et surtout de leurs conséquences sur la personne et son entourage. Cela signifie avoir recours à une psychothérapie réalisée par un professionnel si cette option est possible, ainsi que mettre en place des ajustements de votre mode de vie, améliorer vos compétences en communication, maîtriser l'art de résoudre les problèmes et avoir un plan d'action pour une intervention rapide si un épisode thymique inévitable éclate. Les chapitres de cette partie sont dédiés à ceux qui ont été diagnostiqués bipolaires et à leurs proches.

Si vous avez un trouble bipolaire, vous pouvez utiliser cette partie pour apprendre comment identifier les signes avant-coureurs communs d'un épisode thymique imminent et pour y répondre rapidement de manière adaptée. Nous vous proposons également des suggestions pour vous aider à identifier les facteurs de stress et les déclencheurs qui affectent votre humeur, à restructurer votre vie, à prendre soin de vous, à intégrer le soutien de vos proches dans votre rétablissement et à respecter la posologie recommandée de médicaments et de thérapie.

Si votre conjoint proche souffre d'un trouble bipolaire, vous pouvez utiliser cette partie pour apprendre des techniques de communication de résolution de problèmes qui peuvent vous aider à lui apporter un meilleur soutien et à répondre efficacement à un épisode thymique.

Cinquième partie : Gérer les conséquences

Comme toute catastrophe naturelle, le trouble bipolaire laisse un champ de désolation dans son sillage. Un épisode thymique majeur se traduit souvent par une hospitalisation, un arrêt de travail ou une perte d'emploi et des revers financiers. Dans les chapitres de cette partie, nous donnons des conseils sur la façon de gérer au mieux les temps très difficiles et de vous remettre sur pied.

Sixième partie : Accompagner un ami ou un proche bipolaire

Si vous lisez ce livre parce que l'un de vos amis, un proche ou un parent est bipolaire, cette partie est faite pour vous. Nous avons aussi des membres de notre famille qui souffrent d'un trouble bipolaire, et nous savons parfaitement combien il est difficile de trouver la bonne ligne de conduite entre la sur- et la sous-implication. Les chapitres de cette partie expliquent ce que vous pouvez et ne pouvez pas faire pour l'aider, comment vous pouvez créer un environnement de communication ouverte et de coopération avec votre proche, et comment préparer et répondre à une crise. Si vous avez un enfant diagnostiqué d'un trouble bipolaire ou d'un autre trouble psychiatrique, ou si votre enfant a des problèmes de comportement inexpliqués à la maison, à l'école, ou avec des amis, ne faites pas l'impasse sur le chapitre 21, où nous expliquons les défis de diagnostic, de traitement ainsi que les défis parentaux face à des enfants qui souffrent de cette pathologie et nous présentons les autres pathologies qui doivent être écartées avant d'arriver à un diagnostic de trouble bipolaire.

Septième partie : La partie des Dix

Avant d'aller voir votre psychiatre ou un thérapeute, consultez cette section qui propose une liste des dix questions que vous devriez poser lors de votre premier rendez-vous avec un psychiatre ou un thérapeute et dix conseils qui peuvent vous aider à gérer votre bipolarité.

Les icônes utilisées dans ce livre

Tout au long de ce livre, vous trouverez, parsemés en marge, les icônes suivantes qui vous proposent différents types d'informations susceptibles de vous intéresser (ou pas).

À retenir S'il vous arrive d'oublier tout le reste du contenu de ce livre, au moins rappelez-vous de ce que nous marquons avec cette icône.

Conseil Des conseils d'initiés. Lorsque vous êtes à la recherche d'un moyen plus rapide ou plus efficace de faire quelque chose, vérifiez les informations signalées par cette icône.

Attention Cette icône apparaît lorsque vous devez être très vigilant ou demander l'aide d'un professionnel.

Portrait Tout au long du livre, nous présentons des portraits de personnes vivant avec un trouble bipolaire. Cette icône vous permet de les trouver.

Et maintenant, par où commencer ?

Ce livre est un peu comme un buffet à volonté. Vous pouvez prendre une assiette, commencer par le début et lire dans l'ordre un chapitre après l'autre ou vous pouvez puiser des informations dans n'importe quel chapitre et les empiler dans votre assiette.

Si vous voulez un aperçu rapide du trouble bipolaire, consultez les chapitres de la partie 1. Avant de prendre rendez-vous avec un psychiatre pour un diagnostic, consultez les chapitres 4, 5 et 22. Si vous avez un ami ou membre de la famille qui est bipolaire, passez à la partie 6. Partout où vous choisirez d'aller, vous trouverez de nombreuses informations utiles.

1 Comprendre le trouble bipolaire

DANS CETTE PARTIE...

Dans la partie 1, nous proposons un cours intensif sur le trouble bipolaire. Vous découvrirez ici les similitudes et les différences entre les différents types de bipolarité, y compris le trouble bipolaire de type I, le trouble bipolaire de type II et le trouble cyclothymique. Vous apprendrez à reconnaître les signes et les symptômes de la dépression, de l'hypomanie et de la manie, et vous découvrirez comment faire la distinction entre une mauvaise journée au travail et un véritable épisode thymique. Vous y trouverez également d'où vient le trouble bipolaire, ce qui le déclenche, et s'il est probable ou peu probable que vous en souffriez.

Pour compléter cette partie, nous y dévoilons le pronostic positif qui accompagne un diagnostic de bipolarité et les différents éléments qui composent un plan de traitement efficace – des traitements à la fois médicamenteux et non médicamenteux qui se sont avérés efficaces à des degrés divers.

Chapitre 1
Comprendre le trouble bipolaire : du diagnostic à la guérison

DANS CE CHAPITRE :

- **Surfer sur les épisodes thymiques du trouble bipolaire**
- **Faire face au diagnostic officiel**
- **Gérer un trouble bipolaire à votre façon**
- **Soutenir un être cher qui souffre d'un trouble bipolaire**
- **Envisager un diagnostic de trouble bipolaire chez les enfants et adolescents**

Le *trouble bipolaire* (parfois appelé *maniaco-dépression*) est caractérisé par des épisodes thymiques et des changements brutaux de niveaux d'énergie qui empêchent une personne de fonctionner normalement. Au mieux, le trouble bipolaire peut inspirer des idées brillantes et une extrême exaltation. Au pire, il drape l'esprit dans une dépression débilitante, détruit les relations interpersonnelles, vide les comptes bancaires et inspire des pensées suicidaires. Aucun test ne permet de diagnostiquer le trouble bipolaire et les médecins ne possèdent aucun remède. Nombreux sont ceux qui éprouvent des symptômes pendant des années avant d'être diagnostiqués. En fait, l'un des principaux symptômes du trouble bipolaire est que ceux qui en souffrent sont dans le déni et refusent tout traitement.

La science connaît quelques maladies plus insaisissables que celle-ci, mais les professionnels en santé mentale sont plus qualifiés que jamais pour diagnostiquer précisément le trouble bipolaire et le traiter grâce à une combinaison de médicaments, de thérapies et d'aménagements de vie quotidienne. De nombreuses personnes atteintes de trouble bipolaire peuvent maintenant avoir une vie productive et atteindre des niveaux de bonheur et d'épanouissement qu'ils ne pensaient pas possibles auparavant.

Dans ce chapitre, nous présentons quelques-unes des nombreuses manifestations du trouble bipolaire et décrivons ses aspects les plus difficiles à gérer. Nous vous guidons sur le chemin de la vie qu'une personne avec un trouble bipolaire peut avoir – du diagnostic aux perspectives de vie en passant par le traitement et le rétablissement. Et, parce qu'un traitement et un rétablissement réussis impliquent souvent la participation des proches, ce chapitre vous montre également ce que vous pouvez faire pour soutenir un ami, un parent, ou un enfant qui a un trouble bipolaire. Il suffit de garder à l'esprit que le rétablissement dans ce contexte ne signifie pas « guérison », mais plutôt un moyen de gérer le trouble afin que chaque personne impliquée puisse revenir à une vie normale.

Surfer sur la vague bipolaire

Certaines personnes sont tellement pleines d'entrain en permanence que vous avez juste envie de les gifler. La plupart d'entre nous éprouvons des hauts et des bas au cours de notre vie. Quand une personne perd son emploi, elle est susceptible de se sentir déprimée. Quelqu'un qui vient de gagner au loto se sent probablement extatique. Les fluctuations de l'humeur – même des sentiments extrêmes en réponse à des événements majeurs de la vie – sont normales, tant qu'elles ne durent pas trop longtemps ou interfèrent avec notre capacité à fonctionner et à reprendre des modèles de comportement pré-événement. Une période temporaire de tristesse peut effectivement inciter une personne en bonne santé à apporter des changements positifs dans sa vie, qui la conduiront à un plus grand bonheur et à l'accomplissement d'elle-même.

À retenir

Cependant, le trouble bipolaire peut causer des humeurs extrêmes pendant de longues périodes. Si vous souffrez d'un trouble bipolaire, vous aussi ressentez les hauts et les bas propres à votre vie quotidienne, mais parfois ces hauts et ces bas vont au-delà des limites gérables et durent sur des périodes anormalement longues.

À la recherche du niveau de confort perdu

La plupart des gens connaissent des variations de l'humeur à des degrés acceptables, mais les épisodes thymiques bipolaires sont bien plus intenses et vont bien au-delà des niveaux confortables et gérables – au point de porter atteinte à la capacité d'une personne à fonctionner normalement et à profiter de la vie. Les personnes qui traversent des épisodes thymiques associés aux troubles bipolaires pensent, parlent, ressentent les choses, et se comportent de façon extrêmement inhabituelle pour un individu. La figure 1-1 (ci-dessous) illustre les fluctuations de l'humeur chez un bipolaire par rapport aux niveaux normaux.

Bien sûr, l'intensité de l'humeur seule, surtout quand elle est à la hausse, n'est pas toujours problématique. En fait, de nombreuses personnes qui expérimentent *l'hypomanie* – un état élevé de l'humeur et d'énergie – rapportent que leur force créatrice et la clarté de leur vision s'en trouvent exaltées. L'hypomanie peut souvent vous rendre plus extraverti, amusant et engageant. Elle peut augmenter votre libido, vous faire sentir plus puissant, vous dynamiser et vous tonifier, vous aider à vous concentrer et inspirer votre créativité. Pour être qualifié d'hypomanie, l'épisode doit durer au moins quatre jours.

La *manie*, d'autre part, est plus sévère à la fois en intensité et en durée (au moins une semaine) et altère votre capacité à fonctionner ou nécessite une hospitalisation. La manie peut également être accompagnée par des psychoses, contrairement à l'hypomanie (voir le chapitre 2 pour en savoir plus sur la distinction entre la manie et l'hypomanie).

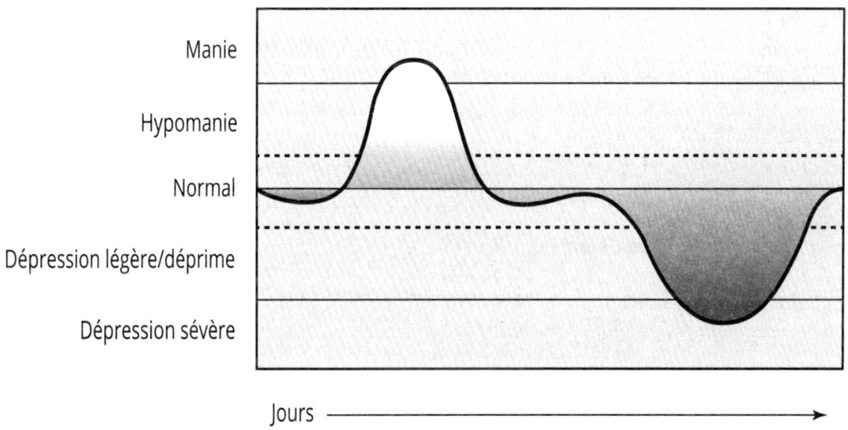

FIGURE 1-1 : Variation normale de l'humeur versus épisodes thymiques bipolaires.

Certaines personnes bipolaires éprouvent des symptômes de dépression et de manie en même temps. Dans ces épisodes mixtes, elles peuvent se sentir déprimées ou désespérées tout en se sentant aussi excitées, irritables et agitées.

À retenir

L'astuce pour traiter un trouble bipolaire n'est pas d'aplatir vos courbes d'humeur et d'énergie. L'objectif est de permettre à votre cerveau de fonctionner comme il le fait normalement pour que vous ne rencontriez pas les variations extrêmes qui caractérisent les épisodes thymiques.

S'écraser sur les rochers

Avec le trouble bipolaire, votre humeur fluctue au-delà de la normale. Une profonde dépression peut vous envahir, vous faire sombrer dans le désespoir et vous condamner à passer des jours sans fin au fond de votre lit. Un épisode maniaque peut inverser la donne d'une ruade comme le ferait un taureau furieux puis rejeter votre carcasse épuisée. Que vous montiez très haut ou chutiez très bas, un épisode d'humeur extrême prolongé peut être dévastateur pour vos relations personnelles, votre carrière, et pour bien d'autres aspects de votre vie.

À retenir

Que vous vous fracassiez contre une vague de manie ou soyez balayé par les courants de la dépression, votre médecin est susceptible, comme première étape vers votre rétablissement, de vous prescrire des médicaments, une thérapie, ou un court séjour à l'hôpital (dans des cas extrêmes). Cependant, la méthode la plus judicieuse pour vivre avec un trouble bipolaire est d'éviter l'accident en obtenant un diagnostic précis et en suivant un traitement préventif et une thérapie.

Exploser dans une manie incontrôlable

Les épisodes maniaques semblent retenir toute l'attention car leurs histoires, bien souvent, fascinent. Dans les épisodes de manie, les gens s'élèvent souvent au-dessus de la monotonie du quotidien, portés par les sentiments et les croyances suivants :

- Je suis géniale !
- Tout est merveilleux !
- Je peux tout faire et je vais le faire maintenant !
- J'ai réponse à tout !
- Mes idées vont changer le monde !
- Peu importe ce que je fais, même du mal, je suis une bonne personne !

» Dormir, c'est pour les gens qui n'ont rien de mieux à faire !

» J'ai toujours raison !

» Tout le monde m'aime !

» Je suis la plus rapide, pour tout !

À retenir

Les épisodes maniaques compromettent la capacité d'une personne à fonctionner, peuvent être accompagnés par de la paranoïa et d'autres psychoses, et nécessitent généralement une intervention médicale. Par exemple, une personne peut être rongée par des pensées de martyr religieux ou de complot gouvernemental. Elle peut croire que les membres de sa famille, ses amis, ou même des étrangers, ont de mauvaises intentions ou sont dangereux pour elle. Des pensées, humeurs ou comportements de colère et/ou d'agressivité s'inscrivent bien souvent dans le tableau général. Laissée à son libre cours, la manie s'achève souvent par un accident, laissant la personne déprimée, physiquement et mentalement épuisée. L'épisode peut aussi ruiner ses relations personnelles et professionnelles et conduire à de graves difficultés financières et juridiques.

S'effondrer dans une dépression débilitante

La dépression est tout sauf palpitante. Elle peut vous faire sentir comme si vous marchiez péniblement dans le bourbier de la vie avec un costume de plomb. Elle ternit vos sens et vous empêche d'éprouver les plaisirs de la vie. Vous devenez le rabat-joie de service. Si vous aviez l'énergie pour parler, vous pourriez probablement exprimer vos sentiments comme suit :

» Je suis nulle.

» Tout est nul.

» Je ne peux rien faire.

» Je suis une personne mauvaise, même quand je ne fais rien de mal.

» Je n'arrive pas à dormir.

» Je n'arrive pas à me lever.

» Je prends un temps fou pour faire la moindre petite chose.

» Personne ne m'aime.

» Tout est de ma faute.

» Rien ne me fait du bien.

Si vous êtes chanceux, la dépression se lève éventuellement comme le brouillard du matin. Si au contraire elle s'épaissit, elle peut vous pousser à vous effondrer, vous laissant encore plus déprimé et physiquement et mentalement épuisé. C'est là que peuvent dangereusement entrer en jeu les pensées ou comportements suicidaires et l'automutilation.

Attention

Souvent, quand on pense au trouble bipolaire, on ne pense qu'à l'épisode maniaque. Cependant, la dépression constitue le plus fréquent et plus dommageable des deux pôles et est souvent la plus difficile à traiter.

Gagner votre badge de bipolaire

Pour démarrer le processus de traitement et de régulation du trouble bipolaire, vous avez besoin d'un diagnostic officiel, et l'obtenir peut être un processus assez long.

Décider de se faire aider

La première étape vers l'obtention d'un diagnostic de trouble bipolaire est de réaliser et admettre que quelque chose ne va pas. La prise de conscience est généralement l'étape la plus fastidieuse. La plupart des personnes atteintes de trouble bipolaire vivent avec ce trouble pendant en moyenne dix ans avant de demander de l'aide et d'être correctement diagnostiquées. Le trouble bipolaire est souvent diagnostiqué à tort comme une dépression, et les patients peuvent recevoir un traitement incomplet ou inefficace pendant de nombreuses années.

Les personnes atteintes de trouble bipolaire peuvent éviter de suivre un traitement pour un certain nombre de raisons, notamment les suivantes :

- La manie me fait me sentir au top.
- Je ne me suis jamais senti aussi énergique !
- Pourquoi prendre la peine ? Rien ne peut me faire sentir mieux.
- Je ne suis pas malade. Je suis un peu fatigué. Je dois faire le maximum pour surmonter cela.
- Je peux faire face à cela tout seul.
- Je ne peux pas me permettre de dépenser plus d'argent.
- Je ne veux pas être catalogué.

La dépression et la manie peuvent influencer les schémas de pensée qui poussent une personne à éviter un traitement. Dans un épisode maniaque, vous vous sentez souvent omniscient, tout-puissant, plein d'énergie, et au top de votre forme. Dans un tel état, peu de gens pensent qu'ils ont besoin d'aide. Lorsque vous vous sentez profondément déprimé, vous perdez généralement espoir dans l'avenir et commencez à penser que rien ne peut améliorer votre vie, donc chercher de l'aide peut vous sembler inutile. Dans de nombreux cas, un accident grave ou l'intervention d'un proche donne la motivation nécessaire pour aller chercher une aide professionnelle.

Être correctement diagnostiqué

Ce n'est qu'une fois que vous décidez que vous avez besoin d'aide professionnelle que vous démarrez le processus d'obtention d'un diagnostic précis. Ce processus implique généralement les étapes suivantes :

- **Consulter votre médecin**

  D'autres pathologies telles qu'un dysfonctionnement de la thyroïde, la ménopause, ou une carence nutritionnelle, peuvent provoquer des symptômes semblables à ceux du trouble bipolaire. Les médicaments, ainsi que d'autres substances peuvent également produire des symptômes similaires. Votre médecin de famille peut vous aider à éliminer ces causes potentielles et toutes les autres causes possibles de vos symptômes (jetez un œil au chapitre 4 pour en savoir plus sur les pathologies qui ont des symptômes semblables à ceux du trouble bipolaire).

- **Faire une évaluation psychiatrique**

  Un psychiatre agréé peut examiner vos antécédents médicaux et familiaux ainsi que vos symptômes, réaliser un diagnostic initial et proposer un premier traitement (voir le chapitre 5 pour en savoir plus sur la visite chez le psychiatre). Dans certains cas, un médecin généraliste peut délivrer le diagnostic et le traitement.

Attention

Malheureusement, les étapes à suivre pour obtenir un diagnostic précis et un traitement qui fonctionne ne sont pas toujours aussi linéaires que cela. Si vous vous sentez profondément déprimé, excité, ou agité, votre médecin ou votre psychiatre peut vous prescrire des médicaments pour soulager les symptômes immédiatement puis affiner le diagnostic plus tard.

Si vous être diagnostiqué bipolaire, votre médecin précise généralement ce diagnostic par l'un des types de trouble bipolaire suivants (voir le chapitre 2 pour plus de détails) :

» **Trouble bipolaire de type I.** Ce diagnostic nécessite au moins un épisode maniaque complet que les médecins ne peuvent pas attribuer aux effets physiologiques directs d'une autre cause, comme un abus de médicaments ou d'une autre substance. Si l'épisode maniaque est déclenché par une substance ou un médicament mais persiste bien après que le facteur déclencheur soit éliminé, un diagnostic de trouble bipolaire I est alors adapté. Les personnes qui en souffrent traversent souvent aussi un ou plusieurs épisodes dépressifs majeurs, mais une phase de dépression n'est pas nécessaire pour un diagnostic de trouble bipolaire de type I.

» **Trouble bipolaire de type II.** Les personnes atteintes de trouble bipolaire de type II ont eu au moins un épisode dépressif majeur et au moins un épisode hypomaniaque au cours de leur vie. Ces épisodes ne peuvent pas être attribués aux effets physiologiques directs d'une autre cause tels que la prise de médicaments. Un diagnostic de trouble bipolaire de type II n'est pas retenu si la personne a déjà eu un épisode maniaque. (Reportez-vous à la section précédente « À la recherche du niveau de confort perdu » pour comprendre la différence.)

» **Trouble cyclothymique.** Ce diagnostic nécessite de multiples épisodes dépressifs et hypomaniaques qui ne sont pas assez intenses/extrêmes pour justifier d'un diagnostic de trouble bipolaire de type I ou II. Cette pathologie est chronique, de sorte que quelqu'un qui n'aurait pas eu de symptômes thymiques pendant plus de deux mois au cours des deux dernières années n'est pas considéré comme souffrant d'un trouble cyclothymique.

» **Trouble bipolaire induit par une substance chimique ou associé à une autre pathologie médicale.** Ces types de trouble bipolaire sont diagnostiqués si un épisode maniaque complet se trouve lié à une intoxication ou à l'arrêt d'une drogue ou de l'alcool, ou bien en raison d'une autre pathologie physique comme un dysfonctionnement de la thyroïde, la démence, ou une lésion cérébrale. Comme nous l'expliquons dans le chapitre 4, des recherches médicales sont nécessaires pour déterminer si ces pathologies sont les causes des symptômes bipolaires.

» **Autres troubles bipolaires spécifiés.** Ce diagnostic inclut les cas cliniques bipolaires qui ne répondent pas aux critères des catégories énumérées ci-dessus, quand le nombre des symptômes ou leur durée ne sont pas suffisants pour évoquer le diagnostic de trouble BP-I, BP-II ou Cyclothymie.

» **Trouble bipolaire non spécifié :** cette catégorie est utilisée quand les critères des autres formes ne sont pas réunis (par exemple, les situations où le clinicien décide de ne pas divulguer la raison particulière pour laquelle les critères ne sont pas réunis ou n'a pas suffisamment d'informations pour poser un diagnostic plus spécifique, notamment en service d'urgence).

Cette classification des troubles bipolaires s'inspire de celle adoptée dans les dernières versions du DSM (le *Manuel diagnostique et statistique des troubles mentaux*, ouvrage de l'Association Américaine de Psychiatrie), le DSM-4 TR (publié en 2000) et le DSM-5 (publié en 2013).

Le DSM-5 apporte certaines améliorations sur les critères de bipolarité, comme :

» Consacrer deux chapitres séparés pour les troubles bipolaires et les troubles unipolaires (avant ils faisaient partie d'un même chapitre) – Voir tableau.

» *Placer l'hyperactivité dans le critère « A »* de l'hypomanie, à côté de l'élévation de l'humeur et l'irritabilité.

» Ne pas exclure les hypomanies induites par les antidépresseurs.

» *Inclure les cas d'hypomanie avec peu de symptômes ou de courte durée (2-3 jours)* – pour rappel, les anciennes versions du DSM exigeaient une durée de 4 jours ou plus – un critère qui n'a jamais été validé mais qui a obtenu l'aval des experts responsables du DSM-4 et IV-TR.

» Tenir compte des épisodes hypomaniaques récurrents sans antécédent d'épisode dépressif.

» Considérer les cas de cyclothymie de courte durée (moins de 2 ans).

TABLEAU 1-1 : Classifications des troubles de l'humeur dans le DSM-5

Troubles bipolaires (BP)	Troubles dépressifs
Trouble bipolaire de type I (BP-I).	Trouble dérèglement perturbateur de l'humeur.
Trouble bipolaire de type II (BP-II).	Trouble dépressif majeur.
Trouble cyclothymique.	Trouble dépressif persistant (dysthymie).
Trouble bipolaire induit par usage de substance/ médication.	Trouble dysphorique prémenstruel.
	Trouble dépressif induit par usage de substance/ médication.
Trouble bipolaire dû à une affection somatique.	
Autres troubles bipolaires spécifiés.	Trouble dépressif dû à une affection somatique.
• Hypomanie de courte durée :	Autres troubles dépressifs spécifiés.
• Hypomanie subsyndromique ;	Troubles dépressifs non spécifiés ailleurs.
• Hypomanie pure sans dépression ;	
• Cyclothymie de moins de 2 ans.	
Troubles bipolaires non spécifiés ailleurs.	

Le manuel décrit les critères que les docteurs peuvent utiliser pour diagnostiquer les troubles mentaux. Rendez-vous au chapitre 2 pour plus d'informations.

L'ÉTIQUETTE « TROUBLE BIPOLAIRE »

Si vous êtes comme la plupart des gens, vous n'aimez pas les étiquettes – en particulier celles aux connotations négatives, telles que le trouble bipolaire. Utilisée dans une phrase comme « Patrick est bipolaire », l'étiquette semble encore plus insensible. Elle stigmatise non seulement Patrick, mais elle le réduit également à la maladie elle-même. Si Patrick avait un cancer, personne ne dirait : « Patrick est un cancer. » Pourtant, les gens utilisent souvent un peu trop à la légère le terme *bipolaire.*

Votre médecin n'utilise pas l'expression de *trouble bipolaire* pour vous coller une étiquette ou minimiser votre valeur en tant qu'être humain. Cette étiquette fournit un moyen pratique de se référer à cette pathologie qui nécessite un traitement. Elle aide toutes les personnes impliquées dans votre plan de traitement à identifier rapidement la maladie qui vous affecte afin de vous fournir et les médicaments et la thérapie appropriés. Vous « n'êtes pas » le trouble bipolaire. Le trouble bipolaire est une maladie dont vous souffrez, et vous pouvez la gérer avec les bons traitements.

Traiter le trouble bipolaire sous toutes ses coutures

Pour bien traiter tous les aspects (extérieurs et intérieurs) du trouble bipolaire, il faut généralement opter pour une approche à deux volets. Les médicaments et autres traitements biologiques ciblent les cellules du cerveau au niveau cellulaire dans le but de restituer une fonction cérébrale normale. Cependant, même s'ils sont efficaces, les médicaments sont rarement suffisants. Une gestion efficace et soutenue de la maladie nécessite généralement la prise de médicaments accompagnée d'un traitement extérieur – qui consiste à cibler le cerveau et le corps au niveau de leur fonction, mais aussi de mettre en œuvre des stratégies d'auto-assistance et une gamme de thérapies et de soutiens, comme nous l'expliquons dans les sections suivantes.

Traiter les causes biologiques du trouble bipolaire

Le trouble bipolaire est une maladie physique qui trouve ses racines dans la biologie du cerveau (voir chapitre 2). C'est pourquoi il répond généralement mieux aux traitements biologiques qui ciblent le cerveau comme ceux listés ci-dessous :

- **Les médicaments.** Ils constituent généralement le traitement de première intention et offrent plusieurs options de traitement pour la manie, la dépression et les symptômes qui les accompagnent comme l'anxiété et l'insomnie (pour en savoir plus sur les médicaments, voir le chapitre 7).

  À retenir

  Les médecins utilisent des médicaments pour traiter les symptômes aigus (et graves) à court terme et en tant que prophylaxie (traitement préventif) afin d'éviter d'autres cycles de crises. Les médicaments que votre médecin vous prescrit varient en fonction de vos symptômes et de vos réponses et réactions passées aux médicaments.

- **Les vitamines et compléments alimentaires.** Les acides gras Oméga-3 peuvent être utiles dans le cadre d'une dépression ou manie bipolaire. D'autres compléments, y compris l'acide folique et la N-acétylcystéine (NAC), sont parfois utilisés, mais il n'existe pas de preuve réelle de leur efficacité.

  Attention

  Soyez prudent avec les traitements alternatifs, y compris les traitements naturels ou à base de plantes. Une surdose de toute substance dans votre corps peut être tout aussi mauvaise pour vous qu'en prendre en trop petite quantité. En outre, certains compléments alimentaires peuvent interagir avec les médicaments qui vous sont prescrits, alors assurez-vous de bien prévenir votre médecin au sujet des compléments alimentaires que vous utilisez. Gardez également à l'esprit que certains remèdes naturels comportent les mêmes risques que les produits pharmaceutiques, mais nombreux sont ceux qui ne sont pas réglementés par les organismes gouvernementaux.

- **La stimulation cérébrale**. Il existe de nombreux moyens d'action sur le fonctionnement interne du cerveau qui sont prometteurs dans le traitement de certains symptômes bipolaires, en particulier sur une dépression qui n'a pas répondu aux médicaments ou à une thérapie. La stimulation cérébrale inclut la luminothérapie, la stimulation magnétique transcrânienne répétitive (TMSr), la sismothérapie ou thérapie par électrochocs (ECT), et enfin la stimulation cérébrale profonde (SCP), qui au stade expérimental et réservée pour des protocoles de recherche dédiés aux cas les plus sévères et réfractaires.
  Pour en savoir plus sur les médicaments et autres traitements biologiques, consultez la partie 3.

Se battre contre le trouble bipolaire grâce aux thérapies et soutiens

Bien que le trouble bipolaire soit une maladie physique qui affecte le cerveau, se référer pour seule cause à un « déséquilibre chimique » est trompeur. Dans de nombreux cas, rétablir la fonction cérébrale grâce à des traitements biologiques ne suffit pas à traiter le trouble bipolaire parce que votre cerveau est non seulement affecté sur son fonctionnement interne, mais il connaît aussi des dysfonctionnements quant à la durée de votre sommeil, ce que vous mangez et buvez, comment vous interagissez avec d'autres personnes, comment vous faites face à des situations stressantes, etc.

À retenir

Vos expériences influencent votre cerveau autant que votre cerveau influence vos pensées, paroles et comportements. Et tant votre cerveau que vos expériences affectent vos humeurs.

Un rétablissement solide exige habituellement la prise de médicaments mais aussi des stratégies de développement personnel, des thérapies et d'autres soutiens (voir le chapitre 11) :

- **Le développement personnel.** Les stratégies de développement personnel comprennent tout ce que vous pouvez faire pour vous sentir mieux, et bien souvent elles ne vous coûtent rien d'autre que du temps et des efforts. L'une des plus importantes activités de développement personnel est le suivi de vos humeurs afin que vous puissiez répondre très rapidement à des épisodes thymiques avant qu'ils soient hors de votre contrôle. Une autre est d'identifier et d'essayer de limiter l'exposition à tout ce qui vous cause du stress ou tend à déclencher un épisode thymique. Manger sainement, faire de l'exercice, établir des relations saines et se livrer à d'autres activités pour soutenir votre santé dans sa globalité sont d'autres stratégies qui peuvent vous aider.
- **Les thérapies.** Certaines thérapies, y compris la thérapie cognitive comportementale (TCC), la thérapie interpersonnelle et du rythme social (TIPRS), le conseil conjugal, la thérapie de couple ou familiale, sont des approches communes pour la gestion des cycles et des symptômes de l'humeur. La TCC est reconnue comme étant efficace pour la dépression et l'anxiété, mais ses effets sur la manie et le trouble bipolaire général sont encore en cours d'évaluation. Il est préférable d'être accompagné par un thérapeute, mais si vous n'avez pas accès à un thérapeute pour une raison quelconque, vous pouvez vous renseigner sur ces thérapies, en lisant des livres notamment, et appliquer certaines des stratégies et principes dans un modèle d'auto-assistance.

- **Les autres soutiens.** Comme avec la plupart des choses dans la vie, plus vous avez de soutien, mieux c'est. Vous voudrez peut-être commencer par construire une structure de soutien composée de votre cercle proche. Les membres de la famille et les amis peuvent en devenir les piliers, en étant informés sur le trouble bipolaire, en développant de l'empathie et en faisant équipe avec vous pour surmonter les nombreux défis auxquels vous êtes confrontés. D'autres soutiens peuvent venir des groupes de soutien locaux, des centres communautaires de santé mentale (CCSM), de l'administration de la sécurité sociale, des programmes gratuits de médicaments, de votre entourage et de vos collègues de travail.

Reconquérir votre vie : le rétablissement

Vivre un épisode maniaque ou dépressif majeur, c'est comme être embouti par un train de marchandises..., mais bien souvent sans les preuves matérielles. Si vous pouviez vous retourner, pourtant, vous verriez votre être meurtri et peut-être recevriez-vous un peu de sympathie bien méritée. Malheureusement, les autres peuvent vous percevoir comme une personne qui est parfaitement capable de retourner à son domicile ou au travail. Pour compliquer le problème, un épisode thymique majeur laisse souvent derrière lui des dommages collatéraux considérables. Vos proches peuvent se sentir en colère ou aliénés. Votre patron peut vous tenir pour responsable. Et vous pourriez être aux prises avec les effets secondaires du dernier traitement qui vous a été prescrit.

À ce stade, vous pouvez vous sentir responsable en tant que fidèle employé ou membre de la famille, et vous rassembler pour retourner au boulot. Et si c'est vraiment ce que *vous* voulez faire, c'est peut-être préférable pour vous. Dans la plupart des cas, cependant, il est préférable, afin d'avoir un meilleur pronostic de rétablissement à long terme, de prendre un peu de temps pour récupérer, pour permettre à vos humeurs de se stabiliser et pour prêter attention à vos besoins émotionnels et psychologiques. Afin de vivre une convalescence aussi réussie que possible, tenez compte des conseils et des techniques suivants :

- **Trouver des modes de vie alternatifs, le cas échéant.** Si vous vivez seul ou dans un environnement stressant, envisagez d'emménager avec un ami ou un parent proche jusqu'à ce que vos humeurs se stabilisent. Une personne solide peut vous aider à contrôler vos humeurs, vous rappeler de prendre vos médicaments et offrir un soutien moral.
- **Profitez de vos avantages sociaux.** Contactez le service des ressources humaines de votre entreprise, afin d'établir en bonne et due forme votre congé maladie le temps de votre rétablissement, en accord avec les

prescriptions de votre médecin. Assurez-vous également de vérifier votre couverture d'assurance maladie et de mutuelle. Ne quittez pas votre travail, même si vous pensez qu'il contribue à vous rendre malade. Bénéficiez de tous les avantages auxquels vous avez droit. Travaillez avec le système. Si, malgré tout, vous avez toujours envie de démissionner, remettez cette décision à plus tard, quand vos idées seront plus claires.

» **Inscrivez-vous à un programme intensif de traitement en ambulatoire.** De nombreux hôpitaux et cliniques offrent un traitement ambulatoire intensif qui peut vous aider à traiter les problèmes dans votre vie, pendant que vous récupérez physiquement du traumatisme. Si vous êtes en arrêt de travail, un traitement ambulatoire intensif vous maintient occupé au cours de la journée et offre un contact humain très important.

Certaines personnes peuvent considérer ce conseil comme irréaliste. Vous devez travailler pour gagner assez d'argent pour survivre et éventuellement soutenir votre famille, non ? Alors comment pouvez-vous vous permettre de prendre du temps pour récupérer ? Eh bien, le fait est que les principaux épisodes d'humeur sont extrêmement débilitants. Prendre le temps de récupérer pleinement est une étape essentielle pour éviter des rechutes invalidantes et démoralisantes. En fin de compte, votre santé financière exige votre rétablissement médical. Alors pensez à la situation comme suit : si vous aviez une pathologie différente vous empêchant de retourner au travail et à vos responsabilités familiales, vous tracasseriez-vous autant de faire le choix de guérir ?

Conseil

Évitez de prendre des décisions majeures au cours de votre convalescence, comme quitter votre travail ou rompre une relation. Concentrez-vous sur votre rétablissement. Vous pourrez traiter plus efficacement ces questions quand vous serez complètement rétabli.

À retenir

Comme nous le mentionnons au début de ce chapitre, le rétablissement ne signifie pas nécessairement « guérison » ou un retour à votre vie d'avant le trouble bipolaire. Se rétablir d'un épisode thymique bipolaire veut dire trouver un moyen de gérer la maladie. Pour certaines personnes, c'est une étincelle qui devient une renaissance à une vie nouvelle. Vous risquez de perdre certaines capacités que vous aviez auparavant, mais vous pourriez aussi acquérir des connaissances et des compétences dans d'autres domaines, et vous tourner vers une nouvelle carrière que vous trouverez tout autant voire plus gratifiante que celle que vous avez perdue. La récupération est individuelle et personnelle.

Portrait

ÇA FAIT PLUS DE 40 ANS QUE JE DEMANDE AUX PSYCHIATRES SI JE SUIS BIPOLAIRE

Mme B., 56 ans, nous consulte pour soigner son état dépressif et revoir son traitement. Depuis l'âge de 15 ans, elle présente des dépressions, qui, au départ, sont déclenchées par des ruptures sentimentales, puis des conflits relationnels au travail ou des périodes de burn-out. Les épisodes dépressifs sont typiques, parfois associés à des passages à l'acte avec absorption d'alcool et de médicaments.

Un premier traitement antidépresseur a été prescrit par la médecine du travail. *A priori* ce traitement ne lui aurait pas convenu et aurait aggravé son état.

Sur le plan professionnel, Mme B. a abandonné plus d'une dizaine de postes.

Elle est incapable de préciser les périodes hypomaniaques qui sont, selon elle, « des périodes normales ou hors dépression ». Cependant, on observe que la majorité de ses dépressions surviennent après des phases d'hyperactivité sentimentale et professionnelle.

L'épisode dépressif actuel évolue depuis plusieurs mois avec un état de fatigue extrême qui fait suite à une période ponctuée de nombreux déplacements professionnels. En plus des symptômes dépressifs classiques, Mme B. décrit une agressivité verbale, des réactions de colère avec son entourage proche et une tendance à penser que les autres la jugent et sont malveillants à son égard (« Je suis persuadée que les autres sont devenus mes ennemis »). Au sein de ces périodes, l'angoisse d'abandon est fortement réactivée. Elle ajoute : « Je provoque et j'agresse l'autre ; puis je me sens rejetée et si on ne me rejette pas, je rejette l'autre. »

La préoccupation majeure de Mme B. concerne son avenir. Elle n'arrive pas à se projeter sans avoir un travail et accepte mal l'idée d'un départ à la retraite (« C'est la fin de ma vie, si j'arrête de travailler »).

Une autre préoccupation est en rapport avec les diverses opinions de son entourage proche et professionnel : « Je passe souvent pour une lunatique, hystérique, égocentrique, ou simplement une dingue – tarée qui mérite d'être internée dans un asile. Ces jugements me blessent au plus profond de moi ; je peux les comprendre mais dans ces moments de crise, j'ai besoin de leur soutien et pas de leur jugement. »

Tout au long de ces périodes, Mme B. n'a cessé de demander à ses psychiatres si elle était bipolaire. Elle n'a reçu que des traitements antidépresseurs par intermittence, qui étaient inefficaces ou inducteurs de virages hypomaniaques mixtes. Il y a une quinzaine d'années, un traitement à base de Dépamide a été introduit par son psychiatre, mais sans qu'aucune précision diagnostique ne soit mentionnée à la patiente. Le Dépamide a toujours été associé à un antidépresseur. Ce n'est qu'au détour d'un bilan médical réalisé récemment dans un centre expert des troubles bipolaires que le diagnostic de bipolarité de type II fut suspecté avec la proposition d'arrêter les antidépresseurs.

Ce témoignage illustre une « triple » réalité triste :

- La première concerne les longs délais avant d'obtenir le diagnostic correct de bipolarité ; des délais qui varient entre 4 et 10 ans (et parfois plus pour les formes atténuées ou cyclothymiques).
- La deuxième réalité est le cumul des effets indésirables et des risques de complications induits par l'usage excessif des antidépresseurs chez les patients susceptibles de présenter un trouble bipolaire mais non encore identifiés.
- La troisième réalité est en rapport avec la stigmatisation des troubles mentaux en général et de la bipolarité en particulier. Beaucoup de patients ont peur de divulguer la nature de leur trouble car le mot « bipolaire » fait encore peur ; il peut rimer avec « être fou », « psychotique » ou dangereux. Cette stigmatisation de la bipolarité est en fait « double » : elle touche l'entourage mais surtout la personne elle-même (auto-stigmatisation). De nombreuses personnes souffrant d'un trouble bipolaire s'autodénigrent. Ce phénomène est peu connu ; pourtant, il est tout aussi destructeur pour les malades que les préjugés auxquels ils doivent faire face.

Soutenir un ami ou un proche qui souffre d'un trouble bipolaire

Le trouble bipolaire peut faire ou défaire une relation. Aucun doute : la maladie provoque de la souffrance, mais elle peut aussi avoir des avantages. Les personnes atteintes de trouble bipolaire sont souvent plus créatives, enthousiastes. Ce sont des personnes intelligentes dont la joie de vivre et l'affirmation sont contagieuses. Vous pouvez facilement tomber amoureux d'elles.

Quand une personne dont vous vous souciez est dans une profonde dépression, cependant, vous pouvez avoir l'impression ou la crainte que son trouble vous pousse tous deux dans le puits sans fond du désespoir. Au cours d'un épisode maniaque, l'arrogance, la colère, l'autosatisfaction ou la violence psychologique que l'être aimé affiche peut vous repousser. Pour maintenir votre propre stabilité émotionnelle et aider la personne que vous aimez, essayez de garder la maladie en perspective, de prendre du recul et de conserver un état d'esprit sain (voir le chapitre 19 pour plus de détails).

Adopter le bon état d'esprit

Pour soutenir un ami ou un parent ayant un trouble bipolaire, la première étape consiste à développer de l'empathie et à appréhender le niveau de contrôle que la maladie a sur la personne. Voici quelques points importants à garder à l'esprit :

- Votre proche souhaite probablement encore plus que vous ne pas être atteint de bipolarité.
- Lorsque votre ami ou proche débite des propos abusifs ou tranchants, c'est la maladie qui parle. Ne le prenez pas personnellement.
- Le prendre personnellement est tout à fait normal, alors ne vous sentez pas coupable si c'est le cas. Être un soutien solide n'est pas une chose facile.
- La situation n'est pas désespérée. Avec le bon traitement médicamenteux, avec la thérapie adaptée et avec votre soutien, vous pouvez retrouver la personne que vous aimez et elle pourrait même être mieux qu'avant !
- Plus vous en savez sur le trouble bipolaire, plus vous pouvez l'accepter et fournir un soutien adapté. En lisant ce livre, vous faites une première étape importante.

Passer à l'action pour aider

Voici quelques idées plus pratiques et concrètes que vous pouvez faire pour aider un proche bipolaire :

- Assistez à un groupe de soutien pour amis/proches de personnes souffrant d'un trouble bipolaire.
- Demandez à votre ami ou parent comment il souhaite vous voir impliqué.
- Soyez dans le soutien sans être envahissant.
- Pendant les périodes de crise, proposez de l'aider à cuisiner, à nettoyer, ou de gérer d'autres tâches quotidiennes.
- Restez en contact.
- Si votre proche est hospitalisé, envoyez une carte ou rendez-lui visite.
- Proposez-lui de le conduire à ses rendez-vous.
- Sachez écouter.
- Traitez votre proche comme avant – avant de connaître le diagnostic.

Diagnostiquer et traiter un enfant ou un adolescent avec un trouble bipolaire

Le diagnostic de trouble bipolaire chez les enfants (jusqu'à l'âge de 12 ans) et les adolescents a été sujet à de nombreux débats et controverses durant les dix dernières années. Même les professionnels du domaine sont fondamentalement en désaccord sur certaines caractéristiques du diagnostic de ce trouble chez les jeunes. Le consensus qui est en train de s'établir, cependant, est simple : pour être diagnostiqués avec un trouble bipolaire, les enfants doivent présenter les mêmes schémas d'énergie et de changements d'humeur que les adultes – au moins une période de manie ou d'hypomanie, souvent associés à des épisodes de dépression.

À retenir

Les adolescents sont plus susceptibles que les jeunes enfants de montrer des symptômes classiques de bipolarité – la manie en particulier. La vraie manie peut se produire chez les enfants avant la puberté, mais elle est rare. Des recherches récentes suggèrent que les enfants qui présentent beaucoup de problèmes de dérèglement de l'humeur, en particulier la colère et l'irritabilité, ne sont pas plus susceptibles de présenter un trouble bipolaire plus tard dans la vie. Au lieu de cela, ils éprouvent souvent de l'anxiété et/ou de la dépression quand ils vieillissent.

L'hyperactivité et l'impulsivité, qui sont prépondérantes dans les épisodes maniaques, sont les symptômes principaux d'une pathologie psychiatrique courante chez les enfants – le trouble déficitaire de l'attention avec hyperactivité (TDAH). Les critères évolutifs de diagnostic du trouble bipolaire chez les enfants ne prennent pas en compte l'hyperactivité et l'impulsivité pour un diagnostic d'épisode maniaque à moins que ces symptômes s'aggravent pendant une période prolongée (pas seulement quelques heures).

Cette recherche est en cours et le panel d'experts cherche toujours à quoi ressemble le trouble bipolaire chez les enfants et adolescents, mais les médecins savent maintenant qu'ils doivent faire preuve de prudence lors de l'évaluation de jeunes patients. Les médicaments utilisés pour traiter la manie sont puissants et possèdent de nombreux effets secondaires, et un diagnostic de bipolarité peut empêcher l'utilisation de médicaments pour traiter le TDAH ou l'anxiété et la dépression. Par conséquent, un mauvais diagnostic chez un enfant peut avoir des conséquences importantes à long terme.

Faire un diagnostic précoce et précis des difficultés d'un enfant, et savoir identifier si la cause est un trouble bipolaire ou autre chose, est l'étape la plus critique pour aider un enfant ou un adolescent à gérer un problème d'humeur. Rendez-vous au chapitre 21 pour plus d'informations sur le diagnostic et les options de traitement pour les enfants et les adolescents ayant un trouble de l'humeur.

Chapitre 2

Démystifier le trouble bipolaire

DANS CE CHAPITRE :

» **Reconnaître les troubles bipolaires grâce aux manuels de diagnostic**

» **Définir la dépression majeure, la manie, l'hypomanie, et la psychose**

» **Explorer les troubles bipolaires de type I et II ainsi que d'autres formes de troubles bipolaires**

» **Examiner les prédispositions génétiques et autres facteurs qui contribuent à la maladie**

» **Comprendre le cerveau et la façon dont il fonctionne (et dysfonctionne)**

Un des aspects les plus frustrants du trouble bipolaire est qu'il ne se manifeste que par la pensée, les émotions, les perceptions, la parole et le comportement. Au moment de la rédaction de ce livre, aucun test médical n'est disponible pour prouver sans l'ombre d'un doute que vous avez un trouble bipolaire. En outre, d'autres pathologies médicales, comme un dysfonctionnement de la thyroïde, peuvent produire des symptômes similaires au trouble bipolaire. Ce qui est malheureux c'est que les gens considèrent souvent la maladie comme un mauvais caractère ou un trouble de la personnalité.

Cependant le trouble bipolaire est une véritable maladie « physique ». Elle affecte le cerveau – l'une des parties les plus complexes de l'anatomie humaine et les plus difficiles à tester, et l'une des zones les plus sensibles aux traumatismes émotionnels ainsi qu'au stress.

Dans ce chapitre, nous définissons les termes de base du diagnostic bipolaire, y compris *la dépression*, *la manie* et *l'hypomanie*, et nous observons comment ils se réunissent pour former un diagnostic principal de trouble bipolaire, y compris le type I et le type II. Nous examinons également la biologie des troubles bipolaires, en explorant la connaissance en constante évolution que nous avons de la prédisposition génétique et de la physiologie du cerveau. Nous examinons comment les médicaments fonctionnent pour soulager les symptômes. Et parce que les stimuli environnementaux contribuent au développement des symptômes bipolaires, nous regardons également comment d'autres facteurs peuvent contribuer à la dépression et à la manie.

Ouvrir le manuel de diagnostic

Pour diagnostiquer le trouble bipolaire, les médecins se réfèrent à un manuel qui fournit une liste de critères (nature des symptômes, durée, sévérité, assemblages, conséquences sur le fonctionnement) qui doivent être réunis. Aux États-Unis, les médecins consultent le *Manuel diagnostique et statistique des troubles mentaux* (DSM). Au Royaume-Uni et dans la plupart des autres pays du monde, les médecins consultent la *Classification internationale des maladies* (CIM). Ceci dit, tout cela reste théorique car peu utilisé dans la pratique et surtout appliqué dans les certificats médicaux ; ainsi, un trouble bipolaire de type I avec épisode maniaque actuel de grave sévérité est codé 296.43 (pour le DSM-5) et F31.13 (pour la CIM).

Le manuel américain « Diagnostique et statistique des troubles mentaux » (DSM)

Quand un médecin aux États-Unis diagnostique une maladie mentale, comme le trouble bipolaire, il se repose principalement sur le *Manuel diagnostique et statistique des troubles mentaux* (DSM) de l'American Psychiatric Association (APA). Ce manuel définit de nombreux modèles de symptômes et de maladies qui sont soutenus par la recherche scientifique et font le consensus entre une grande variété d'experts. Depuis mai 2013, c'est la cinquième version, ou DSM-5, qui fait acte de référence.

Cette nouvelle version du DSM apporte des changements dans la classification des différentes formes cliniques des troubles bipolaires. Cependant, les principaux termes et concepts relatifs aux troubles BP-I, BP-II et cyclothymie sont les mêmes. Les changements ont surtout porté sur la rubrique « autres troubles BP spécifiés » incluant les hypomanies brèves (de 1 à 3 jours), sub-syndromiques, pures (sans dépression) et la cyclothymie de moins de 24 mois.

La Classification internationale des maladies (CIM)

Les médecins dans les pays à travers le monde (hors États-Unis) se basent sur la *Classification internationale des maladies* (CIM) de l'Organisation mondiale de la santé (OMS), un système de classification pour toutes les questions de santé. Le chapitre 5 de la CIM traite spécifiquement des troubles mentaux et du comportement.

La différence majeure entre le DSM et la CIM-10 est que le manuel de l'OMS n'utilise pas la typologie BP-I et BP-II comme une distinction primaire. Au lieu de cela, la CIM-10 fait référence à la maladie comme un trouble affectif bipolaire et classifie par les symptômes de l'épisode en cours : actuellement hypomaniaque, actuellement maniaque, actuellement déprimé, trouble mixte ou en rémission. En outre, pour qualifier un trouble bipolaire, la CIM-10 nécessite deux ou plusieurs épisodes thymiques, avec au moins un épisode maniaque ou hypomaniaque, tandis que le DSM n'en exige qu'un seul épisode maniaque ou hypomaniaque.

À retenir

L'APA et l'OMS collaborent étroitement pour coordonner leurs efforts. Par exemple, les codes diagnostiques dans le DSM-5 sont associés aux codes correspondants de la CIM-10. Malgré certaines différences, on constate que, dans la pratique clinique, les diagnostics générés à l'aide d'un manuel devraient concorder avec ceux basés sur l'autre. Le message à retenir, c'est la rigueur de la démarche diagnostique et la référence systématique aux manuels officiels. Même si ceux-ci ne couvrent pas toute la complexité clinique de la bipolarité, ils ont au moins le mérite d'exister, d'avoir obtenu l'accord des experts, de reposer sur des études scientifiques de terrain et surtout d'être perfectibles (comme l'attestent les changements introduits dans le DSM-5 par rapport aux versions antérieures).

Les caractéristiques du trouble bipolaire

Tout le monde connaît des hauts et des bas, et certaines personnes sont naturellement un peu plus maussades que d'autres. C'est la nature humaine, mais ce n'est pas ce que le trouble bipolaire est. Si vous allez chez un psychiatre pour y chanter le blues, vous n'aurez pas forcément une ordonnance pour un antidépresseur. De même, si vous restez debout toute la nuit à jouer au poker et à hurler à la lune avec vos amis, ne vous attendez pas à recevoir la prescription d'un stabilisateur de l'humeur à la suite de votre folle soirée. La dépression majeure, la manie et l'hypomanie ne sont pas de simples mouvements de l'humeur mais sont beaucoup plus intenses et graves.

Épisode dépressif majeur ou caractérisé

La *dépression majeure ou caractérisée* vous fait sentir comme si vous nagiez dans une mer de mélasse. Tout est lent, sombre et lourd. Pour évoquer le diagnostic d'épisode dépressif caractérisé, le DSM énonce des critères précis comme avoir cinq ou plus des symptômes dépressifs (avec au moins une humeur dépressive ou perte d'intérêt ou de plaisir), qui doivent durer au moins deux semaines d'affilée. Ces symptômes doivent représenter un véritable changement par rapport à votre fonctionnement habituel.

- » Une humeur dépressive présente quasiment toute la journée, presque tous les jours (par exemple, se sentir triste, vide, sans espoir).
- » Une diminution marquée de l'intérêt ou du plaisir pour des activités précédemment considérées comme agréables (ce qui peut inclure le sexe), et ce, presque tous les jours.
- » Un changement notable de l'appétit (augmentation ou diminution) presque tous les jours ou un changement marqué du poids corporel excédant 5 % en un mois en l'absence de régime amaigrissant.
- » Dormir trop ou trop peu presque tous les jours.
- » Une façon de se déplacer inhabituellement lente (ralentissement moteur) ou avec agitation physique observable par d'autres, non limitée à un sentiment subjectif de fébrilité ou de blocage intérieur.
- » Une fatigue ou perte d'énergie quotidienne.
- » Un sentiment de dévalorisation, de culpabilité excessive ou inappropriée (qui peut être parfois délirante) presque tous les jours (pas seulement se reprocher ou se sentir coupable d'être malade).
- » Une indécision inhabituelle ou une diminution de l'aptitude à penser clairement ou à se concentrer sur une tâche donnée, presque chaque jour, que vous ressentez ou qui est observée par les autres.
- » Des pensées récurrentes de mort (pas seulement une peur de mourir) ou de suicide sans plan précis ; tentative de suicide ou plan précis pour se suicider.

Ces symptômes doivent induire une détresse cliniquement significative ou une altération du fonctionnement social, professionnel ou dans d'autres domaines importants. Ainsi la présence de ces symptômes avec leurs conséquences dans votre vie quotidienne est un indicateur d'un épisode dépressif caractérisé. Enfin, l'épisode ne doit pas être imputable aux effets physiologiques d'une substance ou d'une autre affection médicale.

Épisode maniaque

La manie est le revers de la dépression ; c'est le côté « connecté » de la fatigue. Cependant, vous ne rencontrez pas officiellement un épisode maniaque, sauf si la manie dure pendant au moins une semaine ou nécessite une hospitalisation. L'épisode doit également être caractérisé par une élévation anormale et persistante de l'humeur, ou bien une humeur anormalement expansive ou irritable et une activité ou un niveau d'énergie anormaux et persistants. Et ce, presque toute la journée, presque tous les jours, pendant au moins une semaine pour la manie (ou n'importe quelle durée si une hospitalisation est nécessaire) ou au moins 4 jours consécutifs pour l'hypomanie. Au cours de cette période de perturbation de l'humeur et de l'activité, trois des symptômes suivants doivent également être présents au cours de la semaine (quatre, si votre humeur est irritable plutôt qu'élevée ou expansive). Les symptômes doivent être présents à un degré significatif et représentent un changement du comportement habituel.

- Une estime de soi gonflée à bloc ou des idées de grandeur (mégalomanie).
- Une réduction du besoin de sommeil (comme se sentir reposé après seulement 2 à 3 heures de sommeil).
- Un débit de parole excessif, une plus grande communicabilité ou un désir constant de parler.
- Une fuite des pensées et un trop-plein d'idées ou la sensation subjective que les pensées défilent avec une grande vitesse.
- Une distractibilité, une attention facilement attirée par des stimuli extérieurs sans importance ou non pertinents ; ou une incapacité à se concentrer.
- Une augmentation significative de l'activité dirigée vers un but (social, professionnel, sexuel ou scolaire) ou une agitation psychomotrice (activité excessive sans objectif précis, non orientée vers un but).
- Un engagement excessif dans des activités à potentiel élevé de conséquences dommageables, y compris des conduites sexuelles inconséquentes, des virées shopping inconsidérées, et des investissements déraisonnables.

À retenir

Pour évoquer le diagnostic d'épisode maniaque, la perturbation de l'humeur doit être suffisamment intense pour entraîner une altération marquée du fonctionnement ou nécessiter une hospitalisation (pour protéger le sujet ou son entourage des conséquences de la manie) ou bien comporter des symptômes psychotiques (délire, hallucinations).

Épisode d'hypomanie

Un diagnostic *d'hypomanie* implique les mêmes nature et nombre de symptômes qu'un épisode maniaque (voir la section précédente). Par exemple, la perturbation de l'humeur et la modification du fonctionnement doivent être manifestes pour les autres. Donc l'hypomanie n'est pas juste une élévation euphorique de l'humeur, mais une perturbation qui représente un changement distinct du comportement habituel de la personne, changement qui est observable par d'autres et relaté comme quelque chose qui ne va pas bien ou qui les inquiète. Cependant l'hypomanie diffère de la manie par certaines caractéristiques :

- » Plus courte durée : seulement 4 jours sont suffisants pour être qualifié comme étant un épisode hypomaniaque (les études récentes montrent que le critère « durée de 4 jours ou plus » n'est pas nécessaire ; ainsi des hypomanies brèves, de 1 à 3 jours, sont autant valides que les hypomanies typiques).
- » Moindre sévérité globale qui n'est pas suffisante pour entraîner une altération marquée du fonctionnement ou pour nécessiter une hospitalisation.
- » Absence de signes de psychose.

Épisodes mixtes

Il s'agit d'épisodes caractérisés par la coexistence ou le chevauchement simultané des symptômes de polarité opposée, comme un épisode (hypo)maniaque avec symptômes dépressifs ou un épisode dépressif majeur avec symptômes (hypo) maniaques.

TABLEAU 2-1 : Nature des épisodes bipolaires : purs versus mixtes

	0	m	M
0	**0**	Hypomanie Pure	Manie Pure
d	Dépression Mineure Pure	Hypomanie mixte (md) (3 symptômes dépressifs)	Manie mixte/dysphorique (Md) (3 symptômes dépressifs)
D	Dépression Majeure Pure	Dépression mixte (mD) (3 symptômes hypomaniaques) *(Introduite récemment dans le DSM-5)*	Manie mixte majeure (MD) *(Ancienne définition d'un « état mixte » dans le DSM-4)*

m : hypomanie ; M : manie ; d : dépression mineure ; D : dépression majeure.

La spécification des épisodes (hypo)maniaques et dépressifs avec « caractéristiques mixtes » a été introduite dans le DSM-5. Comme on le voit dans le tableau, dans les versions antérieures, on désignait comme « état mixte » un épisode maniaque (M) associé avec un syndrome dépressif (D), c'est-à-dire la présence d'au moins 5 symptômes dépressifs sur une période d'une semaine. Dans la nouvelle version, on exige la présence simultanée au cours de l'épisode actuel d'au moins 3 symptômes de polarité opposée ; ce qui allège l'ancienne définition (MD) qui était assez rigide et loin de la réalité clinique des états mixtes. Ainsi parle-t-on de manie mixte (Md), d'hypomanie mixte (md) et de dépression mixte (Dm). Enfin, lorsque l'épisode répond simultanément aux critères d'un épisode de manie (M) et de dépression caractérisée (D), le diagnostic est en faveur de « manie mixte », compte tenu de la gravité et la primauté de la manie sur la dépression.

Rappelons que les épisodes avec des caractéristiques mixtes sont fréquents (plus de 30 % des épisodes bipolaires) et comportent des caractéristiques distinctes des épisodes purs ; c'est pourquoi les médecins doivent explorer attentivement la présence simultanée des symptômes dépressifs et maniaques pour obtenir les diagnostics les plus précis.

Par exemple, une « manie mixte » se distingue de la « manie pure » par :

- Prédominance du sexe féminin (rapport F/H = 2/1).
- Dominance des tempéraments dépressif et cyclothymique.
- Premiers épisodes plutôt de nature mixte.
- Comorbidité avec l'abus d'alcool et les troubles anxieux, notamment le trouble d'anxiété généralisée ; rappelons que pour Kraepelin, la manie anxieuse est une forme d'état mixte.
- Risque suicidaire plus important.
- Mauvaise réponse au Lithium.

Les dépressions mixtes sont à considérer à part ; en effet, elles se démarquent par rapport aux dépressions « pures » observées dans un trouble bipolaire, par une psychopathologie plus complexe[1] :

- Un début plus précoce des symptômes dépressifs.
- Un risque suicidaire plus élevé.
- Des caractéristiques psychotiques plus fréquentes.
- Une évolution plus chronique.

---

1. Goldberg JF et al., « Manic symptoms during depressive episodes in 1,380 patients with Bipolar Disorder: Findings from the STEP-BD », *American Journal of Psychiatry*, 2009, n° 166, p. 173-81.

- Une récurrence dépressive plus importante.
- Une tendance à la cyclicité rapide.
- Une exposition plus forte aux antidépresseurs.
- Des virages thymiques plus fréquents sous antidépresseurs.

Repérer la mixité au sein des dépressions est donc une étape importante car en l'absence de diagnostic correct de ces épisodes, les risques d'aggravation par les antidépresseurs sont fréquents et sévères, notamment quand le diagnostic de bipolarité n'est pas encore établi.

Le débat autour des dépressions mixtes

Une des nouveautés apportées dans le DSM-5 a été d'introduire le diagnostic de « dépression mixte ». Celle-ci doit répondre à la présence d'au moins trois symptômes hypomaniaques sélectionnés pour éviter les symptômes qui se chevauchent avec la dépression :

- Humeur élevée ou expansive.
- Augmentation de l'estime de soi ou idées de grandeur.
- Plus grande communicabilité ou désir constant de parler.
- Fuite des idées.
- Augmentation de l'énergie ou de l'activité.
- Engagement augmenté ou excessif dans des conduites à risque.
- Réduction du besoin de sommeil (à distinguer d'une insomnie).

Malgré une légitimité théorique, cette définition ne colle pas avec les visions classiques des états mixtes, notamment celle du grand expert Athanasios Koukopoulos, qui définissait la dépression mixte par la présence de signes d'excitation psychique et émotionnelle au sein d'une dépression majeure. En reprenant la définition de Koukopoulos, l'équipe de Nassir Ghaemi[2] a identifié quatre signes cardinaux de la mixité dépressive :

- Agitation psychique/tension intérieure (fréquence : 98 %).
- Labilité thymique/réactivité émotionnelle excessive (85 %).
- Absence de ralentissement psychomoteur (80 %).
- Irritabilité intense/crises de colère non provoquée (75 %).

2. Pae CU *et al.*, « Mixed Depression: A Study of its Phenomenology and Relation to Treatment Response », *Journal of Affective Disorders*, 2012, 136(3), p. 1059-61.

Curieusement, ces quatre signes cardinaux ne figurent pas dans les critères du DSM-5 ! En effet, les experts du DSM-5 ont délibérément écarté les symptômes typiquement « mixtes » pour éviter le chevauchement avec le syndrome maniaque. Pourtant, en suivant leur raisonnement, on perd le diagnostic des dépressions mixtes.

Une étude plus large[3] (Bridge Study) a exploré la fréquence des symptômes hypomaniaques dans une population de 2 811 patients avec une dépression majeure : humeur irritable (32,6 %) ; labilité émotionnelle (29,8 %) ; distractibilité (16,1 %) ; impulsivité (14,5 %) ; violence verbale/physique (14,2 %) ; pensées rapides (11,8 %). Les symptômes typiques de l'hypomanie sont présents à une fréquence entre 4 et 8 % !

La psychose… parfois

La psychose peut représenter l'accompagnement le plus effrayant de la dépression. Elle peut inclure une pensée délirante, de la paranoïa et des hallucinations (typiquement auditives plutôt que visuelles). Bien que la psychose ne fasse pas partie intégrante du diagnostic bipolaire, elle peut accompagner un épisode thymique. Les expressions cliniques extrêmes de la dépression et de la manie sont parfois associées à des changements profonds dans le système de perception de la réalité qui conduisent à de graves distorsions dans la perception et la pensée. Au cours d'un épisode psychotique, vous pouvez rencontrer l'un des symptômes suivants :

- Se sentir comme si vous aviez des pouvoirs spéciaux.
- Entendre des voix que vous seul entendez, qui vous demandent d'accomplir certains actes ou qui vous font croire que les autres personnes parlent de vous.
- Croire que les gens peuvent lire dans votre esprit ou injecter des pensées dans votre tête.
- Penser que la télévision ou la radio vous envoie des messages spéciaux.
- Penser que les gens vous suivent ou essaient de vous faire du mal quand ce n'est pas le cas.
- Croire que vous pouvez accomplir des objectifs qui sont bien au-delà de vos capacités et de vos moyens.

3. Perugi G *et al.*, « Mixed Features in Patients with Major Depressive Episode: The BRIDGE-II-Mix Study », *Journal of Clinical Psychiatry*, 2015, 76(3), p. 351-8.

À retenir

Les symptômes psychotiques reflètent habituellement la polarité affective dominante du trouble de l'humeur. On parle ainsi de caractéristiques psychotiques congruentes à l'humeur : par exemple, au cours d'un épisode dépressif majeur, les pensées psychotiques sont généralement sombres et négatives (thématique de culpabilité, de ruine, d'échec, d'anéantissement) ; dans un état maniaque, les symptômes ont tendance à se situer autour des superpouvoirs, des capacités et des connaissances (thématique dominante de grandeur, d'invulnérabilité, de succès, etc.). Toutefois, cela n'est pas toujours vrai. Le contenu d'une psychose peut se situer partout sur la carte. Dans ces cas, on parle de caractéristiques psychotiques non congruentes à l'humeur, c'est-à-dire que le contenu du délire ne concorde pas avec la thématique typique de la polarité de l'épisode. Dans la nosologie classique française, les épisodes délirants de manie ou de mélancolie correspondent à la présence des caractéristiques psychotiques non congruentes à l'humeur.

Les nombreux visages du trouble bipolaire

Le trouble bipolaire possède plusieurs visages : heureux, triste, craintif, confiant, sexy ou furieux. Il peut séduire des étrangers, intimider les guichetiers de la banque, lancer des fêtes extravagantes, et voler votre joie jusque tard dans la nuit. Cependant, sur la base de la recherche, les psychiatres ont réussi à ramener de l'ordre dans le désordre en regroupant les nombreuses manifestations du trouble bipolaire en catégories qui comprennent le trouble bipolaire de type I, le trouble bipolaire de type II et le trouble cyclothymique.

VOUS ÊTES EN BONNE COMPAGNIE

Le trouble bipolaire est souvent considéré comme la Cadillac des troubles mentaux parce que de nombreuses personnalités célèbres et créatives (Vincent Van Gogh, Abraham Lincoln, Winston Churchill et Virginia Woolf) sont supposées en avoir souffert. Cela peut sembler un faible réconfort lorsque vos symptômes sont graves et douloureux, mais cela peut aussi vous donner un sentiment de parenté avec des personnes qui ont exercé un impact positif en dépit du trouble bipolaire (ou à cause du trouble bipolaire !). Peut-être que cela peut vous motiver à vous concentrer sur les « talents potentiels » ou aspects positifs du trouble bipolaire, qui font de vous quelqu'un de différent, unique ou créatif. Avec les progrès des traitements, les personnes bipolaires ne sont plus contraintes à échanger leur créativité ou leur singularité pour obtenir la stabilité (ou rémission de la bipolarité). Idéalement, un « bon » traitement doit assurer à la personne bipolaire une stabilité, avec une amélioration de son fonctionnement et de sa productivité sans pour autant briser sa créativité.

Le trouble bipolaire de type I

Pour obtenir le « badge » du *trouble bipolaire de type I*, vous devez présenter au moins un épisode de manie au cours de votre vie (selon le DSM). La CIM-10 exige la présence de deux épisodes thymiques, dont un qui soit qualifié de manie ou d'hypomanie. L'épisode maniaque doit durer au moins une semaine, ou être suffisamment grave pour nécessiter une hospitalisation, et doit constituer un net changement de comportements habituel. Il doit également avoir, dans une certaine mesure, une incidence négative sur certains aspects de votre vie, comme votre mariage, votre carrière ou vos économies.

La survenue d'un épisode dépressif n'est pas nécessaire, bien que de nombreuses personnes atteintes de trouble bipolaire de type I feront des épisodes dépressifs majeurs à un moment de leur vie. L'image que donne le Professeur Koukopoulos est la plus éloquente : « La manie est le feu et la dépression ses cendres. » En fait, la plupart des patients souffrant de trouble bipolaire de type I présentent la séquence MDI : manie/dépression/intervalle libre ; ce qui signifie que la manie est une épreuve assez difficile pour le cerveau (hyperactivité, peu de sommeil, engagement dans des activités dommageables, abus de stimulants, etc.) qui forcément sera suivie par une phase d'épuisement (équivalent d'un *burn-out*) se manifestant comme un épisode dépressif secondaire. Le défi serait de dépister et de traiter au plus tôt les phases maniaques pour prévenir les dépressions post-maniaques. De plus, on sait que la dépression est la phase de la maladie bipolaire qui est la plus longue (par rapport à la manie) et qui cause le plus de problèmes et de handicaps.

Pour porter le diagnostic de « trouble bipolaire », il est important de se rappeler qu'un épisode n'est pas synonyme de trouble ! Le critère le plus robuste est celui de l'évolution au long cours du trouble, à savoir le degré de récurrence des épisodes maniaques avec ou sans épisodes dépressifs associés.

Cependant, avant de considérer l'épisode maniaque comme partie fondamentale du diagnostic bipolaire de type I, il convient de s'assurer de certaines conditions :

- **La manie ne peut pas être exclusivement d'origine médicamenteuse ou attribuée à des traitements médicaux.** Par exemple, si vous prenez un antidépresseur, un stéroïde, ou de la cocaïne au moment où vous ressentez des symptômes maniaques, ceux-ci ne sont pas admissibles dans un diagnostic de trouble bipolaire de type I, à moins qu'ils persistent longtemps après que vous arrêtiez de prendre le médicament ou la substance.
- **La manie ne peut pas être attribuée aux effets d'une pathologie médicale identifiable.** Si vous avez un déséquilibre hormonal qui peut être responsable de symptômes maniaques (comme une hyperthyroïdie ou une maladie de Cushing), votre médecin ne peut pas faire un diagnostic définitif de bipolarité jusqu'à ce que la pathologie soit sous contrôle, identifiée et correctement traitée.

» **La manie ne doit pas faire partie d'un trouble schizo-affectif.** Le trouble schizo-affectif est une pathologie différente du trouble bipolaire, dans le sens où la proportionnalité des symptômes est en faveur des symptômes psychotiques qui sont présents pendant au moins deux semaines en dehors de tout épisode thymique caractérisé ; tandis que dans les épisodes de manie délirante, les symptômes psychotiques disparaissent en phase euthymique (avec la fin de la manie).

Le trouble bipolaire de type II

Le *trouble bipolaire de type II* est caractérisé par un ou plusieurs épisodes de dépression majeure avec au moins un épisode d'hypomanie au cours de la vie. L'épisode dépressif doit durer au moins deux semaines, et l'hypomanie doit durer au moins quatre jours. (Pour en savoir plus sur ce qui qualifie une hypomanie, consultez la section précédente « épisode hypomaniaque. »). L'hypomanie ne donne généralement pas de graves problèmes relationnels ou un comportement extrêmement risqué, mais votre comportement hypomaniaque peut rendre les gens mal à l'aise autour de vous.

Rappelez-vous toujours de l'équation « ce n'est pas l'épisode qui compte mais le trouble dans sa globalité ». En tant qu'épisode, l'hypomanie apparaît comme une variante plus atténuée et moins sévère que la manie, mais en tenant compte de l'âge de début du trouble, de son évolution, de sa comorbidité, de ses risques et de ses facteurs génétiques, le trouble BP-II ne paraît plus comme une forme atténuée du trouble BP-I, bien plutôt comme une forme totalement distincte.

Caractéristiques du trouble BP-II par rapport au trouble BP-I :

» Des épisodes dépressifs plus récurrents.

» Plus de cycles rapides.

» Des formes de dépression atypiques, agitées et mixtes.

» Plus de comorbidité anxieuse.

» Plus d'abus de substance (alcool).

» Plus de conduites suicidaires.

» Une histoire familiale de BP-II plus importante.

» Plus d'instabilité (des hauts et des bas) dans le tempérament du sujet (association fréquente entre hypomanie et cyclothymie).

Donc l'hypomanie et la manie partagent des mêmes symptômes mais ne traduisent pas la même forme de la maladie bipolaire.

À retenir

L'hypomanie appartient au trouble bipolaire de type II dont l'expression clinique, l'évolution et la prise en charge marquent la différence avec le trouble bipolaire de type I.

Le trouble cyclothymique

Le *trouble cyclothymique* implique de multiples épisodes d'hypomanie et des symptômes dépressifs qui ne répondent pas aux critères de manie ou de dépression majeure en intensité ou en durée. Les symptômes doivent durer au moins deux ans, sans avoir plus de deux mois d'affilée d'une humeur stable, ou *euthymique*, pour être qualifié de trouble cyclothymique.

À retenir

Certaines personnes atteintes d'un trouble cyclothymique font éventuellement l'expérience d'un épisode maniaque ou dépressif complet, conduisant à un diagnostic supplémentaire de bipolaire de type I ou II. Une surveillance attentive par vos soignants est importante pour que la planification de votre traitement puisse être modifiée si vos symptômes changent.

BIPOLARITÉ CYCLOTHYMIQUE VERSUS ÉPISODIQUE

Dans les DSM, le trouble cyclothymique a été officiellement reconnu depuis 1980 (DSM-3) et a été défini par l'alternance des épisodes atténués de dépression et d'hypomanie, sur une période d'au moins deux ans. Le DSM-3 a séparé la cyclothymie du trouble bipolaire typique, mais sans préciser la spécificité de ce dernier et sans faire référence aux conceptions princeps de Khalbaum-Hecker (1882) et de Deny (1909). Dans les DSM, la définition de la cyclothymie paraît, à tort, comme un trouble bipolaire mineur, si on se limite à la description des épisodes, et de ce fait, cette erreur a conduit les cliniciens à porter le diagnostic ou à utiliser rarement les critères des DSM pour le trouble cyclothymique. Certains experts défendent la place de la cyclothymie comme un trouble bipolaire distinct et différent des autres troubles BP types I et II (qui sont essentiellement caractérisés par une évolution épisodique). Ils proposent alors une définition opérationnelle du trouble cyclothymique (voir le tableau 2-3) qui exige également un score positif (score de 10 ou plus) sur le questionnaire du tempérament cyclothymique.

TABLEAU 2-3 : Critères opérationnels du trouble cyclothymique (Hantouche et Perugi, 2012)[4]

	Oui	Non
Un trouble de la sensibilité émotionnelle se manifestant à partir de l'adolescence (parfois avant).		
Des oscillations perpétuelles d'un pôle à un autre comme « faire le yo-yo » ; zigzaguer entre les hauts et les bas.		
Des changements brusques, sans motifs suffisants, d'un état à un autre (entre les hauts et les bas).		
Des « hauts » (trop d'énergie et activité) et des « bas » (manque d'énergie et hypoactivité) teintés émotionnellement par des sentiments d'exaltation euphorique, d'irritabilité ou de tristesse.		
Une évolution au long cours de manière « circulaire » et récurrente où les hauts et les bas se succèdent et se remplacent au bout de quelques heures ou jours.		
Une incapacité de maintenir l'enthousiasme pour de nouveaux projets en raison de l'instabilité des niveaux d'énergie et de motivation.		
Des conséquences négatives dans la vie familiale, sociale et/ou professionnelle (conflits relationnels, ruptures, démissions, licenciements).		
Un trouble qui semble saboter les opportunités pour avoir une vie en quelque sorte stable et sereine.		
Un total de 4 réponses positives ou plus évoque le diagnostic de cyclothymie.		

Trouble bipolaire induit par une substance

Le *diagnostic de trouble bipolaire induit par une substance* est utilisé lorsque quelqu'un se présente avec tous les symptômes du trouble bipolaire dans un contexte d'intoxication aiguë ou à l'arrêt d'une substance chimique ; et seulement lorsque la substance ou le médicament impliqué est censé être capable de produire les symptômes bipolaires (élévation d'humeur expansive et hyperactivité ou effondrement dépressif avec ralentissement psychomoteur). En outre, les symptômes doivent être intimement et chronologiquement liés aux effets de la substance. En effet, si la survenue des symptômes précède le début de la prise de la substance ou si les symptômes persistent pendant une période conséquente (par exemple, un mois après le sevrage de la substance), le diagnostic de trouble bipolaire de type I, II ou cyclothymie serait légitime.

4. Hantouche EG, Perugi G., « Should Cyclothymia Be Considered as a Specific and Distinct Bipolar Disorder? », *Neuropsychiatry*, 2012, 2(5), p. 407-414.

Les substances suivantes sont susceptibles d'induire une bipolarité secondaire : alcool ; phencyclidine ou autres hallucinogènes sédatifs – hypnotiques ; cocaïne ; amphétamines ou autres stimulants...

Trouble bipolaire associé à une autre pathologie

Le *diagnostic de trouble bipolaire associé à une autre pathologie médicale* est utilisé lorsque l'examen clinique et les bilans complémentaires montrent clairement que les symptômes bipolaires sont la conséquence directe d'une autre affection médicale et ne peuvent pas être mieux expliqués par un autre trouble mental ou par un état confusionnel (*delitrium*) (voir le chapitre 4 pour une liste de maladies qui ont des symptômes similaires à ceux des troubles de l'humeur ou qui amplifient des symptômes de troubles de l'humeur concomitants).

Autre trouble bipolaire spécifié (ATBS)

C'est une des nouveautés dans le DSM-5, l'introduction d'une catégorie pour des formes cliniques auparavant classées comme « non spécifiées ». Cette catégorie couvre notamment les tableaux cliniques avec :

- Des épisodes hypomaniaques de courte durée avec des épisodes dépressifs caractérisés (ce qui rappelle l'hypomanie brève récurrente explorée par le Professeur Angst).
- Des épisodes hypomaniaques avec insuffisamment de symptômes associés à des épisodes dépressifs caractérisés (qui correspondent à la typologie élargie de la bipolarité proposée dans l'étude de Zürich par le Professeur Angst).
- Des épisodes hypomaniaques sans antécédent d'épisode dépressif majeur (ce qui rejoint l'entité hypomanie pure permanente, selon l'étude précitée).
- Une cyclothymie de courte durée (moins de 24 mois).

La cyclicité rapide

- Le *cycle rapide* ne représente pas un type de trouble bipolaire à part entière, mais consiste en une spécification qui peut s'appliquer aux troubles bipolaires de type I et II.
- Vous devez rencontrer au minimum quatre épisodes thymiques répondant aux critères de dépression, de manie ou d'hypomanie sur un an.

- Vos épisodes doivent constituer des cycles à part entière, y compris avoir la durée typique.
- Les épisodes doivent être délimités par des intervalles de rémission complète ou partielle d'au moins deux mois, ou par le passage à un épisode de polarité opposée.
- Enfin, il est important de ne pas confondre la cyclicité rapide avec la *labilité thymique* qui décrit des changements dans la même journée de minute à minute ou d'heure en heure, ou avec le phénomène de *switching* rapide qui correspond à un virage brutal d'un pôle à un autre.

Savoir ce qui ne constitue pas un trouble bipolaire

Pour arriver à un diagnostic précis, vous devez savoir ce qui ne constitue pas un trouble bipolaire. De cette façon, vous et votre médecin pouvez envisager les options de traitement appropriées et exclure celles qui sont inefficaces. Par exemple, une personne avec un TDAH qui est reconnue à tort comme ayant un trouble bipolaire et traitée avec des médicaments anti-maniaques n'obtiendra pas de bons résultats.

Voici une liste de ce que le trouble bipolaire n'est pas :

- **Le trouble dépressif unipolaire.** C'est devant des cas de dépression récurrente (par exemple, plus de cinq épisodes) ou résistante (à plus de trois antidépresseurs) que l'on peut envisager une nature bipolaire cachée (c'est-à-dire en l'absence d'indices nets de bipolarité comme la présence d'épisodes d'hypomanie ou de cyclothymie). En effet, c'est la présence d'un épisode hypomaniaque ou maniaque qui soutient habituellement un diagnostic de trouble bipolaire. Comme la plupart des patients bipolaires consultent quand ils sont en phase dépressive, le médecin peut vous diagnostiquer et vous traiter pour un trouble bipolaire, s'il soupçonne la présence de symptômes antérieurs de manie ou d'hypomanie. En raison des récents changements des critères de l'hypomanie, comme tenir compte des hypomanies sub-syndromiques ou brèves, le risque que la dépression soit bipolaire sera nettement plus élevé. Cela dit, toutes les dépressions ne sont pas bipolaires, et c'est le suivi au long cours qui aide à mieux préciser le diagnostic et surtout à évaluer les bénéfices du traitement. En effet, prendre des psychotropes anti-maniaques à fortes doses n'est guère utile pour une dépression unipolaire. En revanche, le traitement au long cours avec le lithium s'est montré efficace dans la prévention des dépressions unipolaires récurrentes.

» **Le trouble déficitaire de l'attention avec hyperactivité (TDAH).** Le TDAH et le trouble bipolaire sont tous deux caractérisés par une incapacité à se concentrer ou à prêter attention par de l'impulsivité, une énergie accrue, et une incapacité à rester organisé. Cependant, pour ceux qui ont un trouble bipolaire, ces symptômes ne sont présents que lors d'un épisode (hypo) maniaque, donc pas tout le temps. En outre, les critères diagnostiques pour une hypomanie ou une manie incluent une augmentation des actions dirigées vers un but, une réduction du besoin de sommeil et des pensées de grandeur ; or, le TDAH ne comprend aucun de ces symptômes. Ainsi, la configuration clinique des symptômes, et en particulier le mode évolutif de nature épisodique, est un moyen clé pour distinguer le trouble bipolaire du TDAH. En revanche, le diagnostic différentiel est plus délicat quand il s'agit de distinguer le TDAH d'un trouble cyclothymique, en raison de l'instabilité persistante des humeurs et des capacités cognitives. Une récente étude montre qu'environ 70 % des personnes ayant un TDAG adulte ont également un tempérament cyclothymique.

» **La schizophrénie et les troubles schizo-affectifs.** La schizophrénie et les troubles schizo-affectifs sont des troubles caractérisés par des psychoses – une pensée délirante, de la paranoïa et des hallucinations visuelles ou auditives. Bien que des symptômes psychotiques puissent accompagner les épisodes maniaques et dépressifs, la psychose bipolaire est présente uniquement lors d'un épisode thymique aigu et disparaît pendant les intervalles libres qui séparent les épisodes. Là aussi, c'est la surveillance au long cours qui permet de séparer les cas délirants de la bipolarité des cas de schizophrénies affectives, dans lesquels les symptômes psychotiques sont observés en dehors des épisodes thymiques.

» **Le trouble de la personnalité borderline ou limite (TPB).** Le TPB partage quelques caractéristiques avec le trouble bipolaire. Par exemple, une personne avec TPB peut être impulsive, irritable et querelleuse, un peu comme quelqu'un qui présente un épisode maniaque. Cependant, les changements d'humeur d'un TPB sont généralement brutaux, de courte durée, et en réponse à un déclencheur environnemental, comme un conflit avec une autre personne. Les changements d'humeur bipolaires sont plus lents à se développer, durent plus longtemps, et semblent être plus en mode de cyclicité endogène, à savoir indépendants des événements extérieurs (même si ceux-ci peuvent déclencher des épisodes bipolaires). Les accès de rage et de colère qui caractérisent souvent un TPB ne sont pas équivalents à ceux de la manie. Les symptômes d'un TPB sont chroniques, et représentent ainsi un mode général et durable des expériences vécues et des conduites basiques de la personne, alors que la bipolarité évolue plutôt de manière épisodique avec des symptômes qui contrastent avec le fonctionnement habituel de la personne. Quand la bipolarité évolue sous le mode cyclothymique avec une instabilité persistante et des traits de tempérament irritable, la distinction avec un TPB devient plus difficile. Cela dit, ces deux diagnostics ne sont pas nécessairement exclusifs (c'est-à-dire l'un ou l'autre), car un pourcentage élevé de bipolaires cyclothymiques ont les critères du TPB et vice-versa.

» **L'instabilité de l'humeur causée par d'autres pathologies médicales ou psychiatriques, les médicaments, l'alcool ou la drogue.** De nombreuses pathologies médicales et substances – y compris les tumeurs cérébrales, la méningite, l'encéphalite, les troubles convulsifs, les lésions cérébrales, les déséquilibres hormonaux, les troubles de l'anxiété, l'autisme et les troubles envahissants du développement (TED), une variété de médicaments, l'alcool et les drogues – peuvent affecter la régulation de l'humeur et des comportements.

À retenir

Vous et votre médecin devez penser à ces diagnostics différentiels avant d'arriver hâtivement à un diagnostic de trouble bipolaire. De plus, une évaluation clinique complète est nécessaire pour distinguer la bipolarité des autres troubles pouvant mimer les symptômes bipolaires et surtout pour repérer les cas de comorbidité d'un ou plusieurs troubles – par exemple, trouble bipolaire et TDAH, ou trouble bipolaire et alcoolisme. On parle de comorbidité quand la personne présente les critères nécessaires pour chaque trouble et quand les symptômes d'un trouble ne sont pas entièrement expliqués par l'autre trouble. Dans ces cas, un traitement pour les deux pathologies est nécessaire, ce qui complique davantage le plan de traitement global. En effet, la négligence d'une telle comorbidité peut entraîner une résistance au traitement du trouble apparent, voire son aggravation. Par exemple, soigner un adulte présentant un TDAH par des stimulants (qui augmentent l'activité de la dopamine) est susceptible d'aggraver une bipolarité comorbide non détectée. De même, soigner une personne bipolaire avec des antipsychotiques (qui bloquent la dopamine) pourrait aggraver l'état de la personne au cas où il présenterait en fait un TDAH.

Chercher les racines génétiques

Nous assistons actuellement à un progrès formidable dans la cartographie du génome humain et la recherche des gènes responsables des maladies du cerveau, comme la maladie d'Alzheimer, la schizophrénie et les troubles de l'humeur. Pourtant, les scientifiques ne peuvent pas mettre le doigt sur un seul gène qui serait responsable du trouble bipolaire. Des preuves irréfutables montrent néanmoins que le trouble est profondément enraciné dans le patrimoine génétique.

Consultez les statistiques suivantes :

- Environ 1 % de la population générale répond aux critères du trouble bipolaire de type I au cours de leur vie.
- Environ encore 1 % de la population générale répond aux critères du trouble bipolaire de type II au cours de leur vie.
- Dans les familles ayant un membre diagnostiqué bipolaire de type I, les membres proches de la famille (mère, père, frère ou sœur) ont un risque de 5 à 10 % plus élevé de développer un trouble bipolaire que le reste de la population générale.
- Un vrai jumeau (monozygote) d'une personne bipolaire de type I a environ 60 à 70 % de probabilité d'avoir aussi ce trouble.
- Le faux jumeau (dizygote) d'une personne bipolaire de type I a 15 à 20 % de probabilité de souffrir du même trouble ; ce qui est légèrement plus élevé que la prévalence existante pour les autres membres proches de la famille.

Des études montrent systématiquement que la génétique est responsable d'environ 75 à 80 % des causes du trouble bipolaire de type I. D'autres facteurs biologiques et environnementaux peuvent jouer un rôle plus important dans l'apparition d'autres sous-types bipolaires, mais ce n'est pas encore clair. Plusieurs facteurs enfin expliquent la variété et la confusion des résultats issus des études génétiques dans le trouble bipolaire :

- Des gènes multiples semblent jouer un rôle dans l'apparition des troubles bipolaires, et ils se confondent avec des gènes soupçonnés de causer d'autres troubles psychiatriques, y compris la dépression unipolaire et la schizophrénie.
- Les études génétiques les plus récentes suggèrent que le trouble bipolaire peut être le résultat de petits changements sur un nombre important de gènes plutôt que de grands changements sur quelques gènes ; par conséquent, un volume extrêmement important d'études qui vont étudier des milliers de génomes est nécessaire.

Si le trouble bipolaire était lié à 100 % à la génétique, lorsqu'un vrai jumeau serait bipolaire, l'autre souffrirait inéluctablement de ce trouble, ce qui n'est pas le cas. Aussi les études doivent-elles chercher des facteurs qui « déclenchent » les gènes bipolaires. La science qui étudie comment les mêmes gènes peuvent s'exprimer différemment est appelée l'*épigénétique* (voir l'encadré plus bas).

Le trouble bipolaire ne peut faire l'objet d'un diagnostic « tout en un ». Il en existe de multiples « expressions » liées à différents facteurs tels que les schémas de symptômes de la maladie, l'évolution de la maladie, la réponse au traitement et enfin les comorbidités.

ACTIONNER L'INTERRUPTEUR BIPOLAIRE : L'ÉPIGÉNÉTIQUE

L'*épigénétique* est l'étude des changements qui affectent la façon dont les gènes s'expriment mais qui ne changent pas les gènes eux-mêmes. Parfois, ces changements dans l'expression se produisent dans le cadre du développement et du fonctionnement typiques, mais certains changements peuvent perturber les processus normaux et le fonctionnement des cellules saines. La science de l'épigénétique permet d'expliquer l'interaction entre l'inné et l'acquis – comment le génotype d'un organisme (sa constitution génétique) interagit avec l'environnement pour produire le phénotype de l'organisme (ses caractéristiques observables). En termes d'évolution, l'épigénétique permet d'expliquer comment les organismes évoluent en réponse aux défis environnementaux. Dans le monde de la santé, l'épigénétique permet d'expliquer comment le génotype d'une personne peut interagir avec les déclencheurs environnementaux pour produire une maladie, le trouble bipolaire par exemple.

Certains facteurs environnementaux – comme les hormones du stress et les comportements des parents dans la petite enfance – peuvent déclencher des changements qui affectent l'expression génétique d'une personne, et qui peuvent se transmettre à la génération suivante. Ainsi, par exemple, si une femme enceinte est exposée à un stress chronique – ce qui affecte ses gènes liés à l'humeur –, l'effet du stress sur le gène (pas seulement le gène lui-même) peut être transmis à son enfant. Cela signifie que la probabilité pour un enfant de souffrir éventuellement d'une dépression ou d'autres troubles de l'humeur dépend non seulement de ses propres gènes, mais aussi des effets du stress à long terme sur les gènes de sa mère.

Secouer l'arbre généalogique

Un examen de l'histoire de votre famille peut grandement améliorer les chances d'obtenir un diagnostic précis, mais on ne sait jamais ce qui va tomber quand on commence à secouer son arbre généalogique. Si vous demandez à vos parents si quelqu'un dans la famille a été diagnostiqué avec un trouble bipolaire, il est possible qu'on vous jette des regards bien vides et que l'on vous donne peu d'informations utiles. Essayez de poser cette série de questions plus judicieuses :

- » Est-ce que quelqu'un dans la famille a eu des problèmes d'alcool ou de toxicomanie ? De nombreuses personnes atteintes de trouble bipolaire « s'auto-soignent » avec de l'alcool et de la drogue.

- Y a-t-il un des membres de la famille qui a été diagnostiqué schizophrène ? Dans un passé pas si lointain, les médecins diagnostiquaient souvent à tort un trouble bipolaire comme de la schizophrénie.

- Est-ce qu'un membre de la famille a déjà été traité pour une maladie mentale ? Si un membre de la famille a été traité pour une dépression, pour une psychose, ou pour d'autres maladies mentales, il peut ne pas avoir reçu le bon diagnostic.

- Quelqu'un dans la famille a-t-il fait un séjour dans une institution psychiatrique, un sanatorium ou un centre de réadaptation ? Les familles couvrent souvent des souvenirs de parents qui ont dû être hospitalisés pour des maladies mentales en disant qu'ils étaient « partis pendant un certain temps ».

- Y a-t-il eu des membres de la famille connus pour être particulièrement énergiques ou excentriques ? Dans le passé, les gens décrivaient poliment leurs parents qui souffraient de différents degrés de maladie mentale comme « excentriques ».

- Est-ce que quelqu'un dans la famille souffrait de symptômes physiques tels que l'épuisement ou la douleur chronique, ou de problèmes digestifs ? Ces symptômes peuvent être des manifestations physiques de l'humeur et des troubles anxieux.

À retenir

Les familles peuvent être particulièrement secrètes, en particulier lorsqu'il s'agit de protéger la réputation de leurs êtres chers disparus. Les gens peuvent devenir encore plus défensifs si vous les affrontez pendant que vous êtes dans les affres de la manie. Choisissez un moment où vous êtes stable pour leur expliquer l'importance d'avoir des antécédents familiaux précis et détaillés pour votre diagnostic ou mieux laissez cette tâche à votre médecin qui saura enquêter sur les antécédents familiaux sans heurter la sensibilité des membres de la famille, idéalement auprès d'un informant significatif et fiable.

Probabilité, pas prédestination

Avoir une probabilité génétique d'être porteur d'un trouble bipolaire ne garantit pas que les symptômes se manifestent. Les recherches les plus récentes suggèrent qu'une variété de modifications génétiques peut engendrer une probabilité de développer la maladie. Pensez au cancer de la peau pendant une minute : si vous êtes né(e) avec la peau pâle, vous pouvez être plus sensible aux coups de soleil et avoir plus de risque de cancer de la peau que les personnes ayant la peau mate, mais si vous évitez prudemment la surexposition au soleil, vous pouvez réduire votre risque de développer cette pathologie.

La même chose peut être vraie pour le trouble bipolaire. Vous ne pouvez pas être en mesure de contrôler certains facteurs déclencheurs environnementaux, mais la gestion de ceux que vous pouvez maîtriser peut réduire votre risque de développer la maladie, et cela peut certainement modifier la gravité de votre maladie, si elle se produit. Peut-être êtes-vous l'un des rares chanceux qui ont un risque de la développer mais ne souffrent pas de ses symptômes. Malheureusement, on ne sait pas encore comment prédire qui aura ce « coup de chance ».

À retenir

Des événements de la vie très marquants, à la fois positifs et négatifs, sont souvent rapportés avant ou au cours de l'apparition des symptômes, mais certains événements biologiques peuvent également être impliqués. Le degré de votre sensibilité affective et émotionnelle sous-jacente est également important. Ainsi, certaines formes de bipolarité semblent être plus extrêmes et plus susceptibles d'évoluer vers la maladie sans déclencheurs majeurs, tandis que d'autres formes nécessitent des niveaux plus élevés de réponses au stress pour se développer pleinement. Pour ces derniers, la présence de déclencheurs ne signifie guère que la bipolarité serait considérée comme un trouble réactionnel à un stress majeur ou à un traumatisme donné. Cependant, le repérage de tels déclencheurs est important pour le processus de rétablissement au long cours et pour le dépistage précoce des rechutes bipolaires.

Étudier la biochimie du trouble bipolaire

De nombreux professionnels de santé mentale se réfèrent au trouble bipolaire comme à un « déséquilibre chimique », mais cette définition, un peu simpliste et réductrice, crée la fausse impression que votre cerveau a juste un peu trop de ceci ou trop peu de cela.

Une façon plus judicieuse de commencer à appréhender la façon dont le trouble bipolaire se présente dans le cerveau est d'expliquer que les systèmes complexes de communication entre les cellules du cerveau tombent en panne lorsque les voies de signalisation au sein de ces circuits se mettent à dysfonctionner. En outre, certains neurones semblent moins s'adapter à leur environnement et sont moins résistants qu'à la normale dans le cerveau des personnes atteintes de trouble bipolaire. La chimie des neurotransmetteurs dans le cerveau est tout simplement une partie de ce système de câblage ; tout aussi importants sont la structure et le développement des cellules cérébrales elles-mêmes et de nombreuses protéines, enzymes, et d'autres types de molécules qui semblent dysfonctionner dans le trouble bipolaire.

Où se situe le trouble bipolaire dans le cerveau ?

Repérer l'emplacement du trouble bipolaire dans votre cerveau est presque aussi difficile que de trouver une bonne mutuelle à un prix abordable. Le cerveau est composé d'environ 100 milliards de cellules de deux types différents : les neurones et les cellules gliales. *Les neurones* forment le réseau de télécommunications dans le cerveau qui permet aux cellules de communiquer entre elles et de transporter des signaux entre votre cerveau et le reste de votre corps. *Les cellules gliales* étaient auparavant considérées comme de simples cellules de soutien aux neurones, mais de plus en plus de preuves montrent qu'au moins certaines d'entre elles, les plus communes, sont des composantes primaires du réseau de communication du cerveau. Elles libèrent et réagissent aux signaux électrochimiques et sont importantes pour les principales actions de traitement du cerveau.

Comme le montre la figure 2-1, le cerveau est divisé en quatre sections. Voici un rapide coup d'œil sur les fonctions de ces quatre sections et la façon dont elles peuvent se rapporter à un trouble bipolaire :

- **Les hémisphères cérébraux.** Les *hémisphères cérébraux* sont ce que la plupart des gens considèrent comme le cerveau ; ils constituent les composantes, spécifiques à l'être humain, en charge de la collecte et du traitement de l'information, des connexions, de la génération de la pensée, et du contrôle des émotions et du comportement. Des problèmes dans les circuits dans un certain nombre de régions des hémisphères cérébraux, tels que le cortex préfrontal, le cortex cingulaire antérieur, l'hippocampe et l'amygdale semblent jouer un rôle clé dans les symptômes du trouble bipolaire.
- **Le thalamus et l'hypothalamus** Le *thalamus* et l'*hypothalamus*, représentent une partie minuscule mais cruciale du cerveau qui se trouve entre les hémisphères cérébraux et le tronc cérébral. Le *thalamus* est une station relais pour les messages sensorimoteurs venant du corps vers les hémisphères cérébraux. Il fait également partie du système qui régule la conscience, le sommeil et les niveaux de vigilance. Certaines études de l'imagerie du cerveau ont indiqué que le thalamus est différent chez les personnes atteintes de trouble bipolaire ; ceci suggère que les changements dans le thalamus peuvent être associés à certains des symptômes du trouble. L'*hypothalamus*, quant à lui, régule la température, la faim et la soif, et les cycles veille/sommeil et de l'énergie – à savoir toutes les parties de vos rythmes circadiens, ces modèles physiques, mentaux et comportementaux qui se produisent en un cycle de 24 heures. La recherche suggère qu'il existe un lien entre les anomalies des rythmes circadiens et les symptômes bipolaires, et des études sont menées

sur la façon dont l'hypothalamus peut être différent chez les personnes atteintes de trouble bipolaire. L'hypothalamus est au cœur de la réaction de lutte ou de fuite ainsi que de l'anxiété, un trouble fréquemment comorbide au sein du trouble bipolaire.

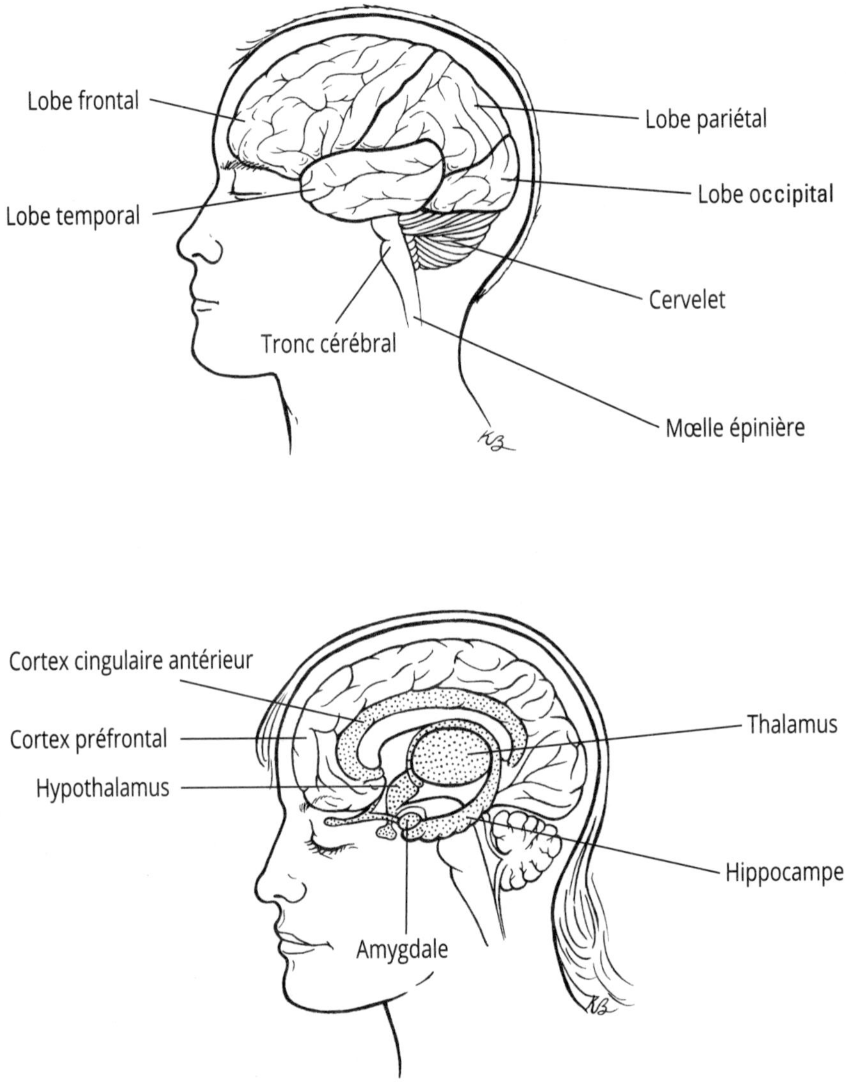

FIGURE 2-1 : Votre cerveau,

» **Le tronc cérébral.** Cette partie du cerveau régule les fonctions qui donnent la vie, telles que la respiration et la fonction cardiaque. Le *tronc cérébral* gère également la conscience et contribue aux niveaux de veille/sommeil et de la vigilance. Il est composé de la moelle allongée, du pons et du mésencéphale. Le *mésencéphale* est un acteur central dans le système de récompense et de plaisir du cerveau. La recherche se penche sur le rôle de cette zone dans la production de symptômes maniaques.

» **Le cervelet.** Le *cervelet* est une petite boule de cellules du cerveau situé à l'arrière de celui-ci dont la plupart des experts pensent qu'il est impliqué dans le fin réglage des mouvements complexes ainsi que dans d'autres fonctions telles que la régulation de la pensée, le langage et certains circuits de l'humeur. L'imagerie médicale, la génétique et les études sur des animaux ont montré que certains changements dans cette partie du cerveau semblent se produire plus fréquemment chez les personnes bipolaires que dans la population générale. La façon dont ces changements affectent exactement les symptômes bipolaires ou les causes de leur action restent encore un mystère. La recherche ne sait pas encore non plus si ces changements se produisent avant ou après l'apparition des symptômes bipolaires, mais les résultats suggèrent qu'il est nécessaire de faire plus de recherches sur le cervelet pour comprendre ce qui se passe dans le cerveau chez les personnes atteintes de trouble bipolaire. La partie principale du cerveau (appelée *cérébrum/néocortex*) est en outre divisée comme suit :

- *Le cortex cérébral* est la couche la plus externe du cerveau, communément appelée la « substance grise », qui contient les corps cellulaires des neurones, des cellules gliales et d'autres structures.

- En dessous de cette couche se trouvent les *axones* – les longues queues des neurones, qui sont couvertes par une couche d'isolation appelée la *gaine de myéline*. Cette couche est souvent appelée la « matière blanche » et comprend également d'autres structures.

- *Le système limbique* est une série de structures interconnectées du cerveau qui sont au cœur des réponses émotionnelles et de la peur, ainsi que la mémoire, la motivation, l'excitation et l'auto-préservation. Les structures du système limbique comprennent le *gyrus cingulaire*, l'hippocampe, l'amygdale, l'hypothalamus ainsi que des parties du thalamus.

- Très profondément dans le cerveau, bien au-dessous du cortex, on trouve des collections de neurones appelées *noyaux*. L'un de ces groupes de neurones est le *noyau gris central*. Ces noyaux régulent l'action et le mouvement et sont étroitement liés au système limbique. Des recherches en cours indiquent que le fonctionnement anormal du système limbique et de certaines régions des ganglions de base contribue à la dépression et à la manie. La science du cerveau derrière le trouble bipolaire en est à peine à ses balbutiements. Cependant, sur la base de la recherche existante, il est déjà clair que le trouble bipolaire ne peut être décrit simplement comme un « déséquilibre chimique ».

Les neurotransmetteurs, c'est quoi ?

Le système nerveux central est constitué de neurones et de cellules gliales (voir la section précédente pour les définitions de ces termes). Les neurones sont des cellules allongées qui génèrent et envoient des signaux les unes aux autres et à des cellules musculaires et glandulaires pour aider le corps à exercer les fonctions de vie (voir le visuel de la figure 2-2). Les neurones envoient des signaux d'une cellule à l'autre par une variété de mécanismes et de types de molécules, mais la principale méthode de communication se fait à travers *une synapse* – un espace entre les cellules où les impulsions électrochimiques sont générées par la libération de neurotransmetteurs. Les *neurotransmetteurs primaires* sont pour la plupart des acides aminés qui sont libérés par une cellule, puis reçus par des récepteurs sur la cellule suivante, qui répond électro-chimiquement pour transporter le signal sur le long de la chaîne.

La recherche suggère de plus en plus que le fonctionnement d'un cerveau en bonne santé nécessite de la *plasticité* (changements adaptatifs en continu), comme la création de plus en plus de synapses en éliminant celles qui sont inutiles, et en modifiant la structure ou la fonction de ces synapses. Ces processus semblent être essentiels à un apprentissage, à un comportement sain et à la régulation de l'humeur ; des dysfonctionnements dans ces domaines, en raison de facteurs génétiques et/ou environnementaux, peuvent être importants pour comprendre le trouble bipolaire et d'autres troubles neurologiques.

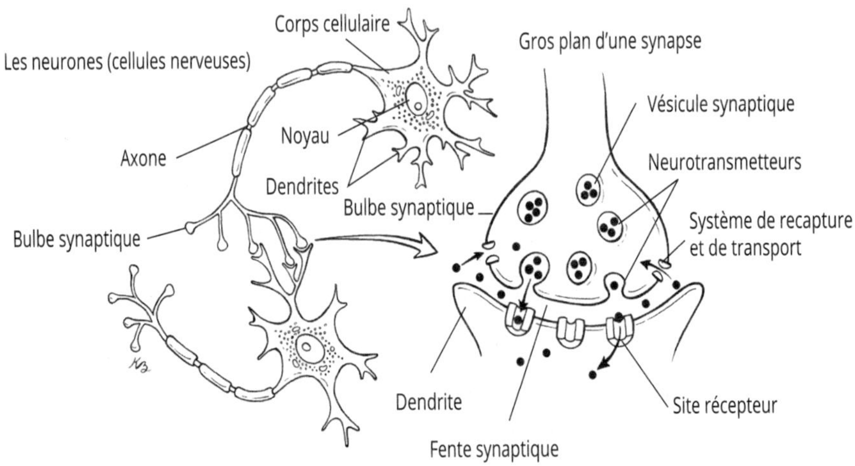

FIGURE 2-2 : Le cerveau et le corps communiquent *via* les neuro-transmetteurs.

Ci-dessous quelques-uns des neurotransmetteurs qui sont ciblés par les traitements du trouble bipolaire. Les chercheurs ne savent pas comment les changements de ces neurotransmetteurs affectent les épisodes thymiques mais la recherche sur trouble bipolaire se concentre à l'heure actuelle sur eux.

- **La sérotonine.** La *sérotonine* est un messager chimique qui est libéré par certaines cellules dans certaines parties du cerveau pour aider à réguler l'humeur, l'anxiété, l'agressivité et la douleur. La sérotonine se trouve également dans les cellules d'autres parties du corps.

- **La dopamine.** La *dopamine* est libérée dans les endroits du cerveau qui font partie des systèmes de récompense et du plaisir. La dopamine est présente également dans les systèmes qui modulent l'attention et la concentration ainsi que les mouvements musculaires. Certaines zones du cerveau riches en dopamine sont liées à la psychose.

- **La noradrénaline.** Mieux connue pour son rôle dans vos réactions de lutte ou de fuite, la *noradrénaline* se trouve dans le cerveau et les nerfs périphériques, où elle joue un rôle dans votre rythme cardiaque, votre pouls et votre respiration. On la retrouve également dans les zones du cerveau qui affectent l'apprentissage, la mémoire et l'humeur.

- **Le glutamate** Le neurotransmetteur que l'on trouve le plus en abondance dans le cerveau. Le *glutamate* est principalement présent dans les circuits qui augmentent l'activité cellulaire. La recherche suggère que des dérèglements dans ces systèmes peuvent jouer un rôle important dans le développement des symptômes bipolaires.

- **GABA.** Abréviation de l'acide gamma amino-butyrique, le *GABA* est un transmetteur d'acide aminé qui se situe principalement dans les circuits qui réduisent l'activité cellulaire. Un certain nombre de récepteurs GABA ont été identifiés comme ayant un rôle dans le développement des symptômes bipolaires.

Le système de transmission entre les neurones est complexe, mais il ne constitue qu'une partie du sujet. D'autres systèmes de communication entre les cellules du cerveau existent. Par exemple, des molécules appelées *nucléotides* traversent les synapses pour créer des impulsions. D'autres molécules appelées *neuropeptides* communiquent entre les cellules, mais sans les synapses. Enfin, certaines transmissions semblent impliquer les cellules gliales et non pas seulement les neurones. En outre, les signaux se déplacent non seulement entre les cellules, mais aussi en leur sein pour transporter des signaux à d'autres cellules. Le cerveau humain semble être le labyrinthe ultime de la vie biochimique.

Heureusement, la recherche est en train d'explorer les différents systèmes de transmission, y compris les rôles qu'ils peuvent jouer dans le développement et la présentation d'un trouble bipolaire et donc la façon dont ils peuvent être ciblés pour soulager les symptômes.

Comment les médicaments aident-ils ?

Les médicaments qui sont efficaces pour le trouble bipolaire continuent d'intriguer les chercheurs, qui ne comprennent pas encore complètement leurs mécanismes d'action. Par exemple, bien que les antidépresseurs et les anxiolytiques soient connus pour cibler certains neurotransmetteurs, ils ne seraient pas déterminants dans le traitement du trouble bipolaire. Le lithium et le valproate (Depakote) – les médicaments anti-maniaques de référence – semblent agir sur les processus au sein de la cellule elle-même plutôt que sur les neurotransmetteurs et leurs récepteurs entre les synapses.

Le mécanisme d'action des régulateurs de l'humeur peut inclure tout ou partie des effets suivants selon le type de médicament :

- Augmentation des niveaux d'un neurotransmetteur particulier au sein de la synapse en empêchant sa dégradation par les enzymes ou en l'empêchant d'être récupéré par le premier neurone.
- Changement du mode de réception d'un neurotransmetteur par un neurone – en bloquant, ouvrant, ou modifiant les protéines du récepteur de la cellule réceptrice.
- Augmentation des facteurs neuro-protecteurs qui aident les cellules à récupérer d'une blessure et à maintenir le développement sain des cellules, leur croissance et leur fonctionnement.
- Inhibition ou augmentation des activités des enzymes qui sont importantes pour les systèmes de signalisation dans les neurones.
- Changement des schémas d'impulsions électrochimiques dans les neurones.
- Altérations des voies qui déclenchent des changements dans l'expression des gènes et peut-être même atténuent les effets environnementaux négatifs sur le système de substances chimiques de l'ADN (épigénétique). (Rendez-vous au chapitre 7 pour plus de détails sur les médicaments utilisés pour traiter le trouble bipolaire.)

Reconnaître les autres facteurs impliqués dans la bipolarité

Des études génétiques indiquent que 75 à 80 % du trouble bipolaire est lié à des facteurs héréditaires, mais une variété de facteurs déclencheurs environnementaux affecte la façon dont les gènes sont exprimés. Bon nombre de ces déclencheurs se produisent dans la phase très précoce du développement du cerveau – avant la naissance et dans les premiers mois et années de vie. Cependant, les scientifiques pensent également que les facteurs environnementaux présents contribuent au développement d'un trouble bipolaire et son évolution au fil du temps. Voici certains de ces facteurs :

» **Les processus cognitifs.** Une grande partie du caractère et de l'attitude d'une personne peut être imputée à la génétique, mais une partie peut également provenir de la façon dont les expériences de vie de la personne cultivent certains modèles de vision du monde, de communication avec les autres et de résolution des problèmes. Voilà pourquoi les thérapies comme la thérapie cognitive comportementale (TCC), l'entraînement à la pleine conscience, l'acceptation et le yoga peuvent aider à améliorer l'humeur chez certaines personnes.

» **Le stress émotionnel.** Un stress émotionnel excessif et/ou chronique peut conduire à des problèmes de santé. Le cerveau est mieux adapté à la gestion du stress aigu sur de courtes périodes. Le stress chronique crée des changements dans le cerveau et le corps, ce qui peut interférer avec la santé et le fonctionnement de la personne.

» **Drogues et alcool.** La relation entre le trouble bipolaire, les drogues et l'alcool fonctionne dans les deux sens. Certaines personnes utilisent des drogues et de l'alcool pour tenter de soigner les symptômes de l'humeur, et dans l'autre sens l'utilisation de drogues et d'alcool peut également augmenter le risque de développer un trouble bipolaire.

» **Le stress physique.** Rester debout toute la nuit à bachoter pour les examens ou à essayer de réaliser un projet pour le travail peut vous faire payer un lourd tribut physique. Cela peut être excitant sur le moment mais au final votre corps se bloque comme un mécanisme d'autodéfense pour obtenir le repos dont il a besoin. C'est le phénomène du « *burn-out* », dont l'équivalent se trouve dans la séquence hypomanie/hyperactivité suivie de dépression/épuisement.

- **Facteurs de stress environnementaux.** Ils consistent en toutes les choses dans votre environnement qui contribuent à votre santé ou la compromettent – l'air que vous respirez, la nourriture que vous mangez, les bactéries et les virus qui attaquent votre corps, les changements saisonniers, etc. Tout ce qui affecte votre routine quotidienne ou la façon dont vous vous sentez et pensez peut contribuer au développement de symptômes bipolaires ou vous aider à les éviter.
- **Hormones.** Les *hormones* sont des modulateurs de l'humeur et peuvent contribuer à des symptômes thymiques et des schémas de l'humeur. Chez les femmes, les périodes de transition hormonales telles que l'apparition de la puberté, la grossesse et la ménopause sont des périodes de plus grande vulnérabilité aux épisodes thymiques (voir le chapitre 10). Chez les hommes, les niveaux d'hormones régulent les niveaux d'énergie et de réactions agressives.

À retenir

Le cerveau des personnes atteintes de trouble bipolaire a tendance à être moins efficace pour gérer le stress – même entre les épisodes thymiques. Développer des stratégies de gestion des émotions fortes et du stress est indispensable pour réduire le risque d'épisodes thymiques et pour diminuer leur gravité et leur durée. Tout au long de ce livre, nous décrivons diverses techniques pour limiter la survenue d'épisodes thymiques et pour les gérer quand ils se produisent.

Chapitre 3

Un pronostic positif grâce à un plan proactif

DANS CE CHAPITRE :

- **Retrouver de l'espoir grâce à un pronostic positif**
- **Soulager les symptômes actuels et réduire les risques de récidives**
- **Comprendre les différents traitements, compétences et thérapies qui peuvent vous aider**

Vous ne pouvez pas lutter contre une maladie que vous ne pouvez identifier. Un diagnostic précis constitue donc la première étape sur le chemin du mieux-être. Si vous connaissez votre ennemi, vous pouvez élaborer un plan de bataille proactif pour le vaincre… ou au moins l'empêcher de ruiner votre vie.

Dans ce chapitre, nous vous révélons le *pronostic positif*, ou les perspectives de rétablissement qui accompagnent le diagnostic bipolaire. Nous vous expliquons non seulement comment vaincre les épisodes de dépression et de manie quand ils vous affligent, mais aussi comment les faire trébucher avant qu'ils ne mettent un pied dans votre porte. Nous fournissons également une liste d'options de traitement, de thérapies et de pratiques de développement personnel afin que vous puissiez commencer à vous constituer votre propre plan de traitement personnalisé.

Alors Docteur, quel est le pronostic ?

Dans le cas du trouble bipolaire, la différence entre un pronostic négatif et positif dépend en grande partie des choix que vous, votre médecin, votre famille et vos amis faites. Si vous acceptez le diagnostic bipolaire, si vous et votre médecin trouvez un médicament ou une combinaison efficace de médicaments, et si votre famille et vos amis se rassemblent pour vous soutenir, le pronostic est très positif. Cependant, si vous essayez d'ignorer le problème, évitez de travailler sur un plan de traitement efficace, ou ne suivez pas ce plan, la maladie et ses conséquences vont probablement empirer.

Quelques âmes chanceuses ont un seul épisode thymique majeur tout au long de leur vie. Ils éprouvent une profonde dépression ou vivent une manie bipolaire qui passe, avec ou sans traitement, puis ils continuent à vivre le reste de leur vie sans symptômes. Dans l'écrasante majorité des cas, toutefois, lorsqu'elles ne sont pas traitées, ou qu'elles se soignent par elles-mêmes, ou lorsqu'elles sont traitées avec les mauvais protocoles, les personnes bipolaires peuvent faire face aux problèmes suivants :

- Augmentation de la fréquence et de la gravité des épisodes thymiques.
- Stress accru par les retombées des épisodes thymiques.
- Des relations personnelles brisées.
- Perte d'emploi ou de statut de carrière.
- Accroissement des problèmes financiers.

Voilà pour les mauvaises nouvelles.

Pour les bonnes nouvelles : des médicaments efficaces, des stratégies d'autogestion et des thérapies sont disponibles ! De plus, les chercheurs développent constamment de nouveaux traitements, plus efficaces, qui s'ajoutent à votre arsenal. Grâce aux médicaments, à la thérapie, au soutien de vos proches et à vos propres efforts, vous pouvez vous attendre à atteindre les objectifs suivants :

- Réduire ou éliminer les symptômes de manie et de dépression.
- Réduire les chances de revivre des épisodes thymiques.
- Réduire ou éliminer les facteurs de stress qui déclenchent la manie ou la dépression.

- Réparer vos relations personnelles abîmées et construire de nouvelles relations saines.
- Trouver et garder un travail épanouissant et enrichissant.
- Restaurer votre sécurité sociale et financière.

Être proactif et réactif face au trouble bipolaire

Des épisodes thymiques majeurs peuvent vous frapper sournoisement, avec le silence d'une profonde tristesse, ou avec les frémissements furtifs de l'enthousiasme. Peut-être qu'un jour vous vous sentez un peu moins fatigué, un peu plus énergique. C'est normal. Vous vous dites qu'il n'y a rien à craindre. Après tout, vous avez le droit de profiter de votre vie et vous êtes impatient de voir le week-end arriver – Dieu merci, c'est vendredi ! Après le travail, vous vous dirigez vers le bar pour une soirée de folie avec vos vieux copains de collège.

Vous arrivez à la maison un peu tard – en fait, tôt le samedi matin – et vous n'êtes même pas fatigué. Vous restez allongé sur votre lit pendant deux heures, encore empli de l'excitation de la soirée. Vous finissez enfin par somnoler, espérant dormir jusqu'à midi, mais vous vous réveillez très tôt, impatient de vous lever. Pourquoi dormir quand la vie et toutes ses joies vous appellent à la fête ?

Vous traversez chaque jour de la semaine, en ayant moins besoin de sommeil et toujours plus de stimulation. À la fin de la semaine, la pédale à fond, vous conduisez sur l'autoroute de l'hypomanie, sans même savoir comment vous y êtes arrivé. Bon, et maintenant, on fait quoi ?

Réagir : éteindre l'incendie

Si vous êtes submergé par la manie bipolaire ou la dépression, vos choix sont limités. Si vous n'êtes pas une menace pour vous-même ou pour d'autres personnes, vous pouvez choisir d'attendre que la tempête passe en espérant que les courants faisant rage disparaissent. Si au contraire votre comportement devient insupportable, voire dangereux – si vous avez des pensées suicidaires ou êtes de plus en plus belliqueux, par exemple –, vous, ou une personne en votre nom, pouvez demander une intervention médicale sous une ou plusieurs des formes suivantes :

- **Hospitalisation.** La sécurité et le refuge qu'offre une hospitalisation sont un bon choix lorsque vous êtes une menace pour vous-même ou pour les autres.

- **Traitement ambulatoire intensif.** Un programme externe structuré permet de vous concentrer sur votre traitement le jour et de retourner chez vous le soir.
- **Médicaments.** Vous pouvez avoir besoin de médicaments pour traiter la dépression ou réprimer la manie.

À retenir

- Au cours d'un épisode thymique majeur, vous devrez peut-être faire quelques changements immédiats, comme vous mettre en arrêt de travail et déléguer des responsabilités à la maison, surtout si vous êtes hospitalisé. Cependant, même si vous décidez d'utiliser des ressources externes, octroyez-vous du temps loin de responsabilités immédiates, au moins jusqu'à ce que le médicament fasse effet et que vous retrouviez des bases solides. Gardez à l'esprit que les options de traitement non médicamenteuses telles que l'autogestion et la psychothérapie peuvent être difficiles à mettre en place et ne sont pas efficaces aussi rapidement que les médicaments lors d'épisodes majeurs aigus. Ces types d'intervention sont souvent mieux adaptés pour le long terme, comme nous l'expliquons plus loin dans ce chapitre.

Être proactif : prévenir les poussées

La façon dont vous réagissez face à votre diagnostic et dont vous suivez ambitieusement votre traitement a un effet très important sur les résultats obtenus. Si vous niez que vous avez un problème, si vous perdez espoir, ou essayez l'automédication par l'alcool et d'autres substances chimiques, c'est le désordre qui gagne. Si vous trouvez le bon médicament, apprenez à vous adapter, faites face à vos démons cachés grâce à la thérapie, et si vous restez vigilant, c'est vous qui gagnez !

Conseil

Une des meilleures façons d'endiguer un épisode thymique majeur est de rester attentif aux signes de dépression imminente ou de manie et de consulter votre médecin ou thérapeute si vous observez des signes avant-coureurs. Un ajustement du traitement médicamenteux ou la mise en place d'une aide pour faire face efficacement à une situation qui actuellement vous stresse est souvent suffisant pour éviter un effondrement majeur. Pour en savoir plus sur le suivi de vos humeurs, rendez-vous au chapitre 11.

FAUT-IL MOINS DE STRESS POUR RETARDER LES ÉPISODES THYMIQUES ?

Certains chercheurs qui explorent les liens entre le stress de la vie et les épisodes thymiques suggèrent que les épisodes thymiques précoces sont liés à de plus grands facteurs de stress, tandis que les épisodes tardifs peuvent être déclenchés avec peu ou sans stress important.

Un modèle pour expliquer cette observation est la *théorie de l'embrasement* empruntée à l'épilepsie et à l'étude des convulsions – plus une personne a de convulsions, plus le seuil de prédisposition du cerveau à avoir des crises est bas.

Les convulsions et les épisodes thymiques partagent certains modèles électrochimiques dans le cerveau, et certains médicaments anticonvulsifs aident à réduire les symptômes du trouble bipolaire. Par conséquent, certains chercheurs suggèrent un modèle similaire « d'embrasement » dans la dépression et le trouble bipolaire, mais les preuves sont limitées. Un certain nombre d'études a essayé de connecter les symptômes comportementaux de la bipolarité à des événements de la vie sur la base des théories neurobiologiques sous-jacentes de la maladie, mais compte tenu de la complexité de ces théories, leurs modèles connexes sont très hypothétiques.

Cependant, les événements stressants de la vie, y compris le bon stress (événements très heureux ou l'atteinte d'objectifs) et le mauvais stress (la perte d'un être cher, en particulier), sont clairement associés à l'apparition des épisodes thymiques chez de nombreuses personnes atteintes de trouble bipolaire. La façon dont ces événements déclenchent effectivement les réponses biologiques des épisodes thymiques reste un mystère. Cela traduit néanmoins une sensibilité émotionnelle excessive au stress, qu'il soit positif ou négatif, chez les personnes bipolaires. Cette sensibilité peut être innée, donc observée à un âge très précoce, et acquise, dans ce cas déclenchée par des traumatismes ou accentuée par la répétition des épisodes et leurs conséquences péjoratives sur la santé et l'équilibre de la personne bipolaire.

Reconnaître les composantes d'un plan de traitement efficace

Le trouble bipolaire est une maladie psychobiologique liée à la biochimie du cerveau. Aussi le protocole standard pour son traitement implique-t-il des médicaments – généralement un stabilisateur de l'humeur et/ou antipsychotique, avec ou sans ajout d'un antidépresseur.

Parfois les médicaments fonctionnent si bien qu'ils constituent le seul traitement nécessaire. Dans la plupart des cas, cependant, les médicaments ne sont pas pleinement efficaces ou pas suffisamment pour compenser les facteurs de stress et les déclencheurs dans la vie quotidienne d'une personne. D'autres interventions, sous forme de psycho-éducation, d'autogestion, de changements de mode de vie, certains types de psychothérapie ainsi que le conseil personnel et familial, sont généralement nécessaires. Les sections suivantes décrivent les options de traitements et d'interventions utiles pour les personnes bipolaires.

À retenir

Ce qui fonctionne pour une personne peut ne pas fonctionner pour une autre. En outre, certaines personnes préfèrent certains traitements à d'autres. Notre approche est de présenter les différentes options de traitements comme « un menu » dans lequel vous pouvez choisir. Bien que le médicament soit habituellement une composante essentielle d'un plan de traitement efficace, de nombreuses personnes trouvent que l'ajout de compétences d'autogestion, des changements de mode de vie et la poursuite d'une thérapie sont nécessaires pour améliorer leur plénitude, la vitesse et la durée de la récupération et du rétablissement.

Les médicaments et autres remèdes biologiques

La priorité dans le traitement du trouble bipolaire est de traiter le cerveau. Un tel traitement nécessite généralement des médicaments et peut également inclure d'autres méthodes biologiques qui ciblent spécifiquement le fonctionnement du cerveau, telles que la luminothérapie. Dans les sections suivantes, nous abordons certaines options de traitement biologiques communes pour le trouble bipolaire. Les chapitres 7 à 9 décrivent ces options plus en détail.

Obtenir les médicaments adaptés à votre état

Le premier traitement, le plus rapide, et généralement le plus efficace pour la manie ou la dépression, est un médicament qui traite les symptômes *aigus* (sévères et à court terme) et est utilisé comme une prophylaxie (en préventif) pour éviter la survenue d'autres cycles (ou rechutes). Le chapitre 7 présente les médicaments le plus souvent utilisés pour traiter la dépression bipolaire et la manie. Les médicaments qui entrent dans ces catégories sont les suivants :

- **Anti-maniaques.** Les médicaments anti-maniaques, communément appelés (mais c'est un peu trompeur) « stabilisateurs de l'humeur », traitent principalement le côté maniaque du trouble bipolaire. Votre médecin peut vous prescrire un médicament anti-maniaque pour vous faire redescendre de votre pic de manie ou bien il peut prescrire une dose d'entretien pour prévenir les symptômes. Le *lithium* est le produit de référence dans la catégorie des anti-maniaques car les médecins le considèrent vraiment comme un stabilisateur de l'humeur ; il peut également traiter et prévenir la dépression ainsi que la manie. Les médicaments antipsychotiques, tels que l'aripiprazole (Abilify), sont également des agents anti-maniaques qui ont l'avantage supplémentaire d'agir sur la sévérité de l'agitation maniaque et sur les composantes psychotiques souvent associées à la manie.

» **Antidépresseurs.** Les antidépresseurs, comme la fluoxétine (Prozac), la paroxétine (Deroxat), le escitalopram (Seroplex) ou la venlafaxine (Effexor), sont parfois prescrits pour traiter le côté dépressif du trouble bipolaire et pour traiter la dépression unipolaire (dépression majeure sans manie ou hypomanie). Votre psychiatre peut prescrire un antidépresseur pour vous sortir d'un épisode dépressif aigu ou pour prévenir de futurs épisodes dépressifs. Attention néanmoins aux risques liés aux antidépresseurs comme l'induction de virages maniaques chez certaines personnes. Pour cette raison, les psychiatres les prescrivent en général en combinaison avec un médicament anti-maniaque pour les patients connus comme bipolaires ou chez qui on suspecte la présence d'un trouble bipolaire. Pourtant la preuve de l'efficacité des antidépresseurs dans le trouble bipolaire, en particulier dans le trouble bipolaire de type I, n'a jamais été démontrée par les études cliniques ni par les méta-analyses qui portent sur les résultats de plusieurs essais cliniques. Malgré cette réserve, les antidépresseurs restent largement prescrits dans la pratique des psychiatres.

  Le lithium et les neuroleptiques peuvent également être considérés comme des antidépresseurs. Les antipsychotiques ont la capacité d'accroître l'efficacité des antidépresseurs et le traitement des symptômes psychotiques qui peuvent parfois accompagner la dépression. Ainsi, les études portant sur la combinaison dite « OFC » d'un antipsychotique comme l'olanzapine (Zyprexa) avec un antidépresseur comme la fluoxétine (Prozac), confirment son efficacité dans les dépressions bipolaires, résistantes et psychotiques.

» **Sédatifs.** Les psychiatres prescrivent parfois des sédatifs pour soulager l'anxiété et aider les gens à dormir. Les anxiolytiques ou somnifères ne sont pas des traitements primaires ou de première ligne pour le trouble bipolaire, mais comme nous le mentionnons dans le chapitre 12, l'insomnie peut déclencher des épisodes thymiques majeurs. Aussi les psychiatres sont-ils motivés pour vous aider à dormir toute la nuit.

Le but du traitement médicamenteux est de tirer un maximum de bénéfices en utilisant le minimum de médicaments. De nombreuses personnes atteintes de trouble bipolaire prennent au moins un médicament anti-maniaque, avec ou sans antidépresseur. Vous pouvez également prendre des antipsychotiques pour amortir davantage la manie ou pour traiter les symptômes psychotiques résiduels. En outre, votre psychiatre peut prescrire des médicaments anxiolytiques pour soulager l'anxiété pendant la journée et des sédatifs pour vous aider à dormir la nuit.

À retenir

Les médicaments sur ordonnance ne visent pas à guérir le trouble bipolaire ou à résoudre tous vos problèmes. Ils sont prescrits pour traiter la composante neurobiologique du désordre afin que tout le reste puisse fonctionner sans l'interférence de la manie ou de la dépression. Lorsque votre cerveau fonctionne plus normalement, vous pourriez être en mesure de faire les ajustements de votre mode de vie et de vos attitudes qui permettent d'accélérer votre rétablissement et d'améliorer votre vie, et qui vous offrent une protection contre de nouveaux épisodes.

Peu de gens *aiment* prendre des médicaments, en particulier pour traiter une maladie chronique ou à long terme comme le diabète ou les troubles bipolaires. La prise régulière de médicaments est vécue comme un calvaire : certains médicaments ont des effets secondaires indésirables et les gens répugnent à considérer qu'ils ont besoin d'une pilule pour fonctionner normalement. Même les personnes qui n'ont pas de trouble bipolaire ont du mal à suivre un traitement ; il suffit de penser à tous ceux qui arrêtent leurs antibiotiques dès qu'ils se sentent mieux, même si le médecin et le pharmacien leur disent qu'il faut terminer la boîte. Se réconcilier avec les médicaments est une première étape importante vers le rétablissement. Nous abordons cette question au chapitre 8.

Explorer d'autres options de traitement biologique

Bien que les médicaments restent généralement l'approche biologique la plus rapide et la plus efficace pour traiter le trouble bipolaire, d'autres traitements montrent des degrés variables d'efficacité pour soulager les symptômes de l'humeur. Ces traitements se répartissent en deux catégories :

- **Vitamines et compléments :** les oméga-3 acides gras (huile de poisson), l'acide folique, et la N-acétylcystéine (NAC).
- **La stimulation cérébrale :** la luminothérapie, la thérapie par électrochocs (ECT), la stimulation magnétique transcrânienne répétitive (TMSr) et la stimulation cérébrale profonde (SCP).

Voir le chapitre 9 pour plus d'informations sur ces traitements alternatifs, accompagnés par quelques mots de mise en garde sur les inconvénients et les dangers de leur utilisation.

Développement personnel et mode de vie : choisir ce qui vous convient

En supposant que vous n'êtes pas dans les affres d'un épisode thymique majeur, vous pouvez faire beaucoup de choses pour maintenir la stabilité de votre humeur et éviter de futurs épisodes maniaques et dépressifs, surtout si des proches sont « embarqués dans le même bateau » que vous. Voici quelques-uns des moyens les plus efficaces pour vous aider vous-même (voir la partie IV pour plus de détails) :

- **Monitorer vos humeurs.** Garder la trace des fluctuations de votre humeur peut vous aider à identifier ce qui fonctionne pour vous maintenir stable et ce qui ne fonctionne pas. Cela peut également réduire les chances de revivre un épisode thymique majeur. Si vous savez que vous démarrez un cycle de manie ou de dépression, votre médecin peut être en mesure d'ajuster vos médicaments pour vous aider à éviter l'hospitalisation.
- **Identifier et réduire les facteurs de stress et les déclencheurs.** Découvrez ce qui déclenche vos cycles et essayez de réparer ou d'éviter ces choses autant que possible. Les facteurs de stress et les déclencheurs peuvent inclure des situations à la maison ou au travail, certaines relations ou responsabilités, certaines saisons de l'année, les vacances, l'alcool ou toute autre substance chimique, etc.
- **Établir des routines saines.** Beaucoup de gens souffrant de trouble bipolaire se rendent compte que mettre en place une routine structurée est un facteur important de réduction du stress. Se réveiller à la même heure chaque matin et se coucher à la même heure tous les soirs constitue un bon point de départ ; après tout, avoir suffisamment de sommeil est essentiel pour maintenir des humeurs stables.
- **Faire de l'exercice mais pas trop.** L'exercice est particulièrement utile pour soulager la dépression mais en faire de façon exagérée peut être le signe d'un épisode maniaque imminent. Pensez à ajouter un peu d'exercice modéré à votre routine quotidienne ; la marche est un bon moyen de commencer.
- **Manger sainement.** Concentrez-vous sur les protéines et les légumes, et évitez autant que possible les sucres et autres carbohydrates, présents notamment dans la cuisine industrielle et les produits transformés, comme dans les bonbons, biscuits, gâteaux, chips, sodas sucrés, et la plupart des jus de fruits.
- **Éviter d'ingérer les mauvaises choses, ou faites-le avec modération.** Quelques tasses de café ou de thé le matin ainsi qu'un verre de vin ou une bière (ou deux) dans la soirée peut être une dose acceptable pour certaines personnes souffrant d'un trouble bipolaire, mais des quantités excessives de ces autres substances psychotropes déclenchent des problèmes.

- **Faire plus ce qui fonctionne et moins ce qui ne fonctionne pas.** Gardez une trace des activités et des choses qui fonctionnent et celles qui ne fonctionnent pas, y compris les médicaments, les ajustements de mode de vie et de changements alimentaires. Ensuite, vous n'avez qu'à renforcer davantage les actions positives et utiles et minimiser les autres. Ainsi vous développez progressivement des routines positives dans votre vie et vous vous débarrassez des routines dysfonctionnelles ou inutiles.

À retenir

Vous êtes déjà engagé dans l'une des plus importantes activités d'autogestion – la *psychoéducation*. En apprendre davantage sur le trouble bipolaire et la façon de vivre avec vous donne la possibilité de prendre des décisions éclairées par rapport aux différentes options de traitement disponibles. La psychoéducation permet également à vos amis et votre famille de développer l'empathie dont ils ont besoin pour accepter votre maladie et vous soutenir.

Les psychothérapies et autres aides professionnelles

Certaines thérapies et types d'aides professionnelles, si elles sont disponibles et abordables, sont souvent des compléments précieux à un plan de traitement du trouble bipolaire. Voici quelques thérapies et autres offres professionnelles à prendre en considération :

- **Thérapie cognitivo-comportementale (TCC).** Cette thérapie est fondée sur le principe selon lequel les pensées influencent les sentiments et les comportements. Grâce à la TCC, vous identifiez les modes de pensée et de comportements négatifs et entraînez votre esprit à suivre un processus de pensée plus positive. Ainsi, vous formez votre corps à réagir différemment aux facteurs de stress. Comme nous l'expliquons dans le chapitre 11, la TCC est particulièrement efficace dans le traitement de la dépression et de l'anxiété. Son efficacité dans la réduction des symptômes maniaques est moins étudiée. Elle est surtout utilisée dans le repérage des prodromes (signes avant-coureurs) de la manie et dans la compréhension des cognitions dysfonctionnelles et des styles d'attribution et de croyance liées à l'(hypo)manie.
- **Thérapie comportementale dialectique (TCD).** Thérapie comportementale et cognitive, la TCD vise à aider les individus à calmer leurs réponses émotionnelles face aux facteurs de stress, en particulier dans les interactions interpersonnelles. Elle a été initialement développée pour aider dans le traitement des troubles de la personnalité borderline mais a été également reconnue utile dans la gestion des conflits relationnels qui découlent des différences dans les façons de communiquer.

- **La thérapie par rythme interpersonnel et social (IPSRT).** Avoir un mode de vie structuré et établir des routines saines peut donner à votre vie un rythme propice à la stabilité de l'humeur. Des études montrent que les épisodes thymiques éclatent généralement lorsque vous rencontrez des changements de vie (à la fois positifs et négatifs) qui détruisent vos rythmes quotidiens, ce qui conduit souvent à un manque de sommeil et à des modifications dans les activités quotidiennes et les interactions avec les autres. L'IPSRT cherche à rétablir un rythme sain à votre vie et à améliorer la fonction sociale et interpersonnelle. Elle vise la résolution des épisodes aigus ainsi que la réduction des épisodes chroniques.
- **L'entraînement à la pleine conscience**. C'est une thérapie de méditation qui aide les gens à se concentrer sur le présent et à minimiser les distractions et le dialogue interne négatif. Bien que l'entraînement à la pleine conscience soit une discipline spécifique qui a été soutenue par la recherche médicale, d'autres pratiques (y compris le yoga et le tai-chi) peuvent avoir des effets positifs similaires pour calmer l'esprit et accroître la conscience de l'instant présent.
- **Thérapie professionnelle ou de conseil d'orientation professionnelle.** Votre emploi, vos patrons et collègues peuvent être les principaux facteurs de stress, surtout si vous avez à faire à un bipolaire. Un thérapeute professionnel peut être en mesure de vous aider à travailler avec votre employeur pour établir des aménagements de travail raisonnables qui vous permettent de continuer l'exercice de vos fonctions actuelles. Un conseiller en carrière peut également être en mesure de vous aider à trouver un travail plus adapté à votre situation.
- **Un encadrement et conseil financier.** Les personnes atteintes d'un trouble bipolaire ont souvent de graves problèmes financiers qui ne reflètent pas leur situation financière réelle : un bipolaire épuise les ressources, en particulier ceux qui ne bénéficient pas des prestations d'une mutuelle santé. Un conseiller financier peut être à même de vous aider à mieux gérer vos ressources, mais il est vital d'avoir également des conseils sur les moyens de trouver une couverture maladie gratuite ou abordable. Voir le chapitre 18 pour apprendre à surmonter des revers financiers liés à cette maladie.

Conseil

L'embauche d'un thérapeute professionnel ou d'un conseiller peut s'avérer l'option idéale, mais n'est pas toujours possible, selon l'endroit où vous vivez ou ce que vous pouvez financièrement vous permettre. Sinon vous pouvez bénéficier de certaines de ces thérapies en lisant des ouvrages, en regardant des vidéos, et/ou en participant à des groupes de soutien.

Les relations et le soutien familial

Des études montrent que le rétablissement d'un trouble bipolaire est plus rapide et plus durable quand il se produit dans une communauté qui comprend et soutient la personne souffrant de la maladie. Idéalement, quand quelqu'un éprouve un épisode thymique majeur, toute la famille est impliquée et l'équipe de soins la maintient informée sur ce qui se passe et les façons d'aider. Cependant, ce qui arrive habituellement est que la personne qui a un trouble bipolaire est traitée, puis renvoyée au sein d'une famille ou d'une communauté qui ne comprend pas son état et n'a pas les connaissances et les compétences nécessaires pour y faire face. Les outils suivants peuvent améliorer la compréhension et la qualité des interactions dans vos relations :

- **La psychoéducation.** Comprendre puis accepter le fait que le trouble bipolaire est une maladie sont deux grandes étapes vers la possibilité de développer de l'empathie envers un membre de la famille ou un ami qui en souffre.
- **La communication.** Même si vous n'avez aucun problème pour communiquer avec les gens en général, certaines techniques aident à rendre une personne moins sur la défensive et donc plus réceptive à ce que vous dites. Allez au chapitre 13 pour en savoir plus.
- **Les compétences de résolution de problèmes.** Un trouble bipolaire peut représenter un gros problème en soi, mais il est souvent accompagné par de nombreux autres problèmes. Identifier et résoudre la cause réelle d'un désaccord ou d'un conflit en famille atténue souvent les effets négatifs du stress sur la bipolarité. Dans le chapitre 14, nous explorons des stratégies de résolution de problèmes.
- **Les limites.** Vous ne pouvez pas contrôler ce que quelqu'un d'autre dit ou fait, mais vous pouvez décider comment y répondre. En établissant des limites raisonnables, vous vous donnez une certaine protection contre les facteurs extérieurs qui sont hors de votre contrôle. En effet, la bipolarité expose souvent la personne à dépasser ses propres limites, notamment dans les phases hautes.
- **L'autogestion.** Prendre soin de vous physiquement, émotionnellement, spirituellement et socialement est indispensable au maintien de votre santé et de la force nécessaire pour soutenir un être cher bipolaire.

Attention

Les familles ont souvent besoin d'un soutien intensif et d'une intervention de type sauvetage d'urgence lors d'un épisode thymique aigu, mais il est souvent préférable d'attendre jusqu'à ce que la dépression ou la manie ait disparu avant de tenter une thérapie relationnelle ou familiale intensive. Essayer de résoudre les problèmes avec quelqu'un qui est dans les affres de la dépression ou de la manie est susceptible d'être contre-productif et de conduire à davantage de conflits, pas moins.

La continuité des soins

La *continuité des soins* est un facteur extrêmement important dans le succès de la gestion à long terme du trouble bipolaire. Si vous allez de médecin en médecin et de thérapeute en thérapeute, ces changements entraînent des ajustements de traitements et de thérapie, et vos humeurs sont susceptibles de fluctuer. Malheureusement, des changements au niveau de l'assurance maladie et d'autres facteurs hors de votre contrôle conduisent souvent à des changements de traitements et de médecins. Un thérapeute, un travailleur social, un membre de la famille, ou un ami peut souvent vous aider à revendiquer des prestations sociales et à maintenir un plan de traitement efficace et cohérent. En France, la majorité des bipolaires, notamment avec le trouble bipolaire de type I, bénéficient de la reconnaissance d'une affection longue durée (ALD) avec prise en charge complète des dépenses de santé qui y sont liées.

2 Apprivoiser la « bête bipolaire »

DANS CETTE PARTIE...

Il est temps de capturer la bête bipolaire qui a ravagé votre vie ! Pour réaliser cet exploit, vous devez identifier les symptômes les plus graves de la maladie, écarter tous les problèmes médicaux qui peuvent être à l'origine de ces symptômes, obtenir une évaluation psychologique approfondie et le diagnostic, puis construire une équipe de gestion de l'humeur qualifiée pour fouetter la dépression et la manie jusqu'à la soumission... ou au moins la rémission.

Dans cette partie, nous vous recommandons de consulter votre médecin généraliste en premier lieu pour écarter tous les problèmes médicaux qui peuvent ressembler à un trouble bipolaire, mais sont en fait autre chose. Nous vous aidons également à trouver un psychiatre et un thérapeute qualifiés, nous vous menons à travers votre évaluation psychologique, et nous vous guidons dans la construction d'une équipe efficace pour traiter et gérer les hauts et les bas des troubles bipolaires.

Chapitre 4

L'examen médical : Exclure d'autres pathologies médicales

DANS CE CHAPITRE :

» **Envisager des pathologies qui ont des symptômes similaires au trouble bipolaire**

» **Parler à votre médecin et chercher des indices dans vos symptômes**

» **Faire des tests médicaux complémentaires**

» **Aller au-delà de l'évaluation médicale**

Malheureusement, en ce qui concerne le trouble bipolaire, certains médecins prennent un raccourci mal avisé du symptôme à la prescription, en sautant les étapes les plus essentielles : l'examen et l'évaluation. Dans ce scénario, vous vous plaignez de vous sentir déprimé, et votre médecin vous prescrit un antidépresseur au lieu de rechercher la cause. Lorsque votre dépression est profonde et accompagnée par des pensées morbides, de mort ou de suicide, un traitement immédiat est souvent la seule option sûre. Néanmoins, dans d'autres cas, renoncer à l'examen physique nécessaire et aux tests médicaux est à la fois imprudent et irresponsable. Le raccourci peut vous empêcher de recevoir un diagnostic correct et peut même vous faire prendre des médicaments inutiles ou dangereux pour vous.

Que vous consultiez un médecin généraliste ou un psychiatre au sujet de vos problèmes de dépression ou de manie, la première étape consiste à éliminer toutes les autres pathologies médicales qui peuvent produire des symptômes semblables à ceux du trouble bipolaire.

Dans ce chapitre, nous vous renvoyons chez votre médecin pour un examen physique adapté et une poignée de tests médicaux. Nous vous présentons quelques-uns des maux qui peuvent déclencher ou imiter un déséquilibre de l'humeur, et nous vous aidons à travers le processus de recherche des causes possibles de symptômes thymiques et comportementaux. Nous montrons également ce qu'il faut faire après que vous et votre médecin avez éliminé d'autres pathologies médicales.

Est-ce que cela pourrait être autre chose ?

Depuis l'époque d'Aristote à ce jour, la pensée occidentale a cherché à diviser et conquérir, étiqueter et disséquer. La médecine occidentale n'est pas différente. Elle tient fermement à distinguer les « maux physiques » et « troubles du cerveau », comme si les gens se baladaient avec leurs cerveaux dans des chariots de supermarché.

À retenir

Le fait est que votre cerveau est une partie intégrante de votre corps, non seulement en agissant en tant que marionnettiste, mais aussi en étant soumis à des déséquilibres et des maladies dans d'autres organes et systèmes physiologiques. Votre cerveau affecte votre corps, et votre corps affecte votre cerveau.

Ce chapitre décrit une approche systématique pour éliminer d'autres problèmes de santé qui peuvent contribuer à des déséquilibres de l'humeur. Parfois, cependant, le trouble bipolaire est le diagnostic évident. Si vous rencontrez un épisode maniaque et avez une forte histoire familiale de maladie psychiatrique, votre médecin ne perdra probablement pas de temps à envisager d'autres possibilités.

Chanter le blues du corps

De nombreuses pathologies physiques peuvent causer des changements dans le fonctionnement de votre cerveau – changements qui produisent des symptômes très semblables à ceux du trouble bipolaire. Voici une liste des maladies avec des symptômes similaires à ceux des troubles de l'humeur ou qui amplifient les symptômes de troubles de l'humeur concomitants :

- **Dysfonctionnement de la thyroïde.** Située à la base de votre cou, votre glande thyroïde produit des hormones qui régulent le métabolisme, le développement et la fonction de reproduction. Un dysfonctionnement peut entraîner la glande thyroïde à surproduire des hormones (hyperthyroïdie) et à causer des symptômes semblables à la manie ou à sous-produire des hormones (hypothyroïdie) et à engendrer des symptômes de dépression. Notons que les personnes bipolaires ont plus de prédisposition que les autres à présenter des dysfonctionnements naturels de la thyroïde (comme la maladie de Basedow ou la thyroïdite de Hashimoto). De plus, il faut tenir compte des effets du lithium sur la thyroïde.

- **Les changements et les perturbations des hormones sexuelles.** Les hormones modulent les neurotransmetteurs, qui transmettent les messages entre les cellules dans le corps ; quand les hormones fluctuent, les humeurs peuvent également fluctuer (voir le chapitre 2 pour en savoir plus sur les neurotransmetteurs). Pendant la puberté, au cours du cycle menstruel de la femme, à travers des périodes de grossesse et de post-partum, et au cours de la vie d'une personne, la production d'hormones varie. Certains troubles de l'humeur, notamment la dépression, sont liés à des changements hormonaux chez les hommes et les femmes. Par exemple, les hommes ayant des niveaux bas de testostérone sont plus susceptibles d'être plus déprimés que ceux qui ont des niveaux normaux, et les femmes avec un trouble de l'humeur dysphorique prémenstruel (une forme sévère du syndrome prémenstruel) peuvent présenter des changements comportementaux et émotionnels qui sont indissociables du trouble bipolaire. Même si c'est le cas, chercher et trouver la véritable cause des symptômes est essentiel pour choisir le bon traitement.
- **Infections.** Certaines infections virales, telles que la mononucléose, peuvent présenter des changements d'humeur et de niveau d'énergie, y compris de la fatigue ; des examens physiques scrupuleux et en laboratoire sont donc importants pour écarter ces pathologies.
- **Fibromyalgie.** Cette maladie chronique est associée à la fatigue, aux modifications du sommeil et de la cognition, ainsi qu'à des douleurs généralisées. Les personnes atteintes de fibromyalgie souffrent également souvent de dépression et d'anxiété, mais ces pathologies nécessitent des traitements différents (bien que parfois se chevauchant). Lors de l'évaluation des symptômes dépressifs, les médecins doivent poser des questions sur la douleur et le sommeil afin de déterminer si la fibromyalgie est une cause possible.
- **Lupus et autres maladies auto-immunes.** Le Lupus, un trouble auto-immun, provoque un gonflement douloureux du tissu conjonctif et peut enflammer de nombreux organes, y compris le cerveau. Il est généralement accompagné d'une fatigue extrême et d'irritabilité. Votre médecin peut effectuer un test sanguin pour écarter le lupus s'il soupçonne que vous pouvez en souffrir. Le traitement peut nécessiter l'utilisation de corticostéroïdes, ce qui peut induire des sautes d'humeur. D'autres maladies auto-immunes comme

la polyarthrite rhumatoïde sont associées à la dépression, mais ont généralement des symptômes physiques plus spécifiques qui réduisent la probabilité de les confondre avec le trouble bipolaire.

» **Le syndrome de Cushing.** Parfois appelé *hypercorticisme*, le syndrome de Cushing a pour conséquence la croissance et le développement d'anomalies physiques et souvent une instabilité de l'humeur. Les personnes atteintes du syndrome de Cushing présentent couramment une obésité du torse, une augmentation de la graisse autour du cou, un visage arrondi et un amincissement des bras et des jambes.

» **Hépatite**. L'hépatite est une inflammation du foie, généralement causée par un virus ou une accumulation de toxines. En plus du jaunissement caractéristique des yeux, l'hépatite peut vous faire vous sentir faible et nauséeux et peut produire des symptômes semblables à ceux de la dépression. Si certains déchets s'accumulent à des niveaux toxiques, l'hépatite peut provoquer des hallucinations.

» **VIH/sida.** Le *virus de l'immunodéficience humaine* (VIH) et le syndrome d'immunodéficience acquise (SIDA) peuvent compromettre l'ensemble du système immunitaire, vous laissant vulnérable à plusieurs types d'infections qui peuvent affecter l'humeur. Le VIH peut également attaquer directement les cellules du cerveau, ce qui crée des problèmes avec la pensée et les changements d'humeur. En outre, le stress quotidien de vivre avec le SIDA peut constituer un fardeau de forte anxiété.

» **Les maladies cérébrales dégénératives, comme la maladie d'Alzheimer et de Parkinson.** La démence précoce peut entraîner des changements significatifs de l'humeur et du comportement, c'est pourquoi les médecins doivent examiner le fonctionnement cognitif du cerveau, en particulier chez les personnes âgées présentant des symptômes liés au trouble bipolaire (voir le chapitre 10). Le Parkinson et d'autres pathologies motrices sont accompagnés par des taux élevés de dépression, pouvant se présenter comme un symptôme primaire.

» **L'encéphalopathie traumatique chronique (ETC).** Il s'agit d'un syndrome en rapport avec des modifications cérébrales induites par de multiples traumatismes crâniens ; on le retrouve chez de nombreux athlètes, surtout les boxeurs et les joueurs de football américain. La dépression et autres changements d'humeur ou de la personnalité sont des symptômes communs, de sorte qu'un médecin doit faire un historique minutieux des blessures à la tête lors de l'évaluation d'une personne qui présente des symptômes de l'humeur.

» **Carences en vitamines et en fer.** Une carence en vitamine B12 peut entraîner des troubles de l'humeur, comme la dépression. On peut facilement passer à côté d'une carence en vitamine B12 et cela peut causer des problèmes neurologiques importants si elle n'est pas traitée correctement. Les médecins peuvent vérifier les niveaux en vitamine B12 dès le dépistage initial d'un patient présentant une dépression sévère. Les études pour savoir si oui ou non les carences en acide folique ou vitamine D peuvent être liées à une dépression sont contradictoires, mais de nombreux médecins vérifient leurs niveaux également. L'anémie ferrique peut entraîner une fatigue qui a parfois des symptômes similaires à la dépression ; la plupart des gens sont testés pour l'anémie au cours d'examens de routine.

À retenir

Toute maladie physique qui vous fait sentir en piteux état ou interfère avec votre capacité à fonctionner correctement peut vous faire sentir déprimé. Cela est particulièrement vrai avec les maladies chroniques. Il faut se rendre compte que se sentir mal en permanence n'est pas un état normal. Demandez à votre médecin de vous aider.

Attention

L'identification d'une pathologie médicale qui peut provoquer une instabilité de l'humeur n'exclut pas un trouble de l'humeur. Vous pouvez avoir une pathologie médicale et un trouble bipolaire, et les deux nécessitent un traitement. La seule façon de le savoir est de parler à votre médecin.

Considérer d'autres coupables : médicaments, alcool et autres substances

Parce que le trouble bipolaire est fortement lié à la chimie du cerveau et à la physiologie (voir chapitre 2), tout ce que vous consommez, de la cocaïne aux tablettes de chocolat, peut influencer vos humeurs. Dès que vous commencez à mâcher, avaler, inhaler, renifler ou injecter une substance dans votre système, votre corps commence à le décomposer en composés chimiques et à les distribuer à votre cœur, cerveau, muscles, organes et appendices.

Attention

La liste des médicaments et autres substances qui peuvent affecter votre humeur et vos pensées est trop longue pour être incluse dans ce livre, mais en voici quelques-unes qui peuvent causer de graves problèmes :

- Alcool
- Cocaïne
- Marijuana
- Amphétamines
- Ecstasy (N-méthyl-D-aspartate), kétamine (Spécial K) et autres « drogues de club »

- LSD, champignons et autres hallucinogènes
- Stimulants, incluant le Vivarin et le Guronzan
- Caféine
- Les aides au sommeil, y compris ceux contenant des antihistaminiques, la valériane et la mélatonine
- Les décongestionnants contenant de la pseudo-éphédrine, de l'éphédra ou de l'éphédrine
- Les corticoïdes
- Les antitussifs contenant du dextrométhorphane
- Le Roaccutane (traitement de l'acné)

Si vous prenez l'un de ces médicaments ou substances, parlez-en à votre médecin. Faire un sevrage brutal n'est pas forcément une bonne idée. Votre médecin peut vous suggérer des moyens sûrs pour vous sevrer s'il pense que ces substances peuvent être à l'origine des symptômes bipolaires que vous rencontrez.

À retenir

Gardez à l'esprit qu'uniquement parce que quelque chose est « à base de plantes » ou « naturel » ne signifie pas qu'elle est neutre pour votre humeur et votre comportement. Les produits vendus comme « compléments alimentaires » peuvent comporter des substances chimiques stimulantes ou sédatives, tout autant que les médicaments de synthèse ou les drogues.

Demander conseil à son médecin

L'autodiagnostic peut être addictif. Vous remarquez quelque chose sur vous-même qui semble hors de l'ordinaire, assez pour lancer votre navigateur Web, taper quelques mots-clés dans un moteur de recherche, et finir par vous convaincre que vous souffrez de tous les maux de la terre.

À retenir

Pour la plupart des gens, l'esprit se fige sur une idée ou un diagnostic de charlatan qui semble de loin probable. Pour apaiser votre esprit et éviter de faire des erreurs qui pourraient aggraver votre état, consultez votre médecin au lieu de laisser votre imagination faire le travail. Votre médecin doit vous poser une série de questions et recueillir de l'information pour dresser un historique – l'histoire de votre pathologie – qui va le guider lors de l'examen physique et l'aider à décider quels tests sont nécessaires.

Quels sont vos symptômes ?

La recherche de la cause de la plupart des maladies commence par un examen attentif des symptômes (comment la maladie se présente) et de l'apparition des symptômes (où, quand, et avec quoi la maladie se présente). Lors d'un examen médical, vous vous faites aider par votre médecin pour résoudre un mystère.

Pour veiller à ce que votre collaboration réussisse à percer le mystère, donnez à votre médecin une liste détaillée de vos symptômes. Vous devriez être en mesure de fournir à votre médecin les réponses aux questions suivantes :

- Vous sentez-vous abattu ? Triste ? Déprimé ? Démoralisé ? Vide ? Engourdi ?
- Vous sentez-vous excessivement excité ou anxieux ?
- Vous sentez-vous en colère ou irritable plus souvent que d'habitude ?
- Arrivez-vous à vous amuser ou à profiter des choses ?
- Avez-vous eu des problèmes pour vous endormir ou dormir ?
- Avez-vous dormi plus que d'habitude ?
- Mangez-vous beaucoup plus ou moins que d'habitude ?
- Avez-vous remarqué des changements de comportements – faire beaucoup plus ou moins que d'habitude ?
- Avez-vous eu des conflits graves à la maison ou au travail ?
- Avez-vous bu/vous êtes-vous drogué ou avez-vous envie de boire et de faire la fête plus que d'habitude ?

Bien sûr, les questions que votre médecin vous pose peuvent ne pas être aussi précises que celles que nous listons ici. Lorsque vous faites face à des troubles de l'humeur, les médecins posent souvent d'autres questions plus ouvertes pour savoir comment votre vie va en général, et observer comment vous réagissez à diverses questions et problèmes qui se présentent lors de votre rendez-vous. Votre médecin peut également vous interroger sur vos autres symptômes médicaux, en se concentrant sur des domaines particuliers, tels que le système nerveux. Grâce à ces questions, il cherche des indices qui l'orientent vers d'autres pathologies possibles qui pourraient causer vos symptômes actuels. Cette recherche est appelée un « examen complet de l'organisme ».

Voici quelques questions susceptibles de vous être posées :

- Avez-vous souffert de maux de tête, de douleurs musculaires ou d'une faiblesse ?
- Avez-vous éprouvé des nausées, des vomissements ou des changements dans votre transit intestinal ?
- Avez-vous des douleurs articulaires ou des gonflements ?
- Avez-vous remarqué des éruptions cutanées ou des changements de la peau ?
- Avez-vous remarqué des changements dans votre appétit ou votre poids ?
- Avez-vous soif tout le temps ?
- Avez-vous envie d'uriner fréquemment ?
- Est-ce que votre libido ou votre activité sexuelle ont changé ?

À retenir

À ce stade, vous pouvez avoir une question à poser : « Qu'est-ce que toutes ces questions ont à voir avec mes humeurs ? » Bien que ces interrogations puissent sembler sans rapport avec votre problème de santé principal, vos réponses guident votre médecin via un examen physique ciblé et l'aident à choisir les tests de laboratoire ou autres études à prescrire.

Quand vos problèmes ont-ils commencé ?

Lorsque vous cherchez vos clés de voiture, la dernière question que vous voulez que l'on vous pose est : « Quand les avez-vous vues pour la dernière fois ? » Si vous le saviez, vous n'auriez pas demandé de l'aide. Pourtant c'est cela que votre médecin vous demande et cela pourrait vous paraître une mauvaise plaisanterie :

Patient : « Docteur, je crois que je suis en train de perdre la tête ! »

Docteur : « Quand l'avez-vous eue pleinement pour la dernière fois ? »

Bien sûr, votre médecin ne dirait jamais une telle chose. Cependant il va tenter de retracer vos symptômes et d'identifier un point de départ pour évaluer ce qui a pu déclencher votre épisode thymique.

Parce que votre médecin n'est pas assis derrière vous en permanence à observer votre activité quotidienne, vous devez venir avec une ou deux réponses ou au moins lui fournir des possibilités probables. Faites vos devoirs et essayez de repérer les événements ou les périodes de changements dans votre vie qui correspondent à l'apparition de vos symptômes. Voici quelques événements ou changements qui peuvent aider à vous rafraîchir la mémoire :

- Changement de médicaments ;
- Maladie ;

- Accident de voiture ou chute ;
- Perte d'un être cher ;
- Perte d'emploi ou un conflit ;
- Examens ;
- Fin d'une relation ;
- Modification de la structure de la famille, comme un enfant qui quitte ou revient à la maison ;
- Grossesse, ménopause, ou changement dans le cycle menstruel.

Les troubles de l'humeur peuvent se construire au fil des ans, de sorte que vous ne pouvez pas être en mesure de pointer du doigt un incident particulier ou une variation dans votre vie qui a tout déclenché. Cela vaut la peine d'essayer néanmoins.

À retenir

L'événement ou le changement qui déclenche une maladie ou qui l'a empiré constitue rarement à 100 % la cause de la maladie. Parfois, les causes originelles sont enfouies si profondément dans le développement de votre cerveau que vous et votre médecin ne pourrez jamais les trouver. Ou peut-être avez-vous besoin de démêler une spirale d'événements récents – peut-être que vous avez pris un médicament qui a éteint votre libido, ce qui a finalement porté préjudice à votre relation, vous laissant plus déprimé, ce qui a conduit à des abus de drogues et à de l'insomnie, qui ont finalement entraîné un épisode maniaque. Si vous trouvez la cause initiale assez tôt pour arrêter l'escalade, tant mieux. Sinon, vous pourriez avoir à faire face (et à traiter) une longue chaîne de causes et d'effets.

Qu'est-ce qui améliore ou empire vos symptômes ?

Vos symptômes se sont pernicieusement installés, et vous et votre médecin ne pouvez pas en déterminer la cause. Frustrant ? Oui. Sans espoir ? Non. Il est temps de tenter une nouvelle approche. Au lieu d'essayer d'identifier les causes, examinez et testez les symptômes les plus gênants et ennuyeux pour voir si quoi que ce soit les modifie. Pour cibler les facteurs qui amplifient ou réduisent vos symptômes, répondez aux questions suivantes :

- Vous sentez-vous mieux ou moins bien à un moment précis de la journée ? Le matin ? Après manger ? Après le travail ? Avant d'aller au lit ?
- Êtes-vous sans symptôme pendant une saison particulière ?

- Est-ce que vos symptômes empirent à l'approche de certaines fêtes ou anniversaires, particulièrement les anniversaires de décès ou d'autres événements traumatiques ?
- Est-ce que certains médicaments que vous prenez actuellement vous font vous sentir mieux ou moins bien ?
- Est-ce qu'une activité quelconque vous fait vous sentir mieux ou bien pire ?
- Est-ce qu'une substance comme la caféine, la nicotine ou l'alcool, atténue les symptômes ou les aggrave ? (Non, nous ne recommandons pas d'essayer ces substances pour voir si elles vous font sentir mieux !)

Que devez-vous dire d'autre à votre médecin ?

En plus d'une liste de vos symptômes, de vos souvenirs de la période où les symptômes sont apparus et de vos observations de ce qui les améliore ou les empire, votre médecin va rassembler les informations suivantes :

- **Vos antécédents médicaux.** Pour déterminer si des pathologies passées peuvent être la cause de vos symptômes actuels.
- **Une liste des médicaments que vous prenez.** Pour comprendre si l'un d'entre eux peut être lié à vos symptômes.
- **Vos antécédents familiaux**. Pour identifier les maladies qui peuvent être génétiques.

L'examen médical, enfin !

Après avoir rassemblé l'historique de votre état, votre médecin réalise généralement un examen physique rapide pour tester vos réflexes, vérifier vos ganglions ainsi que pour observer votre santé physique, tempérament et comportement. Comme toujours, on prend votre température (pour vérifier une infection potentielle) et votre pression artérielle. En fonction des réponses et des informations que vous fournissez sur votre historique médical, le médecin peut examiner certaines parties de votre corps plus minutieusement, par exemple vos articulations si vous avez signalé des douleurs articulaires.

Vous auriez une chance improbable si votre médecin identifie immédiatement la pathologie qui est la cause de vos soucis d'humeur actuels, la diagnostique, vous recommande une ou plusieurs options de traitement, vous fasse payer et parte déjeuner. Dans le cas contraire, vous pouvez vous attendre à faire des tests médicaux supplémentaires, que nous décrivons dans la section suivante.

Continuer de creuser avec des tests complémentaires

Selon ce que votre médecin trouve grâce à votre historique et à l'examen physique, il peut ordonner des tests supplémentaires pour identifier ou exclure d'autres pathologies. Les sections suivantes décrivent certains des tests de laboratoire communs que votre médecin peut ordonner, et décrivent ce que les résultats de ces tests peuvent révéler.

Les tests médicaux que peut demander votre médecin

Il n'existe aucun examen standard ou de routine dans le cadre d'un trouble bipolaire. Toutefois, si votre médecin n'a pas encore trouvé une cause probable à vos symptômes et qu'il a des préoccupations spécifiques qu'il veut confirmer ou écarter, il peut commander un ou plusieurs des tests suivants :

- **Des tests sanguins.** Votre médecin peut demander des tests sanguins pour vérifier votre numération sanguine (numération des globules rouges pour l'anémie ou de globules blancs pour les infections) ; les taux de glucose et de lipides/cholestérol ; la TSH pour la thyroïde, les marqueurs du foie (ALAT, ASAT), des reins (créatinine) et d'autres organes vitaux ; et parfois les taux de vitamine B12, d'acide folique, ou d'autres vitamines. Des tests sanguins supplémentaires peuvent être nécessaires si les tests initiaux révèlent un problème.
- **Une IRM ou un CT scan.** Si le médecin constate des symptômes neurologiques spécifiques (changements dans la force musculaire, le mouvement, l'équilibre, ou les sensations, par exemple), il peut ordonner une IRM ou un CT scan pour vérifier des anomalies structurelles dans le cerveau ou d'autres zones susceptibles de causer éventuellement les symptômes que vous rencontrez.
- **Une EEG (l'électro-encéphalographie).** Si votre médecin soupçonne que vous pouvez avoir un trouble épileptique, il peut ordonner une EEG.
- **Une ponction lombaire**. Si vous avez une poussée de fièvre et que votre médecin soupçonne une infection du cerveau, comme la méningite cérébro-spinale ou une encéphalite, il peut ordonner une ponction lombaire.

À retenir

Notez que nous n'incluons pas ici un type de test sanguin ou d'examen spécifique du trouble bipolaire. C'est une fausse idée commune que de croire que votre médecin peut vous tester pour la bipolarité. Il serait assez compréhensible de demander : si le trouble bipolaire est un « déséquilibre chimique », pourquoi ne mesure-t-on pas tout simplement les substances chimiques pour voir s'il y a un problème ? Comme nous l'expliquons dans d'autres chapitres, y compris le chapitre 2, le trouble bipolaire est plus compliqué qu'un simple déséquilibre chimique ; il est constitué d'un ensemble complexe d'anomalies neurologiques difficiles à cerner. Les scientifiques vont probablement réussir au final à établir des protocoles de tests, mais ceux-ci n'existent pas encore.

Les tests de la thyroïde

La glande thyroïde a une immense influence sur l'humeur et sur l'efficacité des médicaments utilisés pour traiter les troubles de l'humeur, y compris la manie et la dépression. Elle produit des hormones qui régulent la consommation d'énergie de votre corps. Les faibles niveaux d'hormones thyroïdiennes (hypothyroïdie) produisent une certaine lenteur, un gain de poids et de la dépression, tandis que des niveaux excessivement élevés (hyperthyroïdie) peuvent vous faire bondir au plafond.

Au tout début de la phase de diagnostic, votre médecin ou votre psychiatre devraient ordonner des tests de la thyroïde pour vérifier votre niveau d'hormones thyroïdiennes et déterminer si votre glande thyroïde fonctionne correctement. Au cours de votre traitement, votre médecin peut vouloir faire réaliser de nouveau ces tests, en particulier si vous prenez des médicaments qui peuvent affecter la fonction thyroïdienne (comme le lithium).

Si vos hormones thyroïdiennes sont déséquilibrées, votre médecin peut également ordonner une analyse de la thyroïde, qui consiste essentiellement en une radiographie de votre glande thyroïde indiquant si elle fonctionne bien, et vous adresser à un endocrinologue (un médecin spécialisé dans le diagnostic et le traitement de conditions liées aux glandes qui sécrètent des hormones) pour une évaluation plus approfondie de votre thyroïde.

Autres tests hormonaux

Des poussées d'hormones sexuelles peuvent vous faire vous sentir gonflé d'une énergie surhumaine ou faire monter votre libido dans la stratosphère. Imaginez ce qu'elles peuvent faire pendant les périodes rock'n'roll de la puberté et de la grossesse !

Et, pourtant, les médecins ne font pas systématiquement des tests pour vérifier les niveaux d'œstrogènes, de progestérone, de testostérone, d'androgènes, ou d'autres hormones qui peuvent être liées à l'humeur. Ces types d'hormones modulent le développement du cerveau et son fonctionnement tout au long de la vie, mais leurs effets sont indirects. Une croissance normale et des fluctuations de niveaux d'hormones n'indiquent que peu de choses au médecin sur les troubles de l'humeur. Certaines tumeurs et les pathologies médicales peuvent causer d'énormes changements dans votre taux d'hormones, mais les symptômes médicaux complémentaires aident à identifier ces problèmes.

Si votre médecin soupçonne que les fluctuations importantes de vos hormones sexuelles contribuent à vos symptômes de l'humeur, il peut recommander des tests supplémentaires ou vous adresser à un spécialiste.

Bien que le mot « hormones » fasse généralement penser au sexe, de nombreux systèmes d'hormones régulent le bon fonctionnement du corps. Les hormones thyroïdiennes sont les plus connues, mais bien d'autres existent pour aider le corps à fonctionner. L'insuline, qui est liée au diabète, est une hormone. Le cortisol, une hormone de la glande surrénale, module l'énergie et l'éveil, le métabolisme des graisses et de nombreux autres processus physiologiques. Un surplus de cortisol provoque le syndrome de Cushing, qui peut être lié à des symptômes de l'humeur. Votre médecin examinera ces systèmes hormonaux de plus près, si les résultats ou les symptômes de test sanguins le poussent dans cette direction.

Vous êtes en bonne santé. Et maintenant ?

Votre médecin vous a tapé sur le genou avec son maillet en caoutchouc, a extrait quelques millilitres de votre sang, et vous a cuisiné sur vos antécédents médicaux et privés. Il vous a palpé sous toutes les coutures, mais vous n'avez pas encore d'explications sur ce qui va mal chez vous. Maintenant, on fait quoi ?

Vous avez plusieurs choix :

» **Demander un deuxième avis.** Un autre médecin ou spécialiste, comme un neurologue ou un gynécologue, peut être en mesure de trouver d'autres causes potentielles aux symptômes que vous éprouvez.

» **Laissez votre médecin traiter vos symptômes.** Les médecins généralistes peuvent prescrire des anti-maniaques, des antidépresseurs et autres médicaments psychotropes qui peuvent aider à soulager les symptômes de l'humeur.

» **Consulter un psychiatre.** Une fois que votre médecin a exclu les questions médicales, vous pouvez tourner votre attention vers les maladies psychiatriques, pour lesquelles un psychiatre est généralement plus qualifié. Comme nous l'indiquons dans le chapitre 5, un psychiatre peut travailler avec un diagnostic différentiel pour identifier ou éliminer certaines maladies psychiatriques par rapport à votre typologie de symptômes.

À retenir

Même si votre médecin détecte et traite une pathologie médicale qui peut être liée à la dépression ou à la manie, vous pouvez toujours avoir besoin d'un traitement psychiatrique ou d'une thérapie. L'état de santé ne peut jouer qu'un rôle partiel dans votre instabilité de l'humeur, ou alors il peut ne jouer aucun rôle. Rendez-vous au chapitre 5 pour en savoir plus sur le diagnostic et le traitement psychiatrique.

Chapitre 5

Obtenir une évaluation psychiatrique et un plan de soins

DANS CE CHAPITRE :

- **Trouver un psychiatre qualifié**
- **Se préparer pour le premier rendez-vous**
- **Passer son évaluation psychiatrique et gérer l'annonce du diagnostic**
- **Obtenir un plan de soins efficace pour vous**

La tempête bipolaire fait non seulement chavirer votre navire, mais projette aussi le capitaine par-dessus bord. Votre esprit rationnel se brise contre les vagues, et personne sur le pont n'a les moyens de vous jeter une bouée de sauvetage. Vous avez besoin qu'une personne de l'extérieur intervienne. Vous avez besoin d'un psychiatre.

Un psychiatre qualifié peut vous aider à rétablir votre gouvernail et diriger votre vaisseau à travers les turbulences. Il peut expliquer ce qui est arrivé au cours de votre épisode thymique le plus récent, fournir une évaluation objective de votre état psychiatrique, offrir un ou plusieurs diagnostics possibles, et enfin élaborer un plan personnalisé de soins.

Parce que votre psychiatre joue un rôle important dans votre évaluation, votre rétablissement et une stabilité continue de votre état, ce chapitre vous guide dans la recherche d'un psychiatre qualifié qui vous fera vous sentir à l'aise et confiant. Nous rappelons ce que vous pouvez faire pour aider votre psychiatre à réaliser une évaluation précise de votre état et de vos besoins psychiatriques. Nous listons aussi des points à prendre en compte pour préparer votre premier rendez-vous et proposons des idées pour garder votre relation saine et optimale avec votre psychiatre.

Trouver une aide professionnelle

La plupart des gens sont heureux de vous parler de leurs médecins préférés ou de leurs guérisseurs ; ils partagent facilement les noms de leur rhumatologue, pneumologue, ou gynécologue. Pourtant si vous demandez à quelqu'un le nom d'un bon psychiatre, vous pouvez sentir la température de la pièce chuter. Contrairement aux chirurgiens esthétiques, les psychiatres ne font pas de publicité. Vous pouvez feuilleter l'annuaire téléphonique, mais ne vous attendez pas à trouver facilement un spécialiste du bipolaire ; tous les psychiatres sont à peu près regroupés sous la même enseigne. En France, on dispose depuis quelques années de centres experts pour les troubles bipolaires et des psychiatres spécialisés dans ces troubles.

Trouver un psychiatre qualifié est-il une affaire de hasard ? Pas exactement. Vous avez tout simplement besoin de faire un peu vos devoirs, de persister et de roder quelques options jusqu'à ce que vous trouviez celle qui vous convient. Dans cette section, nous vous suggérons des endroits par où commencer votre recherche.

Demandez à votre médecin de famille

Lorsque votre médecin est perplexe face à une plainte ou un syndrome donné, il possède une liste de spécialistes à qui il peut vous référer, comme un cardiologue, dermatologue ou ophtalmologue. C'est la même chose avec les plaintes et syndromes psychiatriques. Votre médecin de famille ou médecin traitant connaît probablement au moins un psychiatre qu'il peut vous recommander. Donc, lorsque vous déclarez vos symptômes liés à l'humeur, que votre docteur ne peut pas les associer à une pathologie médicale et qu'il vous recommande de consulter un psychiatre, demandez-lui des noms.

Posez des questions à votre thérapeute

Le traitement ne doit pas forcément commencer avec votre médecin de famille ou avec un psychiatre. Si vous consultez déjà un thérapeute (psychologue ou travailleur social) que vous appréciez, demandez-lui de vous recommander à un psychiatre. Il est probablement familier avec les psychiatres de votre région, peut-être dans les mêmes cabinets médicaux, avec qui il travaille en bonne collaboration.

Le succès d'un traitement exige presque toujours une combinaison cohérente et coordonnée entre la médecine et la thérapie, de sorte que vous devez former un duo de soignants qui fonctionne comme une équipe. Si votre thérapeute et votre psychiatre sont diplômés de différentes écoles de pensées, ils peuvent être réticents et incapables de fournir le traitement intégré que vous méritez. En obtenant une recommandation de votre thérapeute, vous augmentez vos chances de construire une équipe de traitement avec une vision unifiée.

Conseil

Si votre thérapeute et votre psychiatre travaillent dans les mêmes cabinets médicaux, cette proximité est souvent bénéfique pour une bonne communication[5].

Faire des recherches en ligne

Internet est un excellent outil pour chercher de l'aide professionnelle de toutes sortes. Lorsque vous recherchez en ligne des noms de psychiatres, consultez des sites professionnels reconnus et bien établis, fournis notamment par des professionnels de santé, tels que :

- Les sites d'information et forums :
  - www.troubles-bipolaires.com
  - www.revivre.org
  - www.bipol.org
  - www.bipolaire-info.org
  - www.bipotes.leforum.eu
  - http://bipolairemd.forumactif.fr
- Les Associations :
  - Argos 2001 ;
  - France-Dépression ;
  - UNAFAM (voir plus loin).

5. L'expérience au CTAH de collaboration étroite dans le même lieu de soins confirme ces avantages et bénéfices, et surtout la capacité de pouvoir mettre en place des plans de soins intégrés et de communiquer de manière plus efficace et rapide.

» Les centres experts des troubles bipolaires (CETB) :

- www.fondation-fondamental.org
- www.ctah.eu

Les sites des universités, hôpitaux et écoles de médecine sont des outils de recherche de médecins, et ils ont habituellement la liste des spécialités de chaque médecin. En filtrant votre recherche sur les spécialités, vous pourrez trouver un médecin qui travaille spécifiquement sur le trouble bipolaire.

Attention

Si vous faites une recherche plus large et trouvez d'autres sites sur les troubles de l'humeur et les médecins spécialisés, assurez-vous d'obtenir des références supplémentaires sur le médecin ou la clinique avant de prendre un rendez-vous.

Internet a sa part de désinformation.

Consultez votre groupe de soutien

Alors que vos symptômes se développent, vous pouvez demander l'aide d'un groupe de soutien – une thérapie ou un groupe d'entraide, un programme en douze étapes, ou un groupe de sensibilisation. Peut-être qu'un être cher, un juge ou un thérapeute recommande ou exige que vous assistiez à des groupes de gestion de la colère ou à des groupes de parents. Ces lieux sont des mines d'or pour obtenir des informations sur les médecins locaux. Tous les vétérans aguerris confient librement les noms des médecins qu'ils adorent et ceux qu'ils détestent. Demandez autour de vous et attendez-vous à en prendre plein les oreilles !

Ne limitez pas votre recherche à des groupes de soutien officiels. Consultez votre groupe de soutien personnel également : les gens qui vous fournissent des conseils quotidiens et des soins, et qui vous connaissent mieux, peuvent avoir des contacts de psychiatres et vous faire des recommandations en tenant compte de votre tempérament et de vos besoins.

Qu'attendre d'un psychiatre ?

Lorsque vous recherchez un psychiatre, vous pourriez vous demander qui fait la recherche. Tout le monde vous cuisine avec mille questions. Quand allez-vous, vous, poser des questions et obtenir les informations dont vous avez besoin pour faire un choix éclairé ? La réponse est : le plus tôt sera le mieux.

Conseil

Le chapitre 22 fournit une liste de dix questions à poser à un psychiatre ou à un thérapeute. Avant votre première visite, examinez ces questions et préparez-vous. Si vous n'êtes pas du genre à vous affirmer, demandez à un ami ou à un parent qui est un peu plus avenant de venir avec vous. Emmener un allié de confiance, en particulier pour la première visite, peut faire toute la différence afin d'obtenir les informations dont vous avez besoin et repartir avec une bonne idée de la façon dont un psychiatre peut (ou non) travailler avec vous. Votre personne de soutien peut également fournir des informations précieuses pour le médecin – des détails que vous pouvez oublier de partager ou que vous estimez trop insignifiants pour les évoquer.

Lorsque vous cherchez un psychiatre, tenez compte des critères suivants :

- **A-t-il l'expérience des troubles bipolaires ?** Votre médecin doit être diplômé en psychiatrie, ce qui signifie qu'il a suivi un cursus précis qui indique sa maîtrise de la psychiatrie. De plus, une expérience supplémentaire et focalisée dans le traitement de troubles de l'humeur assure habituellement un diagnostic précis et la mise en place des traitements actuels les plus efficaces. Assurez-vous de demander au psychiatre quelle est son expérience dans le traitement du trouble bipolaire.
- **Est-il réceptif ?** Votre psychiatre devrait être un joueur d'équipe qui vous écoute, répond à vos questions et donne de la valeur à votre contribution dans le processus de mise en place du traitement, de la prescription des médicaments et pour faire des ajustements.
- **A-t-il la volonté de communiquer ?** Votre psychiatre doit non seulement vous prescrire des médicaments mais aussi vous expliquer comment il est arrivé à ce diagnostic et à ce plan de traitement. Il devrait examiner attentivement les risques potentiels, les avantages et les alternatives à tous les médicaments qu'il vous prescrit.
- **Est-il disponible ?** Votre psychiatre peut avoir besoin d'ajuster votre diagnostic et les médicaments fréquemment, surtout dans les premières étapes du traitement. Par conséquent, vous avez besoin qu'il soit facilement joignable et disponible pour vous recevoir.
- **Est-il abordable ?** Le médecin que vous avez choisi est-il conventionné ? Est-ce que ses honoraires correspondent à votre budget ? Ce médecin vous offre-t-il des facilités de paiement ?

Qu'apporter à votre premier rendez-vous ?

Lors de votre première rencontre, votre psychiatre essaie d'écrire votre histoire en termes médicaux qui décrivent avec précision vos symptômes. Il a besoin de toutes les informations possibles sur vous, alors il doit vous poser une série de questions personnelles. Il ne peut pas littéralement entrer à l'intérieur de votre tête pour voir ce que vous pensez et ressentez, il se fonde donc sur les informations suivantes pour orienter son diagnostic :

- **Informations subjectives.** La perspicacité et les détails que vous choisissez de fournir sur la façon dont vous vous sentez, ce que vous pensez, comment vous vous êtes comporté récemment, et ce que les autres ont remarqué sur vous.
- **Informations objectives.** Les observations que votre psychiatre fait de votre apparence, de vos comportements, la façon dont vous vous exprimez, l'état de votre humeur, et de vos pensées ainsi que vos réactions pendant le rendez-vous.

Votre psychiatre peut également vous demander de remplir des questionnaires ou des évaluations, tels que l'inventaire de dépression de Beck ou la HAD (questionnaire de dépistage rapide de l'anxiété et de la dépression), l'échelle d'évaluation de la manie de Young, le questionnaire de l'humeur (dépistage de la manie/hypomanie), la CLH-32 (check-list d'hypomanie) ou le questionnaire des tempéraments (notamment le tempérament cyclothymique et hyperthymique). Votre psychiatre utilise ensuite toutes ces informations pour effectuer une évaluation psychiatrique, dont il se sert pour déterminer un diagnostic probable. L'évaluation, généralement effectuée après vos deux premiers rendez-vous, est considérée comme un diagnostic de travail ou un plan d'action qui est susceptible d'être ajusté et complété par de nouvelles informations ou par l'évolution au cours du traitement (réponse favorable, résistance, aggravation...).

Conseil

Votre meilleure chance d'obtenir un diagnostic précis est d'être honnête et ouvert avec votre psychiatre et de décrire clairement vos pensées et sentiments. Si vous gardez pour vous des informations importantes parce que vous vous sentez gêné ou pour toute autre raison, vous ne pouvez pas attendre de votre psychiatre qu'il soit en mesure de réaliser un diagnostic précis.

Pour préparer votre évaluation, rassemblez les informations que nous décrivons dans cette section dans votre tête ou notez-les sur un papier et préparez-vous à partager ces détails intimes.

POUVEZ-VOUS SIMPLEMENT ME FAIRE DES TESTS ?

Malheureusement, au moment de la rédaction de ce document, il n'existe pas de technologie pour tester le trouble bipolaire, et ce, pour plusieurs raisons. Entre autres parce que le trouble bipolaire est probablement une combinaison de pathologies différentes ; les modifications cérébrales qui y sont liées se passent à des niveaux microscopiques qui sont difficilement détectables, et la chimie du sang ne rend pas compte exactement de la chimie du cerveau.

Néanmoins ne jetez pas l'éponge pour l'instant. L'avenir est plein d'espoir avec de nouveaux outils améliorés de dépistage. Certaines de ces innovations comprennent :

» **Une imagerie fonctionnelle par résonance magnétique (IRM)** fait des mesures en balayant les minuscules changements métaboliques qui déterminent les schémas d'activité dans les différentes parties de votre cerveau au cours des tâches mentales et des états d'humeur. Cette technologie pourrait un jour être en mesure de détecter des différences constantes entre les cerveaux atteints de trouble bipolaire et ceux qui ne le sont pas.

» **L'étude de la génétique en est à la recherche de modèles génétiques et épigénétiques associés au trouble bipolaire** chez les humains atteints de la maladie et dans les modèles de manie et de dépression chez les animaux. En identifiant les modèles génétiques régulièrement associés au trouble bipolaire, les chercheurs peuvent savoir quels sont les protéines et les schémas de protéines et enzymes qui jouent un rôle dans le développement des symptômes. Cette connaissance peut permettre le développement de tests sanguins pour ces marqueurs.

» **Les tests neuropsychologiques** (tests crayon papier) peuvent aider à cartographier les schémas de l'attention, de la mémoire et du traitement de l'information (fonction exécutive) qui semblent être associés à un trouble bipolaire. Ces tests peuvent éventuellement aider à identifier de manière précoce le trouble bipolaire chez les enfants souffrant de sensibilité émotionnelle accrue, d'hyperactivité, de troubles de l'attention et des troubles des conduites.

Pourquoi vous (ou les autres) pensez que vous avez besoin d'aide

La première chose que votre psychiatre veut connaître est votre *plainte principale* – en d'autres termes, ce qui vous a poussé à rechercher une évaluation psychiatrique. Ceci est une histoire qui commence par la fin, puis remonte pour remplir les détails. Peut-être que vous avez été alité pendant plusieurs jours, insupportable pendant des semaines, avez regardé vos épisodes thymiques détruire votre mariage, avez dépensé de l'argent de façon démesurée, avez complètement surchargé votre liste de choses à faire, ou vous êtes-vous disputé avec vos amis et parents. Si quelqu'un vous a recommandé de voir un psychiatre ou un thérapeute, expliquez pourquoi cette personne pense que vous avez besoin d'aide – ou même emmener cette personne au premier rendez-vous avec le psychiatre si vous vous sentez à l'aise avec cette idée.

« MIROIR »

« Depuis le temps que je me cherche

je vais finir par me trouver

quand vais-je me tendre la perche

pour pouvoir la saisir et ne plus la lâcher

j'ai tellement besoin qu'on m'aime

tout en ayant peur de décevoir

que si les regards ne sont plus les mêmes

en moi je ne pourrai plus croire

pourtant je ne suis pas une image

mais m'attache à ce qu'elle renvoie

c'est comme si de ne pas me savoir sage

m'enlevait un peu de mes joies

ce besoin de se sentir toujours au beau fixe

m'empêche parfois d'aller et venir

éviter certaines situations dites à risque

seules façons pour l'instant de ne pas me réfléchir. »

Patiente au CTAH, Paris.

Poème sur Bipolarité, Cyclothymie et MOI

Plus d'infos sur les symptômes, SVP !

Votre plainte principale indique simplement le problème. Après avoir établi le problème, votre psychiatre peut commencer à recueillir des détails sur votre vie affective et vos habitudes de comportement au fil des ans. Il peut se référer à ces détails comme étant *l'histoire de la maladie actuelle* ou *l'évaluation des systèmes*. Grâce à cette approche de collecte d'informations systématique, votre psychiatre tente de comprendre votre modèle de symptômes psychiatriques. Pour recueillir une liste de symptômes, il est susceptible de vous poser les questions suivantes :

1. **Questions liées à la dépression.** À quel point êtes-vous triste et pour combien de temps ? Vous sentez-vous désespéré ou impuissant ? Pensez-vous à la mort et au processus de la mort ? Pensez-vous à vous tuer ? Avez-vous déjà essayé de vous tuer ? Vous arrive-t-il encore de profiter des choses ? Pouvez-vous vous concentrer ? Êtes-vous fatigué tout le temps ?

2. **Questions relatives à la manie.** À quel point vous sentez-vous heureux ou en colère et pour combien de temps ? Avez-vous des périodes de niveaux élevés d'énergie et de productivité ? Avez-vous eu des problèmes pendant ces périodes ? Par exemple, avez-vous beaucoup dépensé d'argent ? Avez-vous eu une liaison ? Ou, par exemple encore, avez-vous « emprunté » de l'argent à votre employeur ? Avez-vous un jour eu l'impression que vous étiez le meilleur en tout ?

3. **Questions générales sur les processus de pensée.** Vos pensées sont-elles lentes ou hyperactives ? Vous sentez-vous comme si vous n'aviez pas les idées claires ? Est-ce que votre cerveau vous joue des tours : entendez-vous des voix, pensez-vous que vous avez des pouvoirs magiques, ou pensez-vous que les gens veulent vous faire du mal ?

4. **Questions sur les angoisses et les comportements compulsifs.** À quel point vous inquiétez-vous ? Avez-vous déjà eu une attaque de panique ? Avez-vous des pensées indésirables qui ne disparaissent pas ou des comportements incohérents que vous ne pouvez pas vous empêcher d'avoir ? Évitez-vous les situations de représentation sociale ou bien vous paralysez-vous quand vous êtes en société ?

5. **Questions sur les antécédents de santé mentale.** Quels sont vos antécédents psychiatriques ? Avez-vous déjà été hospitalisé ? Avez-vous déjà pris des médicaments ? Avez-vous vu un thérapeute à un certain moment de votre vie ?

6. **Questions au sujet de votre vie passée.** Comment était votre enfance ? Comment s'est passée votre scolarité ? Quels étaient vos rapports avec les autres enfants ? Aviez-vous des amis proches ? Avez-vous vécu une dépression ou des symptômes maniaques quand vous étiez enfant ou adolescent ?

7. **Questions au sujet de votre vie actuelle.** Comment est votre vie ? Est-ce que vous travaillez ? Comment va le travail ? Comment est votre mariage/votre vie amoureuse ? Comment se passe votre vie sexuelle ? Comment les choses se passent-elles avec vos enfants, vos parents, et/ou vos frères et sœurs ? Avez-vous des hobbies ? Faites-vous de l'exercice ? Quelle quantité d'alcool consommez-vous ? Utilisez-vous des drogues douces ?

À retenir

Il est plus facile de répondre à certaines questions avec l'aide d'une tierce personne ou d'un membre de la famille proche qui peut donner quelques détails que vous ne pouvez pas retenir ou voir en vous-même. Si votre proche est d'accord pour vous assister pendant le rendez-vous, vous pouvez, ensemble, donnez des informations beaucoup plus utiles et complètes, et plus rapidement, que si vous y allez seul.

Antécédents médicaux

Avez-vous vu votre médecin traitant au sujet de votre plainte principale ? Si vous ne l'avez pas fait, reportez-vous au chapitre 4 pour comprendre pourquoi il est important de passer par cette première étape essentielle. Après avoir exploré cette piste, donnez le résultat de vos tests à votre psychiatre et une recommandation de votre médecin.

Bien que votre médecin généraliste ait probablement fait réaliser un examen médical complet, vous devez vous attendre à ce que votre psychiatre vous pose plusieurs questions au sujet de votre condition physique actuelle également. Avez-vous des maux de tête, faiblesses, ou des vertiges ? Des traumatismes crâniens ? Des troubles digestifs ou intestinaux ? Des douleurs articulaires ou gonflements ? Du diabète ou une maladie cardiaque ? Un antécédent d'AVC ou de cancer ? Des problèmes oculaires (comme le glaucome) ? Avez-vous subi des opérations ? Êtes-vous allergique à certains médicaments ? Des problèmes de reins, de foie ou de poumons ?

À retenir

Votre psychiatre a besoin de vos antécédents médicaux pour deux raisons : pour aider à éliminer d'autres pathologies physiques qui peuvent causer ou aggraver vos symptômes et pour déterminer les médicaments les plus sûrs, efficaces à vous prescrire, si vous avez besoin de médicaments.

Antécédents familiaux

Lorsque vous commencez à secouer l'arbre généalogique d'une personne qui présente des symptômes bipolaires classiques, des squelettes tombent souvent des branches. Ces squelettes, pour ainsi dire, peuvent aider votre psychiatre à :

» **Simplifier le diagnostic.** Si un parent du premier degré (membre de la famille immédiate) souffre d'un trouble de l'humeur, de schizophrénie, ou a des antécédents de comportements suicidaires, votre risque d'avoir un trouble de l'humeur est significativement plus élevé (voir le chapitre 2). Les parents du deuxième degré (oncles, tantes, cousins et cousines) comptent aussi, mais à un degré moindre.

» **Explorer le risque de trouble bipolaire, si vos symptômes sont seulement dépressifs.** Si vous souffrez de dépression et n'avez pas éprouvé de symptômes maniaques ou hypomaniaques mais avez des antécédents familiaux de manie ou de schizophrénie, alors vous avez un risque plus élevé de souffrir un jour d'un épisode maniaque ou hypomaniaque.
Prescrire un antidépresseur seul à une personne qui souffre d'un trouble bipolaire peut-être moins efficace pour une dépression et, dans certains cas, peut en fait augmenter le risque d'un basculement vers un épisode

maniaque. Donc, si le trouble bipolaire fait partie de l'histoire familiale directe – même si vous n'avez pas de symptômes maniaques – votre psychiatre sera probablement prudent avec la prescription d'antidépresseurs et aura peut-être besoin de vous surveiller de près, en particulier durant les premières semaines de traitement. Et il ajoutera peut-être plus rapidement un anti-maniaque ou un régulateur de l'humeur pour éviter l'apparition de cycles d'humeur.

» **Déterminer les médicaments les plus efficaces.** Si un médicament particulier a efficacement traité l'un de vos parents du premier degré ou causé un effet secondaire grave chez une personne de votre famille, votre psychiatre peut utiliser cette information au moment de choisir vos médicaments de première intention. Pour autant, ce n'est pas parce qu'un médicament a fonctionné pour l'un de vos parents proches qu'il va nécessairement être efficace pour vous.

À retenir

Voici quelques points à garder à l'esprit au sujet des antécédents familiaux :

» Les membres de votre famille peuvent ne pas avoir été précisément diagnostiqués – en particulier dans les générations précédentes. Cependant si une ou plusieurs personnes dans la famille ont eu des troubles graves du comportement – s'ils se calfeutraient avec du papier aluminium aux fenêtres pour éloigner les extraterrestres –, il est important de les mentionner à votre médecin.

» Ne limitez pas vos antécédents familiaux à des diagnostics de trouble bipolaire. Signalez tous les problèmes psychiatriques : schizophrénie, dépression, troubles de l'anxiété, attaques de panique, colère/agression, abus de substances, etc. Différents troubles partagent souvent des facteurs génétiques communs, et la présence d'une toxicomanie chez un parent peut faire allusion à des troubles de l'humeur ou d'anxiété sous-jacents.

» Dites à votre psychiatre s'il y a eu des suicides dans votre famille. Le risque de suicide semble être en premier lié à l'histoire familiale (historique de suicide), ce à quoi s'ajoutent d'autres facteurs de risque suicidaire, notamment le diagnostic bipolaire, l'âge de début, la sévérité des phases dépressives, la présence des épisodes mixtes et l'abus d'alcool…

Liste des drogues licites et… illicites

Votre psychiatre a besoin de connaître toutes les substances chimiques, les compléments alimentaires et les plantes que vous prenez. Vous savez déjà que vous devez lui donner la liste des médicaments sous ordonnance que vous prenez, mais ne négligez pas les autres choses que vous pouvez prendre régulièrement, y compris les médicaments en vente libre, vitamines, plantes, alcool, caféine, boissons énergétiques, médicaments de régime, amphétamines ou autres stimulants, ou drogues illicites comme la marijuana, la cocaïne et l'ecstasy.

Si vous utilisez des drogues illicites, dites-le à votre psychiatre. Ces substances affectent radicalement les émotions et les comportements, et cette information est essentielle pour votre évaluation psychiatrique. La gêne et l'inquiétude d'être dénoncé n'ont pas leur place ici. Votre psychiatre ne déclarera votre consommation de drogues à personne, sauf si vous présentez un risque pour les autres. Tout dire est la seule stratégie pragmatique.

Attention

Dissimuler votre consommation de drogues ou d'alcool à votre psychiatre peut vous être fatal. Ne le faites pas. Rassemblez tout votre courage, enterrez votre honte et mettez vos tripes sur la table. Cela contribuera à votre bon rétablissement, et peut vous sauver la vie.

Journal de sommeil

Votre psychiatre a besoin d'informations les plus précises sur les modifications du cycle de votre sommeil et les liens avec les niveaux d'énergie. Ces deux éléments, sommeil et activité, sont des marqueurs biologiques de base dans le trouble bipolaire ; ils fournissent des indices importants qui vous disent, à vous et à votre médecin, quand vous avez besoin d'aide. Signalez tout changement suivant :

- Besoin excessif de sommeil ;
- Incapacité à se sentir reposé, même après avoir dormi sur une longue période ;
- Fatigue persistante ;
- Peu ou pas besoin de sommeil ;
- Des changements importants dans vos habitudes de sommeil.

Conseil

Notez vos cycles de sommeil et vos niveaux d'énergie. Si vous restez éveillé toute la nuit et traînez au lit le lendemain, c'est normal. Être en décalage horaire pendant trois jours sans dormir et vous sentir toujours plein d'énergie, cependant, peut être symptomatique de la manie. Pourtant, se souvenir de la façon dont vous dormez d'une semaine sur l'autre peut être un défi, donc tenez un journal. Vous trouverez un diagramme de l'humeur que vous pouvez utiliser pour suivre votre sommeil au chapitre 11. Et, demandez de l'aide à un proche ; il peut avoir une lecture tout à fait différente de la façon dont vous dormez.

Parvenir à un diagnostic

Vous avez mis vos tripes sur la table, confessé tous vos péchés, et admis faire des choses qui auraient pu vous faire atterrir en prison. Tout ce que vous voulez en retour, ce sont des réponses claires à deux questions simples : « Qu'est-ce que j'ai ? » et : « Comment puis-je m'en débarrasser ? » Vous, vos amis, et votre être cher avez souffert pendant des mois de façon inexpliquée face à des symptômes insupportables, y compris d'autodestruction, et vous avez besoin d'une réponse. Malheureusement, élucider le mystère peut prendre un certain temps.

Évaluer vos symptômes

Pour arriver à un diagnostic, votre psychiatre compare vos symptômes à des critères spécifiques dans le *Manuel diagnostique et statistique des troubles mentaux* (DSM) ou la *Classification internationale des maladies* (CIM). Ce sont les bibles de la psychiatrie qui décrivent divers syndromes, les pathologies et les symptômes qui doivent être présents pour proposer un diagnostic particulier. Pour en savoir plus au sujet de ces manuels, voir le chapitre 2.

Quels sont les symptômes caractéristiques du trouble bipolaire ? En voici quelques-uns que les médecins recherchent :

- **Symptômes de la manie.** Vous avez un niveau élevé d'énergie pendant une semaine ou plus, vous êtes excessivement en colère ou heureux, peu besoin de sommeil, une activité et une recherche du plaisir excessives, peu de jugement ou de contrôle de vos impulsions, des pensées et des comportements de grandeur, une accélération de la pensée… à un degré tel qu'ils créent des problèmes dans votre vie.
- **Symptômes d'une dépression majeure.** Vous êtes triste pendant deux semaines ou plus, avez un niveau d'énergie faible, une diminution de votre capacité à jouir de toute chose, des problèmes de concentration, une faible activité et productivité, des pensées de mort et de suicide, des sentiments excessifs de culpabilité ou des sentiments négatifs à votre égard, et un ralentissement de la pensée… à un degré tel qu'ils créent des problèmes dans votre vie.
- **Symptômes d'hypomanie.** Exaltation de l'humeur qui dure quatre jours, l'hypomanie est une version « light » de la manie. Elle ne crée pas autant de problèmes de fonctionnement que la manie, mais il peut être difficile de vivre avec.

- **Symptômes psychotiques.** La psychose peut aller de pair soit avec la dépression soit avec la manie. Elle peut inclure une pensée désorganisée, de la paranoïa, des pensées délirantes (des distorsions importantes de la réalité), ou le fait d'entendre des voix.

Les symptômes d'un épisode thymique donné doivent constituer des changements notables par rapport à une base, et ils doivent être présents toute la journée, tous les jours, pour une période de temps minimal, tel que spécifié dans la liste précédente.

Pour faciliter l'accès au diagnostic de bipolarité, vous pouvez remplir des questionnaires spécialement élaborés pour le dépistage des troubles bipolaires, notamment pour les troubles où il est difficile de repérer l'hypomanie : le MDQ ou questionnaire de l'humeur ; la Check-List Hypomanie 32 items (CLH-32) ; le TEMPS-A ou questionnaire des tempéraments affectifs (voir un peu plus loin).

Attention : des scores positifs sur les questionnaires ne sont pas suffisants pour porter le diagnostic de trouble bipolaire. Ils représentent un indice évoquant la présence d'épisodes maniaques ou de traits cyclothymiques. C'est leur récurrence, et surtout leur association ou alternance avec des épisodes dépressifs retrouvés dans vos antécédents, qui va aider à confirmer le diagnostic de bipolarité.

Cela dit, il y a des cas, moins fréquents, de manie ou d'hypomanie récurrentes sans dépression majeure associée. On les qualifie de « manie monopolaire » ou d'« hypomanie pure permanente » et on les inclut dans le spectre des troubles bipolaires.

Auto-questionnaire « Trouble de l'humeur »
(MDQ *Mood Disorder Questionnaire*)

A. Y a-t-il jamais eu des périodes de temps où vous n'étiez pas comme d'habitude et où :

Vous vous sentiez si bien et si remonté que d'autres personnes pensaient que vous n'étiez ?

☐ Oui ☐ Non

Vous étiez si remonté que vous alliez vous attirer des ennuis, vous étiez si irritable que vous criiez après les gens ou provoquiez des bagarres ?

☐ Oui ☐ Non

Vous vous sentiez beaucoup plus sûr(e) de vous que d'habitude ?

☐ Oui ☐ Non

Vous dormiez beaucoup moins que d'habitude et trouviez que cela ne vous manquait pas ?

☐ Oui ☐ Non

Vous étiez beaucoup plus bavard(e) et parliez beaucoup plus vite que d'habitude ?

☐ Oui ☐ Non

Des pensées traversaient rapidement votre tête et vous ne pouviez pas les ralentir ?

☐ Oui ☐ Non

Vous étiez si facilement distrait(e) par ce qui vous entourait que vous aviez des difficultés à vous concentrer ou à poursuivre la même idée ?

☐ Oui ☐ Non

Vous aviez beaucoup plus d'énergie que d'habitude ?

☐ Oui ☐ Non

Vous étiez beaucoup plus actif(ve) ou que vous faisiez beaucoup plus de choses qu'à l'accoutumée ?

☐ Oui ☐ Non

Vous étiez beaucoup plus sociable ou extraverti(e) que d'habitude, par exemple, vous téléphoniez à vos amis au milieu de la nuit ?

☐ Oui ☐ Non

Vous étiez beaucoup plus intéressé(e) par le sexe que d'habitude ?

☐ Oui ☐ Non

Vous faisiez des choses inhabituelles pour vous ou que d'autres gens pensaient être excessives, imprudentes ou risquées ?

☐ Oui ☐ Non

Vous dépensiez de l'argent de manière si inadaptée que cela vous attirait des ennuis à vous ou à votre famille ?

☐ Oui ☐ Non

B. Si vous avez coché « oui » à plus d'une des questions précédentes, est-ce que plusieurs d'entre elles sont apparues durant la même période de temps ?

☐ Oui ☐ Non

C. À quel point, une de ces questions a été pour vous un problème au point de ne plus travailler, d'avoir des difficultés familiales, légales, d'argent, de vous inciter à des bagarres ou des disputes ?

☐ Aucun problème ☐ Problème mineur
☐ Problème modéré ☐ Problème sévère

Le questionnaire est positif (en faveur de l'Hypomanie)

– Critère A = au moins 7 symptômes sont cochés « Oui ».
– Critère B = plusieurs symptômes sont survenus sur la même période.
– Critère C = problème modéré à sévère causé par les symptômes.

Évaluation des épisodes d'hypomanie (énergie, activité et humeur)
***Check-List Hypomanie* « CLH-32 »**
J Angst et al 2005 – version française par E Hantouche 2007

Dans certains moments de leur vie, chacun manifeste des changements ou des oscillations du niveau d'énergie, d'activité et humeur (« hauts et bas »). **L'objectif de ce questionnaire est d'évaluer les caractéristiques des périodes de « hauts ».**

1) En premier, comment vous sentez-vous aujourd'hui par rapport à votre état habituel ?

(Cochez une des cases suivantes)

Nettement pire que d'habitude.	Moins bien que d'habitude.	Légèrement moins bien que d'habitude.	Ni mieux, ni moins bien que d'habitude.	Un peu mieux que d'habitude.	Mieux que d'habitude.	Nettement mieux que d'habitude.
☐	☐	☐	☐	☐	☐	☐

2) Comment êtes-vous d'habitude par rapport aux autres ?

Indépendamment de votre état actuel, veuillez nous dire comment est votre état habituel par comparaison aux autres, en indiquant celui des énoncés qui vous décrit au mieux.

Comparé aux autres, mon niveau d'activité, énergie et humeur…

(Cochez une des cases suivantes)

… est souvent plutôt stable et égal	… est en général plus élevé	… est en général plus bas	… présente de manière répétée des hauts et des bas
☐	☐	☐	☐

3) Veuillez-vous rappeler une période durant laquelle vous étiez dans un état de « haut ».

Comment vous sentiez alors ? Veuillez répondre à l'ensemble des items listés ci-dessous en pensant aux états antérieurs de « haut » et de manière indépendante de votre état actuel.

Dans une telle période :		**Oui**	**Non**
1.	J'ai besoin de moins d'heures de sommeil.	☐	☐
2.	Je me sens plus énergique et plus actif.	☐	☐
3.	J'ai davantage confiance en moi-même.	☐	☐

Dans une telle période :		Oui	Non
4.	J'ai davantage de plaisir à faire mon travail	☐	☐
5.	Je suis plus sociable (plus d'appels téléphoniques, plus de sorties).	☐	☐
6.	Je veux voyager et faire davantage de voyages.	☐	☐
7.	J'ai tendance à conduire plus vite ou à prendre des risques au volant.	☐	☐
8.	Je dépense davantage (ou trop) d'argent.	☐	☐
9.	Je prends plus de risques dans ma vie de tous les jours (travail, autres activités).	☐	☐
10.	Je suis physiquement plus actif (sport, etc.).	☐	☐
11.	Je planifie davantage de projets ou d'activités.	☐	☐
12.	J'ai davantage d'idées créatives.	☐	☐
13.	Je suis moins timide ou inhibé.	☐	☐
14.	Je porte des habits (maquillage) plus colorés et extravagants.	☐	☐
15.	Je veux rencontrer (ou j'ai déjà rencontré) plus de gens.	☐	☐
16.	J'ai plus d'intérêt et/ou de désir sexuel.	☐	☐
17.	Je flirte plus que d'habitude et/ou suis sexuellement plus actif.	☐	☐
18.	Je suis plus bavard.	☐	☐
19.	Je pense plus vite.	☐	☐
20.	Je fais plus de farces ou plaisanteries.	☐	☐
21.	Je suis plus facilement distrait.	☐	☐
22.	Je m'engage beaucoup dans de nouvelles choses.	☐	☐
23.	Mes pensées sautent d'un sujet à un autre.	☐	☐
24.	Je pense de manière plus rapide et/ou facile.	☐	☐
25.	Je suis plus impatient et/ou plus facilement irritable.	☐	☐
26.	Je peux être épuisant ou irritant pour les autres.	☐	☐
27.	Je me querelle plus que d'habitude.	☐	☐
28.	Mon humeur est euphorique, exagérément optimiste.	☐	☐
29.	Je consomme plus de café.	☐	☐
30.	Je fume plus de cigarettes.	☐	☐
31.	Je consomme plus d'alcool.	☐	☐
32.	Je prends plus de médicaments (sédatifs, anxiolytiques, stimulants…).	☐	☐

4) Impact de vos « hauts » sur les différents domaines de votre vie :

	Positive et négative	Positive	Négative	Pas d'impact
Vie de famille	☐	☐	☐	☐
Vie sociale	☐	☐	☐	☐
Travail	☐	☐	☐	☐
Loisirs	☐	☐	☐	☐

5) Réactions et commentaires des autres au sujet de vos « hauts ».

(Cochez une des cases suivantes)

Positive (encourageante ou supportrice)	Neutre	Négative (soucieuse, ennuyée, irritée, critique)	Positive et négative	Pas de réactions
☐	☐	☐	☐	☐

6) Durée moyenne habituelle de vos « hauts » (*Cochez une des cases suivantes*) :

☐ 1 jour ☐ 2-3 jours ☐ 4-7 jours

☐ Plus d'une semaine ☐ Plus d'un mois ☐ Ne peut pas estimer/ne sait pas

7) Avez-vous manifesté de telles périodes de « hauts » au cours des 12 derniers mois ? Oui ☐ Non ☐

Si oui, veuillez estimer combien de jours, vous avez passé dans les « hauts » au cours des 12 derniers mois :

En comptabilisant toutes les périodes : environ ____ jours.

Le dépistage de l'hypomanie est positif quand **le score sur le critère 3 est de 14 ou plus** ; les réponses sur les autres critères permettent de mieux préciser et spécifier l'épisode hypomaniaque (durée, conséquences, récurrence, réaction des proches).

Auto questionnaire des Tempéraments Affectifs (TEMPS-A)
(par Hantouche et Akiskal, 1995)

Veuillez répondre en cochant les cases « Oui » ou « Non » à la question suivante :

Quels sont les éléments caractéristiques de votre état d'humeur habituel (en dehors des épisodes dépressifs et maniaques/hypomaniaques) ?

Tempérament Hyperthymique	**OUI**	**NON**
Je suis habituellement d'humeur radieuse et battante.	❑	❑
La vie est une fête dont je jouis pleinement.	❑	❑
J'adore raconter des anecdotes. Les gens disent que je suis de nature blagueur.	❑	❑
Je suis le genre de personne qui n'est pas gêné par les obstacles. Je pense toujours que tout finira par s'arranger.	❑	❑
J'ai pleinement confiance en mes propres capacités et talents.	❑	❑
Mes idées sont tellement riches que mon entourage pourrait les estimer excessives ou irréalistes.	❑	❑
Je suis toujours disponible et en action.	❑	❑
Je suis plein d'énergie et capable d'accomplir un travail après l'autre sans même sentir la fatigue.	❑	❑
Je suis doué pour la parole. Je sais convaincre et inspirer les autres.	❑	❑
Je suis prêt à me lancer dans de nouveaux projets et de nouvelles activités que d'autres pourraient considérer comme difficiles ou risquées.	❑	❑
Une fois que j'ai décidé d'agir, peu de choses peuvent m'empêcher d'arriver à mes fins.	❑	❑
Je suis très à l'aise avec des gens que je connais à peine.	❑	❑
Je recherche activement la compagnie d'autrui et à faire la fête avec eux.	❑	❑
Je suis par nature une personne qui donne et qui dépense beaucoup pour les autres.	❑	❑
On me dit que je m'occupe trop des autres, parfois au point de me mêler de leur vie ou de leurs affaires.	❑	❑
J'ai de l'intérêt et des capacités dans plusieurs domaines.	❑	❑
J'estime avoir le droit et le privilège d'agir à ma guise.	❑	❑
J'aime être mon propre patron.	❑	❑
Je me mets facilement en colère (ou rentre en discussion animée) quand les autres ne voient pas les choses comme je veux.	❑	❑
Mon appétit sexuel est presque toujours assez fort. J'ai besoin de liaisons sexuelles multiples.	❑	❑
Je me contente généralement de peu de sommeil.	❑	❑
Total :		

Tempérament Dépressif	OUI	NON
1. Je suis habituellement d'humeur triste ou mélancolique.	❑	❑
2. Je me considère comme quelqu'un de sérieux. On me dit que je ne vois pas le côté plaisant des choses.	❑	❑
3. La vie est pour moi une corvée n'apportant que peu ou pas du tout de joie.	❑	❑
4. Je pense que les choses vont toujours vers le pire.	❑	❑
5. Je suis le genre de personne qui s'attend toujours au pire et qui se décourage facilement.	❑	❑
6. Je suis souvent gêné par des sentiments d'inaptitude et d'échec.	❑	❑
7. J'ai tendance à me rabaisser. Je me sens coupable et je me reproche des fautes mineures.	❑	❑
8. Mon rythme est lent, à tel point que je manque d'initiative et/ou d'énergie pour entreprendre des choses.	❑	❑
9. Je suis le genre de personne qui se sent au mieux quand elle poursuit avec régularité et persévérance les mêmes activités quotidiennes.	❑	❑
10. Je parle peu et préfère écouter les autres dans les discussions.	❑	❑
11. Je répugne à exprimer mes sentiments ou mes opinions. Je m'en remets aux autres en les laissant décider pour moi.	❑	❑
12. Je me sens mal à l'aise lorsque je rencontre de nouveaux visages. Je me sens mieux avec un petit nombre d'amis proches ou en famille.	❑	❑
13. Je suis facilement blessé, surtout par les critiques mineures et en particulier par le rejet d'autrui.	❑	❑
14. Je suis le genre de personne sur qui les autres peuvent compter pour assumer une responsabilité qu'ils souhaitent confier.	❑	❑
15. Je suis le genre de personne qui se consacre aux autres, même au prix de mon propre sacrifice.	❑	❑
16. Je suis quelqu'un qui travaille dur.	❑	❑
17. Je suis le genre de personne qui préfère avoir un emploi sûr plutôt qu'être son propre patron.	❑	❑
18. Il est naturel pour moi d'être méticuleux et de réaliser la majorité des tâches du mieux que je peux.	❑	❑
19. Je suis le genre de personne qui doute de tout et a tendance à critiquer à l'excès les autres (même sans l'exprimer).	❑	❑
20. Mon intérêt pour le sexe est généralement faible, à tel point que je suis rarement perturbé.	❑	❑
21. Je suis d'habitude un gros dormeur (besoin de plus de 9 heures de sommeil par nuit).	❑	❑
Total :		

Tempérament Cyclothymique	OUI	NON
Je me sens souvent fatigué sans raison.	❑	❑
J'ai des changements brutaux d'humeur et d'énergie.	❑	❑
Mes sentiments ou mon énergie sont « trop haut » ou « trop bas », rarement « entre les deux ».	❑	❑
Mes capacités de pensée varient beaucoup (par exemple entre avoir l'esprit vif ou confus).	❑	❑
Je prends grand plaisir à rencontrer d'autres personnes puis m'en désintéresse totalement.	❑	❑
J'ai tendance à exploser puis je m'en veux.	❑	❑
J'ai l'habitude de commencer des choses puis de m'en désintéresser complètement.	❑	❑
Mon humeur change souvent sans raison.	❑	❑
Parfois je me sens bouillonnant d'énergie et à d'autres moments très paresseux.	❑	❑
Certaines fois je rentre dormir abattu et me réveille de bonne humeur.	❑	❑
Parfois je peux être d'excellente humeur avant de m'endormir et me réveiller avec la sensation que la vie ne vaut pas la peine d'être vécue.	❑	❑
On m'a fait remarquer que j'ai des périodes de pessimisme au cours desquelles j'oublie mes moments d'optimisme et d'enthousiasme.	❑	❑
Ma confiance en moi-même varie d'un extrême à l'autre.	❑	❑
D'un jour à l'autre je peux être sociable, « boute-en-train » ou isolé, seul dans mon coin.	❑	❑
Je ressens toutes les émotions de façon particulièrement intense.	❑	❑
Mon besoin de sommeil est très variable, de quelques heures à plus de 9 heures par nuit.	❑	❑
Je peux ressentir les choses de façon très vive ou au contraire terne.	❑	❑
Je peux être triste et gai en même temps.	❑	❑
J'ai souvent tendance à « rêver » dans la journée à des choses que les gens considèrent irréalistes.	❑	❑
J'ai parfois très envie d'avoir des comportements risqués ou scandaleux.	❑	❑
Je suis tombé fréquemment amoureux dans ma vie.	❑	❑
Total :		

Tempérament Irritable	OUI	NON
Je suis une personne grincheuse (irritable).	❑	❑
Je suis en permanence d'humeur insatisfaite.	❑	❑
Je me plains beaucoup.	❑	❑
Je suis assez critique vis-à-vis des autres.	❑	❑
Je me sens souvent à bout.	❑	❑

Tempérament Irritable	OUI	NON
Je me sens souvent remonté.	❑	❑
Je me sens mû par une agitation désagréable que je n'arrive pas à comprendre.	❑	❑
Je m'emporte souvent au point d'être rebuté par tout.	❑	❑
Quand je suis contrarié, je peux me bagarrer.	❑	❑
Les autres me disent que j'explose pour rien (sans qu'on me provoque).	❑	❑
Quand je suis en colère, je peux casser quelque chose ou frapper quelqu'un.	❑	❑
J'aime taquiner les autres, même ceux que je connais à peine.	❑	❑
Mon humour « mordant » m'a causé des ennuis.	❑	❑
Je peux être furieux au point de blesser quelqu'un.	❑	❑
Je suis tellement jaloux de mon conjoint (ou amoureux) que je n'arrive pas à tolérer ce sentiment.	❑	❑
Je suis connu pour jurer beaucoup.	❑	❑
On m'a dit que je devenais violent après quelques verres d'alcool.	❑	❑
Je suis assez sceptique.	❑	❑
Je peux être révolutionnaire.	❑	❑
Ma pulsion sexuelle est souvent si intense qu'elle devient vraiment pénible.	❑	❑
(Femmes seulement) J'ai des crises incontrôlables de colère juste avant mes règles.	❑	❑
Total :		

Le score positif pour chaque tempérament est de 10 ou plus ; attention : on peut avoir des scores élevés sur plusieurs tempéraments notamment la configuration « cyclothymique/irritable/dépressif » ; dans les cas de tempéraments complexes, essayez de voir la dominance du tempérament en termes de « stabilité » *versus* « instabilité » affective.

Considérer d'autres causes possibles

Une fois que vous et votre psychiatre avez dressé le tableau de vos symptômes de l'humeur et avez mis sur la table vos antécédents familiaux, votre psychiatre doit examiner de près les autres symptômes et problèmes que vous rencontrez. Ce diagnostic différentiel lui permet d'explorer toutes les causes possibles de vos symptômes et de déterminer s'il doit se pencher sur ceux-ci ou sur d'autres diagnostics supplémentaires :

» **L'abus de substances.** Les symptômes de la toxicomanie peuvent imiter les troubles de l'humeur et peuvent se produire simultanément et exacerber la manie ou la dépression.

- **Pathologies médicales.** Des pathologies telles que les troubles de la thyroïde et d'autres déséquilibres hormonaux, infections, maladies auto-immunes, ou accident vasculaire cérébral peuvent produire des symptômes semblables à ceux du trouble bipolaire.
- **Les troubles anxieux.** Ces maladies peuvent ressembler à des troubles de l'humeur, et elles sont souvent des comorbidités (concomitantes) avec le trouble bipolaire.
- **Le trouble de la personnalité limite/borderline (TPB).** Une personne qui souffre de TPB peut être irritable et querelleuse comme quelqu'un qui connaît un épisode de manie, mais le TPB ne répond pas bien aux médicaments et peut mieux répondre à certaines psychothérapies. Votre psychiatre voudra exclure le TPB dans le cadre d'un diagnostic différentiel (pour plus d'informations sur le TPB, voir le chapitre 2).
- **La psychose.** La psychose peut être un symptôme de manie ou de dépression, mais elle peut aussi être un symptôme de schizophrénie ou de trouble schizo-affectif. Si la psychose est présente, votre psychiatre doit exclure la schizophrénie ou le trouble schizo-affectif avant de se fixer sur un diagnostic de trouble bipolaire.
- **Le trouble de déficit de l'attention avec hyperactivité (TDAH).** Ce trouble semble se chevaucher avec le trouble bipolaire chez certaines personnes et doit être identifié comme tel.

Un traitement efficace commence par le bon diagnostic.

Portrait

JUSTE AVANT DE SUBIR DES ÉLECTROCHOCS

Mme M., 63 ans, consulte pour dépression chronique résistante. Tout a commencé il y a neuf ans par un surmenage professionnel (avec des crises de spasmophilie durant deux ans et de graves problèmes dentaires) ayant abouti à une mise en invalidité. Au cours de ces neuf ans, Mme M. a consulté environ vingt-cinq médecins et spécialistes (dépression, panique, douleurs dentaires, HTA, acouphènes, obsessions sur les mains, phobie de l'eau…). Ces derniers symptômes sont devenus avec le temps les plus handicapants.

« J'avais l'impression de ne plus sentir mes mains, comme si des sensations avaient disparu, ou étaient différentes. Je les regarde sans cesse, dans tous les sens, comme si les regarder pouvait changer quelque chose à la catastrophe. Je les analyse sans cesse et récite une phrase spécifique pour chaque doigt (comme une phrase d'annulation de la catastrophe) pour m'assurer que chaque doigt fonctionne correctement. Avec ces obsessions, j'ai commencé à avoir une phobie de l'eau, par peur d'abîmer encore plus mes doigts, ce qui fait que je n'osais plus les laver depuis deux mois. J'ai de l'angoisse panique à la simple vue de l'eau. »

…

...

Des examens neurologiques ont été faits, ainsi qu'une ponction lombaire, mais tout semble normal. Il semblerait que la paroxétine (Deroxat) ait permis de calmer les obsessions. Avant le Deroxat, Mme M. se sentait dans « un vide, dans un trou, comme morte » avec des crises de larmes et de violences retournées contre elle : un épisode mixte d'intensité sévère se déclare en janvier et février 2009 en raison de l'aggravation de ses obsessions, avec une grande tristesse, de l'anhédonie, un mauvais appétit, des insomnies, une grande agitation, des difficultés de concentration, des idées noires et des états mixtes. Cet état était accompagné de crises d'angoisse et de violence physique retournée sur soi. La fille de la patiente se dit avoir été choquée de voir sa mère se frotter jusqu'au sang « comme si elle était devenue hystérique », ce qui a entraîné une hospitalisation en psychiatrie avec un bilan pré-ECT (électrochocs).

Le traitement actuel comporte entre autres de la Paroxétine 40 mg qui depuis plus d'un an ne semble pas procurer d'effet quelconque – avec besoin de fortes doses de sédatifs comme Rivotril, Théralène.

Le bilan clinique confirme la nature mixte de la dépression et révèle par ailleurs un tempérament de base de nature hyperthymique avec stabilité, déterminisme, hyperempathie (« Je me suis défoncée dans l'altruisme, je me suis sacrifiée, j'ai toujours eu une énergie débordante, mes collègues m'admiraient pour cela. »).

Le diagnostic retenu était plutôt en faveur d'une dépression bipolaire, chronicisée par les AD et les sédatifs chez une personne de nature hyperthymique. Le nouveau traitement a consisté à introduire une dose modérée de lithium (400 mg) et à remplacer la paroxétine par la duloxétine (cymbalta à petite dose, en raison des symptômes somatiques dominants). La réponse n'a pas tardé à venir : rémission complète en deux semaines. La dernière visite, soit trois ans après, confirme la guérison complète des symptômes dépressifs et anxieux avec le maintien du lithium seul à 125 mg/jour (l'AD étant arrêté depuis plus d'un an).

À LA RECHERCHE D'UNE COMORBIDITÉ CACHÉE

« Juste pour vous dire que vous aviez raison sur votre diagnostic, il devait bien y avoir un TDAH sous ma bipolarité cyclothymique. J'ai commencé depuis cinq jours la Ritaline à raison de 10 mg LP/jour. Après deux jours de galère avec des maux de tête terribles qui m'ont fait craindre le pire, c'est le début d'un autre monde : un monde plus calme, plus de sérénité, les idées ne partent plus dans tous les sens, et surtout une meilleure concentration (par exemple, je peux jouer facilement de la musique alors que ça me demandait des efforts fous jusque-là), moins de procrastination pour les tâches quotidiennes et le sport. Je ne ressens quasiment plus le coup de pompe du matin. De plus, je ne sens pas d'exaltation de mon côté provocateur comme avec les antidépresseurs, pas de sédation comme avec les autres médicaments.

Je ressens une impression de "normalité" pour la première fois de ma vie. Du coup, je suis tenté de dire que l'humeur revient à une certaine neutralité (avec des petites variations normales, mais là c'est quelque chose de vraiment nouveau chez moi). Il me reste à (re)découvrir la notion de plaisir au quotidien, mais j'ai bon espoir. Et dire qu'en novembre 2014, l'un des experts de la bipolarité me proposait la sismothérapie ! »

...

...

Ces deux exemples confirment que le choix du « bon » traitement dépend essentiellement du « bon » diagnostic et que le diagnostic doit rester flexible et susceptible d'être ajusté notamment dans les cas qui se révèlent réfractaires aux traitements. Ils apportent en plus une dose d'espoir pour les cas qui deviennent chroniques avec une résistance à de multiples traitements. Ce qui revient à dire que la bipolarité doit être recherchée spécialement dans les dépressions difficiles, chroniques et/ou résistantes aux antidépresseurs. Même dans ces cas, l'ajustement du diagnostic et la mise en place d'un traitement adapté au diagnostic sont susceptibles d'induire des effets positifs rapides parfois « étonnants » et d'améliorer le pronostic. En d'autres termes, porter le diagnostic de bipolarité ne doit pas être vécu comme une « condamnation » (l'annonce d'une maladie grave) mais comme une « invitation » pour se soigner correctement et aller mieux.

Recevoir le diagnostic

Vous avez été palpé et piqué sous toutes les coutures, questionné et examiné. Votre psychiatre a même grimpé aux branches de votre arbre généalogique. Maintenant, vous voulez savoir ce que c'est et ce qui provoque tout ce malaise et cette souffrance.

Si vous ne présentez pas de symptômes qu'on trouve dans les manuels, votre diagnostic peut être flou et provisoire. Peut-être avez-vous un trouble d'anxiété avec une certaine dépression, un trouble obsessionnel-compulsif avec quelques caractéristiques du trouble déficitaire de l'attention avec hyperactivité, ou une touche de folie avec de la paranoïa. En d'autres termes, votre portrait diagnostic peut ressembler un peu à une peinture abstraite. Votre psychiatre peut vous fournir un diagnostic initial, puis continuer de regarder vos progrès au fil du temps pour confirmer, infirmer ou modifier son diagnostic.

DANS L'ATTENTE DU DIAGNOSTIC DE LA BIPOLARITÉ

Mlle J., 29 ans : « Je me prépare pour le RDV avec la psychologue du centre. Plus le temps passe, plus je suis persuadée que je présente un trouble de l'humeur. Mais parfois je me demande si je suis schizophrène. Pour mon entourage, c'est catégoriquement NON. J'ai donc épluché le DSM-5, la dernière version, et tout me dit que je suis une bipolaire. Quant aux types cliniques dans le DSM, là je suis un peu perdue – c'est plus qu'imprécis, entre BP 1, BP 2, cyclothymie ou borderline. Pour cela, je dois vous consulter ; vous pourriez sûrement m'aider à y voir plus clair. »

« J'aime l'eau. Car dans l'eau, on est dans un autre monde. Un monde calme, silencieux en apparence, mais plein de vie, plein de petits détails qu'on ne peut voir. Je suis l'eau. Je m'appelle Laura et j'ai 22 ans. Enfant hyperactive, je ne dormais jamais et ne faisais que pleurer, environnement familial plutôt stressant, incapacité à s'adapter aux autres enfants/jeunes à l'école, handicaps relationnels, obsessions affectives… Je vois ma vie comme une énorme arnaque. Attendre impatiemment un diagnostic, mettre un mot sur ce mal incompréhensible qui sourde en nous, pour finalement, quand tombe la nouvelle, se sentir comme si on vous jetait de la tour Eiffel. 300 mètres en chute libre, et personne pour amortir le choc. Personnellement, la chose qui m'a le plus marquée dans ce que j'ai ressenti, c'est l'impression d'être une erreur de la nature, un brouillon, une blague. Et, quand même, toujours cette ambivalence des sentiments. Heureuse que l'inconnu soit derrière moi, et d'être quelqu'un de sensible et différent, triste de ne pas être normale. Rien n'est logique et rationnel dans ma façon de penser, de ressentir, de vivre. Je suis un "Trop" à moi toute seule. Trop gentille, Trop sensible, Trop malheureuse, Trop heureuse, Trop agressive…

Mon mal c'est le "Trop de tout". Suis-je bipolaire ? »

Jauger la gravité de votre maladie

La gravité du trouble bipolaire varie d'une personne à l'autre. Certaines personnes vivent pendant des années sans épisode thymique majeur, alors que d'autres ont des cycles quatre fois ou plus par an. Un épisode dépressif peut traîner pendant des mois ou s'arrêter en quelques semaines. Certaines personnes éprouvent seulement des épisodes légers qui ont des effets limités sur leur capacité à fonctionner. Il est difficile de déterminer la gravité ou de prédire l'ensemble du cours d'un trouble bipolaire, mais les facteurs suivants vous donneront une idée de ce à quoi vous pouvez vous attendre :

- La présence d'une psychose marque souvent des épisodes thymiques plus sévères.
- L'apparition précoce de la maladie, pendant l'enfance ou l'adolescence en particulier, indique souvent une gravité accrue et prédit une aggravation des épisodes thymiques au fil du temps.

- Une augmentation de la fréquence, de la durée et de l'intensité des épisodes thymiques au fil du temps indique souvent que la maladie est plus grave.
- Une réponse précoce et complète aux médicaments, tels que le lithium, indique souvent une forme plus classique de la maladie avec un pronostic plus positif pour votre vie, si vous suivez un traitement.
- Des cycles rapides peuvent indiquer un type de trouble bipolaire plus difficile à traiter.

À retenir

Vous et votre psychiatre devez discuter de ces facteurs. Bien que certains facteurs puissent indiquer une issue plus grave, aucun d'entre eux ne bloque votre destinée. La gestion du stress, des changements de mode de vie et une gestion médicale minutieuse et complète au fil du temps peuvent diminuer significativement la sévérité des symptômes et améliorer le cours de la maladie.

Réagir au diagnostic

Une foule de réactions sociales à la maladie mentale peuvent influencer la façon dont vous faites face à un diagnostic de trouble bipolaire. Comment les gens vont vous percevoir et vous juger ? Est-ce que votre employeur va vous licencier ? Est-ce que votre propriétaire va vous expulser ? Les questions tourbillonnent dans votre esprit et une étincelle de panique vous traverse. Alors, quel est exactement le but du diagnostic bipolaire ? Pourquoi avez-vous besoin de lui dans votre vie, et quels sont ses avantages et les limites ? La liste suivante vous donne quelques réponses :

- **Un diagnostic oriente les choix de traitement.** Tout comme un diagnostic de diabète indique à votre médecin qu'il vous faut suivre un certain régime, un diagnostic de trouble bipolaire déclenche un processus de choix de médicaments, d'éducation et de thérapie.
- **Un diagnostic vous permet de savoir à quoi vous attendre au fil du temps.** Votre médecin ne peut prédire l'issue future d'une maladie compliquée comme le trouble bipolaire, mais il peut anticiper certains risques et les cycles que vous êtes susceptible de rencontrer au cours de la maladie et peut-être vous aider à les éviter.
- **Un diagnostic de trouble bipolaire ne vous définit pas.** Vous n'êtes pas bipolaire ; vous avez un trouble bipolaire ! Ceci est une énorme différence, parce que le langage peut influencer la perception. Référez-vous toujours à votre maladie comme à quelque chose que vous devez gérer, non pas comme à une étiquette qui vous identifie.

- **Vous choisissez si, et avec qui, vous voulez partager votre diagnostic.** Les lois sur la confidentialité des données médicales et le secret médical empêchent votre médecin et votre thérapeute de révéler votre pathologie à tout le monde, sauf si vous leur en donnez la permission. En outre, les droits des personnes handicapées offrent une certaine protection contre la discrimination en fonction de votre diagnostic de trouble bipolaire. Si votre patron vous licencie ou votre propriétaire vous expulse et que vous avez la preuve qu'ils l'ont fait à cause de votre trouble bipolaire, vous avez de quoi les attaquer en justice.
- **Certaines personnes peuvent vous juger en fonction de votre diagnostic.** Le jugement est un risque qui vient avec le diagnostic. Votre objectif est de vous rappeler que les gens qui font de tels jugements sont mal informés et ont souvent peur de la maladie mentale. Parfois, vous pouvez choisir de vous défendre, d'éduquer et d'informer, mais dans d'autres situations, vous pouvez choisir de limiter vos interactions avec certaines personnes.
- **Votre diagnostic vous place dans une communauté de soutien.** Vous avez des opportunités de soutien et la possibilité de rejoindre un réseau qui sera précieux au fil des ans. Les gens qui passent par la situation que vous rencontrez « comprennent », et ils se regroupent à bien des égards – de façon formelle et informelle – pour prendre soin les uns des autres et plaider pour ce groupe.

Recevoir votre plan de traitement

Votre psychiatre vous donne plus qu'un diagnostic ; il fournit également un plan de traitement bien défini qui couvre vos besoins immédiats et futurs. Votre plan de traitement devrait inclure les éléments suivants :

- Les noms de médicaments, la posologie et les horaires des prises, les effets secondaires possibles, et le temps qu'ils mettent pour commencer à être efficaces (en d'autres termes, une explication des raisons pour lesquelles votre médecin a choisi certains médicaments à ce moment précis).
- Une ordonnance écrite de ce que vous êtes censé prendre.
- Les prescriptions nécessaires pour toutes les analyses de sang, les autres consultations médicales ou examens que votre psychiatre recommande de réaliser.
- Des instructions pour tout changement dans vos médicaments actuels, y compris les ajustements de dosage ou des horaires pour la prise de médicaments.

Conseil

- La date et l'heure de votre prochain rendez-vous ou des informations sur la façon de mettre en place vos prochains rendez-vous. Les rendez-vous avec le psychiatre, en particulier aux moments de la journée qui sont commodes pour vous, peuvent être difficiles à trouver. Avant de partir (ou juste après votre visite, si vous devez appeler le cabinet médical pour prendre rendez-vous), bloquez des rendez-vous pour les quatre à six mois à venir. Cela vous garantit que vos rendez-vous sont prévus à des moments qui vous arrangent. Si vous vous stabilisez et avez besoin de rendez-vous moins fréquents, vous pouvez toujours annuler, si tant est que vous prévenez votre psychiatre à l'avance.
- Le coût des visites de suivi et la durée prévue de chaque visite.
- Des informations sur les moyens de joindre votre psychiatre entre les visites si vous avez une question, si des problèmes se posent ; des conseils sur ce qu'il faut faire si vous ne pouvez pas joindre votre médecin en cas d'urgence.
- Si une thérapie est disponible, un plan qui comprend le type recommandé de thérapie, les noms et les numéros de téléphone des thérapeutes potentiels, et/ou des formulaires de consentement qui permettent à votre psychiatre de parler à votre thérapeute.
- Les noms des groupes de soutien dans votre région, des livres ou d'autres ressources utiles.

Notez le plan de traitement pendant que votre médecin vous le décrit. (Si vous avez quelqu'un qui vous accompagne, chargez cette personne de le faire pour vous.) Posez des questions sur tous les aspects du plan que vous ne comprenez pas. Lors des visites de suivi, n'ayez pas peur d'apporter une liste écrite de questions à poser à votre médecin. Avec tout ce qui se passe au cours de vos premiers rendez-vous, vous pouvez oublier facilement et de manière compréhensible d'exprimer vos préoccupations les plus pesantes et de poser des questions importantes.

Conseil

Demandez plusieurs cartes de visite à votre psychiatre, afin que vous puissiez les donner à vos autres soignants, y compris à votre thérapeute, à votre médecin de famille, et cardiologue. Et notez toutes ses informations de contact pertinentes dans votre téléphone portable ou d'autres organiseurs de sorte que vous les ayez avec vous en permanence.

Assurez-vous que vous avez signé les formulaires de consentement nécessaires pour que le psychiatre puisse parler à votre médecin généraliste, à d'autres médecins, aux membres de la famille, si cela est approprié et acceptable pour vous. Le chapitre 15 comprend un exemple de formulation d'autorisation de divulgation des données médicales pour donner votre permission au psychiatre de parler à un ami désigné ou à un membre de la famille.

Chapitre 6

Constituer une équipe gagnante de gestion de l'humeur

DANS CE CHAPITRE :

- **Apprécier les rôles que joue votre psychiatre**
- **Faire équipe avec un thérapeute compétent et polyvalent**
- **Recruter des amis et membres de la famille qui vous soutiennent**
- **Ajouter des groupes de soutien à votre équipe**

Vous pouvez réussir à traiter seul de nombreuses affections courantes. Vous pouvez prendre un comprimé d'antiacide pour soulager une indigestion, siroter un thé au citron au premier signe d'un rhume, ou avaler une paire de comprimés d'aspirine pour soulager un mal de tête. Cependant le trouble bipolaire est plus désastreux. Vous pouvez être tellement aveuglé par les ténèbres de la dépression ou alors désorienté par le maelström de la manie que vous pouvez ne pas remarquer que votre état mental est altéré – et encore moins mettre en place un traitement efficace.

S'il faut tout un village pour élever un enfant, il faut au moins une petite équipe pour vous aider à éviter que vos humeurs deviennent hors de contrôle. Votre équipe doit comprendre idéalement un psychiatre, et peut-être un thérapeute, un ou plusieurs membres de la famille ou des amis qui vous soutiennent. Votre psychiatre réalise généralement le diagnostic et prescrit les médicaments qui permettent à votre cerveau de fonctionner correctement ; votre thérapeute vous aide à résoudre les problèmes, à développer une capacité d'adaptation, et à lâcher prise sur les choses qui sont en dehors de votre contrôle ; et les membres de la famille et les amis donnent une rétroaction, du soutien et des encouragements.

Dans ce chapitre, vous apprendrez comment commencer à construire votre équipe de gestion de l'humeur. Vous découvrirez le rôle clé que chaque personne de votre équipe joue et les critères requis pour chaque poste. Nous fournissons également quelques suggestions pour trouver et sélectionner des professionnels qualifiés, amis et de membres de la famille à intégrer à votre équipe.

Un médecin responsable du diagnostic et de la gestion des médicaments

Lorsque vos humeurs ne sont pas en phase avec la réalité, la physiologie de votre cerveau est perturbée. Un psychiatre prescrit des médicaments pour aider à réguler les systèmes neurochimiques dans votre cerveau afin de lui permettre de répondre de façon appropriée. Les médicaments ne guérissent pas votre trouble bipolaire, mais ils aident à réguler vos humeurs, afin que vous puissiez fonctionner et commencer à traiter les questions réelles induites par la manie ou la dépression.

Les fonctions principales de votre psychiatre sont de diagnostiquer avec précision votre maladie et d'élaborer un plan de traitement complet qui inclut une psychoéducation et du soutien ainsi que des médicaments adaptés.

À retenir

Bien que tout médecin puisse diagnostiquer et traiter le trouble bipolaire, un *psychiatre* est un médecin qui a reçu une formation spécialisée dans le traitement des maladies mentales. Les médecins qui ont suivi cette formation rigoureuse peuvent être détendus et aimables mais aussi pressés et détachés. Lors du choix d'un psychiatre, souvenez-vous que si les connaissances et l'expérience éclipsent la convivialité, la capacité d'écoute est essentielle pour que le médecin puisse appliquer de façon adaptée son expertise.

Le diagnostiqueur

Avant de commencer tout traitement sensible, vous avez besoin d'un diagnostic, et votre psychiatre est habituellement la personne qui vous le donne. Pour savoir comment un psychiatre effectue un diagnostic et ce que vous pouvez faire pour améliorer l'exactitude de ce diagnostic, voir le chapitre 5.

Quand avoir un psychiatre est impossible

Bien que les psychiatres soient généralement les plus qualifiés pour diagnostiquer et traiter le trouble bipolaire et d'autres troubles psychiatriques, un psychiatre n'est pas toujours facilement disponible, ou vous voudrez peut-être consulter un type de médecin différent pour la gestion des médicaments et le diagnostic. Dans certaines mises en place de traitements, le psychiatre est impliqué dans le diagnostic et le développement du traitement initial, mais n'a plus qu'un rôle de consultant une fois que vos humeurs se sont stabilisées. Voici quelques-unes des alternatives au psychiatre que vous pourriez envisager :

» **Le médecin généraliste.** Si votre médecin généraliste (ou médecin de famille) vous connaît depuis longtemps et est familier avec votre histoire personnelle et médicale, il sera un membre précieux de votre équipe, même si un psychiatre est impliqué. Votre médecin généraliste peut dépister votre trouble bipolaire, peut vous aider à écarter d'autres pathologies médicales potentiellement responsables de vos symptômes et affiner les diagnostics possibles. Il peut aussi devenir votre prescripteur de médicaments lorsque votre traitement, instauré par un psychiatre, suit son cours.

» **L'obstétricien/gynécologue.** De nombreuses femmes voient régulièrement un obstétricien/gynécologue ; par conséquent, ce médecin fonctionne parfois un peu comme un médecin généraliste. S'il remarque des symptômes qui suggèrent un trouble bipolaire et que le renvoi vers un psychiatre est impossible, il peut obtenir de l'aide d'un interne ou du médecin de famille, parce que sa formation en soins psychiatriques est souvent plus limitée que celle des médecins qui ont une formation en médecine générale.

» **Le neurologue.** Les neurologues (spécialistes du système nerveux) et les psychiatres partagent de nombreux territoires en fonction des symptômes et des maladies qu'ils traitent. Les neurologues sont des spécialistes, ce qui signifie qu'ils sont plus difficiles à trouver que les médecins généralistes, mais ils sont toujours plus accessibles que les psychiatres dans certaines régions. Les neurologues ne sont généralement pas des médecins de première intention pour les principales maladies psychiatriques comme le trouble bipolaire, mais ils peuvent certainement fournir les soins, si nécessaire. Les neurologues ont de fortes compétences en diagnostic neurologique, de sorte qu'ils sont en mesure de reconnaître des preuves de coexistence de troubles neurologiques qui peuvent contribuer à des symptômes bipolaires.

Un coach de vie : souligner les rôles d'un thérapeute

Après qu'un psychiatre a remis au point efficacement le fonctionnement du cerveau avec le bon mélange de médicaments, vos problèmes peuvent être, la plupart du temps, résolus. Cependant, pour de nombreuses personnes atteintes de trouble bipolaire, les médicaments ne procurent qu'un soulagement partiel ; certains symptômes persistent et elles ont besoin d'interventions supplémentaires pour atteindre une récupération plus complète. Même si vous ressentez un soulagement complet des symptômes, votre système peut réagir d'une manière qui outrepasse les effets modérateurs de l'humeur du médicament si vous vivez sous un stress constant, ne dormez pas suffisamment ou utilisez des stratégies inefficaces pour résoudre les problèmes et régler les conflits dans votre vie.

C'est là qu'un bon thérapeute entre en jeu. Les rôles principaux de votre thérapeute sont de vous aider à développer des stratégies pour soulager vos symptômes, apporter des changements positifs à votre mode de vie pour en réduire le stress, et à établir une pensée saine et des schémas de comportements de sorte que vous puissiez faire face plus efficacement aux hauts et aux bas de la vie. Par exemple, un thérapeute peut vous apprendre à identifier les facteurs déclencheurs de vos crises et à développer des réponses saines au lieu de suivre des schémas de pensée défaitistes ou dysfonctionnels.

Un thérapeute peut jouer plusieurs rôles supplémentaires dans votre équipe de gestion de l'humeur, agissant en tant que coach, conseiller en carrière, contrôleur de l'humeur, et coach de bien-être. Nous décrivons ces rôles dans les sections suivantes.

À retenir

Votre thérapeute et votre psychiatre fonctionnent souvent comme codirigeants de votre équipe de traitement, de sorte que leurs rôles peuvent se chevaucher dans une certaine mesure. Les psychiatres ont tendance à jouer un rôle dans le traitement, dans l'éducation et dans les fonctions de soutien, tandis que les thérapeutes, avec la permission de leurs patients, peuvent communiquer avec les psychiatres pour exprimer leurs préoccupations quand ils pensent que des ajustements de médicaments sont nécessaires.

Coach, entraîneur et arbitre

Un thérapeute efficace traite non seulement les symptômes de votre maladie, mais aussi tous les aspects de votre vie qui peuvent souffrir des symptômes bipolaires ou aggravent la maladie, y compris – mais certainement pas limités à – ce qui suit :

- **Vos processus de pensée** peuvent souvent assombrir vos perceptions et créer un vortex qui vous aspire dans une dépression profonde.

- **Vos habitudes quotidiennes**, y compris un horaire de sommeil régulier et des routines quotidiennes cohérentes, peuvent aider à stabiliser votre humeur.
- **Le conflit interpersonnel avec les conjoints, les membres de la famille et les amis** affecte souvent la maladie et d'autres aspects de votre vie. Les problèmes familiaux peuvent inclure l'éducation des enfants ou la gestion des finances.
- **Les défis de carrière** peuvent aller des problèmes sur le travail et des conflits avec des collègues jusqu'au temps libre nécessaire pour gérer vos symptômes.
- **Les situations sociales** qui vous stressent ou qui ont souffert à cause de votre maladie peuvent exacerber les épisodes thymiques.

Conseil

Recherchez un thérapeute qui se spécialise dans la forme de thérapie dont vous avez le plus besoin. Le chapitre 11 décrit des thérapies qui ont fait leurs preuves pour améliorer la stabilité de l'humeur et aider les gens à faire face aux répercussions d'un trouble bipolaire.

Le contrôleur de l'humeur

Vous pouvez et devez surveiller vos humeurs, comme nous l'expliquons dans le chapitre 11, mais quand la dépression pèse sur vous comme une chape de plomb ou que la manie explose vos humeurs dans la stratosphère vertigineuse, il est presque impossible pour vous de rester motivé et suffisamment objectif pour réaliser une cartographie de vos humeurs. Et vos amis et les membres de votre famille peuvent être trop occupés avec leurs propres besoins pour vous être d'une grande aide.

Votre thérapeute peut alors fonctionner comme un baromètre de l'humeur, vous fournissant des observations objectives concernant votre humeur et votre comportement. Il est apte à vous aider à élaborer des stratégies pour contrôler vos humeurs plus régulièrement ou efficacement, même lorsque vous ne vous sentez pas bien. Parfois, des observations et des conseils sur votre humeur sont plus faciles à accepter d'un tiers que d'un être cher.

Une caisse de résonance permanente

Certaines formes de thérapie n'offrent pas de conseils particuliers. Le thérapeute est assis et vous écoute attentivement décrire un problème particulier. Bien sûr, il utilise un peu le langage du corps pour indiquer son intérêt, mais il parle très peu, en général. Vous libérer de vos questionnements permet souvent de vous calmer, le thérapeute pouvant doucement vous guider vers vos propres solutions, qui parfois étaient déjà latentes depuis le départ. D'autres modèles de thérapie sont beaucoup plus proactifs et centrés sur la résolution de problèmes, mais l'écoute active reste le point de départ pour développer des solutions et stratégies qui fonctionneront pour vous.

Si vous pouvez trouver un thérapeute qui sait écouter et vous inspire pour résoudre vos propres problèmes, vous avez trouvé la perle rare. Gardez néanmoins à l'esprit que, même si cela est la principale méthode de travail de votre thérapeute, elle est susceptible d'être moins efficace pendant les périodes les plus actives de votre maladie. Quand un épisode thymique se prépare ou se déclenche ou même s'atténue, un bon thérapeute doit généralement jouer un rôle qui est beaucoup plus actif que la simple écoute.

Coach en bien-être

Un des facteurs les plus importants dans le succès de la gestion à long terme du trouble bipolaire est la *continuité des soins* – un traitement soigneusement planifié et constant dans son exécution. Un thérapeute, un travailleur social, un membre de la famille ou un ami proche peuvent améliorer la continuité de soins en vous aidant à garder des documents détaillés sur les médicaments et les thérapies qui ont (et n'ont pas) fonctionné pour vous dans le passé. Votre coach en bien-être peut aussi contribuer à rendre plus douce la transition si vous changez de médecin ou de thérapeute et faire en sorte que le nouveau soignant ne s'engage pas dans un processus de tests et d'erreurs déjà effectué.

Un service de référence

Les thérapeutes sont des gens qui connaissent des gens. Si votre thérapeute ne peut pas résoudre votre problème, il est probablement en contact avec des personnes qui le peuvent. Il va fouiller dans son bureau et vous remettre une carte de visite ou prendre son téléphone et vous donner le nom du spécialiste dont vous avez besoin : « Vous croulez sous les dettes ? Voici un consultant financier dont mes clients raffolent ! » ; « Besoin d'un emploi ? Voici un coach de carrière que je connais… » ; « Besoin d'une pause loin des corvées de la vie quotidienne ? Voici l'agent de voyages que j'utilise ! » ; « Vous ne pouvez pas me payer ? Vérifiez avec l'assurance maladie… ».

Quand avoir un thérapeute est impossible

Certaines personnes n'ont pas accès à un thérapeute ou pas de revenus suffisants pour se permettre d'en consulter un. Quand vous ne pouvez pas avoir un thérapeute, vous devrez peut-être compter davantage sur les stratégies d'autogestion, sur votre réseau personnel de soutien et des groupes de soutien officiels. Des livres, des vidéos, des sites Internet et des forums peuvent vous aider à vous informer sur les bases des thérapies d'autogestion, y compris la psychoéducation, la thérapie cognitive comportementale (TCC) et la formation à la pleine conscience. Les membres de la famille, les amis et collègues membres du groupe de soutien peuvent remplir le rôle de caisse de résonance et de solutionneurs de problèmes, et vous aider à trouver les solutions et les ressources pour répondre à vos besoins.

Attention

Soyez prudent vis-à-vis des livres de développement personnel en librairie : il existe de nombreux ouvrages sur le sujet qui n'ont pas été véritablement étayés par des études sérieuses. Cherchez des ressources sûres, réputées, pour obtenir des informations. Les organisations nationales comme la HAS et des associations de patients offrent des informations et des ressources fiables (cf. encadré). Ces organisations et votre psychiatre ou votre médecin généraliste peuvent vous guider vers des livres fiables et d'autres ressources pour bien vous documenter sur les traitements que vous pouvez essayer seul.

OÙ TROUVER DES RESSOURCES FIABLES ?

HAUTE AUTORITÉ DE LA SANTÉ (HAS)

Document complet à télécharger sur le site de la HAS.

www.has-sante.fr/portail/upload/docs/application/pdf/2009-09/ald_23__gm_troubles_bipolaires_web.pdf

ASSOCIATIONS DE PATIENTS

Fédération nationale des associations d'usagers en psychiatrie (Fnapsy)

33, rue Daviel – 75 013 PARIS

Tél. : 01 43 64 85 42, Fax : 01 42 82 14 17

www.fnapsy.org, contact@fnapsy.org

Union nationale des amis et familles de malades psychiques (Unafam)

12, villa Compoint – 75 017 PARIS

Tél. : 01 53 06 30 43, Fax : 01 42 63 44 00

www.unafam.org, infos@unafam.org

Association ARGOS 2001

1-3 rue de la Durance – 75 012 Paris

Tél. : 01 69 24 22 90

E-mail : argos.2001@free.fr

www.argos2001.fr

Association France Dépression

4, rue Vigée-Lebrun – 75 015 PARIS

Tél. : 01 40 61 05 66

www.francedepression.free.fr

Rassembler votre staff personnel : famille et amis

Un solide réseau de soutien composé de membres de votre famille et d'amis peut fonctionner comme un précieux allié dans la bataille pour la stabilité de l'humeur. Toutefois, si vos alliés se battent eux-mêmes avec leurs propres emplois du temps chargés et leurs bagages émotionnels, ils peuvent aggraver votre problème et augmenter la probabilité d'un épisode thymique. Lorsque vous commencez à « recruter » votre personnel de soutien, vous avez besoin de faire trois choses :

» Choisissez des personnes en qui vous avez confiance.

» Parlez avec chaque candidat de ses peurs et de ses angoisses et mettez l'accent sur une communication ouverte.

» Encouragez votre entourage de soutien à s'informer sur votre maladie et sur ce qu'ils peuvent faire pour vous aider.

Construire un réseau basé sur la confiance

Lorsque vous cherchez des membres de la famille ou des amis à intégrer à votre réseau de soutien, prenez des gens stables et dignes de confiance. Posez-vous les questions suivantes :

» **Puis-je avoir confiance en cette personne ?** Certaines personnes aiment fréquenter des personnes qui ont des problèmes, juste pour pouvoir avoir des rumeurs juteuses à propager. Assurez-vous que les gens de votre entourage de soutien savent comment garder des informations confidentielles.

» **Cette personne est-elle suffisamment stable pour me soutenir ?** Les personnes atteintes de trouble bipolaire sont généralement attirées par d'autres qui éprouvent des sautes d'humeur et vivent des montagnes russes émotionnelles. Seule une personne stable, bipolaire ou non, peut vous aider à vous stabiliser.

» **Est-ce que je vois cette personne assez souvent ?** Une personne idéale de soutien vous voit au moins une fois par semaine, afin qu'elle puisse vous faire savoir si elle remarque des changements significatifs dans votre humeur.

» **Est-ce que cette personne me juge par rapport à ma maladie mentale ?** Si une personne pense que votre maladie est due à un défaut de caractère, elle ne peut pas fournir le soutien dont vous avez besoin. Vous n'avez pas besoin de gens autour qui vous font sentir coupable d'avoir un trouble bipolaire.

» **Cette personne est-elle fiable ?** Si vous pensez qu'une personne de soutien peut potentiellement vous lâcher au premier signe de difficulté, elle peut ne pas être là quand vous aurez le plus besoin d'elle. Assurez-vous que vous faites confiance aux personnes de votre équipe pour rester près de vous quoi qu'il arrive.

» **Est-ce que cette personne me respecte ?** Vous ne voulez pas d'un soignant intrusif qui vous harcèle constamment sur vos humeurs et vos médicaments et vous traite comme un enfant. Choisissez des personnes qui font preuve d'un véritable respect pour vous et qui respectent les limites mutuellement convenues.

Comprendre leurs peurs, leurs inquiétudes et autres émotions

La famille et les amis qui se soucient réellement de vous et apprécient vos cadeaux uniques peuvent souvent vous coller à la peau, surtout quand ils veulent vous aider ou lorsque vous êtes au milieu d'un épisode thymique. Ces personnes dans votre vie ont leurs propres craintes, angoisses, colère et autres émotions. Par exemple, alors que vous vous battez contre un long épisode de dépression, ils peuvent être anxieux, ne sachant pas combien de temps cela va durer, ou en colère car vous ne semblez pas en faire assez pour vous en sortir. Lorsque vous êtes dans les affres de la manie, vos proches peuvent être incapables de vous comprendre, ou peuvent vous dire de vous calmer. Quelque chose que vous dites ou faites peut déclencher de fortes émotions négatives en eux.

Bien que certaines personnes aient une peau plus dure que d'autres, personne n'est imperméable. Rappelez-vous que les membres de votre équipe de soutien sont des gens imparfaits et essayez de leur donner un peu de « mou ». Cela n'est pas facile, surtout lorsque vous êtes aux prises avec vos propres démons, mais si chaque personne dans votre équipe donne aux autres membres de l'équipe le bénéfice du doute, vous êtes tous beaucoup plus susceptibles de travailler collectivement vers l'objectif de maintenir un environnement affectif stable.

Former ceux qui vous soutiennent

Chaque fois que vous organisez une fête, vous avez probablement des invités qui évitent stratégiquement de rester pour vous aider à nettoyer après la soirée. Si vous êtes chanceux, un ou deux amis proches qui connaissent bien votre cuisine, vont commencer à ranger. Vous pourriez en remarquer quelques autres qui traînent dans la pièce, attendant des instructions de votre part.

Vous pouvez observer ces mêmes comportements dans votre équipe de soutien. Lorsque vous êtes déprimé ou maniaque, la plupart des gens – ceux qui ne comprennent pas ce qui se passe ni ce que vous attendez d'eux – vont fuir la scène. S'ils ne se sauvent pas, ils restent dans leur coin, deviennent frustrés de ne pas savoir ce qu'il faut faire, et perdent patience ou vous saupoudrent de leur sarcasme. Ce que vous voulez c'est qu'un ami proche ou un parent qui connaît les troubles de l'humeur intervienne et vous tende une main compatissante pour vous guider doucement mais fermement et vous aide à vous stabiliser.

Il faut qu'un maximum de personnes de votre équipe de soutien soit informé, et la seule façon d'atteindre cet objectif est d'éduquer les gens dans votre vie qui veulent en apprendre davantage sur le trouble bipolaire et s'engagent à vous aider à réussir. La connaissance donne aux gens la confiance dont ils ont besoin pour intervenir lorsque vous en avez le plus besoin. Chaque fois que des amis ou des membres de la famille demandent ce qu'ils peuvent faire pour aider, encouragez-les à en apprendre davantage sur le trouble, en piochant dans l'une des ressources suivantes :

» **Vous.** Vous êtes l'expert le plus qualifié sur vos humeurs et sur ce qui aide ou nuit à la stabilité de votre humeur. Si vous vous sentez prêt à discuter de votre situation avec d'autres, vous pouvez être une source précieuse d'informations.

» **Les livres.** Ce livre et bien d'autres sur le trouble bipolaire peuvent aider vos amis et les membres de votre famille à comprendre cette maladie et à avoir de l'empathie pour ceux qui en souffrent. Les livres peuvent offrir de bons conseils sur la façon d'aider quelqu'un qui vit avec un trouble bipolaire[6].

» **L'audio et les vidéos.** Les CD, DVD, les émissions télévisées spéciales et les vidéos sur Internet concernant le trouble bipolaire, n'abordent généralement pas ce que les proches peuvent faire pour aider, mais ils aident à construire de l'empathie et sont susceptibles de contribuer à lancer des conversations qui pourraient autrement être difficiles à partager. Ces discussions peuvent constituer les premiers pas que vos proches ont besoin de faire pour accepter et comprendre.

» **Les films, les séries télévisées.** Ils peuvent être également excellents pour favoriser la compréhension, l'empathie et la discussion (en cassant les tabous et les préjugés) autour de la maladie mentale en général et la bipolarité[7] en particulier.

---

6. C. GAY, *Vivre avec un Maniaco-Dépressif*, Fayard, 2010.
7. Une sélection pertinente de films abordant les troubles mentaux et la bipolarité figure dans É. Hantouche et N. Faucheux, *Le Journal de Léa. Cinéma, Toc et Troubles Bipolaires*, Odile Jacob, 2011.

» **Les sites et blogs.** Plusieurs sites et blogs offrent des informations précieuses sur le trouble bipolaire et donnent un aperçu spécifiquement pour les amis et les membres de la famille de personnes qui souffrent de cette maladie. Consultez l'annexe à la fin du livre.

Attention

Quand vous faites une recherche sur le trouble bipolaire sur le web, restez sceptiques. Internet propose de bonnes informations, mais attire aussi sa part de charlatans et de stratèges de salon. Consultez votre médecin avant d'apporter tout changement à votre plan de traitement, y compris arrêter des médicaments ou prendre un remède maison.

Établir le degré d'implication de votre équipe

Un bon soutien reste vigilant, vous aide à contrôler vos humeurs et reste attentif à tout signe de problème. Tous les membres de votre équipe de soutien doivent avoir la sensibilité de savoir quand rester silencieux et quand exprimer leurs préoccupations, ainsi que la force d'intervenir et de vous épauler lorsque vous en avez le plus besoin, surtout quand vous ne pouvez pas ou ne voulez pas demander ou accepter de l'aide. De telles personnes sont rares, et même la meilleure d'entre elles ne peut pas toujours agir de façon appropriée. Vous pouvez cependant aider vos proches à devenir de meilleurs soutiens en les renseignant sur le trouble bipolaire, en leur communiquant vos besoins, et en définissant au préalable les paramètres d'intervention.

Attention

Vous êtes probablement au courant que certaines personnes auront plaisir à faire du bénévolat pour vivre votre vie à votre place, si vous les laissez faire. Ils seraient heureux de cuisiner vos repas, de nettoyer votre maison, d'élever vos enfants, et peut-être même de payer vos factures (avec votre argent, bien sûr) – tout cela au nom de la charité. Cette assistance peut sembler agréable à court terme, lorsque vous avez vraiment besoin d'aide, mais quand la charité devient chronique et invasive, la bouée de sauvetage devient rapidement une ancre, vous empêchant de progresser. Méfiez-vous des types de personnalité suivants :

» **Le harceleur.** « As-tu pris tes médicaments aujourd'hui ? » Chaque jour, parfois deux ou trois fois par jour, vous pouvez vous attendre à cette question lancinante. Si vous voulez ou avez besoin qu'on vous rappelle de prendre vos médicaments, le harceleur peut être utile s'il est prêt à vous rappeler les lignes directrices dans les limites que vous avez définies, sinon, les questions lancinantes sont tout simplement un facteur supplémentaire de stress.

» **Le paumé.** Un paumé vous regarde, mais il ne fait ou ne dit jamais quelque chose qui pourrait vous offenser. Vous pouvez être en équilibre au bord d'une falaise, le paumé regarde patiemment les événements se dérouler. Donner à cette personne la permission de parler peut être nécessaire.

- **Le fêtard.** Si vous êtes sujet à des épisodes hypomaniaques ou maniaques qui entraînent des dépenses effrénées, des descentes au bar, du sexe débridé, et d'autres activités frénétiques, vous pouvez trouver de nombreux fêtards pour se joindre à vous pour le plaisir, mais ils ne restent pas près de vous quand ils ont la gueule de bois. Évitez les gens qui encouragent vos comportements les plus malsains.
- **Le lourd.** Contrairement au fêtard, qui vous encourage à prendre beaucoup de plaisir, le lourd ne vous laisse pas vous amuser du tout. Et ce n'est pas… très amusant. Vous devriez être en mesure de jouir d'une vie pleine dans les limites que vous vous fixez. Être heureux et avoir du plaisir ne sont pas la même chose qu'être hypomaniaque, et vous devez vous aussi profiter des plaisirs de la vie.

Encourager la communication ouverte

Annoncer que vous êtes bipolaire est un moyen infaillible pour faire taire un public. La plupart des gens ne savent pas quoi dire, alors ils deviennent instantanément muets. Dans certains cas, c'est l'effet désiré ; mais quand cela concerne votre équipe de soutien, vous devez encourager la communication ouverte pour atteindre deux objectifs :

- Aidez vos soutiens à vous comprendre plus intimement et à comprendre votre maladie.
- Soyez plus conscient de la façon dont vos humeurs et comportements affectent les autres.

Établir une relation est comme apprendre à danser ensemble. Vous et votre partenaire devez vous déplacer de manière synchronisée, et la communication est essentielle. Dans un premier temps, vous vous marchez assez souvent sur les pieds, mais vous vous habituez au fur et à mesure à vos mouvements réciproques et commencez à vous déplacer instinctivement en fonction des rythmes qui vous entourent. Voici quelques techniques qui peuvent ouvrir les canaux de communication afin que vous puissiez commencer à travailler sur votre rythme :

- Écrivez les sujets que vous souhaitez aborder à l'avance.
- Asseyez-vous dans un endroit calme, intime, chaque fois que vous discutez de sujets confidentiels.
- Mettez-vous d'accord sur un signe physique ou un mot secret que vous pouvez utiliser pour mettre fin à une discussion, sans poser de questions, si elle s'échauffe trop.

» Encouragez votre ami ou votre proche à poser des questions au sujet du trouble bipolaire et de la façon dont il vous affecte.

» Demandez à votre ami ou à votre proche de décrire ses observations et émotions concernant vos humeurs et comportements. Comment le trouble bipolaire affecte sa propre vie et sa capacité à satisfaire ses besoins personnels ?

À retenir

Vous pouvez aider une personne à devenir plus informée sur le trouble bipolaire et vos besoins spécifiques, mais vous ne pouvez pas forcer quelqu'un à vous accepter ou à accepter la maladie. Certaines personnes, en raison de leurs propres limites, peuvent ne pas être prêtes à accepter la maladie et s'adapter à une nouvelle réalité. Pour votre propre bien-être mental, vous devrez peut-être prendre une certaine distance avec ces personnes pendant un certain temps.

Portrait

RÉCOLTER LES AVANTAGES DE L'HONNÊTETÉ

« Je me suis rendu compte de l'importance de dire la vérité à ma famille et à mes soignants lorsque j'ai été hospitalisée à l'âge de 19 ans. Il ne m'a pas fallu longtemps pour comprendre que communiquer honnêtement avec les médecins et les infirmières qui me soignaient leur a permis de m'aider et de répondre à mes besoins. J'ai appris aussi que la signature d'un formulaire de décharge signifiait qu'il y a peu de choses que je pouvais dissimuler à ma famille, même si je le souhaitais.

Après cette première hospitalisation, j'ai continué à communiquer avec les membres de ma famille au sujet de ce que je vivais, leur permettant d'être honnêtes eux aussi. Nous avons développé une compréhension plus profonde les uns des autres, tandis que nous avons partagé nos peurs, nos soucis, et nos victoires. J'ai également continué à être honnête avec mes soignants. Je me suis donné pour objectif de toujours dire la vérité à mes médecins ; à leur tour, ils m'ont aidé à obtenir le traitement dont j'avais besoin, à trouver les médicaments qui fonctionnaient le mieux pour moi, et à créer un lien fort avec moi, ce qui a permis à la confiance de croître.

Partager ma vérité avec les autres est difficile, mais j'ai été récompensée pour cela maintes et maintes fois. Que ce soit en développant des liens plus étroits avec ma famille, en ayant une discussion sincère sur les effets secondaires avec mon psychiatre, ou par un entretien ouvert avec mon thérapeute, j'ai pu constater les résultats positifs de l'honnêteté. Ce qui m'a inspiré le plus, cependant, est que mon honnêteté a permis à d'autres de l'être aussi. L'honnêteté a fait toute la différence dans mon rétablissement, ma stabilité et mon bien-être. »

Linea Johnson, co-auteur de *Perfect Chaos: A Daughter's Journey to Survive Bipolar, a Mother's Struggle to Save Her.*

Travailler en équipe

Tous les joueurs clés de votre équipe de gestion de l'humeur devraient être en mesure de communiquer ouvertement avec vous et entre eux pour vous assurer que vous recevez un traitement exhaustif. Si votre thérapeute remarque que vos humeurs sont fluctuantes ou que vous semblez plus anxieux et irritable que d'habitude, il devrait être en mesure de communiquer avec votre psychiatre pour parler de la façon de vous aider. Vous pouvez avoir besoin d'un ajustement de vos médicaments ou des séances de thérapie supplémentaires.

Conseil

Une stratégie efficace consiste à charger un membre de votre entourage de soutien de la communication. Votre « responsable de la communication » devrait présenter les membres de votre équipe de gestion de l'humeur les uns aux autres et veiller à ce que l'information critique soit transmise tout au long de la chaîne. Cette communication est particulièrement importante dans des situations qui impliquent des complications ou des transitions, telles que les suivantes :

» **Une hospitalisation.** Certains hôpitaux ont leurs propres médecins en charge du traitement, de sorte que lorsque vous êtes hospitalisé, le psychiatre qui vous voit habituellement peut ne plus être en charge de vos soins. La communication entre votre psychiatre et le nouveau médecin de l'hôpital est essentielle.

» **La sortie de l'hôpital.** Avant que l'hôpital ne vous laisse sortir, votre psychiatre régulier, votre thérapeute habituel et la personne agissant en tant que principal soignant doivent en être informés à l'avance, afin qu'ils puissent assurer une transition en douceur vers le monde extérieur et prendre toutes les dispositions nécessaires.

» **Le changement de médecins.** Lorsque vous changez de médecin ou de thérapeute, la totalité de vos dossiers médicaux doit être transférée au nouveau soignant, et cela avec votre accord en formulant une demande écrite et signée qui permet à votre médecin ou thérapeute de communiquer avec le nouveau médecin ou thérapeute. Vous devez également donner votre accord qui permet à votre médecin ou thérapeute de discuter de votre traitement avec des amis spécifiques ou des membres de la famille. Voir le chapitre 15 pour un exemple d'autorisation de divulgation des données médicales.

Étendre votre réseau avec des groupes de soutien locaux

Les amis et la famille sont beaucoup plus investis dans votre bien-être que tout tiers, y compris votre psychiatre ou thérapeute, mais d'autres personnes qui souffrent d'un trouble bipolaire peuvent être en mesure d'offrir beaucoup plus en termes d'empathie, de perspicacité et de connexions. Les groupes de soutien pour bipolaires peuvent offrir les avantages suivants :

- L'amitié de personnes qui partagent vos expériences et vos émotions.
- Comprendre qu'un trouble de l'humeur ne définit pas qui vous êtes.
- La motivation à suivre votre plan de traitement.
- La possibilité de retrouver des forces et de l'humour que vous pensiez avoir perdus lorsque vous êtes tombé malade.
- Des informations de spécialistes sur les médicaments, les traitements et les thérapies.
- Des perspectives de première main sur les médecins et thérapeutes locaux.
- Des informations sur vos droits.
- Des conseils sur l'éducation et les PEI (plans d'enseignement individualisés) pour les enfants atteints de trouble bipolaire.
- Accès aux livres et aux vidéos crédibles sur le trouble bipolaire (cf. annexe à la fin du livre).
- Vous pouvez puiser dans les ressources d'un groupe de soutien en vous joignant à l'un d'entre eux. Contactez (ou consultez les sites) des organisations telles que l'Unafam, ou des associations comme Argos ou France Dépression. Voir au chapitre 5 pour les adresses et numéros de téléphone.
- **Votre psychiatre ou thérapeute.** Demandez à votre psychiatre ou à votre thérapeute des informations sur les groupes de soutien locaux.

Que pouvez-vous attendre quand vous allez à votre première réunion dans un groupe de soutien ? Cela dépend de la composition du groupe et de son organisation. Certains groupes sont plus structurés que d'autres. Certains invitent des experts dans le domaine pour faire des présentations ; d'autres encouragent les membres à parler de leurs émotions et à se livrer à une résolution collective de problèmes.

En général, vous pouvez vous attendre à ce que les membres soient très ouverts, accueillants et disposés à prêter une oreille empathique.

Conseil

Chaque groupe de soutien possède sa propre alchimie et dynamique, il ne faut pas abandonner si vous ne vous sentez pas à votre place à la première visite. Essayez quelques groupes jusqu'à ce que vous trouviez celui où vous vous sentez à l'aise. Et si vous n'aimez pas les groupes de soutien, ce n'est pas grave non plus ; tout le monde n'est pas à l'aise dans un environnement de groupe de soutien.

3 Médicaments et traitements pour gérer le trouble bipolaire

DANS CETTE PARTIE…

Bien que nous nous référions à un trouble bipolaire comme à une maladie mentale, elle est en fait une maladie neurobiologique qui affecte le cerveau et répond le mieux aux traitements pharmacologiques qui ciblent la chimie et le fonctionnement du cerveau.

Dans cette partie, nous nous concentrons sur le traitement biologique du trouble bipolaire principalement par des médicaments, mais également avec d'autres outils biologiques, comme la stimulation cérébrale profonde, la photothérapie et les compléments alimentaires. En outre, nous fournissons des conseils sur la façon de se réconcilier avec les médicaments et leurs effets secondaires. Enfin, nous reconnaissons que le trouble bipolaire et son traitement varient pour certaines populations, y compris les femmes et les personnes âgées, nous vous proposons donc un chapitre qui traite de ces différences.

Chapitre 7

Faire le tour de la pharmacie bipolaire

DANS CE CHAPITRE :

» **Reconnaître les différentes classes de médicaments de régulation de l'humeur**

» **Choisir les bons médicaments et bien suivre le traitement prescrit**

La plupart des personnes atteintes de trouble bipolaire ont besoin de prendre des médicaments pour aider à gérer leurs humeurs, mais la pilule magique reste introuvable. Les médicaments fonctionnent différemment pour tout le monde ; un cadeau du ciel pour certains, un désastre pour les autres. Les médicaments efficaces dans la normalisation de vos humeurs peuvent causer des effets secondaires intolérables pour les autres. Les médicaments qui fonctionnent aujourd'hui peuvent cesser de fonctionner plus tard.

Nous ne pouvons pas vous dire quels médicaments sont les meilleurs pour vous, mais, dans ce chapitre, nous vous présentons ceux qui se sont avérés utiles dans le traitement des symptômes bipolaires les plus courants et proposons des conseils sur le choix et la gestion de vos médicaments.

Ouvrir l'armoire à pharmacie bipolaire

Cette section vous présente un grand nombre de médicaments les plus couramment prescrits pour traiter le trouble bipolaire et les pathologies couramment associées. Les informations que vous trouverez ici sont basées sur les connaissances disponibles et les pratiques de prescription utilisées au moment où nous écrivons ce livre. Nous mettons en évidence les principaux avantages et les effets secondaires possibles les plus courants de chaque médicament et vous encourageons à utiliser cette information lorsque vous parlez avec votre médecin au sujet des choix de médicaments, ceux qui seront les plus sûrs et les plus efficaces pour vous.

Le lithium

Depuis les années 1960, le lithium est le produit de référence, pour traiter le plus grand nombre de symptômes bipolaires, plus que tout autre médicament en usage à ce jour. Il traite la manie. Il traite la dépression. Il peut réduire le cycle de la manie et de la dépression. Et peut-être plus important encore, il est le seul médicament qui a fait ses preuves pour réduire le risque de suicide associé au trouble bipolaire. Le lithium est vraiment un exemple unique. Fait intéressant, ce médicament incroyable n'a pas été conçu par l'industrie pharmaceutique ! En effet, le lithium est un sel d'origine naturelle (Li^{+}) et existe sur terre depuis des milliards d'années.

Le tableau 7-1 donne un rapide aperçu des avantages potentiels et les effets secondaires de cette Rolls Royce du trouble bipolaire.

TABLEAU 7-1 : Avantages et risques potentiels du lithium

Nom générique	Marque	Posologie moyenne adulte	Niveau de concentration thérapeutique dans le sang	Bénéfices potentiels	Effets secondaires possibles
Carbonate de lithium	Théralite en dosage 250 mg ou 400 mg (libération prolongée).	600 à 1 800 mg/jour, mais ça dépend de chaque personne ; La concentration sanguine est la valeur la plus importante quand il s'agit de soigner un trouble BP-I.	0,8 à 1,2 mEq/L pour une manie sévère ; moins pour une dose d'entretien ; un taux de plus de 1,5 mEq/L est considéré comme une dose toxique.	Anti-maniaque ; antidépresseur ; réduction de la fréquence des cycles et des suicides. Peut réduire les déficits cognitifs à long terme liés à un trouble bipolaire.	Problèmes d'estomac ; prise de poids ; urination fréquente ; dommages aux reins et à la thyroïde ; confusion ; fatigue, tremblements.

À retenir

Vous devez maintenir les taux sanguins de lithium dans une fourchette très étroite et constante, ce qui nécessite une prise régulière de la dose prescrite. Votre médecin vérifiera votre concentration sanguine quelques semaines après que vous avez commencé à le prendre puis tous les mois pendant plusieurs mois jusqu'à ce que le dosage soit stable. Il faudra également effectuer des tests de sang et d'urine supplémentaires régulièrement. Si le niveau de lithium passe en dessous de son niveau thérapeutique, il peut ne pas être efficace. S'il est trop élevé, le traitement peut devenir toxique et la toxicité de lithium peut s'avérer dans certains cas mortelle.

Attention

Les niveaux de lithium peuvent augmenter à mesure que vous perdez des fluides, donc il faut se méfier en cas de temps chaud et quand vous faites beaucoup d'exercice physique. De même, limitez votre consommation de diurétiques, y compris le café et l'alcool, qui peuvent amplifier les effets sédatifs du lithium. Les anti-inflammatoires non-stéroïdiens (comme l'ibuprofène) peuvent augmenter les niveaux de lithium, c'est pourquoi il faut vérifier avec votre médecin avant de prendre un de ces médicaments lorsque vous prenez du lithium. En outre, n'apportez pas de changements importants dans votre consommation de sel, comme par exemple démarrer un régime pauvre en sel, sans consulter votre médecin. Si vous avez une diarrhée, des vomissements, des étourdissements, un manque de coordination, une vision floue, ou d'autres signes indésirables, il peut s'agir d'un surdosage ou de début de toxicité du lithium ; dans ce cas, contactez immédiatement votre médecin. Si vous ne pouvez pas joindre votre médecin, allez aux urgences les plus proches.

Ceci dit, l'utilisation à long terme du lithium permet, pour certaines personnes, une excellente gestion du trouble bipolaire. Le lithium empêche effectivement les rechutes bipolaires, donc continuez à le prendre, surtout quand vous vous sentez mieux. Après tout, la prise de lithium est probablement ce qui vous fait vous sentir mieux. Continuez de consulter votre médecin régulièrement pour discuter de vos options en termes de durée de traitement. Des études montrent clairement les risques d'un arrêt brutal du lithium (avec une rechute aiguë dans les trois mois qui suivent l'arrêt et une majoration du risque suicidaire multiplié par 50 !). D'autres études suggèrent un phénomène de résistance secondaire aux arrêts répétés du lithium : quand vous arrêtez de prendre du lithium et tentez de le reprendre, il est possible en effet qu'il ne soit plus aussi efficace qu'avant. Une des explications est la survenue de phénomènes de sevrage liés à l'arrêt du lithium qui sont capables d'accentuer l'intensité des épisodes de manie et d'ajouter au trouble d'autres dérèglements neurochimiques.

Attention

Sur le web ou dans votre magazine diététique, vous pouvez entendre parler de l'*orotate de lithium*, qui est censé être plus sûr. Cependant aucune étude fiable n'a démontré que l'ororate de lithium est plus sûr ou aussi efficace que le carbonate de lithium. Avec toute forme de lithium, vous et votre médecin devez surveiller attentivement les niveaux de concentration sanguine pendant le traitement.

Anticonvulsifs

Votre cerveau et votre système nerveux central forment un réseau électrique complexe qui transporte un courant électrique de très bas niveau. Dans le cas de graves dysfonctionnements du système nerveux central, comme avec l'épilepsie, les neurones fonctionnent de façon tellement irrégulière qu'ils peuvent entraîner des convulsions. Les anticonvulsifs – y compris le valproate (Dépakine) ou le divalproate (Depakote) – semblent réduire les crises, au moins en partie, en régulant les décharges neuronales.

Les mécanismes du trouble bipolaire ne sont pas les mêmes que ceux des convulsions, mais un certain nombre d'anticonvulsifs sont efficaces pour traiter le trouble bipolaire. La stabilisation des décharges neurales peut jouer un rôle. C'est pourquoi les chercheurs étudient d'autres mécanismes d'action potentiels (voir le chapitre 2 pour plus de détails).

Le tableau 7-2 dresse la liste des principaux médicaments de la classe des anticonvulsifs, ainsi que leurs doses, leurs bénéfices et effets secondaires potentiels. Le divalproate est couramment utilisé comme traitement de première intention pour la manie aiguë, la carbamazépine (Tegrétol) a également prouvé son efficacité dans la manie, et la lamotrigine (Lamictal) est de plus en plus populaire en raison de son efficacité dans la prévention de la dépression bipolaire et la réduction de la fréquence des cycles.

Les anticonvulsifs suivants sont utilisés occasionnellement pour le trouble bipolaire (sont hors autorisation de mise sur la marché, AMM, pour la bipolarité), mais ils ne sont pas considérés comme des traitements efficaces pour les symptômes bipolaires :

- **Oxcarbazépine (Trileptal)**. Ce médicament est un proche parent de la carbamazépine, mais possède moins d'effets secondaires. En effet, les patients tolèrent souvent l'oxcarbazépine beaucoup mieux que la carbamazépine. C'est pourquoi les médecins l'utilisent pour traiter la manie, mais les études sur son efficacité ne sont pas concluantes.
- **Topiramate (Epitomax).** Ce médicament n'est pas efficace pour les symptômes bipolaires, mais il est parfois utilisé pour soigner la migraine ou aider à réduire la prise de poids associée à d'autres médicaments anti-maniaques et régulateurs.
- **Gabapentine (Neurontin).** Ce médicament n'a aucun effet sur les symptômes bipolaires, mais il peut avoir une certaine efficacité ciblée dans la réduction de l'anxiété (panique, anxiété sociale). Aucune recherche significative ne soutient actuellement son efficacité pour cette utilisation.

Attention

L'arrêt trop rapide d'un anticonvulsif peut provoquer... des convulsions. Consultez toujours votre médecin avant d'arrêter ou de diminuer un médicament.

TABLEAU 7-2 : Les avantages potentiels et les risques des anticonvulsifs.

Nom générique	Marque	Posologie moyenne adulte	Niveau de concentration thérapeutique dans le sang	Bénéfices potentiels	Effets secondaires possibles
Divalproex sodique acide valproïque.	Dépakote ; Dépamide ; Dépakine ; Valproate de sodium.	1,000-2,000 mg/jour ou 25-60 mg/kg/jour, mais la limite supérieure dépend de la quantité nécessaire pour obtenir un effet clinique rapide dans la première semaine.	50-125 mcg/mL.	Anti-maniaque ; particulièrement efficace pour traiter la manie ; moins de risques de toxicité que le lithium (plus de latitude entre les niveaux thérapeutiques et toxiques) ;	Problèmes de pancréas et de foie ; prise de poids, somnolence, nausées, problèmes possibles de fertilité chez la femme ; chute de cheveux ; faible propriété d'anti-dépresseur.
Carba-mazépine	Tegrétol ; Carba-mazépine.	400-1,600 mg/jour ou 10-30 mg/kg/jour.	4-12 mcg/mL est la tranche moyenne de dosage pour les convulsions ; le niveau thérapeutique pour la manie est moins bien établi ; plus de 15 mcg/mL est un dosage considéré comme toxique.	Anti-maniaque ; médicament de troisième intention après avoir essayé le lithium et le valproate ; n'entraîne pas de prise de poids significative pour la plupart des patients ; peut aider à contrôler les poussées d'agressivité et de violence.	Peut réduire l'efficacité des pilules contraceptives ; troubles sanguins ; réduit les niveaux de vitamine B12 et de folates ; problèmes de foie, troubles de la vision, vertiges, nausées, risque de syndrome Stevens-Johnson (plus élevé chez les personnes d'origine chinoise dû à un effet génétique sur le métabolisme) ; effets sur les enzymes du foie qui peuvent entraîner des interactions avec d'autres médicaments.

Nom générique	Marque	Posologie moyenne adulte	Niveau de concentration thérapeutique dans le sang	Bénéfices potentiels	Effets secondaires possibles
Lamotrigine	Lamictal	25-200 mg/jour ; l'augmentation de la dose doit être très progressive afin de réduire le risque d'une réaction dangereuse de la peau ; le dosage doit commencer bas et augmenter lentement surtout s'il est coprescrit avec le valproate (celui-ci inhibe le métabolisme du Lamictal d'où risque d'accumation).	N/A	Réduit la fréquence des cycles ; forte propriété d'antidépresseur ; rarement associé à une prise de poids ; ne diminue pas la manie aigüe.	Réactions cutanées rares mais dangereuses ; nausées et vomissements, vertiges, troubles de la vision ; maux de tête, effets sur le sommeil ; le valproate augmente les niveaux de lamotrigine si les deux médicaments sont pris simultanément alors il faut dans ce cas réduire les doses de lamotrigine.

*mg/jour = milligrammes par jour ; mg/kg/jour = milligrammes par kilogrammes (poids) par jour ; mcg/mL = microgrammes par millilitre.

Antipsychotiques

Les antipsychotiques atypiques (neuroleptiques atypiques ou antipsychotiques de deuxième génération) ont été initialement conçus pour traiter la psychose dans la schizophrénie, mais cette classe de médicaments a également prouvé son efficacité pour réduire la manie et augmenter les effets d'un traitement antidépresseur. La dénomination « atypique » ou de « deuxième génération » provient du fait que ce nouveau type d'antipsychotiques fonctionne différemment des neuroleptiques « typiques » ou de « première génération », tels que la chlorpromazine (Largactil) et de l'halopéridol (Haldol). Le tableau 7-3 répertorie les antipsychotiques atypiques les plus couramment utilisés pour traiter le trouble bipolaire, leurs bénéfices et les effets secondaires potentiels.

TABLEAU 7-3 : Bénéfices et effets secondaires potentiels des antipsychotiques atypiques

Nom générique	Marque	Posologie moyenne adulte	Bénéfices potentiels	Effets secondaires possibles
Olanzapine.	Zyprexa (disponible en velotab, solution injectable).	5-20 mg/jour.	Anti-maniaque ; peut réduire les cycles ; antipsychotique.	Prise de poids ; élévation des niveaux de prolactine.
Risperidone.	Risperdal (disponible en comprimés solubles et en solution injectable).	2-6 mg/jour pour la manie ; dose plus élevée pour la schizophrénie.	Anti-maniaque ; peut réduire les cycles ; antipsychotique.	Prise de poids ; élévation des niveaux de prolactine qui peut être associée avec des risques élevés d'effets secondaires sexuels.
Quetiapene.	Seroquel (libération immédiate) ; Xeroquel (libération prolongée).	50-750 mg/jour.	Anti-maniaque ; peut réduire les cycles ; antipsychotique ; Actif dans les dépressions associées au trouble BP-I et II (indication pour la forme XR ou LP).	Somnolence ; prise de poids.
Ziprasidone	Zeldox (non disponible en France).	40-160 mg/jour répartis en deux doses à prendre toujours pendant les repas.	Anti-maniaque ; peut réduire les cycles ; antipsychotique.	Changement du rythme cardiaque ; judicieux de réaliser un ECG avant et pendant le traitement ; risque faible de prise de poids.
Aripiprazole.	Abilify (disponible en comprimés solubles, en solution buvable et en solution injectable).	15-30 mg/jour.	Anti-maniaque ; peut réduire les cycles ; antipsychotique ; augmente les effets des antidépresseurs.	akathisie (agitation sévère) ; prise de poids.

*mg/jour = milligrammes par jour

À retenir

Les antipsychotiques de deuxième génération partagent les effets secondaires possibles suivants :

- Troubles du métabolisme du sucre et risque accru de diabète de type 2. (Les notices des médicaments antipsychotiques atypiques doivent comporter un avertissement pour les personnes à risque d'hyperglycémie et de diabète.)
- Prise de poids et augmentation des taux de cholestérol et autres graisses.
- Troubles moteurs, semblables à ceux associés à la maladie de Parkinson (tremblements et rigidité).

- Mouvements incontrôlés appelés *dyskinésie tardive* (tics du visage ou mouvements incontrôlés de la langue, des lèvres, des bras, etc.).
- *Akathisie*, un sentiment d'agitation extrême communément décrit comme le désir irrésistible de « sortir hors de votre peau ».
- Changements dans les rythmes cardiaques.
- Augmentation des niveaux de prolactine, ce qui provoque parfois une poussée des seins chez l'homme et des troubles menstruels et de la lactation chez la femme.
- Troubles de la fonction sexuelle et/ou baisse de la libido.
- D'autres effets secondaires généraux, y compris la somnolence, les vertiges, la constipation et les maux de tête.

La clozapine (Leponex)

La clozapine est un antipsychotique atypique que les psychiatres considèrent souvent comme un médicament de dernier recours en raison de ses effets secondaires graves. La clozapine est le plus couramment utilisée pour la schizophrénie résistante, mais en usage hors RCP (résumé des caractéristiques des produits) pour la manie sévère bipolaire ou la psychose qui ne répondent pas à d'autres traitements.

La clozapine a également une indication (qui est autorisée en Europe par l'EMA — European Medicines Agency) comme traitement pour « comportement suicidaire récurrent », ce qui signifie que ce médicament a une efficacité particulière sur les troubles de l'humeur. La clozapine présente un risque élevé de provoquer une forte réduction du nombre de globules blancs, une condition appelée *agranulocytose*. Les patients qui prennent ce médicament doivent faire des prises de sang chaque semaine pendant les six premiers mois de traitement puis tous les mois par la suite. La clozapine tend également à être sédative et à provoquer une prise de poids significative.

Les antipsychotiques typiques de première génération

Les antipsychotiques de première génération ayant une indication dans le traitement du trouble bipolaire comprennent la chlorpromazine (Largactil), l'halopéridol (Haldol) et la loxapine (Loxapac). Ces médicaments ont été développés pour traiter la schizophrénie, puis leur utilisation a été élargie à d'autres pathologies, y compris le trouble bipolaire et l'agitation. Les antipsychotiques de première génération sont utilisés en seconde intention (par rapport aux antipsychotiques atypiques) ou réservés pour les cas sévères hospitalisés.

Une des causes de l'utilisation réduite des anciens antipsychotiques réside dans leur effet sédatif et surtout dans le risque de déclencher des troubles moteurs, y compris le syndrome extrapyramidal et la dyskinésie tardive (des mouvements involontaires des muscles en particulier autour du visage et de la mâchoire, souvent irréversibles). Pour autant, ces médicaments ont un avantage sur leurs homologues de deuxième génération : ils comportent un risque plus faible de changements métaboliques, comme ceux associés à la prise de poids et au diabète.

Certaines grandes études suggèrent que les médicaments plus anciens sont tout aussi efficaces dans le traitement de la schizophrénie, à moindre coût et sans comporter beaucoup plus d'effets secondaires que les antipsychotiques de deuxième génération. Cependant, il n'existe pas de grandes études systématiques qui comparent les antipsychotiques de première et de deuxième génération dans le traitement du trouble bipolaire. Par conséquent, les antipsychotiques de première génération sont utilisés uniquement en deuxième intention pour le traitement du trouble bipolaire, lorsque les nouveaux antipsychotiques ou les alternatives sont inefficaces ou non tolérés.

Les antidépresseurs stimulants de l'humeur

Bien que la manie retienne toute l'attention dans le trouble bipolaire, les épisodes dépressifs sévères et récurrents peuvent être beaucoup plus dévastateurs que la manie, et tout aussi dangereux. Les personnes atteintes de trouble bipolaire consultent essentiellement en phase dépressive et recherchent un traitement pour ces périodes, ce qui signifie que les antidépresseurs sont souvent les premiers médicaments prescrits aux patients bipolaires.

Attention

L'efficacité et la sécurité des antidépresseurs pour les personnes atteintes de trouble bipolaire sont sources de controverse. Certains experts estiment que les antidépresseurs sont efficaces et souvent nécessaires parce que les médicaments utilisés pour traiter la manie ne traitent généralement pas la dépression, ou ne la contrôlent pas pleinement. D'autres pensent que les antidépresseurs sont soit inefficaces soit actifs mais au prix d'une induction de virage thymique et/ou une intensification des cycles et une aggravation des sautes d'humeur. Il existe des preuves pour appuyer les deux approches.

Pour cette raison, si vous (ou votre médecin) soupçonnez que votre dépression est liée à un trouble bipolaire sous-jacent, l'approche plus sûre et efficace serait de commencer par un médicament régulateur qui possède des propriétés d'antidépresseur, comme le lithium ou la lamotrigine. Pour les dépressions bipolaires sévères, on préfère la quetiapine (Xeroquel) ou l'OFC (combinaison olanzapine et fluoxétine). Un nouvel antipsychotique atypique, la lurazidone, a montré une efficacité particulière dans les dépressions bipolaires. Si l'un de ces médicaments contrôle votre dépression, vous avez de la chance. Dans le cas contraire, votre médecin peut envisager d'ajouter un antidépresseur. Parfois, une combinaison d'un antipsychotique de deuxième génération et d'un antidépresseur est le traitement de première intention.

Si vous prenez un antidépresseur et qu'il est efficace, on ne sait pas vraiment sur quelle durée vous devez le prendre. C'est un sujet qui fait également débat chez les experts. C'est pourquoi vous devez décider de cela en étroite collaboration avec votre médecin, et surtout éviter les arrêts brutaux des antidépresseurs, car les risques de rebond et de sevrage assez intenses sont possibles.

Les sections suivantes décrivent les différents types d'antidépresseurs et médicaments spécifiques qui relèvent des ces groupes.

ISRS

La sérotonine est une substance chimique du cerveau qui aide à réguler l'humeur, l'anxiété, les cycles veille/sommeil, les comportements sexuels et bien d'autres fonctions cérébrales. Les *inhibiteurs spécifiques de la recapture de la sérotonine* (ISRS) augmentent le niveau de sérotonine dans les synapses – les espaces entre les cellules cérébrales (neurones) – dans le cerveau. Cependant, les mécanismes d'action des ISRS sont plus complexes que la simple augmentation des niveaux de sérotonine. La compréhension des circuits du cerveau qui régulent l'humeur est encore limitée, mais les recherches en cours en révèlent toujours plus au fil du temps. Le tableau 7-4 répertorie les ISRS les plus courants ainsi que leurs avantages et risques potentiels.

À retenir

Un ISRS peut prendre plusieurs semaines pour devenir pleinement efficace, alors continuez de prendre le médicament même si vous ne voyez pas de soulagement immédiat.

Un ISRS peut être combiné à un antipsychotique ; par exemple, l'olanzapine plus la fluoxétine (Symbyax) est une combinaison de Zyprexa, un antipsychotique de deuxième génération, et de Prozac, un antidépresseur ISRS, qui est spécifiquement indiqué pour traiter la dépression bipolaire. La dose adulte moyenne quotidienne varie de 3/25 mg à 18/75 mg ; le premier nombre est l'olanzapine, et le second est la fluoxétine. Les effets secondaires possibles de la combinaison olanzapine/fluoxétine incluent la prise de poids, l'agitation, la somnolence, la baisse de libido et des niveaux de prolactine.

TABLEAU 7-4 : Bénéfices et effets secondaires potentiels d'un ISRS

Nom générique	Marque	Posologie moyenne adulte	Bénéfices potentiels	Effets secondaires possibles
Fluoxétine	Prozac	20-60 mg/jour.	Anxiolytique	Insomnie ; somnolence ; agitation ou manie ; pensées suicidaires, troubles sexuels, nausées ou diarrhée, prise de poids
Sertraline	Zoloft	50-200 mg/jour.		
Paroxétine	Deroxat	10-60 mg/jour, parfois plus.		
Citalopram	Seropram	20-40 mg/jour.		
Escitalopram	Seroplex	10-20 mg/ jour, parfois plus.		
Fluvoxamine	Floxyfral	50-300 mg/jour.		
Olanzapine + fluoxétine	Symbyax (Zyprexa + Prozac), non disponible en France en tant que tel, mais la combinaison des deux psychotropes est faisable	3/25-18/75 mg/jour.	Antidépresseur – actif dans les dépressions bipolaires résistantes et psychotiques	Prise de poids, nausées, vertiges, somnolence, diarrhée

*mg/jour = milligrammes par jour

ISRN

Les *inhibiteurs sélectifs de la recapture de la noradrénaline* (ISRN) augmentent les niveaux de deux substances chimiques du cerveau – la sérotonine et de la noradrénaline – dans les synapses entre les cellules cérébrales. Comme avec les ISRS, le mécanisme complet d'action des ISRN est encore mal connu. Les chercheurs savent néanmoins que, comme la sérotonine, la noradrénaline joue un rôle important dans la régulation de l'humeur et de l'anxiété ainsi que dans celle de la vigilance et la concentration. Voir le tableau 7-5 pour une liste de ISRN disponibles les plus courants et leurs effets secondaires possibles.

À retenir

Un ISRN peut prendre plusieurs semaines pour devenir pleinement efficace. Il vous faut continuer à prendre le médicament même si vous ne constatez pas un soulagement immédiat.

TABLEAU 7-5 : Bénéfices et effets secondaires potentiels des ISRN

Nom générique	Marque	Posologie moyenne adulte	Bénéfices potentiels	Effets secondaires possibles
Venlafaxine.	Effexor.	75-375 mg/jour ; 75-225 mg/jour (libération prolongée).	Antidépresseur ; anxiolytique.	Insomnie ; somnolence ; hypertension ; troubles sexuels ; nausées ou diarrhée ; prise de poids ; symptômes sévères de sevrage en cas de mauvais dosage.
Duloxétine.	Cymbalta.	60-120 mg/jour.	Antidépresseur ; anxiolytique ; traite certaines douleurs associées à la dépression.	Insomnie ; somnolence ; hypertension ; troubles sexuels ; nausées ou diarrhée ; prise de poids ; peut affecter le foie alors il faut limiter la consommation d'alcool.
Desvenlafaxine.	Pristiq (non disponible en France).	50-100 mg/jour.	Antidépresseur ; anxiolytique.	Insomnie ; somnolence ; hypertension ; troubles sexuels ; nausées ou diarrhée ; prise de poids.

*mg/jour = milligrammes par jour.

Les autres antidépresseurs liés à la sérotonine

Le tableau 7-6 énumère plusieurs autres antidépresseurs qui affectent également la sérotonine mais diffèrent structurellement des ISRS et des ISRN. Deux des médicaments dans la figure sont utilisés couramment comme somnifères parce qu'ils ont un pouvoir sédatif fort, et certains affectent également d'autres neurotransmetteurs (voir le chapitre 2 pour les informations sur les neurotransmetteurs).

TABLEAU 7-6 : Bénéfices et effets secondaires potentiels du Mirtazapine

Nom générique	Marque	Posologie moyenne adulte	Bénéfices potentiels	Effets secondaires possibles
Mirtazapine	Norset	15-25 mg/jour	Antidépresseur ; sédatif puissant (souvent utilisé comme somnifère)	Somnolence ; Prise de poids

*mg/jour = milligrammes par jour

Bupropion (Zyban LP)

Commercialisé en France sous le nom de Zyban pour traiter le sevrage tabagique, le bupropion est approuvé aux États-Unis, sous le nom de Wellbutrin, comme un antidépresseur ayant pour caractéristique d'augmenter les niveaux de dopamine et de noradrénaline dans les synapses du cerveau (voir chapitre 2). Il dispose d'un mécanisme d'action inconnu, mais est clairement différent des antidépresseurs des autres classes, comme les ISRS, ISRN et les tricycliques (décrits dans la section suivante) ; par conséquent, le bupropion appartient à sa propre catégorie et s'est distingué par rapport aux autres antidépresseurs par l'absence d'effets secondaires sur les fonctions sexuelles (baisse de libido, retard d'éjaculation). Certaines études ont montré que le risque de virage avec bupropion est nettement inférieur à d'autres antidépresseurs. À cet avantage s'ajoute une efficacité sur la dépendance à la nicotine et éventuellement le TDAH, qui sont deux troubles fréquemment comorbides avec la bipolarité. Le tableau 7-7 énumère les avantages potentiels et les inconvénients de ce médicament populaire.

TABLEAU 7-7 : Bénéfices et effets secondaires potentiels du Bupropion

Nom générique	Marque	Posologie moyenne adulte	Durée (heures)	Bénéfices potentiels
Bupropion	Zyban LP.	20-450 mg/ jour.	Antidépresseur ; réduit la dépendance à la nicotine, pas de troubles sexuels, moins de risque de déclencher un épisode de manie que les autres antidépresseurs.	Énervement, insomnie ; anxiété ; diminution de l'appétit ; perte de poids ; convulsions ; ne peut pas être utilisé chez les personnes atteintes de troubles alimentaires ou convulsifs.

*mg/jour = milligrammes per jour

Les tricycliques et les IMAO

Les *inhibiteurs tricycliques et de la monoamine-oxydase* (inhibiteurs de la IMAO ou TCA) sont des classes plus anciennes de médicaments qui agissent différemment des antidépresseurs évoqués précédemment et même différemment les uns des autres. Ces médicaments sont beaucoup moins souvent utilisés que la plupart des autres traitements pour le trouble bipolaire que nous décrivons dans ce chapitre parce que les effets secondaires des tricycliques et les IMAO peuvent être difficiles à gérer :

- **Tricycliques.** Les tricycliques affectent les niveaux de noradrénaline et de sérotonine principalement, mais ils touchent aussi un certain nombre d'autres substances chimiques du cerveau, y compris l'histamine et l'acétylcholine. Ces événements chimiques supplémentaires provoquent de nombreux effets secondaires, qui peuvent inclure la somnolence, la bouche sèche, la constipation et les vertiges, ainsi que des changements du rythme cardiaque.

» **Les inhibiteurs de la monoamine-oxydase.** Les IMAO empêchent l'action d'une enzyme qui décompose la noradrénaline, la sérotonine, la dopamine et un certain nombre d'autres substances chimiques cérébrales ; ce qui augmente les niveaux de ces substances chimiques dans le cerveau. Les personnes qui prennent des IMAO doivent limiter leur consommation de certains aliments, y compris (mais pas seulement) les viandes et les fromages vieillis et certains types de haricots, pour éviter une flambée dangereuse de la pression artérielle. Les IMAO peuvent également avoir des interactions graves avec de nombreux autres médicaments. L'usage des IMAO dits irréversibles est assez limité en France en raison des interactions alimentaires et médicamenteuses. En revanche, une autre famille d'IMAO, désignée comme « IMAO réversible », se distingue par l'absence des effets indésirables des premiers IMAO. Cette famille comporte actuellement un seul remède ayant l'approbation comme antidépresseur, la moclobémide (Moclamine). Antérieurement, la toloxatone (Humoryl) avait la même propriété antidépressive, mais n'est plus commercialisée actuellement en France. Malgré ces limitations d'usage, le recours aux IMAO est intéressant dans certaines formes de dépressions bipolaires résistantes ou trop sensibles aux effets des autres antidépresseurs. En effet, les études montrent une moindre incidence et une sévérité plus faible des virages maniaques avec les IMAO, quand ils sont comparés aux tricycliques. De plus, ils possèdent un effet particulier sur les troubles anxieux comorbides avec la dépression bipolaire (attaques de panique et phobie sociale). Pour certains cas bipolaires réfractaires, il est possible d'avoir recours à la phenelzine (Nardil) grâce à une autorisation temporaire d'usage (fiche d'ATU nominative) à valider auprès de l'ANSM (agence nationale des médicaments) et délivrée sur ordonnance dans les pharmacies hospitalières.

Les antidépresseurs à venir

Parmi les psychotropes proposés dans le traitement de la dépression bipolaire, aucun remède n'est capable de réduire rapidement le syndrome dépressif et surtout de calmer les idées et pulsions suicidaires. De telles limites contribuent à alourdir le fardeau de la maladie et de ses conséquences, ce qui signifie que la recherche de remèdes ayant une action rapide dans ces conditions devient une nécessité. Au cours des dix dernières années, on a cumulé des données précliniques, post-mortem et cliniques qui montrent l'implication du système glutaminergique (acide aminé excitateur du cerveau) et spécialement les récepteurs *N-Methyl-D-Aspartate* (NMDA) dans les troubles bipolaires[8].

8. Sanacora G *et al.*, « Targeting the Glutamatergic System to Develop Novel: Improved Therapeutics for Mood Disorders », *Nature Reviews Drug Discovery*, 2008, 7, p. 426–37.

Ces résultats sont en faveur du rôle du glutamate dans la bipolarité, et éventuellement dans le risque suicidaire. En effet, certaines études chez l'animal ont réussi à montrer que la kétamine, un psychotrope ayant la propriété de bloquer les récepteurs NMDA, possède des effets anxiolytiques et antidépresseurs. On dispose actuellement de plusieurs essais cliniques démontrant les bénéfices de la kétamine chez des dépressifs sévères et résistants : par exemple, une seule perfusion de kétamine peut exercer un effet antidépresseur rapide, soit environ deux heures après, et soutenu sur une période de une à deux semaines. Ce résultat est observé tant dans les dépressions unipolaires que bipolaires.

Les études récentes[9] tentent de trouver des solutions pour :

» **Définir les facteurs prédictifs de réponse à la kétamine**, aussi bien en imagerie que cliniques, tels que des antécédents familiaux de dépendance alcoolique.

» **Prolonger l'effet de la kétamine.** Ce qui a été tenté avec l'ajout d'un antibiotique antituberculeux, la cyclosérine. Cette molécule a des effets antagonistes sur les récepteurs NMDA et semble efficace pour maintenir l'effet de la kétamine.

» **Savoir ce qui marche avec la kétamine.** L'effet rapide de la kétamine est assuré par un métabolite, le HNK, hydroxy-nor-kétamine actif sur la dépression sans être addictif en raison de l'absence d'effet euphorisant et dissociatif observé avec la kétamine.

En effet, la kétamine a de sérieux inconvénients. L'un d'eux est qu'elle provoque une somnolence importante et peut déclencher des réactions psychotiques et des changements dans la perception de la réalité. Elle peut engendrer des risques d'abus, elle est utilisée comme une drogue de rue/de club depuis de nombreuses années à cause de son effet euphorisant. Ainsi, les avantages prometteurs de la kétamine sont contrebalancés par des effets indésirables et adverses, ce qui va compliquer son utilisation clinique dans l'avenir immédiat. Ces promesses seront assurées par le développement clinique de son métabolite.

Les anxiolytiques et somnifères

L'anxiété et l'insomnie accompagnent souvent le trouble bipolaire. Si vous ne les jugulez pas efficacement dans le cadre de votre traitement, elles peuvent aggraver les épisodes d'humeur et d'autres symptômes bipolaires. Pour vous aider à vous calmer et à dormir, votre psychiatre peut vous prescrire un ou plusieurs médicaments anxiolytiques ou somnifères, que nous décrivons dans cette section.

---

9. Pałucha-Poniewiera A, Pilc A. « Glutamate-Based Drug Discovery for Novel Antidepressants », *Expert Opinion Drug Discovery*, 2016, juillet 2013.

À retenir

Les ISRS et les ISRN sont de puissants médicaments anxiolytiques et constituent le traitement de première intention pour l'anxiété pour de nombreux patients. Cependant, étant donné les risques d'agitation ou de manie qui accompagnent ces médicaments, ils peuvent être dangereux pour les personnes atteintes d'un trouble bipolaire comorbide. Pourtant, cette classe de médicaments est importante et offre un traitement de première intention pour l'anxiété, seul ou en combinaison avec d'autres médicaments, en fonction de votre situation et de vos symptômes spécifiques. Voir les sections précédentes « des ISRS » et « ISRN » pour plus de détails.

Les benzodiazépines

Les médicaments purement anxiolytiques les plus couramment utilisés sont les benzodiazépines (également connus sous le nom d'anxiolytiques, tranquillisants ou « benzos » pour faire court). Ces médicaments ralentissent l'ensemble du système nerveux, réduisant ainsi l'agitation et les niveaux d'anxiété, qui peuvent tous deux être des problèmes dans le trouble bipolaire. Les benzos semblent affecter une substance chimique du cerveau appelée GABA (acide gamma-amino-butyrique), qui a un effet calmant sur les neurones. Pour de nombreuses personnes, savoir qu'elles peuvent prendre un médicament pour arrêter un épisode de panique aide à réduire la peur sous-jacente d'avoir un épisode thymique. Ces médicaments peuvent également être utilisés comme somnifères lorsqu'ils sont pris le soir. Le tableau 7-8 énumère les avantages et les inconvénients des benzos.

TABLEAU 7-8 : Bénéfices et effets secondaires potentiels des benzodiazépines.

Nom générique	Marque	Posologie moyenne adulte	Durée (heures)	Bénéfices potentiels	Effets indésirables possibles
Diazépam	Valium	4-40 mg/jour répartis en plusieurs prises	10 à 12	Anxiolytique ; anticonvulsif ; réduction des spasmes musculaires	Somnolence forte/ dépendance/ addiction, mortel si combiné avec de l'alcool, incapacité à conduire ou à travailler
Bromazépam	Lexomil	6-18 mg/jour en plusieurs prises.	10-20		
Prazépam	Lysanxia	30-60 mg/jour en plusieurs prises.	≥ 36		
Lorazépam	Témesta	1-10 mg/ jour répartis en plusieurs prises.	6 à 8		
Alprazolam	Xanax	0,75-4 mg/ jour répartis en plusieurs doses ; 0,5-10 mg/jour (à libération prolongée).	4 à 6		
Clonazépam**	Klonopin/ Rivotril	1,5-4 mg/ jour répartis en plusieurs prises.	10 à 12		

*mg/jour = milligrammes par jour - ** usage limité aux neurologues avec une indication pour certaines formes d'épilepsie.

Conseil

Les benzodiazépines sont souvent utiles au début du traitement, car ils font effet beaucoup plus rapidement que d'autres médicaments – en moins de 20 ou 30 minutes. Ils fournissent un soulagement immédiat au cours des deux à six semaines ou plus pendant lesquelles vous attendez qu'un ISRS fasse effet. Cependant, dès que l'ISRS fait effet, votre médecin peut vous faire vous sevrer du benzo.

Pour choisir une benzodiazépine spécifique, votre médecin doit considérer un large éventail de questions liées à votre état. Consultez la section « Une sélection des meilleurs médicaments pour vous » plus loin dans ce chapitre pour plus de détails. Avec les benzos en particulier, certaines options sont mieux tolérées avec certains antidépresseurs ou antipsychotiques que d'autres parce que les deux types de médicaments sont métabolisés par les mêmes enzymes dans votre corps.

Attention

Utilisez les benzodiazépines avec prudence. Si la dose est trop élevée, les benzos peuvent stopper diverses fonctions du cerveau, ce qui provoque une sédation sévère et une stupeur, et éventuellement ralentir la respiration d'une personne, ce qui peut être fatal. Parce que les benzos travaillent sur les mêmes récepteurs que l'alcool, les combiner à de l'alcool augmente considérablement le risque d'un grave arrêt du système nerveux central. Un autre problème important causé par ces médicaments est le risque d'addiction et de dépendance : le corps devient finalement dépendant des benzos puis exige constamment des doses croissantes. Une surveillance attentive de la dose et de l'utilisation de ces médicaments est donc importante.

Les autres médicaments anxiolytiques

Une paire de médicaments anxiolytiques moins couramment prescrits inclut la buspirone et la prégabaline :

» **Buspirone.** Ce médicament est une sorte de croisement entre un antidépresseur ISRS et une benzodiazépine. La buspirone affecte l'activité de la sérotonine (en agissant comme un agoniste des récepteurs post-synaptiques 5HT1A) et doit être pris quotidiennement pour devenir pleinement efficace au fil du temps ; contrairement aux benzos, l'effet n'est pas immédiat – avec un délai d'au moins de deux semaines). Pour cela, il faut faire attention à ne pas substituer brutalement une benzo par la buspirone. La posologie de la buspirone varie entre 20 et 60 mg par jour, divisés en deux prises. De nombreux médecins trouvent que la buspirone seule n'a qu'un intérêt minimal, donc ils la prescrivent souvent en compléments d'autres médicaments. La buspirone peut être une bonne option pour les personnes ayant des antécédents d'alcoolisme ou d'abus de benzodiazépines, mais son efficacité n'est pas constante. Certaines études montrent des avantages particuliers de la buspirone, quand elle est combinée aux ISRS, notamment dans les cas de dépression ou de TOC résistants à l'ISRS.

- **Prégabaline (Lyrica).** Ce médicament est approuvé pour le traitement de la fibromyalgie, le trouble des douleurs et de la fatigue chroniques souvent associés à l'anxiété et/ou à la dépression. Certaines études suggèrent de l'utiliser comme un anxiolytique mais cela n'a pas été bien étudié. Les effets secondaires peuvent inclure des vertiges, de la somnolence, des tremblements et une prise de poids.

Les somnifères

Les médecins prescrivent couramment des somnifères pour le traitement à court terme de l'insomnie, qui est souvent associée à la dépression, et celui de la manie. Les benzodiazépines énumérées dans la section précédente sont souvent utilisées pour aider à dormir, toutefois un certain nombre de médicaments sont conçus pour traiter spécifiquement les problèmes de sommeil, mais pas l'anxiété. Les somnifères sans benzodiazépine ne sont généralement pas combinés avec des benzos parce que les deux médicaments sont en fait étroitement liés et leurs effets sédatifs combinés peuvent être dangereux. Le tableau 7-9 énumère les bénéfices et effets secondaires possibles des somnifères les plus courants.

TABLEAU 7-9 : Bénéfices et effets secondaires potentiels des somnifères/sédatifs.

Nom générique	Marque	Posologie	Bénéfices potentiels
Zolpidem	Stilnox	5 – 10 mg au coucher	Induction rapide du sommeil (action 3 heures)
Zopiclone	Imovane	3,75-7,5 mg au coucher	Assurer un sommeil plus long
Lormétazépam	Noctamide	1-2 mg au coucher	Assurer un sommeil plus long
Loprazolam	Havlane	1 mg au coucher	Alternative si échec d'autres somnifères
Témazepam	Normison	7,5-30 mg au coucher	Alternative si échec d'autres somnifères
Alimémazine	Théralène Cp 5 mg/sol buvable	1 à 4 cp (5-20 mg) ; 5 à 30 gouttes	Action sur l'anxiété, l'agitation et l'insomnie
Cyamémazine	Tercian Cp 25 mg/sol buvable	½ à 2 cp au coucher 10 à 40 gouttes au coucher	Action sur l'anxiété, l'agitation et l'insomnie ; peu d'effet addictif
Hydroxyzine	Atarax	25 à 100 mg	Action sur l'anxiété, l'agitation et l'insomnie ; peu d'effet addictif

Place de la mélatonine

Un autre somnifère, dont vous voudrez peut-être discuter avec votre médecin, est la mélatonine. En effet, les études confirment des liens étroits entre la bipolarité et les altérations des rythmes circadiens, comme les cycles veille/sommeil. Ces altérations s'expriment par un décalage du sommeil (décalage de phase du pic de mélatonine), un sommeil peu récupérateur (faible densité du sommeil lent profond, à savoir moins de 4 heures/nuit) et/ou par des réveils fréquents (« sommeil haché »). Ainsi, de nombreux patients bipolaires se plaignent de mal dormir, même dans les phases euthymiques, en dehors des épisodes.

Une des solutions est de corriger l'horloge interne de votre corps en prenant de la mélatonine :

» Soit en préparation à la dose de 3 mg (avec la mention « à but thérapeutique en l'absence d'alternative ») ;

» Soit avec le Circadin, qui est une forme LP (libération prolongée) de la mélatonine (dosée à 2 mg), qui est approuvée comme médicament sur ordonnance mais non remboursée en France.

Dans la pratique, le recours à la mélatonine peut s'avérer assez bénéfique chez certains patients. De plus, la mélatonine est sans risque d'accoutumance (par rapports aux somnifères habituels).

La psychopharmacologie bipolaire

La *psychopharmacologie* est l'utilisation de médicaments psychotropes (tous les médicaments qui affectent l'humeur, les émotions, le comportement ou la perception) pour traiter une maladie mentale. Dans le cas du trouble bipolaire, la psychopharmacologie a trois objectifs principaux :

» Soulager les symptômes maniaques et dépressifs aigus, parfois en même temps (dans les états mixtes).

» Traiter les autres symptômes associés, tels que la psychose, l'anxiété ou l'insomnie.

» Maintenir la stabilité de l'humeur au long cours et réduire la probabilité ou la fréquence des futurs épisodes thymiques.

Remplir ces trois objectifs est un défi de taille bien qu'ils semblent à première vue assez simples. Alors pourquoi les psychiatres rencontrent-ils des difficultés à prescrire les bons médicaments ? Il y a plusieurs raisons, notamment :

- **Les symptômes diffèrent selon les personnes.** Pour l'une, le désespoir et la perte d'énergie représentent les plus gros problèmes ; pour une autre, ce sont l'insomnie et les pensées qui défilent à toute allure.
- **Les symptômes changent.** Un changement de la manie à la dépression ou à un état avec des caractéristiques mixtes peut vous obliger à changer vos médicaments.
- **Les gens peuvent avoir des troubles multiples.** Un individu peut avoir un trouble bipolaire couplé avec un trouble déficitaire de l'attention, un TOC ou un abus de substances. Les traitements de chacun de ces troubles peuvent interagir et entraîner une réaction physique négative ou l'inefficacité du traitement.
- **Une monothérapie ne peut pas traiter tous les symptômes.** Bien que certains médicaments traitent des symptômes multiples (on les appelle des médicaments à action large), le plus souvent vous avez besoin d'une combinaison de médicaments pour gérer la manie, la dépression et d'autres symptômes.
- **L'efficacité et les effets secondaires diffèrent pour chaque individu.** Un médicament qui fonctionne pour une personne peut n'avoir aucun effet ou provoquer l'effet inverse sur une autre. L'une peut se sentir bien en prenant un médicament particulier, tandis qu'une autre peut se sentir groggy ou prendre du poids.
- **Les médicaments peuvent aggraver les symptômes.** Par exemple, certains antidépresseurs peuvent induire de la manie ou augmenter l'anxiété ou l'agitation chez certains individus, et chez d'autres assurer un bon effet clinique sans risque.
- **Les médicaments peuvent interagir les uns avec les autres.** Le traitement nécessite souvent l'utilisation de deux médicaments ou plus en même temps, ce qui peut affecter l'efficacité ou les effets secondaires de l'un ou des deux médicaments.

  Voir plus loin la section « Jongler avec les médicaments en cas de pathologies comorbides » pour en savoir plus sur ce sujet complexe.

Dans cette section, nous expliquons comment travailler avec votre médecin pour choisir les meilleurs médicaments pour vous et gérer efficacement vos médicaments.

Choisir les bons médicaments pour vous

Lorsque votre médecin doit décider quel(s) médicament(s) vous prescrire, il tient compte de nombreux facteurs, dont les suivants :

- **Vos symptômes actuels.** Si vous rencontrez un épisode de manie aiguë, par exemple, votre médecin peut retirer tout antidépresseur et vous prescrire un ou plusieurs médicaments anti-maniaques de première intention, tels que le lithium ou l'olanzapine, qui agit plus rapidement que le lithium. Lors du traitement de la dépression aiguë, votre médecin peut commencer par la prescription d'un anti-maniaque qui a des propriétés antidépressives, tels que le lithium, la quetiapine ou la lamotrigine, et ajouter d'emblée ou en second temps un antidépresseur.
- **Les médicaments que vous prenez déjà.** Si vous prenez déjà des médicaments pour traiter les symptômes du trouble bipolaire ou une autre pathologie, votre médecin peut vérifier la posologie ou (pour certains médicaments) le niveau thérapeutique du médicament dans le sang, ajuster la posologie, et ajouter un autre médicament pour compléter celui que vous êtes en train de prendre ou bien vous prescrire un médicament entièrement différent.
- **Votre réponse aux médicaments et aux traitements antérieurs.** Si vous avez essayé certains médicaments dans le passé et constaté qu'ils étaient inefficaces ou produisaient des effets secondaires intolérables, votre médecin est susceptible d'éviter ces options cette fois-ci.
- **Le risque de rechute ou de déclenchement d'un épisode thymique opposé.** Lors de l'ajout ou l'arrêt d'un médicament ou d'un ajustement d'une posologie, votre médecin doit évaluer si ce changement peut déclencher l'apparition de dépression ou de manie ou d'autres effets secondaires émotionnels/comportementaux.
- **Les effets secondaires et autres risques pour la santé.** Tous les médicaments ont des effets secondaires, et certains médicaments sont connus pour contribuer à d'autres problèmes de santé. Votre médecin peut vous aider à évaluer les profils d'effets secondaires pour les différents médicaments et éviter certaines options s'il pense que le risque de développer d'autres problèmes de santé graves est trop élevé.
- **Le sexe et l'âge.** Le sexe est un facteur important dans le choix des bons médicaments, en particulier chez les femmes en âge de procréer ou celles qui sont enceintes ou qui allaitent. Les médecins portent aussi une attention particulière aux patients âgés, qui peuvent avoir un risque plus élevé d'effets secondaires cognitifs ou sont davantage susceptibles d'avoir d'autres problèmes de santé. (Voir le chapitre 10 pour plus de détails sur les options de traitement pour les femmes et autres populations spécifiques.)

- **La préférence du patient.** Quand vous discutez des médicaments et de leurs effets secondaires possibles avec votre médecin, faites votre propre analyse coûts-avantages et exprimez votre avis à votre médecin.

- **Le coût.** Selon votre couverture maladie, les médicaments peuvent avoir des coûts très différents pour vous. Votre médecin ne peut pas le savoir, et vous devrez peut-être faire des recherches vous-même pour le savoir. Ne soyez pas gêné de parler à votre médecin du coût des médicaments. Ce problème se pose dans les pays qui n'ont pas de couverture universelle via la Sécurité sociale. En France, la majorité des médicaments est remboursée à 100 % et la question des prix ne représente pas de problème particulier ; sauf pour la question des « génériques », où certains patients insistent pour avoir le traitement original et doivent dans certains cas verser un pourcentage du prix du médicament avant d'être remboursés.

Nous vous encourageons à travailler en étroite collaboration avec votre médecin chaque fois que vous considérez les options de traitement, y compris les médicaments. Si vous pensez qu'un médicament particulier peut être efficace, interrogez votre médecin à ce sujet. Si vous n'êtes pas à l'aise avec les effets secondaires potentiels d'un médicament prescrit, dites-le.

Conseil

Si un membre de votre famille a un trouble bipolaire et répond bien à un médicament ou à une combinaison de médicaments, le même médicament(s) pourrait bien fonctionner pour vous aussi. Cela est particulièrement vrai pour le lithium, parce que la recherche suggère qu'un sous-groupe spécifique de personnes ayant des antécédents familiaux de trouble bipolaire a une probabilité plus élevée d'avoir une excellente réponse au lithium.

Savoir à quoi vous attendre

Lorsque votre médecin vous prescrit un certain médicament, l'hypothèse est qu'il va être efficace – il va traiter les symptômes qui vous ont amené chez le médecin en premier lieu. Si votre médecin vous donne peu d'informations, posez les questions suivantes :

- Quels effets le médicament est-il susceptible d'avoir ?
- Quand puis-je espérer constater une amélioration ?
- Quels sont les effets secondaires possibles ? (Pour des conseils sur la gestion des effets secondaires, voir le chapitre 8.)
- Quels sont les effets secondaires qui ont besoin d'une attention médicale immédiate ?
- Que dois-je faire si je manque une prise ?

» Dois-je éviter de mélanger mon traitement avec d'autres médicaments ou substances ?

À retenir

Plus vous en saurez au sujet de vos médicaments, plus vous serez paré à vraiment collaborer avec votre médecin pour trouver des médicaments efficaces avec des effets secondaires que vous pouvez tolérer.

Tester les niveaux de médicaments et autres paramètres médicaux

De nombreux médicaments nécessitent des examens médicaux réguliers pour veiller à ce qu'ils atteignent, mais ne dépassent pas, leurs niveaux thérapeutiques recommandés (les niveaux auxquels ils sont efficaces) et qu'ils ne causent pas d'autres problèmes médicaux. Les tests les plus courants sont les suivants :

» **Les taux sanguins.** Pour tester la concentration du médicament dans le sang, comme la lithiémie, la dépakinémie, la tégrétolémie.

» **Électrocardiogrammes (ECC).** Pour surveiller le rythme cardiaque et évaluer le risque de maladie cardiaque.

» **Numération formule sanguine.** Pour vérifier les globules rouges et blancs ainsi que les plaquettes (notamment chez les personnes soignées par valproate).

» **Fonction thyroïdienne.** La TSH, parfois T3 et T4 (hormones circulantes dans l'organisme) et dans certains cas les anticorps antithyroïdiens (suspicion de thyroïdite), notamment pour les cas traités avec lithium.

» **Fonction rénale.** Créatinine. Notamment pour les patients traités avec lithium.

» **Fonction hépatique.** Transaminases (ALAT, ASAT essentiellement, parfois GammGT, bilirubine…) notamment pour les patients traités par des anticonvulsifs comme le valproate, le carbamazépine.

» **Glycémie et taux d'insuline.** Pour vous assurer que votre taux de sucre dans le sang est au bon niveau, surtout si vous prenez un médicament antipsychotique de deuxième génération (voir le chapitre 8 pour plus de détails).

Note : Tout au long de ce chapitre, nous ne mentionnons pas les tests requis pour des médicaments spécifiques, sauf si un médicament a un effet secondaire unique qui engendre des préoccupations significatives. Demandez à votre médecin si les tests sont nécessaires pour l'un des médicaments que vous prenez actuellement ou envisagez de prendre.

Portrait

TROUVER LE BON MÉDICAMENT : UNE QUÊTE SANS RELÂCHE

M. E., 44 ans, a déjà vu quatre psychiatres et plusieurs diagnostics lui ont été adressés : « hypomane », « bipolaire atypique », « dépressif avec aménagement pervers », « paranoïaque-mythomane », « cyclothymique probable avec traits borderline ». Dans sa lettre, il précise ceci : « Je n'ai jamais eu deux diagnostics identiques et aucun traitement n'a jamais pu me stabiliser. Actuellement, je suis en arrêt maladie, car je suis retombé en enfer avec en plus de très fortes angoisses complètement irrationnelles. J'ai décidé d'investir tous mes efforts dans la recherche d'un diagnostic aussi précis que possible et je refuse de continuer dans cette errance pénible et cette souffrance sans fin. J'ai 44 ans et n'ai pas le souvenir d'une période d'accalmie de toute ma vie ! »

Les traitements antérieurs comportaient du Risperdal, Abilify, au moins 5 antidépresseurs (dont Prozac, Seroplex et Deroxat), Dépamide (problèmes au foie) et Téralithe (mouvements musculaires involontaires).

Le bilan confirme la bipolarité qui est du type cyclothymique (selon Hagop Akiskal, on désigne cette forme bipolaire de « BP-II ½ ») avec la dominance des syndromes anxieux et dépressifs ; en raison d'une histoire de forte et longue exposition aux antidépresseurs qui, même avec le lithium, ont induit des virages mixtes sévères avec pulsions suicidaires et d'un effet adverse au niveau hépatique avec Dépamide, le choix s'est porté sur Lamictal à petite dose (25 mg) associé au lithium 250 mg (ce que le Dr Hantouche appelle « régime baby-doses »).

Le patient n'a été revu que 4 ans plus tard pour des renseignements qui n'ont rien à voir avec son trouble. Il nous signale que sur cette période de 4 ans, le succès du traitement est chiffré à 95 %, sans aucune rechute, avec le maintien du même dosage initial !

Le message de ce témoignage est de garder toujours l'espoir de trouver le « bon » traitement qui passe toujours et inévitablement par un bilan clinique et psychométrique le plus complet qui permette de dessiner le « profil le plus précis » de la bipolarité.

Mélanger votre cocktail pharmaceutique

La clé pour trouver le bon médicament ou une combinaison de médicaments est de rester persévérant et en communication régulière avec votre médecin. En fournissant des commentaires détaillés sur la façon dont vous vous sentez et si vous avez noté des changements dans votre routine ou vos comportements, vous pouvez aider votre médecin à créer plus habilement un « cocktail » pharmaceutique qui est à la fois sûr et efficace pour vous. (Le chapitre 11 présente un tableau de suivi des humeurs conçu spécifiquement à cet effet.)

La sécurité d'abord !

Assurez-vous que tous les médicaments que vous ajoutez à votre régime sont sûrs à utiliser avec les médicaments que vous prenez déjà, y compris les remèdes sans ordonnance et les compléments « naturels » ou à base de plantes. La plupart des médicaments sur ordonnance comprennent une liste de contre-indications (avis contre l'utilisation d'un médicament particulier si vous avez une certaine pathologie médicale) et d'interactions médicamenteuses, que votre médecin utilise pour déterminer les degrés de sécurité suivants :

- **Dangereux.** Certaines combinaisons peuvent être toxiques. Par exemple, ne jamais combiner un IMAO avec un ISRS, ou mélanger du lithium avec certains diurétiques, antibiotiques/antifongiques, ou avec la sibutramine (Sibutral), un médicament contre l'obésité.
- **Très risqué.** Certaines combinaisons peuvent être dangereuses pour certaines personnes, mais les avantages potentiels l'emportent sur les risques. Par exemple, la prise de lithium avec des antipsychotiques typiques est risquée mais peut améliorer les symptômes de certaines personnes.
- **Risqué.** Une combinaison avec un risque minimal peut être raisonnable lorsque les avantages potentiels l'emportent sur les risques. Par exemple, le mélange valproate/lamotrigine est risqué mais cela peut être une combinaison efficace si elle est bien gérée (notamment en réduisant la dose de lamotrigine).
- **Sûr mais avec des changements possibles dans l'efficacité des médicaments.** Certains médicaments peuvent modifier l'efficacité d'autres médicaments ; par exemple, le valproate peut augmenter l'intensité des effets de certains antipsychotiques (ce qui permet de réduire la dose de ces derniers) ; en revanche, la carbamazépine, inducteur enzymatique, peut accélérer le métabolisme de certains psychotropes et limiter ainsi leurs effets.
- **Sûr.** Souvent deux médicaments ont un très faible risque d'interaction négative l'un avec l'autre, ce qui les rend sûrs à combiner.

À retenir

Consultez votre médecin si vous avez des questions sur l'efficacité ou l'innocuité d'un médicament ou d'une combinaison. Informer votre médecin de tous les médicaments, suppléments, plantes, ou des remèdes naturels que vous prenez actuellement. Si vous voyez plusieurs médecins différents pour des pathologies différentes, assurez-vous qu'ils connaissent tous les médicaments que vous prenez. La communication entre vos prescripteurs peut être importante à certains moments, et vous pouvez demander à un médecin d'en contacter un autre si vous pensez que cela va aider à la gestion des médicaments.

Adopter une approche progressive, systématique

Peu de médicaments psychotropes agissent aussi rapidement que l'aspirine. Et votre médecin peut progressivement augmenter vos doses au fil du temps pour réduire l'apparition de certains effets secondaires, même si le médicament lui-même peut prendre plusieurs semaines pour atteindre sa pleine efficacité. En outre, chaque fois que vous ajoutez un médicament au mélange, vous et votre médecin avez besoin de temps pour observer ses effets, effets secondaires et interactions. Soumis à une détresse psychologique, votre patience pourrait être un peu mise à l'épreuve, mais suivre une progression stable est essentiel.

Conseil

Parce que beaucoup de choses peuvent changer avec chaque ajustement de vos médicaments, nous vous recommandons fortement d'apporter des modifications à un seul médicament à la fois. Une telle patience n'est pas toujours possible – en particulier dans les situations d'urgence – mais quand vous avez le temps, une approche systématique, scientifique, peut réduire le nombre de variables en jeu et rendre plus facile la traque de la cause de tout effet secondaire ou bénéfice spécifique. En effet, si vous introduisez deux ou plusieurs nouveaux médicaments en même temps et ressentez un effet secondaire négatif ou une grande amélioration, vous ne pouvez pas être en mesure de dire quel médicament en est à l'origine.

Se tenir au courant des changements

Au cours de votre vie, la physiologie et la chimie de votre cerveau changent, vos symptômes évoluent, de même que votre environnement et vos relations. Pour rester en phase avec ces changements, faites un point avec votre médecin régulièrement, même si vous vous sentez bien, afin de déterminer si vous pouvez faire l'un des ajustements suivants :

- Modifier un dosage de médicament pour réduire tout effet secondaire indésirable.
- Changer la posologie ou passer à un autre médicament pour traiter un nouveau symptôme ou un symptôme tenace.
- Éliminer ou réduire un médicament pour diminuer les risques à long terme.

Conseil

Un piège courant est de commencer à prendre une combinaison de médicaments pendant une période de crise et de continuer sur le même régime après avoir résolu la crise. Au cours d'une période de stabilité, demandez à votre médecin quand il est raisonnable d'envisager de réduire ou d'arrêter certains de vos médicaments. La plupart des gens avec un trouble bipolaire doivent prendre des médicaments tout au long de leur vie, mais vous et votre médecin devriez saisir toute occasion de retirer les « couches inutiles » de médicaments.

Jongler avec les médicaments en cas de pathologies comorbides

Alors que vous vous frayez un chemin à travers les ronces du trouble bipolaire, vous êtes susceptible de ramasser quelques épines – des diagnostics de troubles comorbides. La comorbidité est un mot sophistiqué pour désigner toute condition psychiatrique ou médicale qui accompagne un autre diagnostic. Bien sûr, la catégorie trouble bipolaire assume déjà deux conditions co-existantes – la dépression et la manie, ou hypomanie ; mais la comorbidité ne s'applique pas pour cela. Elle s'applique à d'autres maladies distinctes, comme suit :

- **Le trouble du déficit de l'attention avec hyperactivité (TDAH).** Ce trouble peut coexister avec le trouble bipolaire, partageant des symptômes tels que l'hyperactivité et l'impulsivité. Les stimulants traitent souvent le TDAH efficacement, mais peuvent relancer la manie ou la psychose chez les personnes bipolaires. Certains antidépresseurs peuvent être efficaces dans le traitement du TDAH (comme le bupropion), mais, si vous êtes bipolaire, vous devez utiliser avec précaution à la fois les stimulants et les antidépresseurs.
- **Les troubles anxieux (panique, trouble obsessionnel-compulsif, l'anxiété généralisée, ou anxiété sociale).** Ces troubles apparaissent chez environ 25 % (ou plus) des personnes bipolaires. Certains médicaments utilisés pour le trouble bipolaire (tels que les antipsychotiques de deuxième génération) peuvent réduire l'anxiété, mais ils peuvent ne pas être adéquats et vous paralyser et empêcher un retour à la vie quotidienne. Les antidépresseurs ISRS réduisent les symptômes d'anxiété dans la plupart des cas, mais ils peuvent ne pas être sûrs à utiliser sans agent anti-maniaque. Les benzodiazépines peuvent s'avérer très utiles pour l'anxiété, mais ils comportent des risques de somnolence et nécessitent des doses plus élevées au fil du temps pour obtenir le même effet. Les benzos peuvent aussi conduire à la dépendance et à certaine forme de toxicomanie.
- **L'abus de substances.** L'abus de substances, en particulier l'alcoolisme, touche un tiers à la moitié des personnes bipolaires. De nombreux médicaments pour le trouble bipolaire, y compris le lithium, sont dangereux s'ils sont pris avec de l'alcool. Les benzos, comme le diazépam, sont chimiquement similaires à l'alcool, et les personnes souffrant d'alcoolisme sont plus susceptibles d'y devenir accros. Combinés, l'alcool et les benzodiazépines peuvent causer la mort. En outre, l'abus d'alcool limite l'effet du lithium sur la bipolarité ; c'est pour cela qu'il faut avoir recours plutôt aux anticonvulsifs seuls ou en combinaison avec lithium pour traiter une bipolarité comorbide avec l'alcoolisme.

- **Troubles de la mémoire et de la pensée.** Les problèmes cognitifs accompagnent souvent le trouble bipolaire. Et, comme si cela ne suffisait pas, certains des médicaments utilisés pour le trouble bipolaire peuvent brouiller votre pensée. Bien sûr, la dépression et la manie peuvent eux aussi embrumer la pensée, alors les traiter efficacement aide souvent cette problématique. Le lithium, en particulier, peut protéger les cellules du cerveau au fil du temps et peut prévenir ou réduire le déclin cognitif. Travaillez avec votre médecin pour trouver une combinaison de médicaments et un niveau de dosage capable de stabiliser votre humeur sans brouiller votre pensée.
- **Troubles de la personnalité.** Des troubles tels que le trouble de la personnalité limite/borderline ou le trouble de la personnalité narcissique peuvent coexister avec un trouble bipolaire. Cette superposition des pathologies augmente la probabilité d'un fonctionnement altéré entre les épisodes thymiques, et cela complique la récupération. Les troubles de la personnalité répondent généralement mal aux médicaments et peuvent effectivement travailler contre eux. La psychothérapie est cruciale pour la gestion de ces questions (voir le chapitre 11 pour plus de détails sur la thérapie).

Chapitre 8
Accepter et se réconcilier avec le médicament

DANS CE CHAPITRE :

- **Reconnaître les réponses communes à un traitement médicamenteux à long terme**
- **Jouer un rôle actif dans le choix des médicaments que vous prenez**
- **Découvrir des stratégies visant à réduire les effets secondaires indésirables**
- **Modifier et arrêter des médicaments sous la supervision d'un médecin**

Pour la plupart des personnes atteintes de trouble bipolaire, le plan de traitement le plus efficace inclut nécessairement des médicaments. Il est vraiment étonnant de voir quelqu'un qui souffre d'une dépression aiguë ou de manie – incapable d'avoir les idées claires et de fonctionner normalement et qui souffre même peut-être d'hallucinations – entrer dans un hôpital et ensuite voir cette même personne capable de penser, de parler et d'interagir normalement après seulement six ou sept jours d'un traitement médicamenteux efficace.

Cependant, les personnes qui ont besoin de psychotropes à long terme sont souvent réticentes à les prendre. Cette réticence peut provenir d'une aversion pour l'utilisation des médicaments à long terme en général, d'une sensibilité à la stigmatisation entourant la maladie mentale, de la peur des effets secondaires d'un médicament, ou de nombreux autres facteurs. Toutefois quand les gens se rendent compte que leurs sentiments de résistance sont normaux et que leurs raisons pour ne pas vouloir prendre certains médicaments sont valables, ils deviennent souvent plus réceptifs à prendre leurs médicaments.

Dans ce chapitre, nous nous confrontons aux principales raisons de ne pas prendre des médicaments, nous vous aidons à évaluer les avantages et les inconvénients de la prise (ou non) de vos médicaments, nous vous offrons des conseils sur la façon d'atténuer les effets secondaires les plus fréquents et prégnants, et suivons les étapes du processus de changement de médicaments pour un traitement plus sûr.

Faire face à vos réactions émotionnelles

Presque tous les professionnels de santé vous diront que le défi majeur du traitement de toute maladie à long terme est de faire en sorte que les patients suivent les instructions de leurs médecins et prennent les médicaments prescrits. Avec le trouble bipolaire, le défi est amplifié lorsque les patients manquent de lucidité et n'ont pas pris conscience qu'ils présentent un vrai trouble (notamment dans les phases hautes de la bipolarité).

Reconnaître les objections communes à la prise de médicaments à long terme et se rendre compte que la résistance est normale sont les premières étapes importantes vers le succès du traitement pour les personnes bipolaires. Comprendre la résistance peut également réconforter les amis et la famille qui sont souvent exaspérés par le manque d'*observance thérapeutique* de leur proche (le fait de suivre les ordres du médecin).

Examiner les objections à prendre les médicaments

Les gens ont souvent des raisons valables et raisonnables de ne pas vouloir prendre ou poursuivre leur traitement. Nous explorons ici quelques-unes des raisons les plus courantes pour lesquelles des personnes bipolaires cessent de prendre leurs médicaments, ainsi que différents points de vue à considérer quand vous réfléchissez aux avantages et aux inconvénients des médicaments.

Je ne suis pas malade

Face à la maladie mentale, la personne passe par plusieurs étapes émotionnelles ; la première étape est le déni. Et quand vous êtes dans le déni, la dernière chose que vous voulez faire est de prendre une pilule, admettant ainsi que vous avez une maladie – une maladie mentale très stigmatisée de surcroît. Vous parlez d'une pilule difficile à avaler ! Pour certaines personnes atteintes de trouble bipolaire et leurs proches, le déni peut durer plusieurs années, et il peut aussi disparaître pour revenir plus tard.

Nous ne pouvons pas donner une bonne réponse à cette objection particulière. Les personnes atteintes de trouble bipolaire doivent souvent éprouver plusieurs épisodes thymiques majeurs et peut-être même vivre quelques hospitalisations avant d'arriver à accepter que cette maladie est réelle et qu'elles ont besoin de médicaments. Cela peut représenter un long processus. Les soignants, les thérapeutes et les médecins doivent reconnaître que l'acceptation du diagnostic est un premier but essentiel dans le processus de traitement ; sans cela, le traitement a peu de probabilités de réussir.

Ils ne fonctionnent pas

L'aspirine et le paracétamol peuvent soulager la douleur en quelques minutes. Les décongestionnants font effet en moins d'une heure. Le lithium, cependant, qui est un anti-maniaque très efficace, prend environ sept à dix jours pour commencer à fonctionner. Il faut généralement trois à six semaines pour que les antidépresseurs ISRS atteignent leurs effets thérapeutiques complets. En outre, les effets secondaires apparaissent souvent bien avant les effets thérapeutiques. Pas étonnant que les personnes souffrant de dépression ou de manie se découragent assez vite et arrêtent de prendre leurs médicaments ! Avoir à attendre plus d'une semaine pour être soulagé ressemble plus à de la torture qu'à un traitement.

Conseil

Ces suggestions peuvent vous aider à supporter le délai d'attente et peut-être même le raccourcir :

- **Demandez à votre médecin à l'avance en combien de temps chaque médicament commence à faire effet.** Parfois, savoir qu'un médicament peut mettre une à trois semaines plutôt que 15 minutes ou une heure à faire effet peut réduire votre anxiété. Marquez les jours sur votre calendrier pour en garder une trace.
- **Demandez à votre médecin à quoi vous pouvez vous attendre quand le médicament commencera à faire effet.** Les médecins prescrivent parfois des médicaments sans expliquer comment ils sont censés vous aider. N'ayez pas peur de demander ! Connaître les avantages potentiels à long terme d'un médicament peut vous encourager à continuer à le prendre, même si vous ne voyez pas de résultats immédiats. L'important est de bien différencier les buts du traitement (restez stable au long cours) et les moyens. Le traitement en soi est un moyen. Donc ne jamais perdre de vue le but au long cours !
- **Attendez-vous à quelques hauts et bas pendant la période initiale de rétablissement.** Vous n'allez probablement pas vous réveiller un jour et vous sentir guéri. Attendez-vous à avoir de bons jours, des jours moyens et des mauvais jours. Le but est d'enchaîner plus de bons jours que de mauvais.

- **Demandez à votre médecin s'il y a quelque chose que vous pouvez prendre pour vous sentir mieux plus rapidement.** Votre médecin peut éventuellement ajouter un médicament au traitement sur une base temporaire, puis le retirer lorsque vous commencez à vous sentir mieux. Par exemple, des anxiolytiques ou somnifères sont souvent utiles pour vous soulager à court terme.
- **Si vous ne vous sentez pas mieux dans le laps précisé par votre médecin, contactez-le immédiatement.** Vous devrez peut-être réaliser un changement de médicaments, attendre encore un peu ou prendre une dose plus importante.

Je vais bien maintenant

Prendre des médicaments lorsque vous vous sentez bien peut vous sembler à peu près aussi rationnel que de porter un imperméable par une belle journée ensoleillée ; à quoi ça sert ? La raison est en fait double et centrée autour de l'entretien et de la prévention.

L'*entretien* veut dire que le médicament doit rester dans votre organisme pour vous permettre de vous sentir mieux. Lorsque vous traitez un épisode thymique, l'épisode ne disparaît pas tout seul ; c'est le médicament qui le supprime. L'épisode possède sa propre durée de vie, et si vous arrêtez le médicament trop tôt, les symptômes vont remonter à la surface. Fondamentalement, vous vous sentez mieux grâce aux médicaments ; si vous cessez de les prendre, vous arrêterez de vous sentir mieux !

L'autre objectif principal des médicaments est la *prévention*. Les médecins prescrivent souvent des médicaments qui fonctionnent comme prophylactiques, ce qui signifie qu'ils ne vous permettent pas seulement de vous sentir mieux mais ils réduisent aussi la probabilité que vos symptômes réapparaissent. Et la prévention des symptômes a des avantages solides :

- Éviter les répercussions potentielles des épisodes thymiques, telles que la perte d'emploi ou la destruction de vos relations.
- Réduire la fréquence et l'intensité des épisodes thymiques.
- Améliorer le cours de votre maladie.
- Éviter un séjour à l'hôpital.

Les effets secondaires sont inacceptables

À cause de certaines publicités et informations outrancières sur le web, au moment de décider quel médicament prendre pour traiter votre trouble bipolaire, vous pouvez avoir à faire face à des choix assez difficiles :

- L'acide valproïque (Depakote) contrôle la manie, mais peut entraîner une prise de poids, une pancréatite et/ou une chute de cheveux. Il peut aussi provoquer des changements dans le système reproducteur chez les jeunes femmes, comme nous l'expliquons dans le chapitre 10. Récemment le scandale du valproate chez les femmes enceintes a été surmédiatisé à tel point que de nombreux patients, même du sexe masculin, ont eu peur (« on a entendu qu'il était dangereux ») et se sont inquiétés.
- Le lithium stabilise les humeurs, mais peut aussi causer une prise de poids, des dommages aux reins et/ou un dysfonctionnement de la thyroïde. Malgré l'avis de la majorité des experts, qui le considèrent comme le traitement standard de la bipolarité, sa réputation sur le web n'est pas glorieuse.
- La fluoxétine (Prozac), la paroxétine (Paxil), la sertraline (Zoloft) et d'autres antidépresseurs ISRS soulagent la dépression au risque de provoquer un virage maniaque, une agitation sévère ou d'autres effets secondaires émotionnels ainsi que des troubles sexuels.
- La lamotrigine (Lamictal) aide à contrôler la dépression et surtout à la prévenir, mais peut provoquer une réaction cutanée potentiellement mortelle.
- Les antipsychotiques peuvent entraîner une prise de poids, de la somnolence, des changements du taux de sucre dans le sang et dans le métabolisme des graisses, des complications cardiaques, des effets psychomoteurs et d'autres effets secondaires indésirables.

À retenir

Ainsi, tous les médicaments ont potentiellement des effets secondaires négatifs, même l'aspirine. Si les médicaments sont assez puissants pour fonctionner, alors ils sont assez puissants pour causer des problèmes. Discutez toujours des effets secondaires possibles avec votre médecin. Vous savez alors à quoi vous attendre et ce qu'il faut faire si vous rencontrez un ou plusieurs effets secondaires.

J'oublie de les prendre

Lorsque vous vous sentez bien, vous avez des choses bien plus importantes à faire que de penser à prendre vos médicaments ; en effet, le travail, les relations, les enfants, et le golf sont beaucoup plus amusants. Pourtant, quand vous avez un trouble bipolaire, la gestion de vos médicaments doit être une priorité, ou au moins une habitude bien ancrée.

Conseil

Pour garder vos médicaments au top de vos priorités quotidiennes, essayez les conseils suivants :

- **Notez vos médicaments sur une fiche.** Gardez la fiche dans votre portefeuille ou votre sac à main ou collez-la sur la porte de votre réfrigérateur pour vous y référer rapidement. Ou gardez votre liste de médicaments sur Smartphone. Apportez votre liste avec vous à chaque visite chez le médecin et mettez-la à jour chaque fois que votre médecin ajuste votre traitement.
- **Utilisez un pilulier.** Un pilulier a un compartiment pour chaque jour de la semaine afin que vous sachiez exactement ce que vous devez prendre chaque jour. Vous pouvez même ajouter un autocollant sur la boîte qui répertorie les moments de la journée pour prendre chaque médicament, ou bien prenez une boîte de pilules pour chaque moment de la journée où vous prenez des médicaments.
- **Stockez vos médicaments où vous pouvez les voir.** Cela vous procure un rappel visuel pour les prendre.
- **Associez votre médicament aux repas ou événements quotidiens.** Se souvenir de prendre vos médicaments lorsque vous vous réveillez, avant d'aller au lit, ou au moment des repas peut être plus facile que de fixer un moment précis, comme 10 heures du matin. Mettez une note sur votre brosse à dents ou à proximité de vos lentilles de contact, par exemple, pour vous rappeler de prendre votre médicament chaque jour.
- **Attribuez la tâche de vous rappeler de les prendre à un membre responsable de la famille.** Si vous ne pouvez pas vous rappeler de prendre vos médicaments à temps, demandez à un membre de votre famille de le faire.
- **Optez pour les nouvelles technologies.** Mettez une alarme sur votre Smartphone. Assurez-vous de changer le son de l'alarme régulièrement afin qu'il ne devienne pas un bruit de fond que vous ignorez.

Attention

Avoir un membre de la famille ou un ami pour vous rappeler de prendre vos médicaments fonctionne très bien pour certaines personnes, mais ce n'est pas toujours la meilleure idée. Si vous êtes le genre de personne qui a tendance à se sentir harcelée par des rappels constants venant des autres, ce système ne peut qu'engendrer chez vous un stress majeur. Apprenez à vous connaître et à établir un système de rappel qui fonctionne pour vous d'une manière simple, efficace et positive.

Être normal : quel ennui !

L'alternative aux hauts et aux bas extrêmes du trouble bipolaire est la normalité – Ah, que c'est ennuyeux, n'est-ce pas ? Vous êtes comme tout le monde ! – les gens qui aiment parler de banalités, qui n'ont jamais connu la solitude absolue de la dépression, et qui restent insouciants devant un monde qui est devenu fou. Votre manie peut vous avoir donné de nouvelles visions et idées, une personnalité plus vive et un niveau d'énergie élevé. Avec les médicaments, vous pouvez avoir l'impression qu'on a lavé vos couleurs à la machine, comme si votre esprit était devenu terne et gris ; vous pouvez vous ennuyer et ressentir que le temps s'est comme ralenti ; et vous pouvez vous demander comment vous pouvez profiter de la vie sans le drame et l'excitation induites par votre humeur.

Conseil

Si vos médicaments ont stabilisé vos humeurs, voici quelques tactiques à essayer :

- **Sachez que, si votre humeur est en sourdine, c'est probablement temporaire.** Vous aurez peut-être besoin de plusieurs semaines pour vous remettre d'un épisode thymique majeur. Souvenez-vous que les médicaments peuvent prendre plusieurs jours ou semaines pour commencer à être efficaces. Les bonnes nouvelles sont que les effets secondaires négatifs disparaissent généralement dès que vos humeurs commencent à se stabiliser.
- **Consultez votre médecin.** Quand la dépression ou la manie s'installe, votre médecin peut modifier vos médicaments afin que la variation de votre humeur soit plus tolérable.
- **Accepter l'idée que votre rétablissement est un processus progressif et continu au long cours.** Les effets secondaires et les essais de médicaments peuvent empirer l'état de certaines personnes avant de les aider à aller mieux. La plupart des soignants font tout ce qui est en leur pouvoir pour éviter cette situation, mais elle peut se produire. Ne présumez pas que vous ne vous sentirez jamais mieux, même si vos premiers traitements vous font vous sentir triste, lent, ou aggravent vos symptômes de l'humeur. Restez en contact étroit avec vos médecins et tenez-les informés de tous vos symptômes. Continuez de demander plus d'options de traitement jusqu'à ce que vous trouviez celui qui fonctionne.

Je veux juste être moi

Lorsque vous avez vécu la plupart de votre vie avec le trouble bipolaire, le séparer de votre personnalité peut être difficile. Certaines personnes s'accommodent très bien de la version « stabilisée » d'eux-mêmes. Ils ont su que quelque chose clochait et, quand les fluctuations drastiques de l'humeur ont disparu, ils ont ressenti enfin un certain équilibre. D'autres personnes éprouvent un manque « d'eux-mêmes ».

Pour eux, c'est comme si certaines qualités essentielles de leur personnalité leur avaient été arrachées. Ils ont perdu leur pouvoir de séduction, et ils veulent le retrouver… sans les insomnies, les relations personnelles détruites, les factures impayées, et autres inconvénients, bien sûr.

Soyez patient avec vous-même pendant la période où vous pleurez la perte de la vie que vous aviez et que vous vous ajustez à votre état actuel. Donnez-vous le temps d'embrasser pleinement vos perspectives d'avenir – une vie sans épisodes thymiques invalidants. Le traitement du trouble bipolaire peut déclencher une douleur réelle qui met du temps à disparaître. Vous êtes toujours vous-même. Les médicaments ne vous retirent pas votre créativité ou votre joie de vivre. Avec une humeur stable, vous avez le pouvoir et le contrôle pour découvrir des choses que vous aimez vraiment et les poursuivre. La thérapie peut vous aider dans cette transition (voir le chapitre 11 pour plus d'informations sur les options de traitement).

Je peux contrôler mes humeurs sans médicaments

Certaines personnes prétendent qu'elles peuvent réussir à contrôler leurs symptômes bipolaires par l'alimentation, l'exercice, la thérapie et la coopération de la famille et des amis – tout comme certaines personnes peuvent contrôler certains types de diabète en faisant des changements drastiques de leur mode de vie. Est-ce vraiment possible ? Pensez-y de cette façon : vous pouvez survivre à une chute libre de 30 mètres, mais vous avez une bien meilleure chance de le faire si vous êtes bien attaché avec un tendeur élastique. Contrôler les symptômes bipolaires sans médicaments est extrêmement risqué. En fait, la communauté médicale le déconseille et nous ne vous recommandons pas d'essayer.

Cela étant dit, le trouble bipolaire a plusieurs degrés de gravité, et tout un chacun est différent. Certaines formes plus douces peuvent se prêter à une intervention médicale plus légère, de même que vous pouvez gérer certains types de diabète avec des changements de mode de vie (alors que les cas graves nécessitent un traitement à l'insuline).

Attention

Ne tentez jamais de réduire ou d'arrêter vos médicaments sans discuter de la situation avec votre médecin. (Pour plus d'informations sur la réduction ou l'arrêt des médicaments, voir la section « Changer, réduire et arrêter les médicaments » de ce chapitre).

Je veux pouvoir boire de l'alcool et prendre d'autres substances occasionnellement

De nombreuses personnes aiment boire de l'alcool ou prendre des drogues douces comme la marijuana. Ces deux substances affectent l'humeur et le fonctionnement du cerveau et peuvent interagir négativement ou même dangereusement avec des médicaments psychotropes. Par exemple, la combinaison de l'alcool et des anxiolytiques – tels que l'alprazolam (Xanax) ou le diazépam (Valium) – est dangereuse parce que les effets combinés de ces dépresseurs du système nerveux central (SNC) peuvent conduire à la perte de conscience et la mort.

La meilleure approche est de cesser toute utilisation de drogues dites « récréatives » lors de la prise de médicaments psychotropes. En ce qui concerne l'alcool, consultez votre médecin. Avec certains médicaments, l'alcool consommé avec modération s'avère acceptable. Dans d'autres cas, la combinaison de l'alcool et des médicaments n'est pas judicieuse ou est simplement interdite.

Accepter que votre réticence soit normale

Rendez-vous au buffet à volonté le plus proche et demandez aux convives qui se dandinent vers leurs tables avec des piles d'assiettes remplies s'ils suivent les ordres de leurs médecins et agissent dans le meilleur intérêt de leur santé globale. Ou fouillez dans toute l'armoire à pharmacie (il suffit de ne pas se faire attraper !) et comptez le nombre de doses inutilisées de médicaments qui portent la mention « à prendre jusqu'à la fin des comprimés ». La réalité est que la tendance à ignorer les ordres des médecins et à éviter de prendre les médicaments ne s'applique pas seulement aux personnes souffrant d'un trouble bipolaire ; la rébellion est universelle. Les gens veulent juste profiter de leur vie, sans être entravés par des restrictions alimentaires, un régime ou des médicaments.

En d'autres termes, la réticence à prendre des médicaments à long terme est normale et parfaitement compréhensible. En fin de compte, c'est à vous d'effectuer une analyse bénéfices/risques, pour ainsi dire, et de décider si les avantages de la prise de médicaments l'emportent sur les inconvénients et les risques de ne pas les prendre (et vice versa), comme nous l'expliquons dans la section suivante.

Portrait

FAIRE LA PAIX AVEC MES MÉDOCS

« Quand on m'a diagnostiqué un trouble bipolaire à 22 ans - jeune, sauvage et libre - la dernière chose que je voulais entendre était « Prends ces pilules ! ». J'avais désespérément besoin de me sentir normale, et l'idée de prendre des médicaments tous les jours n'allait pas très bien avec cette fille rebelle. Ensuite, on m'a dit que je ne pouvais pas boire, et je détestais vraiment cette idée. À chaque fois, j'ai analysé et discuté de la nécessité de suivre les instructions de mon médecin. Et quand je me sentais mieux, je cessais de prendre mes médicaments parce que je pensais que j'étais ok. Ce fut une partie de bras de fer que j'ai joué jusqu'à la fin de ma vingtaine.

Finalement, mon attitude a changé, et l'acceptation est arrivée. Le respect de mon traitement a cessé d'être une corvée pour devenir une partie de ma routine quotidienne. Chaque jour, j'ouvrais mon fidèle pilulier et hop dans le gosier ! Trouver le bon docteur fut une clé essentielle de ce changement. J'ai pris un virage quand j'ai finalement trouvé la combinaison magique de médicaments. J'avais 30 ans.

J'ai 40 ans maintenant. Heureusement, mes médicaments et mes huit heures de sommeil chaque nuit m'ont permis de ne plus aller à l'hôpital pendant près de dix ans. Et si je suis consciente qu'un lit est toujours disponible (si j'en ai besoin), je ne suis pas pressée d'y aller. Quand la route devient chaotique, comme elle peut l'être, mon médecin modifie mes médicaments pour la rendre plus lisse. Je frémis à l'idée de savoir où je serai maintenant sans mes médicaments et je suis reconnaissante pour cela.

Je ne considère plus le trouble bipolaire comme une maladie impossible à traiter. Au contraire, c'est une maladie qui exige de la vigilance. Mes médicaments sont mon gilet de sauvetage. Je suis une VIP à ma pharmacie locale, et c'est un endroit où je suis heureuse que tout le monde connaisse mon nom. »

Wendy K. Williamson, auteur de *I'm Not Crazy Just Bipolar*. (`www.wendykwilliamson.com`)

Faire une analyse coûts/bénéfices

Toute décision importante implique une analyse coûts/bénéfices ou avantages/inconvénients. Que vous décidiez de changer de travail, de vous marier ou d'acheter une nouvelle voiture, vous pesez les avantages potentiels (« pour ») et les inconvénients (« contre ») de chaque option pour choisir celle qui va vous apporter ce que vous voulez, tout en demandant le moins de sacrifices. La même chose est vraie pour la décision de prendre des médicaments volontairement afin de traiter votre trouble bipolaire – ou pas.

Les étapes suivantes vous guident à travers le processus d'analyse :

- **Énumérez les avantages potentiels.**

  Qu'est-ce que vous espérez gagner en prenant des médicaments ? Les avantages potentiels peuvent inclure la stabilisation de votre humeur, éviter une hospitalisation, des problèmes financiers et juridiques, améliorer vos relations, obtenir et conserver un emploi, augmenter le contrôle de votre propre santé mentale, et atteindre un seuil à partir duquel vous pouvez continuer avec un traitement non-médicamenteux (comme la psychothérapie).

- **Listez les inconvénients possibles.**

  Qu'est-ce que vous avez à perdre en prenant des médicaments ? Certains inconvénients peuvent inclure le fardeau des effets secondaires indésirables, et les tracas de se souvenir de les prendre. De plus, vous pouvez ressentir le manque des périodes de niveaux élevés d'énergie (nostalgie des hypomanies/manies). Notez pourquoi vous ne voulez pas prendre de médicaments.

- **Reconnaissez les émotions que vous ressentez.**

  Passez en revue la liste des inconvénients possibles que vous avez notés à l'étape 2 et cochez tous ceux qui sont plus émotionnels que rationnels. Avez-vous peur d'effets secondaires spécifiques ? La prise de médicaments signifie-t-elle admettre que vous avez une maladie mentale ? Avoir à prendre des médicaments vous semble-t-il injuste ? Accepter les processus émotionnels est tout aussi important que la liste de vos préoccupations rationnelles parce que les deux aspects vont avoir un effet sur vos décisions finales. Être en pleine possession des composantes émotionnelles contribue également à rendre le processus de prise de décision plus transparent. Vous conservez plus de contrôle sur l'issue finale lorsque vous connaissez les émotions en jeu que lorsque vous leur permettez de fonctionner en arrière-plan.

- **Soumettez l'idée à une personne de confiance.**

  Révisez votre liste d'avantages et d'inconvénients avec votre médecin, votre thérapeute, un ami ou un parent proche pour obtenir le point de vue d'un tiers de confiance. Cette autre personne peut remarquer quelque chose que vous n'auriez pas envisagé ou vous aider à réaliser qu'un certain facteur est vraiment plus ou moins important que vous ne le pensiez au départ.

- **Décidez.** Pesez les inconvénients et les avantages et faites votre choix.

À retenir

Ne pas prendre les médicaments prescrits comporte des risques qui peuvent être très graves, donc pesez attentivement ce que cela vous coûte de ne pas prendre vos médicaments prescrits contre ce que cela vous coûte de les prendre. Si vous ne prenez pas les médicaments prescrits par votre médecin, qu'est-ce qui est susceptible de se produire ?

La décision de prendre des médicaments pour traiter les symptômes du trouble bipolaire peut d'abord sembler être un choix binaire, mais il ne doit pas l'être. Comme nous l'avons souligné au chapitre 7, de nombreux médicaments sont disponibles, et chacun a son propre profil coûts-bénéfices. Le même médicament peut avoir des effets différents selon les individus. En outre, comme nous l'expliquons dans la section suivante, des solutions peuvent être disponibles pour minimiser les effets secondaires indésirables.

Soulager les effets indésirables

Chaque médicament, même les médicaments en vente libre qui sont considérés comme sûrs, provoque des effets secondaires indésirables ; par exemple, l'aspirine peut provoquer une indigestion et des saignements de l'estomac et elle augmente le risque d'accident vasculaire cérébral (AVC). De même, les médicaments psychotropes ont des effets à la fois désirables et indésirables. Parfois, les effets indésirables diminuent ou même disparaissent au fil du temps. Dans d'autres cas, les gens peuvent décider de vivre avec les effets secondaires négatifs, car ils pensent que les avantages d'un médicament l'emportent sur ses inconvénients.

Cependant, vous ne devez pas nécessairement vivre avec des effets secondaires indésirables. Votre médecin peut vous suggérer une façon de réduire ou d'éliminer certains effets négatifs d'un médicament que vous prenez. Dans les sections suivantes, nous décrivons quelques approches pour en discuter avec votre médecin.

Adapter les doses et les horaires

Vous pourriez réduire ou éliminer les effets secondaires indésirables des médicaments sans en changer en faisant tout ou partie des actions suivantes :

- **Augmenter peu à peu les doses.** De nombreux effets secondaires négatifs se produisent lorsque vous commencez à prendre un médicament. Votre médecin peut augmenter la dose progressivement afin d'éviter ou de diminuer l'intensité des effets.
- **Changer les horaires de prise des médicaments.** Si vous prenez habituellement un médicament le matin, par exemple, et qu'il vous rend trop somnolent au travail, votre médecin peut vous recommander de le prendre dans l'après-midi ou le soir, ou encore d'en prendre plus dans la soirée et moins pendant la journée.

- **Passer à la forme « libération prolongée » d'un médicament.** De nombreux médicaments existent en comprimés à libération prolongée ; c'est-à-dire qu'ils délivrent progressivement le traitement dans votre circulation sanguine. Demandez à votre médecin si ce type de médicament est une option pour vous.
- **Réduire la dose.** Essayez de réduire la dose pour voir si vous pouvez obtenir les mêmes avantages à une dose plus faible et ainsi avoir moins d'effets secondaires.

À retenir

De nombreux médicaments sont disponibles sous une forme générique, qui a les mêmes composés actifs que la marque exacte associée et produit les mêmes effets. Il est rare que les gens aient un problème avec la version générique d'un médicament alors cela vaut le coup d'essayer.

Essayer différents médicaments d'une même classe

Un médicament de la même classe que celui qui vous avez été prescrit (et qui vous provoque des effets secondaires) peut être tout aussi, voire plus efficace, et vous offrir un meilleur profil d'effets secondaires. Par exemple, si vous commencez à prendre de l'olanzapine (Zyprexa) et prenez du poids, ce que vous ne pouvez pas tolérer, changer pour un autre antipsychotique atypique, comme l'aripiprazole (Abilify), qui a tendance à faire moins prendre de poids, mais le fait quand même. Cela peut être une bonne option. Voir le chapitre 7 pour une liste des médicaments par classe ainsi que leurs profils d'effets secondaires.

Une autre option est d'essayer un médicament dans une classe légèrement différente. Les antipsychotiques, par exemple, viennent en deux classes :

- **Première génération (plus anciens)** : sont plus susceptibles de causer des troubles du mouvement, y compris de l'*akathisie* (agitation sévère) et une dyskinésie tardive (mouvement involontaire du visage et de la mâchoire).
- **Deuxième génération (plus récents)** : sont plus susceptibles d'entraîner une prise de poids et des changements du métabolisme, mais comportent moins de risque de troubles du mouvement.

Explorer d'autres options

Votre médecin a sûrement d'autres tours dans sa manche pour réduire les effets secondaires indésirables, y compris les ajustements suivants :

- » Ajouter un médicament pour contrer l'effet secondaire ; par exemple, si vous avez pris du poids avec un antipsychotique, votre médecin peut vous prescrire du topiramate (Epitomax) pour réduire la prise de poids. Attention néanmoins, ce médicament n'est pas anodin et nécessite une surveillance des effets secondaires (troubles de la mémoire, complications rénales).
- » Remplacer le médicament avec un autre type d'intervention biologique, comme un complément alimentaire, de la photothérapie, ou de la thérapie par électrochocs (ECT).
- » Proposer des changements de mode de vie, tels que des changements de régime alimentaire ou la mise en place d'exercices physiques, pour contrer les effets secondaires.

Gérer les effets secondaires spécifiques

Certains effets secondaires sont plus fréquents et gênants que d'autres. Dans les sections suivantes, nous offrons des suggestions spécifiques pour atténuer ou réduire au minimum les effets secondaires les plus courants des médicaments pour le trouble bipolaire.

Fatigue et somnolence

Si votre médicament vous fait vous sentir fatigué pendant la journée, parlez à votre médecin des options suivantes :

- » Prendre le médicament plus tard dans la journée ou au coucher.
- » Planifier une sieste au moment de la journée où vous vous sentez généralement plus fatigué ou somnolent.
- » Consommer moins de sucre et de glucides simples et plus de protéines et de glucides complexes.
- » Démarrer un exercice physique modéré (comme la marche) au moins tous les deux jours.

Prise de poids

De nombreux antidépresseurs, presque tous les antipsychotiques atypiques, de nombreux anticonvulsivants et le lithium ont pour effet secondaire possible une prise de poids ; en fait, c'est l'une des principales raisons pour lesquelles les gens cessent de prendre ces médicaments. La meilleure façon de surveiller et de gérer votre poids, lorsque vous prenez l'un de ces médicaments, est d'adopter une approche proactive comme celle que nous décrivons ici :

- Surveiller votre poids et votre appétit dès le début du traitement afin de pouvoir prendre des mesures avant que la prise de poids ne devienne un gros problème.
- Vous n'avez pas à monter sur la balance tous les jours ; pesez-vous tout simplement lors de vos visites chez le médecin ; tenez un journal de votre appétit et/ou de votre alimentation peut également s'avérer utile.
- Demandez à votre médecin de commander des tests de laboratoire réguliers (tous les six mois ou tous les ans) pour garder un œil sur votre glycémie et votre cholestérol.
- Un bilan régulier du glucose et des lipides devrait être suffisant. La feuille rendue par le laboratoire indique les seuils, mais notez des changements importants de vos niveaux de référence est plus utile. Si les résultats de ces tests de routine changent considérablement ou si vous rencontrez d'autres symptômes ou problèmes, votre médecin peut demander des examens plus complets au laboratoire.
- Lors du démarrage d'un nouveau médicament ou en cas de changement des médicaments, travaillez avec votre médecin pour augmenter les calories que vous brûlez tout en maintenant votre apport calorique.
- Toute augmentation de votre activité physique fera l'affaire alors essayez juste de marcher un peu plus chaque jour. De même, vous ne devez pas faire un régime alimentaire strict, mais essayez d'éviter un pic dans le nombre de calories que vous consommez.
- Si vous prenez un antipsychotique atypique, gardez votre médecin généraliste dans la boucle.
- Votre médecin généraliste peut garder un œil sur les problèmes de santé liés à ces médicaments et vous fournir des suggestions pour limiter votre prise de poids.

Si vous êtes en train de prendre du poids, discutez des options suivantes avec votre médecin :

- » Passez à un médicament de la même classe qui est moins susceptible d'entraîner une prise de poids.
- » Faites des ajustements de mode de vie, y compris des changements de régime alimentaire et une activité physique accrue.
- » Ajoutez de la metformine (Glucophage) à votre traitement. La metformine, un médicament utilisé pour traiter le diabète, est en cours d'étude pour voir s'il peut réduire la prise de poids et/ou le risque de développer un diabète associé à certains médicaments psychiatriques. Si un médecin envisage de vous donner de la metformine, il commence souvent par commander des tests de laboratoire pour évaluer votre taux de glucose et contrôler l'insuline.

À retenir

Dans les situations graves liées à la prise de poids, surtout si vous avez des soucis d'obésité depuis longtemps, qui sont compliquées avec les médicaments psychiatriques, vous pouvez parler à votre médecin de la chirurgie bariatrique. Certaines études relient l'obésité avec la dépression majeure et le trouble bipolaire, et la perte de poids n'est pas toujours possible avec l'approche simple « manger moins et faire plus d'exercice ». Plusieurs études suggèrent en effet que certaines personnes atteintes de trouble bipolaire et d'obésité répondent bien à la chirurgie bariatrique, qui améliorerait à la fois leur humeur et leur santé globale. L'obésité peut contribuer aux symptômes bipolaires et peut même les rendre plus difficiles à traiter.

Troubles sexuels

Les ISRS et certains antipsychotiques sont connus pour causer des troubles sexuels, y compris une baisse de la libido, une dysfonction érectile et une incapacité à l'orgasme. Si vous rencontrez un trouble sexuel tout en prenant un médicament prescrit, consultez votre médecin au sujet des solutions possibles suivantes :

- » Réduire la dose du médicament à un seuil où il aide toujours à maintenir la stabilité de l'humeur sans provoquer de trouble sexuel.
- » Passer à une dose une fois par jour, prise à un moment hors de toute activité sexuelle prévue.
- » Passer à un médicament de la même classe qui est moins susceptible de causer ces problèmes ; par exemple, le passage d'un antidépresseur ISRS à quelque chose comme le bupropion (Zyban), qui est beaucoup moins susceptible de provoquer un trouble sexuel.

- Ajouter un médicament pour traiter le trouble sexuel. Certains médicaments actifs sur les troubles érectiles sont pris seulement en cas de besoin pour l'activité sexuelle ; d'autres sont pris tous les jours, tout comme un ISRS. L'ajout de bupropion ou de buspirone à un ISRS peut améliorer la fonction sexuelle chez certaines personnes.
- Prendre des vacances de vos médicaments – sauter une prise un jour ou deux pendant la semaine. Cela peut aider à améliorer la fonction sexuelle sans risquer de déclencher un épisode thymique. Toutefois l'arrêt de certains antidépresseurs, même pour un jour ou deux, peut entraîner des signes de sevrage (désignés comme syndrome d'interruption brutale comportant essentiellement des vertiges, des décharges électriques dans la tête et le corps, et une nervosité).

Troubles cognitifs et de la mémoire

Alors que certains médicaments ont des propriétés neuro-protectrices qui semblent aider la mémoire et la cognition à long terme, d'autres peuvent causer des problèmes. Rappelons que le trouble bipolaire comporte déjà des dérèglements des fonctions cognitives, notamment des troubles de la concentration, de l'attention et de la mémoire verbale. Ces dérèglements peuvent être paradoxalement plus visibles une fois l'épisode maniaque ou dépressif traité.

Si vous sentez qu'un médicament affecte négativement votre mémoire ou votre capacité à penser clairement et précisément, consultez votre médecin au sujet des options suivantes :

- Modifier la dose ou l'heure du jour où vous prenez le médicament.
- Passer à un médicament de la même classe qui est moins susceptible de causer des troubles de mémoire et de cognition.
- Vous engager dans des activités sociales et mentales pour stimuler votre cerveau.
- Pratiquer une activité physique pour maintenir l'acuité mentale.

Changer, réduire et arrêter les médicaments

Dans le trouble bipolaire, les ajustements de médicaments sont communs. Vous et votre médecin pouvez décider de changer des médicaments, d'augmenter ou de diminuer la dose, ou peut-être même d'arrêter tous les médicaments à différents moments de votre traitement. Quel que soit le cas, certaines façons d'effectuer ces changements de médicaments sont plus sûres que d'autres.

Attention

N'arrêtez pas brusquement un médicament, à moins que votre médecin ne vous le demande spécifiquement. Si votre médecin estime qu'un médicament est à l'origine d'un problème médical grave et aigu, il peut en effet vous le faire arrêter brusquement. Cependant, l'approche la plus sûre pour modifier les médicaments implique généralement de petits changements sur des périodes de temps mesurées. Un sevrage brutal de certains médicaments peut provoquer des convulsions ou d'autres symptômes de sevrage ou encore augmenter le risque de rechute.

Voici quelques directives générales pour discuter avec votre médecin avant d'ajuster les médicaments :

- **Réduire les doses progressivement.** Lors de la réduction ou de l'arrêt d'un médicament, réduisez la dose lentement – généralement sur au moins plusieurs semaines ou parfois un nombre de jours déterminé ; votre médecin vous donnera ses consignes. Cette façon de procéder est particulièrement importante si vous avez pris une dose élevée pendant une longue période. En passant d'une petite quantité à rien, vous devrez peut-être couper une pilule en deux, mais soyez prudent : certaines pilules sont uniquement destinées à être avalés en entier, non coupées ou écrasées.
- **Modifier un seul médicament à la fois.** En changeant la posologie d'un seul médicament à la fois, vous avez une meilleure chance d'identifier la cause des problèmes qui se posent.
- **Lors du changement de médicaments, introduisez progressivement le nouveau médicament tout en réduisant l'ancien.** Ceci est l'opposé de la ligne directrice précédente, mais elle n'est pas une pratique rare lors du passage à un autre médicament de la même classe. Vous pouvez généralement être plus agressif en réduisant un médicament si vous introduisez un autre médicament de la même classe. Si vous changez pour un médicament d'une autre classe, votre médecin peut vous demander de continuer à prendre l'ancien médicament avec le nouveau pendant un certain temps avant de l'arrêter.

Les personnes atteintes de troubles bipolaires sont susceptibles de décider soudainement d'arrêter de prendre les médicaments qui leur ont été prescrits, ce qui est une très mauvaise idée. Cependant, dans certaines circonstances, l'interruption soigneuse de certains ou de tous les médicaments en accord avec votre médecin peut valoir le risque. Par exemple, si vos humeurs ont été stables pendant une longue période et que vous et votre médecin avez de bonnes raisons de croire que vous avez vécu un épisode maniaque unique qui était probablement induit par la drogue ou des médicaments, alors il peut être temps d'essayer de vous libérer des médicaments. Cela peut également être le cas si vous réagissez bien avec de très faibles doses de médicaments et avez procédé à des ajustements dans votre mode de vie, ou si encore vous avez fait des progrès significatifs avec la thérapie ; ces autres supports peuvent être suffisants pour maintenir la stabilité de votre humeur. Si vous envisagez la possibilité d'arrêter vos médicaments, complétez la liste de contrôle suivante et parlez avec votre médecin pour déterminer si vous êtes dans une bonne phase pour faire cette tentative :

- ☐ Vos humeurs sont actuellement stables et ont été stables pendant une période de temps prolongée – généralement pendant un an ou plus.
- ☐ Votre médecin approuve et accepte de superviser cette tentative avec une diminution lente des doses de vos médicaments actuels.
- ☐ Vous ne rencontrez pas actuellement (ou ne prévoyez pas) d'événements ou de changements majeurs dans votre vie, comme vous marier ou divorcer, changer d'emploi ou de carrière, ou retourner à l'école. Soyez vigilant à tout événement qui comporte une transition représentant un stress pour le cerveau bipolaire.
- ☐ Vous avez une solide routine en place qui vous assure un sommeil suffisant.
- ☐ Vous ne consommez pas d'alcool ou d'autres drogues régulièrement ou excessivement.
- ☐ Votre réseau de soutien est coopératif et bien informé.
- ☐ Vous et votre réseau de soutien avez un système en place pour surveiller attentivement vos humeurs (voir chapitre 11).
- ☐ Vous avez un plan d'urgence solide si les choses tournent mal (voir le chapitre 15).

Attention

Même dans ces conditions, l'arrêt des médicaments pour stabiliser l'humeur est extrêmement risqué. Envisagez de travailler à des compromis avec votre médecin et thérapeute. Avec une thérapie et des changements supplémentaires de mode de vie, vous avez une chance de gérer vos humeurs avec moins de médicaments plutôt que sans médicaments. Pensez de préférence à faire des changements mineurs sur plusieurs mois, voire des années, plutôt que des changements majeurs dans un court laps de temps. Faites-le seulement avec l'approbation de votre médecin et sous sa surveillance attentive.

Chapitre 9

Étendre vos options de traitements biologiques

DANS CE CHAPITRE :

- **Compléter votre traitement avec des ingrédients naturels**
- **Améliorer votre humeur avec la photothérapie**
- **Réinitialiser votre cerveau avec l'ECT, la TMSr, et la SCP**

Des médicaments ainsi que des stratégies de thérapie et d'auto-gestion sont généralement suffisants pour tenir les symptômes bipolaires à distance, mais parfois les médicaments se révèlent inefficaces ou produisent des effets secondaires que vous ne pouvez pas ou ne voulez pas supporter. Dans certains cas, en particulier si vous êtes enceinte, les risques potentiels des médicaments peuvent l'emporter sur leurs avantages. Dans de telles situations, vous et votre médecin pouvez envisager d'autres options de traitement. Dans ce chapitre, vous avez la possibilité d'explorer ces autres options et d'en peser les pour et les contre.

Traiter vos humeurs avec des compléments alimentaires

Cette section explore les avantages et les inconvénients de certains des traitements naturels (ou les actions) les plus prometteurs pour la dépression et la manie, et énumère quelques-uns de leurs risques potentiels et effets secondaires. Les chercheurs se réfèrent à ces types d'actions comme à de la *médecine complémentaire et alternative* (MAC). Un nombre croissant de recherches médicales explore des stratégies complémentaires et alternatives pour traiter une variété de maladies, y compris le trouble bipolaire. Certaines actions semblent clairement être utiles sans causer de risques inacceptables. D'autres, cependant, semblent être plus anecdotiques, sans réelles preuves cliniques pour soutenir leur utilité et peuvent ne pas être efficaces ou sûres.

Conseil

Ne présumez pas que votre médecin ignore ou a une aversion pour les traitements alternatifs. La plupart des médecins les connaissent, sont tout à fait disposés à en discuter avec vous, et peuvent vous guider à prendre une décision éclairée et sans danger pour la gestion de votre santé.

À la pêche d'un remède : les acides gras Oméga-3

Des études ont démontré que dans les pays où les gens mangent beaucoup de fruits de mer, le taux de dépression est assez bas. Au cours de la dernière décennie, les chercheurs ont essayé de comprendre cette connexion et ont mis l'accent sur les acides gras oméga-3 – nutriments que le corps ne peut fabriquer lui-même et doit trouver dans l'alimentation. Les acides gras oméga-3 sont nécessaires pour avoir un cerveau et un système cardio-vasculaire sain, et vous les trouvez en concentration élevée dans de nombreux types de produits de la mer.

Des revues récentes de recherche médicale indiquent que la supplémentation des traitements standards avec des acides gras oméga-3 réduit les symptômes de la dépression bipolaire. La preuve est forte mais moins cohérente en ce qui concerne leur efficacité sur les symptômes de dépression unipolaire et ils n'ont aucun effet sur les symptômes maniaques. En outre, des études suggèrent que les compléments en oméga-3 peuvent réduire les symptômes de l'anxiété chez les jeunes adultes en bonne santé.

À retenir

Les oméga-3 ne remplacent pas votre antidépresseur ou anti-maniaque, surtout si vous êtes en plein traitement d'un épisode thymique sévère alors surtout ne jetez pas vos médicaments.

Vous pouvez trouver des acides gras oméga-3 dans l'une des sources suivantes :

- Les poissons (eau froide), y compris le saumon, le maquereau, le hareng, le thon, les anchois, les sardines ;
- Les animaux en liberté (y compris le cerf, le bison, et les poulets de plein air) ;

- Les œufs, dont ceux enrichis en Oméga-3 ;
- Les légumes verts (comme les épinards, la roquette et le pourpier) ;
- L'huile de lin ;
- Les noix ;
- Les compléments en Oméga-3.

À moins que vous dîniez avec des Esquimaux, vous pourriez avoir du mal à obtenir suffisamment d'oméga-3 dans votre alimentation pour produire les effets antidépresseurs souhaités, alors vous avez probablement besoin de prendre un complément alimentaire, comme que l'huile de poisson en vente libre qui contient deux types d'acides gras oméga-3 :

- **L'acide eicosapentaénoïque (EPA).** L'EPA semble avoir un effet antidépresseur plus important que le deuxième oméga-3 (DHA). Pour obtenir les avantages antidépresseurs complets, la plupart des médecins recommandent de prendre de 1 à 2 grammes par jour d'EPA.
- **L'acide docosahexaénoïque (DHA).** Le DHA peut jouer un rôle moins important dans la dépression que l'EPA, mais il affecte la santé globale du cerveau. Des preuves suggèrent que le DHA pourrait avoir des effets protecteurs contre la maladie d'Alzheimer.

Voyez les doses à prendre avec votre psychiatre ou votre médecin généraliste, demandez-lui de vous conseiller et de bien vérifier que le complément est conforme à ses recommandations en termes de concentration et de dosages d'EPA et de DHA. Recherchez un produit de grande pureté – avec le moins de contaminants possibles.

Attention

Prendre des doses élevées d'acides gras oméga-3 peut aller de paire avec une augmentation des saignements, donc consultez votre médecin avant d'en consommer en grandes quantités.

Booster votre cerveau avec des vitamines et minéraux

Dans les pays occidentaux, où la nourriture est abondante et enrichie, de véritables carences en vitamines et minéraux sont rares, mais avoir de faibles niveaux de ces nutriments, même quand ils ne sont pas considérés comme une carence, peut être lié à des symptômes dépressifs. Bien que nous ne suggérions pas que toute vitamine ou combinaison de vitamines est efficace pour traiter la dépression ou la manie, plusieurs vitamines et minéraux, y compris ceux qui suivent, peuvent avoir un effet significatif sur le développement et le fonctionnement du cerveau :

» **Les vitamines du complexe B.** Votre corps utilise les vitamines du complexe B de diverses façons pour construire et maintenir un système nerveux sain. En prendre dans les concentrations adaptées est important car prendre trop d'une de ces vitamines peut conduire à une carence d'une autre de ces vitamines. Aucune étude fiable ne prouve les avantages spécifiques des vitamines B (autres que l'acide folique) dans le traitement du trouble bipolaire ou de la dépression. Voici ce que vous devez savoir sur les vitamines B :

- **B1.** La carence en vitamine B1 (ou thiamine) peut causer de graves problèmes neurologiques. Les carences en thiamine liées au régime alimentaire sont rares dans notre pays, mais les carences dues à l'abus d'alcool ne sont pas rares.

- **B6.** Une carence isolée en vitamine B6 est rare, mais le vieillissement, l'abus ou la dépendance à l'alcool, les troubles auto-immuns, l'insuffisance rénale et des médicaments tels que le valproate (Depakote), la carbamazépine (Tegretol), et le médicament contre l'asthme, la théophylline augmentent le risque d'avoir de faibles niveaux de B6. À forte doses, la B6 peut être dangereuse, il ne faut pas en prendre au-delà de ce que contient un complément en B6 traditionnel, sauf prescription par un médecin.

- **B12.** La carence en vitamine B12 peut causer des symptômes de dépression ou d'autres maladies psychiatriques. C'est assez rare. Un végétarisme strict, le vieillissement, certaines maladies de l'estomac et des intestins, la chirurgie de l'obésité, et certains médicaments, y compris ceux utilisés pour traiter le reflux acide et les ulcères gastroduodénaux ainsi ceux contre le diabète, le metformine (Glucophage), augmentent le risque de carence en vitamine B12. Les médecins vérifient souvent les niveaux de vitamine B12 chez les personnes souffrant de dépression aiguë (la recherche a découvert un lien génétique entre la carence en vitamine B12 et le trouble bipolaire dans certaines familles).

- **L'acide folique.** L'acide folique est l'une des vitamines du groupe B, la B9, mais n'est pas toujours incluse dans les compléments de vitamines du complexe B. Il est essentiel dans le développement du système nerveux humain, c'est pourquoi les femmes enceintes doivent prendre des compléments d'acide folique. Les personnes qui abusent de l'alcool, ou ont certaines maladies, ou encore prennent un certain nombre de médicaments différents, sont susceptibles d'avoir des carences en folates. Cela peut se traduire par une variété de symptômes cognitifs, émotionnels et comportementaux. Une version puissante de l'acide folique sous ordonnance – le Lederfoline en France (équivalent du L-Méthylfolate ou Deplin aux États Unis) – est maintenant utilisée, preuves à l'appui, comme un agent efficace dans les cas de dépression résistante aux antidépresseurs. Les médecins peuvent vérifier les niveaux d'acide folique dans le cadre d'un diagnostic initial de dépression.

Attention

Assurez-vous que vos médecins vérifient à la fois les niveaux d'acide folique et de vitamine B12 avant de vous donner de l'acide folique. Des niveaux élevés d'acide folique peuvent masquer une carence en vitamine B12. Les deux carences en acides B12 et folique provoquent de l'anémie – baisse de la numération des globules rouges. Si vous commencer à prendre un supplément d'acide folique lorsque vous avez également une carence en vitamine B12, l'anémie peut aller mieux, mais cela ne répare pas les dommages causés au système nerveux par la carence en B12.

- **La vitamine D.** Plusieurs études ont montré un lien entre les faibles niveaux de vitamine D et la dépression mais, alors que nous écrivons ce livre, aucune preuve claire montre que de faibles niveaux de vitamine D sont une cause de la dépression. Malgré tout, votre médecin peut vouloir vérifier vos niveaux de vitamine D pour déterminer si une supplémentation vous serait utile.
- **Le magnésium.** Une carence en magnésium est rare, mais les groupes à haut risque sont les personnes âgées, ceux qui abusent de l'alcool, qui ont du diabète, ou qui sont atteints d'un certain nombre d'autres pathologies médicales nécessitant une variété de médicaments. Des niveaux de stockage en magnésium bas dans le corps peuvent être reliés à une variété de problèmes de santé, y compris la régulation de l'humeur. Le magnésium fait partie de l'une des voies que le lithium affecte, et nombreux sont les médecins qui sont intrigués par sa relation possible avec le trouble bipolaire. Quelques études ont suggéré que le magnésium pourrait être un complément utile dans le traitement de la manie.
- **Zinc.** Le zinc est un oligo-élément qui joue un rôle clé dans la gestion du processus de stress oxydatif (dommages cellulaires), qui a été associé au trouble bipolaire. Certaines données récentes confirment qu'il existe une forte association entre une consommation faible de zinc et des symptômes dépressifs, mais seulement chez les femmes – pas chez les hommes. Les personnes qui abusent de l'alcool ou qui ont des troubles gastro-intestinaux, surtout si une diarrhée chronique est présente, et les personnes qui ont subi une chirurgie de l'obésité ou intestinale sont susceptibles d'avoir des carences en zinc. Les personnes atteintes de la drépanocytose, les femmes enceintes et allaitantes, et les végétariens ont également le risque d'avoir des niveaux de zinc faibles.

Essayer les plantes et autres compléments

La nature propose une foule de remèdes et de traitements efficaces pour les maux communs, mais peuvent-ils servir dans le cas d'un trouble bipolaire ?

La recherche médicale suggère que certains des compléments que nous énumérons ici peuvent apporter des bénéfices aux personnes atteintes de trouble bipolaire :

- » **Coenzyme Q10.** Cette substance est un antioxydant important que l'on retrouve dans les cellules. Il a été étudié pour ses bienfaits possibles dans les cas de démence, les maladies cardiaques et la dépression.
- » **5-HTP.** Ce supplément fournit à votre corps les blocs de construction dont il a besoin pour assembler la *sérotonine* (un neurotransmetteur clé lié à l'humeur), et certaines études suggèrent que le 5-HTP est utile pour améliorer l'humeur, réduire l'anxiété et améliorer le sommeil. Les études ne sont très étayées ou concordantes, mais les risques liés à la prise de 5-HTP semblent faibles.
- » **GABA.** Le GABA (acide gamma-amino-butyrique) a été présenté comme un traitement pour les troubles de l'humeur car c'est un neurotransmetteur lié à la dépression, l'anxiété et à la manie. Cependant, le GABA est considéré comme un complément oral qui ne traverse pas la barrière hémato-encéphalique, il est donc inutile. Ce remède « naturel » relève du charlatanisme.
- » **Glutathion.** Le glutathion, un des antioxydants les plus courants dans le corps humain, peut réduire le stress oxydatif (littéralement, les dommages cellulaires), susceptible d'être lié à un trouble bipolaire. Pris par voie orale, le glutathion ne fait pas remonter les niveaux dans le cerveau, mais vous pouvez augmenter les niveaux de glutathion en prenant de la N-acétylcystéine, comme expliqué plus loin dans cette liste.
- » **Inositol.** Un sucre qu'on trouve dans les cellules. On a longtemps débattu de sa relation avec les symptômes maniaques et dépressifs ; et le lithium affecte les concentrations d'inositol dans les cellules du cerveau. Certaines études ont examiné l'inositol en tant que traitement d'appoint pour la dépression, mais les résultats sont contradictoires.
- » **Mélatonine.** La mélatonine est une hormone que le cerveau utilise en réponse à la lumière et à l'obscurité ; elle fait partie du mécanisme de veille/sommeil du corps. Les compléments en mélatonine peuvent diminuer l'insomnie chez les personnes souffrant de certains types de troubles du sommeil. L'usage de la mélatonine reste sûr à court terme, même chez les enfants. Vérifiez toutefois avec votre médecin avant d'utiliser la mélatonine car elle peut interagir avec certains médicaments psychotropes.
- » **N-acétylcystéine (NAC).** Dans une étude « randomisée » en double aveugle, contrôlée contre un placebo, 1 000 mg de NAC deux fois par jour, en ajout aux médicaments habituels, ont été bien tolérées et ont apporté une amélioration notable des symptômes dépressifs chez les personnes souffrant d'un trouble bipolaire. Les médecins ne savent pas exactement comment le NAC fonctionne, mais une théorie prétend qu'il augmente les niveaux de glutathion (voir plus haut dans cette liste).

- **SAMe.** Abréviation de S-Adénosyl-Méthionine, le SAMe est une substance naturelle qui se trouve dans votre corps et dont certaines études ont prouvé l'efficacité en tant qu'antidépresseur, mais il n'y pas de données suffisantes pour soutenir son utilisation régulière comme antidépresseur. Certaines recherches soutiennent également l'utilisation du SAMe avec un antidépresseur traditionnel lorsque l'antidépresseur n'est pas assez efficace. La prise de SAMe comporte le risque d'effets secondaires similaires à ceux des antidépresseurs, donc consultez votre médecin avant de le tester. Un autre inconvénient : il coûte très cher.
- **Millepertuis.** Des rapports dans les revues médicales suggèrent que le millepertuis (une herbe médicinale appelée *hypericum*) est efficace dans le traitement des dépressions légères à modérées unipolaires, mais des incohérences dans les données subsistent. Certains médecins continuent à le recommander, en particulier en Allemagne, et certaines personnes souffrant de dépression continuent d'en chanter les louanges. Comme la plupart des antidépresseurs, le millepertuis peut augmenter le risque d'induire de la manie. Elle peut aussi interagir avec un certain nombre de médicaments en raison de ses effets sur les enzymes hépatiques.
- **Taurine.** La taurine est un des acides aminés les plus abondants dans le cerveau. Elle augmente l'activité au niveau des récepteurs GABA et peut être bénéfique pour réguler l'anxiété – fait paradoxal, la taurine est omniprésente dans les boissons énergisantes.
- **Valériane.** La valériane est une plante couramment commercialisée pour le traitement de l'insomnie. Bien que des études soient actuellement considérées comme peu concluantes, certaines rapportent des résultats positifs. La valériane semble être relativement sûre, mais soyez prudent, surtout si vous êtes enceinte, si vous allaitez, ou prenez d'autres médicaments.

Attention

Avant d'ingérer ces substances naturelles, demandez l'avis de votre médecin.

Évaluer l'innocuité des traitements naturels

Les gens pensent souvent que cela vaut « la peine d'essayer » les vitamines, les compléments et les plantes. Si vous pouvez les obtenir en pharmacie sans ordonnance, ils doivent être sûrs, non ? Eh bien, pas exactement. Ces *nutraceutiques* comportent leurs propres risques et inconvénients potentiels, notamment les suivants :

- **Les traitements non conventionnels peuvent vous amener à renoncer à des traitements plus efficaces.** Le risque le plus grave associé à ces remèdes alternatifs est qu'ils peuvent vous empêcher d'obtenir les meilleurs traitements actuellement disponibles.

- **Les traitements non conventionnels peuvent ne pas être rentables.** Tous les traitements et compléments naturels peuvent coûter assez cher. Une prescription de lithium ou d'un médicament générique de l'humeur peut être plus abordable et beaucoup plus efficace.
- **L'assurance maladie et votre mutuelle peuvent ne pas couvrir ces traitements non conventionnels.** Si vous faites le plein en pharmacie de traitements naturels et de méga-vitamines, il est peu probable que votre mutuelle vous aide à payer la facture.
- **Les traitements non conventionnels peuvent exiger beaucoup de travail supplémentaire.** Certains traitements nécessitent de réaliser de grands nettoyages du côlon et du foie et de prendre des doses élevées de compléments alimentaires et de mélanges à base de plantes. Pire encore, les routines de nettoyage du corps drastiques peuvent augmenter les concentrations de certains médicaments, en particulier le lithium, à des niveaux dangereux, voire potentiellement mortels.
- **Les traitements non conventionnels ont aussi des effets secondaires négatifs.** Comme les médicaments sous ordonnance, les substances « naturelles » fonctionnent en changeant la chimie de votre cerveau. Bien que les substances naturelles peuvent sembler être plus sûres, ce n'est pas toujours le cas.
- **Les traitements non conventionnels sont moins strictement réglementés.** Aux États-Unis, les compléments alimentaires et les herbes sont classés comme produits alimentaires, de sorte qu'ils ne doivent pas répondre aux mêmes normes strictes d'efficacité, de sécurité, de qualité et à la réglementation auxquelles les médicaments soumis à ordonnance doivent répondre. En France, ils sont classés et réglementés comme produits naturels peu préoccupants (PNPP).
- **Votre médecin peut ne pas être favorable aux traitements non conventionnels.** La plupart des médecins et des psychiatres consacrent leur temps et leurs recherches à trouver les médicaments les plus efficaces et les plus sûrs, soutenus par la recherche médicale, pour leurs patients. Ils peuvent ne pas avoir autant d'expertise avec les approches moins traditionnelles, même si certains l'ont.

À retenir

Une recherche scientifique bien faite reste le meilleur outil disponible pour évaluer les risques et les avantages d'un traitement ou d'un médicament. Les traitements complémentaires et naturels peuvent être utiles pour de nombreuses personnes, mais une transparence sur les risques potentiels est tout aussi importante avec ces produits que pour les médicaments traditionnels.

Traiter la dépression avec la photothérapie

Certaines humeurs, en particulier celles des personnes bipolaires, répondent très bien à la lumière : trop peu de lumière entraîne une dépression profonde, et trop de lumière peut déclencher un épisode de manie. En fait, il existe un trouble distinct appelé *trouble affectif saisonnier* dans lequel les épisodes dépressifs sont prévisibles et associés au raccourcissement des jours et donc à la diminution de la durée de la lumière du jour.

La luminothérapie, également appelée *photothérapie*, peut souvent améliorer l'humeur, mais pas seulement de la façon dont le ferait la lumière naturelle. Pour une photothérapie efficace et sans danger, suivez ces directives :

- Consultez votre médecin.
- Réalisez votre séance de luminothérapie sous la supervision d'un professionnel qualifié. Le moment de la journée, la fréquence et la durée du traitement sont des facteurs importants.
- Utilisez un appareil conçu spécifiquement pour la photothérapie. La plupart des lampes de luminothérapie utilisent des ampoules fluorescentes ou LED à 10 000 lux. La luminothérapie avec une source de lumière à 10 000 lux nécessite d'être assis devant la lampe pendant environ 30 minutes par jour (le temps nécessaire peut varier d'environ 15 minutes à une heure, mais 30 minutes est le temps moyen), vous devez faire face à la lampe, mais vous ne devez pas regarder directement la lumière. Vous pouvez lire le journal du matin ou vous livrer à vos occupations habituelles, aussi longtemps que vous faites face à la lumière.

  Attention

  Trop de lumière peut provoquer des hypomanies et de la manie, en particulier lors des changements de saison car vous recevez plus de lumière à partir de sources naturelles. Vous et votre médecin devez surveiller votre consommation de lumière tout aussi soigneusement que vous surveillez les doses de médicaments.

Stimuler votre cerveau avec l'électricité et le magnétisme

Les médecins ont différentes façons de « rebooter » (réinitialiser) le cerveau en le stimulant avec de l'électricité ou du magnétisme. Des personnes atteintes de trouble bipolaire ont constaté que, de toutes les options de traitement actuellement disponibles, la thérapie par électrochocs (ECT) est l'une des options les plus sûres et les plus efficaces.

Cependant, vous devez aborder chaque traitement avec une bonne dose de scepticisme, en comprendre les risques et les avantages potentiels. Afin de vous informer, les sections suivantes décrivent quatre options de traitements non-médicamenteux : la thérapie par électrochocs, la stimulation magnétique trans-crânienne répétitive, la stimulation du nerf vague et la stimulation cérébrale profonde. Ces options sont habituellement réservées à des cas plus graves, qui résistent aux traitements par les médicaments.

Supprimer vos humeurs grâce à l'électro-convulsivo-thérapie (ECT)

L'électro-convulsivo-thérapie (ECT) est basée sur une observation faite il y a de nombreuses décennies : les convulsions semblent réduire la dépression et les symptômes maniaques chez certaines personnes. Contrairement à ce que vous pouvez penser, le mécanisme thérapeutique de l'ECT n'est pas le « choc » électrique, mais plutôt la série de crises convulsives contrôlées qu'elle induit. L'ECT est une technique très efficace qui peut changer la vie de certaines personnes... dans le bon sens.

Les techniques modernes ont considérablement réduit le traumatisme que peut engendrer l'ECT. De nos jours, le médecin utilise des sédatifs, pour vous garder endormi pendant toute la procédure, ainsi que des agents neuromusculaires, pour paralyser temporairement vos muscles afin que vous ne soyez pas secoué par les convulsions. Une crise de convulsions répétées, généralement trois fois par semaine pendant environ douze semaines, soulage les symptômes thymiques. Environ 80 % des personnes qui réalisent une ECT ont un soulagement significatif des symptômes de dépression et de manie et décrivent des effets secondaires relativement faibles, comme la perte de mémoire temporaire et quelques modifications de pression artérielle.

L'ECT : PAS AUSSI CHOQUANT QUE CELA PUISSE PARAÎTRE

Portrait

« Le terme ECT, anciennement connu sous le nom de traitement par électrochocs, peut vous donner un frisson dans le dos. Lorsque mon médecin me l'a recommandé, les images horribles du film *Vol au-dessus d'un nid de coucou* ont défilé dans mon esprit. J'ai refusé le traitement pendant trois ans. Après un nouvel épisode maniaco-dépressif sévère, j'ai tenté de me suicider et ai été hospitalisée. Le médecin m'a de nouveau recommandé l'ECT. Cette fois, je l'ai accepté, et cela a été l'une de mes meilleures décisions. Avec mon premier traitement, je me sentais mieux à 50 %. Après chaque traitement, le lourd poids de la dépression s'est levé un peu plus.

Oui, l'ECT a quelques inconvénients. J'ai souffert de désorientation, d'un manque de sens de l'orientation et j'ai oublié des noms et des conversations que j'avais eues, mais ma mémoire à court terme est revenue rapidement à la normale. Malheureusement, j'ai aussi perdu quelques anciens souvenirs. J'étais dans un tel état critique que j'ai opté pour un traitement intensif sur neuf mois. La plupart des souvenirs liés à la mémoire à long terme que j'ai perdus dataient des dix années précédant le traitement. La procédure n'a pas effacé tous mes souvenirs. C'était plutôt comme si quelqu'un avait effacé des fichiers de ma mémoire au hasard. Néanmoins c'était un risque que j'étais prête à prendre. J'ai sacrifié à la fois des bons et mauvais souvenirs en échange de ma tranquillité d'esprit. Je n'ai plus eu d'épisode thymique pendant sept ans. Je crois que passer par l'ECT, tout en restant sous médicaments, a joué un grand rôle dans le rétablissement de ma santé mentale. Cela peut ne pas être le meilleur traitement pour tout le monde – et chaque personne qui a fait un ECT éprouve des effets secondaires différents à des degrés divers – mais les compromis que j'ai faits en valaient bien la peine. » Janine Crowley Haynes, auteur de *My Kind of Crazy: Living in a Bipolar World.*

Si vous êtes bipolaire, vous pouvez envisager l'ECT dans les conditions suivantes :

- Rien d'autre ne fonctionne pour vous.
- Votre dépression ou manie est grave et nécessite un soulagement rapide des symptômes aigus.
- Vous ne pouvez pas ou ne voulez pas prendre de médicaments.
- Vous êtes enceinte, vous allaitez ou souhaitez faire un enfant et êtes préoccupée par les effets de divers médicaments sur le fœtus.

Les médecins utilisent couramment l'ECT chez les personnes âgées et fragiles qui ne peuvent tolérer les antidépresseurs et les médicaments anti-maniaques. Chez ces personnes, l'ECT s'est avérée très efficace.

Attention

Le principal effet secondaire de l'ECT est la perte de mémoire, qui est généralement temporaire. D'autres risques potentiels comprennent des réactions à l'anesthésie ou au relaxant musculaire ainsi que des modifications du rythme cardiaque et de la pression artérielle. Votre médecin fera un bilan de votre santé avant le traitement et devra surveiller, pendant le traitement, tous les signes de détresse.

Modérer ses humeurs avec la stimulation magnétique trans-crânienne répétitive (TMSr)

Des aimants puissants, semblables à ceux utilisés dans l'IRM, sont capables de réinitialiser le réseau électrique de votre cerveau. Plusieurs études ont montré que la *stimulation magnétique trans-crânienne répétitive* (TMSr) peut être efficace pour réduire les symptômes de la dépression, mais elle n'est pas aussi puissante que l'ECT. La recherche indique jusqu'à présent que la TMSr semble être moins efficace pour le traitement de la manie et de l'hypomanie et que, en outre, elle peut déclencher un épisode de manie chez certaines personnes.

Le traitement par TMSr demande généralement cinq séances d'une demi-heure par semaine pendant six semaines. Aucune anesthésie n'est nécessaire, et peu de gens signalent des douleurs, même si certains ont fait état d'un resserrement de la peau, en particulier autour du cuir chevelu et de la mâchoire, et d'une sensation de coups frappés dans le crâne, qui peut être partiellement due au bruit de la machine. Il y a très peu de risque de perte de mémoire avec cette technique.

À retenir

Au moins un dispositif de TMSr est approuvé aux États-Unis pour le traitement d'une dépression résistante aux antidépresseurs, sans que la TMSr soit expressément approuvée pour la dépression résistante aux traitements. À l'heure actuelle, la TMSr ne constitue pas une alternative pour l'ECT dans le cas des dépressions sévères résistantes aux traitements. Son usage est censé être plus large que les indications restrictives de l'ECT.

Apaiser la dépression avec la neurostimulation

Les médecins peuvent stimuler votre cerveau avec des courants électriques doux, de différentes façons, pour réduire les symptômes dépressifs, en particulier chez les personnes souffrant de dépression résistante au traitement – c'est-à-dire une dépression qui n'a pas réussi à répondre adéquatement à quatre médicaments ou plus et/ou à l'ECT. Les deux traitements de neurostimulation qui se sont montrés les plus prometteurs sont la stimulation du nerf vague et la stimulation cérébrale profonde, que nous décrivons ici.

Stimuler le système nerveux avec la SNV

La *stimulation du nerf vague* (SNV) a été très longtemps utilisée en Europe, au Canada et aux États-Unis pour traiter l'épilepsie et la dépression. La FDA a récemment approuvé son utilisation aux États-Unis pour traiter les dépressions résistantes. En France, il n'existe aucun centre qui pratique cette technique pour une maladie psychiatrique.

Dans la SNV, un implant électronique, qui fonctionne comme un *pacemaker* pour le cerveau, envoie des signaux électriques à une région spécifique du cerveau par le nerf vague (dans le cou) pendant quelques secondes chaque minute (vous avez deux nerfs vagues, une de chaque côté de votre corps, chacun va de votre tronc vers la poitrine et l'abdomen). Le traitement comporte une variété de risques, y compris des modifications de la voix, des douleurs à la gorge ou au cou, des difficultés à déglutir, une aggravation de la dépression, et des risques associés à la chirurgie.

Cibler certaines parties du cerveau avec la SCP

La *stimulation cérébrale profonde* (SCP) consiste à implanter des électrodes dans les parties de votre cerveau identifiées comme affectant l'humeur. Après avoir positionné les électrodes, le médecin lance la simulation à plusieurs reprises pour obtenir le dosage d'impulsion correct. Un générateur d'impulsions alimenté par batterie, implanté sous la peau, généralement près de la clavicule, est alors activé et envoie en permanence un faible courant à travers les électrodes sur les parties cibles du cerveau. Ces implantations sont réversibles ; les médecins peuvent retirer le générateur d'impulsions et les électrodes à tout moment.

Cette technique est jusqu'à présent considérée comme une procédure expérimentale et réservée aux protocoles de recherche. Cependant, les études sont encourageantes et montrent que la SCP s'est révélée prometteuse dans la lutte contre la dépression réfractaire aux traitements. La SCP est utilisée depuis longtemps dans le traitement des troubles du mouvement, y compris la maladie de Parkinson. Plus récemment, elle est explorée dans le traitement des cas sévères et réfractaires de TOC et de la maladie Gilles de La Tourette (tics complexes).

Attention

Les interventions chirurgicales comme la SCP comportent des risques. Avec un implant de SCP, il existe un risque de saignement dans le cerveau ou d'AVC, d'infection, de troubles de l'élocution, de complications cardiaques ou respiratoires mais aussi de convulsion ou de paralysie légère, de changements d'humeur indésirables, de douleurs, de gonflements, ou encore de cicatrices au niveau des points d'incision, ou enfin une sensation de choc électrique ou même la possibilité de rejet de l'implant par votre corps.

Chapitre 10

Traiter le trouble bipolaire chez la femme et autres populations spécifiques

DANS CE CHAPITRE :

- **Comprendre pourquoi les femmes peuvent avoir besoin de traitements spécifiques**
- **Résoudre les problèmes de traitement médicamenteux avant, pendant et après la grossesse**
- **Identifier les besoins en médicaments spécifiques pour les personnes âgées souffrant d'un trouble bipolaire**
- **Explorer les facteurs identitaires, ethniques, culturels et sexuels dans le diagnostic et le traitement du trouble bipolaire**

Dans la population adulte, les médecins diagnostiquent différents types de trouble bipolaire sur la base des critères que sont l'âge, le sexe, l'origine ethnique et autres données démographiques distinctives. Les modèles de diagnostic et les options de traitement recommandées, cependant, peuvent varier considérablement entre les différentes populations et les environnements, en particulier pour les femmes en âge de procréer et les personnes âgées souffrant d'autres problèmes de santé.

Dans ce chapitre, nous examinons les différences clés dans le diagnostic et les options de traitement pour les populations spécifiques, y compris les femmes, les personnes âgées et les personnes de la communauté LGBT (gays, lesbiennes, bisexuelles ou transgenres). Nous rappelons également comment les différences d'ethnies et de culture peuvent influencer les choix de traitement et comment les patients et les soignants communiquent.

Le trouble bipolaire chez la femme

Médicalement, les femmes sont différentes des hommes. Pour commencer, les femmes peuvent être enceintes, et ça change tout – anatomie, physiologie, chimie, la totale ! Les différences entre les sexes peuvent influer sur la nature du trouble bipolaire et affecter l'approche optimale du diagnostic et du traitement.

Dans les sections suivantes, nous mettons en évidence les effets du trouble bipolaire chez les femmes et décrivons les fluctuations hormonales qui ont un impact sur le cycle de la maladie tout au long de la vie de la femme. Nous rappelons également des questions essentielles à prendre en compte lors du choix des médicaments ainsi que les autres options de traitement pour les femmes, en particulier en ce qui concerne les décisions liées à la grossesse.

Considérer la nature de la maladie

Bien que le trouble bipolaire ne touche pas exclusivement les hommes ou les femmes, des différences existent dans l'âge d'apparition, la prévalence de certains symptômes, etc. Par exemple, tandis que le trouble bipolaire de type I se retrouve à une fréquence égale chez les hommes et les femmes, les femmes ont tendance à être plus sujettes aux troubles suivants :

- **Dépression et trouble bipolaire de type II.** La dépression semble être le « pôle » le plus courant pour les femmes, et elles sont plus sujettes à la dépression résistante au traitement. Le trouble bipolaire de type II, dans lequel la dépression est plus prédominante, est plus fréquent chez les femmes.
- **Les épisodes mixtes et cycles rapides.** Les épisodes mixtes, dans lesquels la manie et la dépression sont impliquées en même temps, et les cycles rapides (quatre ou plusieurs épisodes thymiques par an) semblent être plus fréquents chez les femmes. En conséquence, les femmes se voient le plus souvent prescrire une combinaison de médicaments, incluant des antidépresseurs et anti-maniaques.
- **Apparition tardive.** L'âge moyen d'apparition du trouble bipolaire est de 25 ans. Les hommes déclarent la maladie à un âge plus précoce que les femmes.

- **Comorbidités psychiatriques.** Les femmes souffrant de trouble bipolaire semblent également souffrir davantage de troubles de l'anxiété et des troubles des conduites alimentaires concomitants. Les hommes ont des taux plus élevés de toxicomanie et d'alcoolisme concomitants.
- **Autres pathologies concomitantes.** D'autres pathologies médicales, en particulier les maladies de la thyroïde, les migraines et l'obésité peuvent être plus fréquentes chez les femmes que chez les hommes. De plus, ces pathologies concomitantes affectent souvent négativement la récupération d'un trouble bipolaire chez les femmes.
- **Prise de poids d'origine médicamenteuse.** Certaines études suggèrent que les antipsychotiques atypiques sont plus susceptibles d'entraîner une prise de poids et des problèmes de régulation de la glycémie chez les femmes que chez les hommes, mais ces résultats doivent encore être confirmés par des recherches supplémentaires.

Suivre les changements hormonaux

Les hormones sexuelles masculines et féminines interagissent avec d'autres systèmes de l'organisme, y compris le cerveau. Les hormones sexuelles primaires impliquées pour les jeunes filles et les femmes sont :

- **Les œstrogènes**. Une hormone féminine qui affecte la croissance, l'entretien et la réparation des tissus reproducteurs. Les œstrogènes sont à leur plus bas niveau au début du cycle menstruel et atteignent un pic près du moment de l'ovulation (environ au 14e jour du cycle). Si la grossesse se produit, les niveaux d'œstrogènes restent élevés. Si l'ovule n'a pas été fécondé, les taux d'œstrogènes baissent.
- **La progestérone.** Une hormone féminine qui prépare la muqueuse de l'utérus pour l'arrivée d'un ovule fécondé. Si l'ovule est fécondé, le taux de progestérone continue d'augmenter ; il reste élevé pendant la grossesse. Si l'ovule n'a pas été fécondé, les niveaux de progestérone chutent. L'équilibre des niveaux d'œstrogènes et de progestérone et les cycles des hausses et baisses de ces niveaux semblent jouer un rôle dans les symptômes de la dépression.
- **La testostérone.** Une hormone dite mâle qui se trouve être également une hormone sexuelle essentielle chez les femmes. La testostérone est associée à l'énergie, l'humeur et la libido chez les hommes et les femmes. Les niveaux de testostérone augmentent chez les jeunes filles pendant la puberté, mais pas autant que pour les garçons. Les niveaux de testostérone varient au cours du cycle menstruel.

Le développement d'une femme se caractérise par de puissants changements hormonaux qui peuvent être associés à une variété de réactions et de symptômes de l'humeur. Ces changements hormonaux se produisent principalement pour appuyer la capacité des femmes à avoir des enfants aux étapes clés suivantes de leur vie :

- **La période des premières règles**. Avant la puberté, les filles et les garçons ont à peu près les mêmes taux de dépression, mais après la puberté, le taux de dépression devient plus élevé pour les filles. Comment ou pourquoi cela se produit n'est pas très clair, mais cela suggère qu'il existe certainement un lien étroit entre les hormones sexuelles féminines et l'humeur.
- **Menstruations.** Le terme médical pour les règles. Les cycles menstruels de la femme se produisent en réponse à des variations cycliques des hormones sexuelles en prévision de la grossesse. Si une grossesse ne se produit pas, la femme a ses règles et le cycle recommence. Tout au long d'un cycle mensuel, de nombreuses femmes éprouvent à différents degrés des symptômes de l'humeur et du comportement :
  - **Le syndrome prémenstruel (SPM).** Le SPM se caractérise par des symptômes physiques et désordres émotionnels durant les jours entre l'ovulation et les règles. Certaines estimations montrent que près de 80 % des femmes en âge de procréer éprouvent des symptômes du syndrome prémenstruel.
  - **Le trouble dysphorique prémenstruel (TDPM).** Le TDPM présente est une forme grave du SPM. Il se présente comme le SPM, avec principalement les symptômes émotionnels/comportementaux plutôt que physiques, qui sont suffisamment graves pour interférer avec le fonctionnement de la femme. On estime que 3 à 8 % des femmes en âge de procréer souffrent de TDPM.
  - **L'exacerbation prémenstruelle (EPM).** L'EPM est une aggravation des symptômes maniaques ou dépressifs qui se produisent en phase avec le cycle menstruel d'une femme et peuvent être associés à un trouble bipolaire sévère et chronique. Un traitement efficace du trouble bipolaire, cependant, peut réduire de façon significative les symptômes prémenstruels de l'humeur.
- **La grossesse.** Il est rare de trouver des informations suffisantes sur la façon dont la grossesse affecte les symptômes bipolaires. La privation de sommeil et les changements dans les niveaux d'énergie sont certainement importants à considérer, de même que les changements hormonaux sous-jacents qui se produisent tout au long de la grossesse.
- **Le post-partum.** Les femmes souffrant de trouble bipolaire ont de risques de vivre un épisode thymique immédiatement ou peu de temps après l'accouchement ; cela est bien établi. Les changements hormonaux, rapides et spectaculaires, sont supposés jouer un rôle majeur dans ces périodes à haut risque.

» **La péri-ménopause/ménopause.** Les femmes souffrant de dépression et de trouble bipolaire sont plus à risque pour subir un épisode de dépression pendant la ménopause que les femmes sans antécédents d'épisode thymique. Ce risque plus élevé se cumule souvent avec les autres soucis du vieillissement en ce qui concerne le trouble bipolaire et son traitement.

Conseil

Si vous ressentez des symptômes prémenstruels graves de l'humeur, votre médecin peut choisir de vous prescrire un antidépresseur inhibiteur sélectif de la recapture de la sérotonine (ISRS), à prendre uniquement au cours de la semaine qui précède immédiatement vos règles. L'ISRS peut avoir des effets spécifiques et immédiats sur la production et/ou le métabolisme des hormones sexuelles, ce qui permet une disparition plus rapide des symptômes dépressifs.

Grossesse et trouble bipolaire

Toutes les femmes en âge de procréer traitées pour un trouble bipolaire devraient parler de leur contraception et de leur grossesse avec leurs médecins et avoir des plans d'urgence en place en cas de grossesse non planifiée. Ces discussions doivent couvrir les différents aspects de la santé reproductive – tant sur la façon dont le trouble bipolaire affecte la grossesse que sur les conséquences de la grossesse sur le trouble bipolaire. Après tout, la moitié des grossesses ne sont pas planifiées et le pourcentage peut être plus élevé pour les femmes souffrant d'un trouble bipolaire, car elles ont plus souvent des cycles menstruels irréguliers et des comportements sexuels impulsifs.

Dans les sections suivantes, nous soulignons les décisions importantes que les femmes souffrant d'un trouble bipolaire doivent prendre, à commencer par la question de tomber enceinte. Nous fournissons également des informations importantes pour faire des choix de médicaments avant, pendant et après la grossesse. Cette section comprend également des conseils sur la planification et la préparation de la grossesse et de la gestion du trouble bipolaire pendant la grossesse.

Décider une grossesse

Le trouble bipolaire ne vous exclut pas de la parentalité. De nombreux parents ayant un trouble bipolaire ont élevé des enfants en bonne santé et socialement bien adaptés. Lorsque vous pensez à avoir des enfants, posez-vous les questions suivantes et discutez-en avec quelqu'un dans votre réseau de soutien qui est susceptible d'être impliqué ou affecté par votre décision :

» **Quelles sont les chances que mon enfant développe un trouble bipolaire ?** Si un seul parent souffre d'un trouble bipolaire, l'enfant a 12 à 15 % de risque de développer la maladie. Si les deux parents en souffrent, le risque grimpe à environ 25 % (voir le chapitre 2 pour plus d'informations sur les facteurs génétiques du trouble bipolaire).

- **Comment les médicaments affectent le développement du fœtus ?** Bon nombre de médicaments utilisés pour traiter le trouble bipolaire peuvent être dangereux pour le fœtus en développement. (Consultez la section suivante pour plus de détails.)
- **Comment la grossesse affectera-t-elle mes humeurs ?** La grossesse et le post-partum sont parfois des périodes à haut risque pour l'instabilité de l'humeur. Une surveillance attentive pendant la grossesse et au moins trente jours après l'accouchement peut vous aider, vous et vos médecins, à identifier les signes précoces d'alerte.
- **Puis-je gérer le stress ?** Être enceinte, accoucher, et élever un nourrisson puis un jeune enfant va sans aucun doute perturber vos horaires, changer vos relations, et augmenter votre stress. Grâce à une planification minutieuse, cependant, vous pouvez réduire les perturbations et externaliser au moins une partie des responsabilités et des facteurs de stress.

Choisir les médicaments avant, pendant et après la grossesse

Si vous êtes enceinte ou pourriez le devenir, vous et votre médecin devez examiner le risque de grossesse lors du choix de votre traitement. Les sections suivantes mettent en évidence des considérations importantes sur la santé reproductive à aborder avec votre médecin.

AVANT LA GROSSESSE

Toutes les femmes en âge de procréer doivent discuter avec leur médecin des facteurs suivants, lors du choix des médicaments pour traiter les symptômes bipolaires – même si elles n'ont pas l'intention de tomber enceinte dans un proche avenir :

- Certains médicaments, y compris la carbamazépine (Tegretol), oxcarbazépine (Trileptal) et le topiramate (Epitomax), ont tendance à diminuer l'efficacité des pilules contraceptives.
- Les pilules contraceptives peuvent affecter les concentrations d'autres médicaments dans le sang, en particulier la lamotrigine, en abaissant ses niveaux au cours des trois semaines d'exposition à l'œstrogène et en permettant d'augmenter ses niveaux jusqu'à 50 % au cours de la dernière semaine sans pilule.

- Certains antipsychotiques peuvent augmenter les niveaux de prolactine et réduire ainsi les chances de conception. Si vous prévoyez une grossesse, votre médecin peut vérifier votre taux de prolactine et discuter avec vous de médicaments alternatifs.
- Le Valproate (Dépakote) augmente le risque de syndrome des ovaires poly-kystiques.

PENDANT LA GROSSESSE

Les choix de médicaments pendant la grossesse nécessitent une collaboration étroite entre la femme souffrant du trouble bipolaire, son psychiatre et son obstétricien. Bien sûr, dans un monde parfait, ne pas avoir à prendre des médicaments pendant la grossesse est la meilleure option, mais la recherche montre que l'arrêt des médicaments en début de grossesse augmente considérablement le risque d'épisodes thymiques récurrents, en particulier chez les femmes ayant des antécédents de symptômes fréquents ou sévères. Un tel épisode thymique peut représenter un danger pour la mère et le bébé. Pourtant, le début de la grossesse (premier trimestre) est la période où le risque de malformations graves chez le fœtus est le plus élevé en cas de consommation de médicaments, c'est pourquoi finalement c'est le bon moment pour une femme de considérer d'arrêter tous les médicaments.

Les médicaments sont affectés à une classe selon les risques potentiels que présente leur prise durant une grossesse[10]. La liste suivante classifie les médicaments qui traitent le trouble bipolaire en fonction des risques spécifiques encourus pendant la grossesse :

- **Classe D.** À utiliser dans les situations d'urgence vitale, quand aucun médicament plus sûr n'est disponible. Il existe des preuves évidentes de risque pour le fœtus humain.
  - **Lithium**. Ce médicament présente un risque important d'anomalies cardiaques ainsi qu'un risque d'accouchement prématuré, de problèmes neurologiques, de la thyroïde ou d'anomalies du rein chez le fœtus.
  - **Valproate (Depakote).** Ce traitement entraîne un risque élevé de malformations majeures du fœtus, en particulier lorsqu'il est utilisé durant le premier trimestre. Il augmente également le risque de mortinatalité et de fausse couche.
  - **Carbamazépine (Tegretol).** Les mères prenant de la carbamazépine pendant la grossesse font face à un risque important de malformations fœtales.

10. Pour plus d'infos, consulter le site du CRAT : `http://lecrat.fr/`

- **Benzodiazépines.** Cette classe de médicaments comporte un certain risque accru de malformations fœtales lorsqu'ils sont utilisés durant le premier trimestre. Lorsqu'ils sont utilisés en fin de grossesse, ils peuvent provoquer le *syndrome de la poupée*, une pathologie neurologique liée à une hypotonie musculaire.

- **Paroxétine (Deroxat).** Son utilisation au cours du premier trimestre a été associée à un risque plus élevé de malformations fœtales, en particulier du système cardio-vasculaire (la plupart des antidépresseurs actuellement utilisés tombent dans la classe C, tel que présenté ci-dessous).

- **Imipramine (Tofranil).** Cet antidépresseur tricyclique est considéré comme de classe D, tandis que d'autres tricycliques tombent dans la classe C, comme indiqué ci-dessous.

» **Classe C.** À utiliser avec prudence, si les avantages l'emportent sur les risques. Les études réalisées sur les animaux montrent un risque, les études sur l'être humain ne sont pas disponibles ou bien, pour certains médicaments, aucune étude sur les animaux ou l'être humain n'ont été réalisées.

- **Lamotrigine (Lamictal).** Ce médicament présente moins de risque de malformations majeures que les autres anticonvulsifs énumérés précédemment, mais un risque important de certaines malformations congénitales existe encore – risques potentiellement plus grands à des doses plus élevées. La dose recommandée ne doit pas dépasser 300 mg/jour.

- **Les antipsychotiques atypiques.** Peu d'informations sont disponibles sur les risques des antipsychotiques atypiques sur la grossesse, mais on pense qu'ils présentent un risque plus faible de malformations majeures que les médicaments de classe D (lithium, valproate et carbamazépine). Une prise de poids ou des changements des taux de sucre/insuline liés au traitement, chez la mère, peut affecter le développement du fœtus. Le plus sûr tout au long de la grossesse est l'olnzapine (Zyprexa).

- **Les antidépresseurs ISRS et ISRN autres que la paroxétine.** Les femmes enceintes devraient essayer d'éviter les antidépresseurs au cours du troisième trimestre afin de réduire les problèmes induits par la sérotonine sur le nouveau-né, y compris l'agitation excessive, les difficultés à se nourrir et les problèmes respiratoires. La plupart des antidépresseurs présentent moins de risques de malformations majeures que les médicaments de classe D. Un problème rare associé aux ISRS est l'*hypertension pulmonaire* – une atteinte du système cardiaque et pulmonaire – chez le bébé après une longue exposition pendant la grossesse.

Attention

Ne modifiez pas votre traitement ou n'arrêtez pas de prendre des médicaments sans consulter votre médecin. Les taux de rechute pendant et après la grossesse sont relativement élevés et augmentent le risque d'impulsivité, de mauvaise autogestion et de suicide. Travaillez avec votre médecin pour élaborer un plan de traitement qui équilibre votre bien-être (ce qui est tout aussi important pour le bébé que pour vous) tout en assurant la sécurité du développement du bébé. Souvent, ces plans incluent le choix de médicaments qui comportent moins de risque pendant la grossesse, en utilisant un seul médicament si possible, et en gardant les doses aussi faibles que possibles (voir la section « Planifier et préparer une grossesse » pour plus de détails).

LE POST-PARTUM

La période de post-partum est connue pour ses risques élevés d'épisodes thymiques récurrents. De nombreuses femmes et leurs médecins décident de reprendre les médicaments d'avant grossesse juste après la naissance afin de réduire la probabilité d'un épisode thymique. Néanmoins faire cela engendre les risques suivants :

De nombreux médicaments sont transmis par le lait maternel, donc si vous commencez à prendre immédiatement vos médicaments après l'accouchement, il vous faudra peut-être choisir le biberon plutôt que l'allaitement naturel, ce qui peut aussi vous aider à réguler votre sommeil.

La fatigue ou les autres effets secondaires de reprise de médicaments peuvent être particulièrement difficiles avec un nouveau-né à la maison. Cependant, ces effets peuvent être un faible prix à payer pour la prévention d'un épisode thymique.

Avoir les bons niveaux de médicaments peut être un objectif difficile à atteindre immédiatement après l'accouchement, lorsque le poids du corps et les niveaux de fluide varient beaucoup.

Planifier et préparer une grossesse

Si vous êtes une femme avec un trouble bipolaire et décidez d'essayer de tomber enceinte, travaillez avec votre médecin pour élaborer et rédiger un plan pour faciliter la grossesse, minimiser les risques pour le fœtus et prévenir les cycles de l'humeur. Votre planification et votre préparation devraient viser les objectifs suivants :

» **Stabiliser votre humeur pendant plusieurs mois avant la conception.** Démarrer une grossesse quand les humeurs sont stables améliore vos chances de les conserver stables pendant toute la grossesse.

- **Surveiller plus étroitement vos humeurs.** Demandez à quelques amis de confiance ou à vos proches – idéalement ceux que vous voyez plusieurs fois par semaine – de vous aider à surveiller vos humeurs. Assurez-vous que vos recrues connaissent vos signes précoces d'alerte et sachent quoi faire s'ils remarquent un problème.
- **Utiliser le moins de médicaments possibles et aux doses efficaces les plus faibles**. Si un médicament est nécessaire, l'objectif est la monothérapie (un seul médicament).
- **Évitez les médicaments qui ont un risque élevé d'affecter le développement du fœtus.** Cela signifie généralement un sevrage du valproate, de la carbamazépine, du lithium, et de la paroxétine ainsi qu'un changement pour un traitement préventif différent si possible.
- **Privilégiez des traitements et un soutien non-médicamenteux.** Une bonne nutrition (qui comprend les vitamines prénatales incluant de l'acide folique), une psychothérapie et le soutien de la famille allégeront le fardeau supplémentaire de la grossesse et vous aideront à compenser toute diminution de votre traitement.

Gérer une grossesse avec trouble bipolaire

Si vous pensez que vous pourriez être enceinte, confirmez la grossesse dès que possible et planifiez une réunion entre votre psychiatre et votre obstétricien/gynécologue pour élaborer le plan d'action le plus adapté pour vous et votre grossesse. Dans le cadre de votre plan, envisagez les étapes suivantes :

1. **Planifiez des rendez-vous plus fréquents chez le médecin et le thérapeute.**
2. **Discutez avec votre médecin pour ajuster de vos médicaments.**
3. **Si vous prenez du lithium et décidez de conserver ce médicament pendant la grossesse, prenez les précautions suivantes :**
   - Discutez avec votre médecin de la possibilité d'arrêter le lithium au cours du premier trimestre, quand il est plus susceptible d'affecter le développement du fœtus, et de le redémarrer au deuxième trimestre.
   - Discutez avec votre médecin de la possibilité de répartir votre dose quotidienne tout au long de la journée pour maintenir un niveau constant de lithium.
   - Demandez à votre obstétricien/gynécologue de planifier des échographies régulières ou d'autres tests pour suivre l'évolution du cœur du fœtus.

- Régulez votre consommation de liquide plus attentivement. Soyez particulièrement consciente de la déshydratation, qui peut augmenter les niveaux de lithium.
- Peu à peu et temporairement, réduisez votre dose de lithium d'au moins 50 % la semaine avant l'accouchement, pour éviter la toxicité du lithium qui peut résulter de la perte de fluide lors de l'accouchement.
- Demandez à tester votre taux sanguin de lithium plus fréquemment – toutes les quatre semaines jusqu'à la 36e semaine, puis chaque semaine jusqu'à la naissance. Vérifiez à nouveau dans les 24 heures après l'accouchement.
- Discutez avec votre médecin pour rétablir votre dose d'entretien complète du lithium après la naissance et parlez-lui de votre souhait ou non d'allaiter.

4. **Si vous prenez un antipsychotique atypique, demandez à votre médecin de surveiller votre poids et votre taux de glucose pendant toute la grossesse.** Les médecins surveillent ces niveaux pour toutes les grossesses, mais votre médecin peut choisir d'être plus vigilant encore si vous prenez des antipsychotiques atypiques.
5. **Comme toujours, si vous observez les signes avant-coureurs d'un changement d'humeur, contactez immédiatement votre psychiatre.**

Si votre humeur commence à basculer vers la manie ou la dépression, vous et votre médecin pouvez vouloir reconsidérer la prise de médicaments ou des alternatives non médicamenteuses, telles que la thérapie par électrochocs (ECT). L'ECT est considérée comme une option relativement sûre pour les femmes enceintes qui souffrent de manie ou de dépression sévère ne répondant pas aux médicaments. L'ECT ne semble pas être associée à des malformations fœtales significatives ; les questions qui se posent sont principalement relatives à des problèmes cardiaques possibles chez le fœtus en lien avec l'utilisation d'anesthésiques. Dans de rares cas, l'ECT peut également déclencher des contractions utérines. Cette stratégie reste encore un deuxième ou troisième choix après les médicaments, même pendant la grossesse simplement parce qu'il s'agit d'une procédure invasive et compliquée. (Pour en savoir plus sur l'ECT, voir le chapitre 9.)

Gérer un trouble bipolaire pendant la ménopause

La *péri-ménopause*, les années précédant la ménopause, ainsi que la ménopause et la post-ménopause sont des périodes de changements importants pour les niveaux d'hormones et peuvent déclencher des troubles de l'humeur même chez les femmes qui ne souffrent pas de trouble bipolaire. Pour les femmes bipolaires, ces fluctuations des niveaux d'hormones peuvent sérieusement aggraver leurs symptômes, notamment la dépression, car les niveaux d'œstrogènes baissent et le ratio œstrogènes/progestérone change.

Si des instabilités d'humeurs apparaissent ou empirent en raison de la ménopause, votre médecin peut vous recommander une certaine forme d'*hormonothérapie substitutive* (HTS), avec ou sans un traitement de la bipolarité. L'HTS n'est pas judicieuse pour tout le monde, surtout si vous êtes à risque concernant les problèmes cardio-vasculaires, mais certaines femmes présentant des symptômes sévères de l'humeur répondent bien à la HTS.

Le trouble bipolaire chez les personnes âgées

Diagnostiquer et traiter un trouble bipolaire chez les personnes âgées pose des défis uniques. Ici, nous mettons en évidence certaines caractéristiques de cette population qui ne sont pas applicables à d'autres, et nous offrons des conseils sur le choix et la gestion des médicaments lorsque le trouble bipolaire menace de vous voler le confort de votre retraite.

Qu'est-ce qui est si différent avec les personnes âgées ?

Seulement environ 10 % des personnes atteintes de trouble bipolaire sont diagnostiquées après l'âge de 50 ans, mais que vous soyez diagnostiqué avant ou après votre cinquantième anniversaire, le vieillissement apporte de nouveaux défis dans la gestion de la maladie. Le dénominateur commun dans les deux situations – diagnostics nouveaux et préexistants – est que les changements du corps et du cerveau chez les personnes âgées créent des différences importantes dans la manifestation et le traitement du trouble bipolaire, telles que notamment :

- Les risques de pathologies médicales et neurologiques sont beaucoup plus élevés chez les personnes âgées. Si quelqu'un se présente avec de nouveaux symptômes de manie ou de dépression dans les dernières années de sa vie, un médecin doit effectuer un diagnostic différentiel attentif pour écarter les autres causes possibles des symptômes de l'humeur. (Voir le chapitre 5 pour des informations sur ce qui constitue un diagnostic différentiel.)

» Les médecins ont besoin de mettre en place un travail médical prudent pour les personnes ayant un trouble bipolaire préexistant et devant l'aggravation des symptômes de l'humeur, en particulier si les symptômes sont incohérents par rapport aux schémas et aux cycles précédents.

» Les personnes âgées ont tendance à prendre plus de médicaments et le risque d'effets secondaires augmente en raison de l'âge et de l'accumulation ou la superposition des médicaments. Certains médicaments peuvent déclencher une dépression ou une manie. De nouveaux symptômes maniaques ou dépressifs sévères chez les personnes âgées peuvent être le résultat de la toxicité des médicaments ou des interactions entre médicaments.

» Les gens qui ont pris des médicaments pour soigner le trouble bipolaire pendant de nombreuses années peuvent développer des effets secondaires à long terme, y compris des dommages aux reins et des anomalies de la thyroïde, susceptibles de déclencher des changements de comportement. En outre, les effets secondaires des médicaments du trouble bipolaire, y compris la toxicité du lithium, sont beaucoup plus fréquents chez les personnes âgées. Quand quelqu'un éprouve une aggravation des symptômes de l'humeur, son médecin peut en chercher les possibles causes attentivement en examinant les problèmes liés aux médicaments.

Aborder la démence et le trouble bipolaire

Le déclin de la fonction cognitive – de légers problèmes de mémoire à la démence grave – peut se manifester par des symptômes de l'humeur et du comportement, à savoir notamment l'irritabilité, l'impulsivité, de faibles niveaux d'énergie ou de motivation, de la tristesse ou de l'apathie, et des réponses émotionnelles inappropriées. Une évaluation minutieuse de la démence est essentielle pour quelqu'un présentant de nouveaux symptômes de l'humeur ou dont le trouble bipolaire semble empirer avec l'âge. Le trouble bipolaire est associé à des taux plus élevés de démence en fin de vie par rapport à la population générale. Cela peut être en partie dû spécifiquement au trouble bipolaire mais aussi être lié à la maladie d'Alzheimer et à d'autres formes de démences.

L'évaluation de la démence commence souvent avec un mini-examen d'état mental (MMSE). Si cet examen donne des preuves de déclin cognitif, le médecin peut ordonner des tests cognitifs ou neuropsychologiques approfondis. Les médicaments, des combinaisons de médicaments, et de nombreuses pathologies médicales différentes peuvent causer des symptômes de démence. Ainsi, tout comme avec les symptômes de l'humeur et du comportement, une fois la démence détectée, un examen médical complet est nécessaire pour éliminer les causes traitables des changements cognitifs.

Les problèmes de médicaments chez les personnes âgées

Les profils de médicaments pour les personnes âgées avec un trouble bipolaire diffèrent de ceux utilisés pour des populations plus jeunes, et les médecins doivent tenir compte de ces différences au moment de choisir les médicaments et de déterminer la posologie. Dans cette section, nous soulignons les questions clés pour le choix des traitements, en particulier des médicaments, pour les personnes âgées.

Traiter la manie

Les mêmes médicaments sont utilisés pour traiter la manie dans tous les groupes d'adultes, mais le but de la monothérapie (un seul médicament) est très important pour les personnes âgées. Notez les autres différences :

- **Lithium.** Les reins sont susceptibles de fonctionner de manière moins efficace avec l'âge, les niveaux de lithium peuvent de ce fait augmenter plus rapidement, ce qui provoque des symptômes de toxicité à des doses plus faibles. En outre, les médicaments anti-inflammatoires non stéroïdiens (AINS), les inhibiteurs de l'enzyme de conversion de l'angiotensine (ECA), et les diurétiques thiazidiques peuvent augmenter le niveau de lithium. Votre médecin peut vouloir éviter le lithium si vous prenez un de ces médicaments ou si vous avez une déficience cognitive ou des tremblements, que le lithium peut aggraver.

- **Anticonvulsifs.** Le valproate (Depakote) reste dans le sang plus longtemps chez les personnes âgées ; en plus, il interagit avec de nombreux autres médicaments. La Carbamazépine (Tegrétol) est efficace dans le traitement de la manie chez les personnes âgées, mais elle compte de nombreuses interactions potentiellement sérieuses avec d'autres médicaments. La Lamotrigine (Lamictal) s'est montrée efficace dans le traitement d'entretien chez les adultes âgés de plus de 55 ans.

- **Antipsychotiques.** La dose recommandée d'antipsychotiques atypiques pour les personnes âgées est généralement un demi à un tiers de la dose prescrite pour les jeunes adultes. Ces médicaments sont contre-indiqués (il est recommandé de ne pas les utiliser) chez les personnes atteintes de démence, de sorte qu'ils doivent être prescrits avec précaution, le cas échéant, pour les personnes âgées. En général, les antipsychotiques sont utilisés comme des agents complémentaires pendant les épisodes thymiques aigus, les gens revenant à la monothérapie – soit avec le lithium ou l'un des anticonvulsifs – quand l'épisode passe. Les antipsychotiques de première génération ne sont généralement pas recommandés pour les personnes âgées en raison de l'augmentation du risque de dyskinésie tardive.

- **L'électro-convulsivo-thérapie (ECT).** L'ECT a prouvé son efficacité dans le traitement de la manie aiguë chez les personnes âgées souffrant d'un trouble bipolaire et peut être pris en considération pour quelqu'un qui ne répond pas ou ne tolère pas les médicaments. Pour en savoir plus sur les ECT, voir le chapitre 9.

Traiter la dépression

Traiter la dépression bipolaire est toujours un défi – peu importe l'âge. Les options de traitements des adultes plus âgés sont semblables à ceux de la population en général avec quelques variantes :

- **Antidépresseurs.** Une combinaison antidépresseur avec anti-maniaque est un choix de traitement commun pour les personnes âgées, mais les effets secondaires possibles, l'impact sur d'autres pathologies médicales et les interactions médicamenteuses doivent être considérés.
- **La lamotrigine (Lamictal).** Les faits suggèrent que la lamotrigine est efficace pour ralentir l'apparition d'un épisode dépressif et qu'elle a des qualités antidépressives chez les adultes plus âgés. Les risques de développer un syndrome de Stevens-Johnson, une réaction cutanée grave à la lamotrigine, sont en fait plus faibles chez les personnes âgées que chez les populations plus jeunes.
- **Psychothérapie.** La psychothérapie et les actions sociales sont souvent utiles dans le traitement de la dépression chez les personnes âgées, en particulier si les médicaments ne sont pas une option ou pas pleinement efficaces.
- **L'électro-convulsivo-thérapie (ECT).** L'ECT a prouvé son efficacité dans le traitement de la dépression chez les personnes âgées et peut être considérée, si vous ne répondez pas au traitement ou ne tolérez pas les médicaments disponibles.

Traiter l'anxiété et les troubles du sommeil

Parce que les corps plus âgés éliminent les médicaments plus lentement, les sédatifs (comme les anxiolytiques et les somnifères) peuvent s'accumuler au fil du temps. Cela peut entraîner des problèmes de mémoire et de concentration. Parce que ces problèmes évoluent lentement, le lien avec les médicaments peut ne pas être évident. Il est important de réévaluer les avantages et les risques de ces médicaments quand vous vieillissez.

S'adapter aux différences culturelles

Les taux de troubles bipolaires sont semblables dans toutes les populations, dans toutes les régions du monde, mais des facteurs ethniques et culturels influent sur le diagnostic, le traitement et la réponse aux médicaments, aussi les médecins doivent-ils tenir compte de ces différences. Voici quelques-uns des facteurs culturels les plus importants qui touchent les personnes bipolaires :

- **Le contexte culturel.** Les pensées, les comportements et l'intensité de l'expression émotionnelle sont considérés comme normaux dans une culture et peuvent sembler inhabituels dans une autre. Les médecins devraient tenir compte du contexte de l'identité culturelle des patients.
- **La langue.** Quand un médecin et une personne avec une maladie mentale parlent des langues différentes, l'échange d'informations vitales peut être difficile. Pour éviter des traductions approximatives et chargées d'émotivité par un proche du patient, dans cette situation, les médecins doivent utiliser un interprète impartial lors de la communication.
- **La perception de la maladie mentale.** La stigmatisation de la maladie mentale est plus forte dans certaines cultures que dans d'autres et cela peut se traduire par une plus grande résistance au diagnostic et au traitement du trouble bipolaire.
- **Les préférences dans le traitement et le soutien.** La culture influence le choix d'une personne de se tourner, pour une détresse psychiatrique, vers un médecin ou vers la religion, vers des remèdes populaires ou d'autres options. Certaines cultures ont des communautés particulièrement unies qui fournissent un fort soutien social, et les différences culturelles dans la façon dont les gens interprètent les avantages et les effets secondaires des médicaments affectent les résultats du traitement.
- **Le métabolisme des médicaments.** L'origine ethnique peut influer sur la posologie et l'efficacité de certains médicaments, en raison de variations génétiques des enzymes qui métabolisent les médicaments. Par exemple, les personnes d'origine asiatique et les Afro-Américains ont tendance à avoir un métabolisme plus lent avec de nombreux médicaments, bien que la variation génétique soit différente dans les deux groupes. D'autres groupes, y compris les Éthiopiens, juifs séfarades et les Arabes, ont tendance à avoir un métabolisme ultra-rapide pour de nombreux médicaments.

Le trouble bipolaire dans la communauté LGBT

Les personnes de la communauté LGBT (gays, lesbiennes, bisexuels ou transgenres) doivent relever une multitude de défis uniques lorsqu'ils font face à un diagnostic de trouble bipolaire. La recherche dans ce domaine spécifique est assez limitée, mais plusieurs questions se démarquent dans la gestion du trouble bipolaire chez les individus de la communauté LGBT :

- **Stigmatisation.** Avec un diagnostic de trouble bipolaire, la stigmatisation de la maladie mentale s'ajoute à une charge déjà lourde pour les personnes LGBT et leurs proches. Les jeunes aux prises avec des problèmes d'identité et d'orientation sexuelle sont particulièrement vulnérables face à des attitudes et des comportements négatifs, voire totalement hostiles, et les incidents d'intimidation peuvent attiser des symptômes de l'humeur déjà frémissants.
- **La sensibilisation des soignants.** La connaissance, la sensibilisation et les niveaux de stigmatisation intériorisée varient considérablement d'un soignant à l'autre lorsqu'on travaille avec des personnes LGBT qui souffrent de trouble bipolaire. La sexualité en général est mal enseignée dans les écoles de médecine et dans les formations, et de nombreux médecins ne prennent même pas la peine de poser des questions sur l'orientation ou l'identité sexuelle. Si vous sentez que vous ne recevez ni respect ni compréhension de la part de votre médecin, allez chercher de l'aide ailleurs ou demandez à parler au chef de service.
- **Autres problèmes de santé.** Le virus de l'immunodéficience humaine (VIH) et le syndrome d'immunodéficience acquise (SIDA) sont plus fréquents dans la communauté LGBT que dans la population générale, et ces maladies peuvent compliquer les manifestations et le traitement du trouble bipolaire. Les changements neurologiques causés par le SIDA peuvent créer des symptômes émotionnels et comportementaux qui se chevauchent parfois avec des symptômes du trouble bipolaire, ce qui rend d'autant plus crucial le travail des médecins pour trouver les causes réelles des symptômes de l'humeur chez les personnes LGBT.

4 Développer des techniques de survie

DANS CETTE PARTIE...

Les plans de traitement les plus efficaces pour le trouble bipolaire impliquent généralement une combinaison de médicaments, d'autogestion et de thérapie. Dans la partie III, nous avons abordé la composante médicamenteuse du traitement. Ici, dans la partie IV, nous tournons notre attention vers les stratégies non médicamenteuses telles l'autogestion et la psychothérapie.

Nous présentons quelques activités de ces stratégies psycho-sociales qui se sont avérées efficaces dans la gestion des troubles bipolaires ainsi que dans la réduction de la fréquence et de la gravité des symptômes. Nous recommandons des ajustements de mode de vie qui peuvent aider à réduire ou éliminer les déclencheurs qui contribuent souvent à l'instabilité de l'humeur, et fournissons des conseils sur la façon d'améliorer votre communication et vos compétences en résolution de problèmes pour atténuer les conflits relationnels.

Enfin, nous vous proposons quelques conseils sur la façon d'anticiper un épisode thymique majeur afin que vous et le reste des membres de votre équipe de soin soyez mieux équipés pour réduire la gravité et la durée d'un épisode mais aussi pour gérer les retombées qui en résultent généralement.

Chapitre 11

Explorer les stratégies de développement personnel, les thérapies et autres formes de soutien

DANS CE CHAPITRE :

- **Suivre les évolutions de vos humeurs, habitudes de sommeil et niveaux d'énergie**
- **Reconnaître ce qui déclenche vraiment un épisode thymique… et y faire face**
- **Explorer les thérapies, la pleine conscience et d'autres approches**

Au milieu d'un épisode thymique majeur, vous pouvez être impuissant et incapable de vous aider vous-même, mais quand l'épisode disparaît et que vous vous retrouvez un peu comme avant, vous pouvez démarrer une thérapie et tenter d'autres thérapies d'auto-assistance utiles dans le maintien de la stabilité de l'humeur ainsi que pour conjurer de futurs épisodes. Des activités gratuites et simples comprennent la surveillance de vos humeurs, de vos habitudes de sommeil et de vos niveaux d'énergie, ainsi que votre implication dans un groupe de soutien local. Une aide professionnelle est également accessible sous la forme de diverses psychothérapies, d'une formation à la pleine conscience et de thérapies conjugales, relationnelles et familiales.

Dans ce chapitre, nous expliquons les différentes façons dont vous pouvez contrôler et gérer vos humeurs par vous-même et avec une aide extérieure. Nous vous encourageons également à garder une trace de l'efficacité des différents traitements que vous prenez et suivez, ce qui fonctionne et ce qui fonctionne moins, voire pas du tout.

Monitorer vos humeurs

Une des activités les plus utiles que vous pouvez mettre en place, pour vous aider dans votre rétablissement et éviter les crises, est de surveiller vos humeurs sur une base régulière. Le suivi des humeurs offre les avantages suivants :

- Il augmente votre prise de conscience de vos humeurs et de ses fluctuations.
- Il sert d'alerte précoce de l'imminence d'un épisode thymique.
- Il aide à évaluer l'efficacité des médicaments et des thérapies.

La figure 11-1 fournit un exemple de tableau de suivi de l'humeur que vous pouvez utiliser pour enregistrer votre humeur chaque jour sur une échelle de + 5 (maniaque) à - 5 (dépressif). La ligne de base, normale, est à 0. Il suffit de placer un X dans la case qui correspond le mieux à votre niveau d'humeur global pour chaque jour. La zone « Notes » au bas du tableau offre l'espace nécessaire pour noter et relier tout changement de médicaments, ou tout événement important affectant votre humeur un jour donné. Si vous avez déjà un calendrier, il suffit d'écrire un nombre dans chaque bloc, tous les jours, de + 5 à - 5 pour indiquer votre niveau d'humeur. Gardez à l'esprit que certaines personnes éprouvent des symptômes de dépression et de manie en même temps. Si cela est vrai pour vous, assurez-vous de bien noter les deux. Cela signifie qu'un jour peut montrer + 3 et - 4.

Partagez vos tableaux d'humeurs avec votre médecin et thérapeute. Les informations quotidiennes peuvent vous aider à identifier vos facteurs de stress et facteurs déclencheurs, à gérer vos médicaments et à suivre le succès de votre traitement. Lorsque votre médecin ou un thérapeute vous demande comment vous vous sentez depuis votre dernier rendez-vous, les tableaux vous permettent de répondre avec précision à cette question.

Conseil

Si vous avez un Smartphone, envisagez d'installer une application pour monitorer les humeurs bipolaires. Faites une recherche en ligne avec les mots-clés « application pour suivre un trouble bipolaire » pour trouver les applications pertinentes pour Smartphones. Une des meilleures est « MyMoodTracker ».

Monitorer votre sommeil et vos niveaux d'énergie

Une diminution du besoin de sommeil est une indication précoce quasi universelle d'un épisode maniaque imminent, alors que l'incapacité de sortir du lit est un très bon indicateur de la dépression. Nous vous encourageons à tenir un journal de votre sommeil ou au moins à noter sur votre tableau d'humeur (voir la figure 11-1) ou sur votre calendrier votre nombre d'heures de sommeil et votre niveau d'énergie quotidien.

Il suffit de noter le nombre total d'heures de sommeil chaque jour, y compris les siestes, et noter votre niveau d'énergie pour ce jour-là sur une échelle de 0 à 5 (vous pouvez constater que votre niveau d'énergie est un assez bon reflet de votre humeur générale pour la journée). La zone « Notes » à la fin du tableau de l'humeur dans la figure 11-1 fournit un peu plus d'espace pour que vous notiez tout ce qui peut avoir une incidence sur votre sommeil ou vos niveaux d'énergie.

Vous pouvez utiliser votre journal de sommeil pour identifier les signes précoces et les schémas d'alerte dont vous pourriez avoir besoin pour gérer une stabilité optimale de votre humeur. Surveillez sur votre journal, chaque jour, les signes d'alerte suivants :

1. **Augmentation du besoin de sommeil.** Si vous dormez plus et que vos niveaux d'énergie s'effondrent, votre humeur peut être dans une phase de descente.
2. **Diminution du besoin de sommeil.** Si vos niveaux d'énergie sont en hausse et que vous dormez moins, vous pouvez être en train de couver un épisode maniaque.
3. **Difficulté à vous endormir ou à rester endormi (insomnie).** La plupart des gens s'endorment en environ 20 minutes et se réveillent la nuit, mais peuvent se rendormir assez rapidement. Si vous mettez beaucoup de temps à vous endormir, que vous vous réveillez souvent pendant la nuit et ne pouvez pas vous rendormir, ou que vous vous réveillez très tôt le matin et ne pouvez pas vous reposer à nouveau, prenez note de ces alertes rouges, en particulier pour la dépression.
4. **Les variations dans les habitudes de sommeil.** Si vous dormez durant le week-end, en faisant de longues siestes pendant la journée, et/ou si vous êtes incapable de dormir quand vous allez normalement au lit, alors vous devrez peut-être travailler sur la régulation de vos habitudes de sommeil. Si vous éprouvez des difficultés à vous endormir ou à dormir toute la nuit, allez au chapitre 12 pour quelques suggestions.

FIGURE 11-1 : Un journal de l'humeur vous aide à contrôler vos humeurs et à en suivre les variations au fil du temps.

Tableau de l'humeur et du sommeil

Mois Année

	Jour	1	2	3	4	5	6	7	8	9	10	11	12	13	14	15	16	17	18	19	20	21	22	23	24	25	26	27	28	29	30	31
VARIATIONS D'HUMEUR	+5 (Maniaque)																															
	+4																															
	+3																															
	+2																															
	+1																															
	0 (Normal)																															
	-1																															
	-2																															
	-3																															
	-4																															
	-5 (Dépressif)																															
Sommeil (nombre total d'heures)																																
Niveau d'énergie (0 à 5)																																
Notes																																

Identifier les facteurs déclencheurs et de stress

Les gens, les lieux, les emplois, les événements, les saisons, et même les vacances peuvent jouer un rôle important dans la stabilité de votre humeur. En identifiant vos facteurs déclencheurs et les sources primaires de stress dans votre vie, vous pouvez commencer à les éliminer, ou au moins à diminuer les effets toxiques qu'ils ont sur vos humeurs.

À retenir

Le corps interprète tout stimulus environnemental très tendu comme du stress, qu'il soit fortement négatif ou fortement positif. Ainsi, les déclencheurs peuvent varier de situations où vous vous sentez mal à l'aise à celles qui sont particulièrement excitantes et stimulantes. Certaines études suggèrent que, souvent pour ne pas dire toujours, les épisodes maniaques suivent effectivement un grand événement positif de la vie. Notez les principales sources de bon et mauvais stress dans votre vie, ainsi que les situations qui semblent déclencher la dépression ou la manie.

Voici quelques facteurs de stress et les déclencheurs courants qui peuvent vous aider à identifier les vôtres :

- **Les changements de saisons.** Certaines saisons peuvent déclencher des problèmes d'humeur pour certaines personnes. Le printemps semble ouvrir la voie à la manie, tandis que les mois d'hiver ont tendance à entraîner des épisodes dépressifs. Les heures d'ensoleillement peuvent également contribuer à l'humeur et aux irrégularités du sommeil.
- **Les vacances.** Les vacances offrent souvent une double dose de dysfonctionnement. Elles perturbent une routine soigneusement structurée et vous placent souvent en contact avec les membres de votre famille, ce qui peut être excitant ou irritant. Planifier vos vacances peut inclure de coller à votre routine quotidienne, d'éviter ou de limiter le contact avec certaines personnes et situations, et enfin de consulter votre médecin pour obtenir un ajustement à court terme de vos médicaments ou pour ajouter un anxiolytique.
- **Le stress ou les conflits liés au travail ou à l'école.** Les conflits avec des collègues, des heures irrégulières, des objectifs déraisonnables et des responsabilités imprévues dans votre travail ne sont que quelques-uns des facteurs de stress sur le lieu de travail qui peuvent contribuer à l'apparition des symptômes bipolaires. Les promotions, nouvelles responsabilités et objectifs, et la réalisation de grands projets peuvent également déclencher des réactions de stress, alors faites aussi attention à elles. Pour les jeunes adultes, la rentrée

scolaire, en particulier l'entrée à l'université, et l'obtention d'un diplôme sont des déclencheurs courants.

- **Les problèmes relationnels.** Le conflit relationnel est une cause fréquente de stress. Il peut provenir de nombreuses sources, et le trouble bipolaire peut y contribuer car, pour nourrir l'appétit insatiable de stimulation, il vous pousse souvent à provoquer un conflit. Des sentiments très positifs et les événements dans les relations peuvent aussi être stressants. Si éviter ou mettre fin à une relation négative n'est pas possible ou souhaitable, alors vous et votre interlocuteur pouvez avoir besoin de travailler sur la résolution des conflits ensemble, peut-être avec l'aide d'un thérapeute qualifié.
- **Les questions parentales.** Élever des enfants est stressant, et cela peut l'être encore plus quand le trouble bipolaire fait partie de la famille. La naissance d'un enfant est un grand événement de la vie et le rôle parental affecte votre sommeil et vos autres schémas de vie de façon souvent imprévisible. Si vous vous retrouvez souvent à vous disputer avec vos enfants ou votre partenaire au sujet de la fonction parentale, alors la parentalité est probablement un facteur de stress auquel vous avez besoin de faire face, éventuellement avec l'aide d'un thérapeute qualifié.
- **Les difficultés financières.** Le trouble bipolaire touche souvent les finances de deux façons : il supprime les sources de revenu et augmente le coût de la vie. Si vous êtes inquiet ou si vous vous disputez à propos de l'argent, considérez les finances comme une source de stress. Dans le chapitre 18, nous fournissons des suggestions sur la façon de surmonter les difficultés financières qui accompagnent souvent le trouble bipolaire.
- **Les périodes de repos.** Dans les temps modernes, avoir trop à faire est plus commun que de ne pas avoir assez à faire ; mais avoir trop peu à faire peut aussi être une source majeure de stress. Dans les périodes calmes, l'esprit a toute latitude pour ruminer des inquiétudes ou des pensées négatives. Structurer une partie de votre temps de repos et garder votre cerveau et votre corps engagés dans des tâches ou des activités constituent des aides pour réduire cette source de stress.

Attention

N'essayez pas de tout faire à la fois. Faites une liste de vos facteurs de stress et déclencheurs et faites face à un problème à la fois, par ordre d'importance.

Chercher une thérapie ou du soutien

Bien que les médicaments soient le traitement de première intention pour le trouble bipolaire, plusieurs thérapies et autres soutiens se sont avérés efficaces pour aider les personnes atteintes de trouble bipolaire à maintenir une stabilité de l'humeur. Dans les sections suivantes, nous vous introduisons à ces thérapies et vous fournissons des exercices et des ressources que vous pouvez utiliser dès maintenant pour tester chaque approche.

À retenir

Vous aurez peut-être besoin de différents types d'aides en fonction des symptômes ou des problèmes que vous rencontrez. Si vous êtes aux prises avec la dépression, par exemple, vous pouvez avoir besoin d'aide pour surmonter les pensées négatives, augmenter votre participation à des activités positives et trouver plus de soutien dans vos relations proches. Si votre humeur est stable, vous voudrez peut-être vous concentrer sur les moyens d'apprendre à reconnaître les signes précoces d'alerte et à maintenir une routine saine. Si au contraire vous avez expérimenté de légers symptômes de manie, vous pouvez avoir besoin d'aide pour gérer votre impulsivité et irritabilité.

Conseil

Gardez une trace de vos succès et échecs de traitements dans un journal ou tout autre document. Dans une colonne, listez ce qui a fonctionné pour vous dans le passé ; dans l'autre, décrivez ce qui ne vous a pas aidé. Ce journal peut être très utile pour vous et les gens de votre équipe de soignants quand vous essayez de trouver les meilleurs outils pour maintenir une stabilité de votre humeur.

La psychoéducation

Tout au long de votre maladie, votre capacité à accepter le fait que vous avez un trouble bipolaire peut connaître des hauts et des bas. Votre capacité à observer objectivement et évaluer vos humeurs et comportements peut s'améliorer ou se détériorer. Votre désir de trouver un traitement peut également fluctuer. La psychoéducation est un type de thérapie qui peut améliorer les résultats du traitement en vous informant sur le trouble bipolaire et vous rendant plus conscient des symptômes et des signes précoces d'alerte afin que vous puissiez mieux maintenir la stabilité de votre humeur. Par la psychoéducation, vous gagnez les avantages suivants :

» Une meilleure compréhension des causes et des traitements du trouble bipolaire ;

» Une connaissance des raisons pour lesquelles les médicaments sont nécessaires ;

- Un aperçu de la façon dont la thérapie peut vous aider ;
- Le renforcement de votre capacité à reconnaître les symptômes ;
- La reconnaissance des signes précoces d'alerte ainsi que des facteurs déclencheurs et de stress qui causent la survenue de nouveaux épisodes ;
- La confiance dans le fait qu'un traitement approprié peut améliorer votre état ;
- Une détermination renforcée à bien suivre votre plan de traitement.

Ce livre est un type de psychoéducation. Vous pouvez également en apprendre davantage sur la façon de gérer efficacement le trouble bipolaire à partir d'enregistrements audio et vidéo, grâce aux médecins et thérapeutes, aux groupes de soutien, à une thérapie de groupe et sur des sites Web qui proposent des informations précises.

À retenir

L'un des principaux objectifs de la psychoéducation pour les bipolaires est d'améliorer leur lucidité et leur capacité à reconnaître les signes d'alerte et précurseurs des changements thymiques majeurs.

Thérapie cognitivo-comportementale (TCC)

Si vous vous êtes déjà reproché quelque chose que vous avez dit ou fait, alors vous êtes bien au courant du pouvoir qu'à votre cerveau de se retourner contre vous et de vous faire sentir très mal.

La thérapie cognitivo-comportementale (TCC) est basée sur le concept selon lequel les pensées sont les principaux facteurs de réponses émotionnelles. La TCC est conçue pour former votre cerveau et votre corps à développer une pensée plus adaptative et des modèles de comportement qui vont ensuite aider à moduler vos réponses émotionnelles. L'autre objectif de la TCC est de modifier vos réactions physiques et émotionnelles face aux facteurs de stress grâce à des techniques d'exposition – rendre plus faciles à gérer des situations inconfortables, comme le fait de demander quand vous avez besoin de quelque chose, en augmentant progressivement votre exposition à de telles situations.

Lorsqu'on l'examine comme un processus étape par étape, la TCC ressemble à quelque chose comme ceci :

- **Dresser une liste de symptômes ou de réponses et les classer par ordre de difficulté perçue – du plus au moins difficile.**

» **Identifier les pensées et les croyances qui déclenchent des réactions émotionnelles mal adaptées et/ou renforcent d'autres schémas de symptômes.**

» **Calmer votre cerveau afin de prendre conscience des pensées et des croyances déformées.**

» **Développer et pratiquer de nouvelles croyances rationnelles et pensées logiques pour remplacer ou répliquer aux distorsions.**

» **Développer et adopter des comportements positifs et efficaces sur la base des nouvelles pensées et croyances.**

» **Travailler sur les techniques d'exposition – exposez-vous à l'un de vos facteurs déclencheurs d'anxiété, puis augmentez progressivement les niveaux d'intensité et déclenchez volontairement les réponses d'anxiété contrôlées qui permettent au cerveau et au corps de remplacer de fortes réactions par des réactions plus faibles.**

Un thérapeute qualifié peut recommander des techniques pour vous aider à identifier et à éliminer vos pensées déformées. Les approches varient, en fonction de vos pensées déformées et de la façon dont elles affectent votre comportement et réactions dans des situations particulières. Voici quelques approches répandues :

» Écrire un journal pour monitorer les pensées déformées et identifier comment elles peuvent affecter votre comportement.

» Envisager comment une action ou un événement va se dérouler afin que vous puissiez être à l'aise avec.

» Lancer un défi dans lequel le thérapeute joue l'avocat du diable en soutenant votre croyance déformée pendant que vous vous exprimez pour la réfuter.

» Un jeu de rôle pour vous permettre de sortir d'une situation inconfortable avec votre thérapeute avant de l'essayer dans le monde réel.

» Expérimenter différentes options que vous discutez en thérapie.

» Vous désensibiliser à des situations inconfortables en augmentant progressivement votre exposition à ces types de situations.

» Faites « comme si » lorsque vous jouez le rôle de quelqu'un qui agit en appliquant le nouveau comportement, même si cela ne vous semble pas encore totalement réel.

Les psychothérapeutes ont utilisé la TCC avec succès pendant des années pour traiter la dépression bipolaire et unipolaire. La TCC est également un traitement de première intention pour l'anxiété et le trouble obsessionnel-compulsif. Parce que les antidépresseurs aggravent souvent la manie, la TCC est un outil important pour aider à soulager la dépression, sans les effets secondaires indésirables des médicaments. Les scanners du cerveau ont montré que la TCC change réellement les processus chimiques dans le cerveau des personnes atteintes d'anxiété – un effet similaire à un médicament.

La théorie veut que la TCC puisse également aider dans les premières étapes d'un épisode hypomaniaque ou maniaque en atténuant les croyances optimistes trop positives pour les rendre plus conforme à la réalité. La recherche est moins répandue pour cette application de la TCC que pour son utilisation avec la dépression, mais les avantages potentiels de la TCC dans la manie sont explorés à l'heure actuelle.

À retenir

Dans le sport, vous développez vos compétences bien avant le grand match de sorte qu'elles sont déjà votre seconde nature quand vous êtes sous pression. Pour des raisons similaires, faites votre travail de TCC quotidien, quand votre esprit est calme et votre vie est réglée – pas lors d'un épisode thymique – parce que le cerveau a des difficultés à apprendre quelque chose de nouveau quand il est hors de contrôle. Avec ces nouvelles compétences fermement en place, quand les choses tourneront mal, votre cerveau sera entraîné à garder par lui-même les idées plus claires et concentrées qu'elles ne l'auraient été habituellement.

Pour en savoir plus à propos de la TCC, consultez *Les Thérapies comportementales et cognitives pour les nuls* de Rhena Branch et Rob Willson (First Éditions).

Thérapie comportementale dialectique (TCD)

La *thérapie comportementale dialectique* (TCD) est un dérivé de la TCC qui se concentre sur la construction d'un ensemble de compétences pour réguler les émotions, gérer les relations et conflits interpersonnels ainsi que pour supporter la détresse. Le Dr Marsha Linehan a développé la TCD en tant que traitement pour les personnes souffrant d'un trouble de la personnalité borderline (TPB), mais cette thérapie est beaucoup plus largement utilisée dans la pratique. Grâce à la TCD, les gens deviennent plus sensibles à la montée en puissance de leurs émotions, et cette prise de conscience accrue les aide à intercepter leur excitation émotionnelle et à répondre à des situations avec une volonté de résoudre les problèmes de façon tempérée.

La TCD implique traditionnellement un travail avec un thérapeute individuel chaque semaine ainsi que des séances hebdomadaires de groupe qui offrent aux participants des occasions de pratiquer leurs compétences en les faisant interagir, y compris avec les amis et les membres de la famille qui acceptent de participer.

Dans un certain nombre d'études, il a été démontré que la TCD est efficace pour le trouble de la personnalité borderline. Les preuves de son efficacité dans le traitement du trouble bipolaire sont rares, mais la TCD est souvent judicieuse comme traitement complémentaire, car apprendre à tolérer le stress et la frustration sans partir en vrille aide ceux qui vivent avec un bipolaire à répondre à leurs défis quotidiens.

La thérapie interpersonnelle et des rythmes sociaux (TIPRS)

La *thérapie interpersonnelle et des rythmes sociaux* (TIPRS) vous aide à développer une routine structurée avec des liens personnels et sociaux positifs. Ellen Frank et ses collègues ont développé la TIPRS, au Western Psychiatric Institut et à la clinique à l'Université de Pittsburgh, pour réduire la fréquence des épisodes thymiques en équilibrant la stimulation et le repos des cycles de vie et en résolvant la discorde interpersonnelle au jour le jour. Cette thérapie suit généralement un processus en quatre étapes :

» **Phase initiale.** Dans cette phase, vous et votre thérapeute développez une histoire détaillée de votre trouble, identifiez les épisodes thymiques et leur gravité ainsi que les événements de la vie, les médicaments ou antécédents de travail qui ont coïncidé avec chaque épisode. Le thérapeute vous aide à développer un inventaire interpersonnel, en mettant en évidence des gens importants dans votre vie et les rôles qu'ils y jouent, et à identifier les relations et les activités sociales qui soutiennent ou entravent la stabilité des biorythmes. Le thérapeute fournit également une psychoéducation sur le trouble bipolaire.

» **Phase Intermédiaire.** Dans cette phase, vous réglez progressivement vos horaires et travaillez en vue d'établir des relations et de participer à des activités sociales qui sont propices à la régulation de votre biorythme et moins susceptibles de les perturber. L'objectif de cette phase est d'établir un horaire régulier de sommeil, de réveil et des repas.

» **Phase d'entretien.** Maintenir les routines au milieu de la discorde peut être un défi. Cette phase, qui peut durer plusieurs années, vous aide à identifier les événements et à anticiper et résoudre les conflits qui menacent votre rythme et vos routines.

» **Phase de résolution.** Quand vous n'avez plus besoin de l'aide de votre thérapeute pour maintenir votre rythme et vos routines, le thérapeute vous mène à travers une phase de résolution, essentiellement un sevrage de la thérapie.

Si vous souhaitez poursuivre ce type de thérapie, faire équipe avec un thérapeute spécialisé en TIPRS est généralement préférable ; mais si ce n'est pas possible, les sections suivantes offrent une base pour le faire vous-même.

Identifier votre rythme naturel

La première étape vers un planning plus régulier est de déterminer vos habitudes et vos préférences actuelles. La figure 11-2 fournit une grille quotidienne que vous pouvez remplir pour enregistrer vos activités pendant une semaine. Pour chaque jour, notez vos activités à partir du moment où vous vous réveillez jusqu'au coucher, y compris les repas, le travail, les fonctions sociales, le temps en famille, l'exercice, la sieste, et tout ce que vous faites.

Structurer votre routine quotidienne

Après avoir terminé votre journal d'activité hebdomadaire (voir la figure 11-2), examinez les variations les plus spectaculaires dans vos horaires quotidiens et rédigez un planning avec moins de variations. Ne faites pas de changements drastiques que vous ne pourrez éventuellement pas tolérer. Adoptez une approche progressive. Vous pouvez effectuer des réglages supplémentaires ultérieurement. Un part de la TIPRS en appelle à la formulation des objectifs et des attentes de changement. Lorsque vos attentes sont réalistes, vous êtes plus susceptible de rester sur la bonne voie.

La TIPRS vous aide à identifier vos schémas de désynchronisation afin que vous puissiez les modérer. Par exemple, si vous allez vous coucher à 22 h 30 tous les soirs sauf le vendredi où vous restez debout jusqu'à 3 heures du matin, la TIPRS peut vous aider à considérer l'option de sortir un peu plus tôt le vendredi et de vous coucher à 1 heure du matin.

Mon planning du quotidien

Heure	Lundi	Mardi	Mercredi	Jeudi	Vendredi	Samedi	Dimanche
6 h							
7 h							
8 h							
9 h							
10 h							
11 h							
Midi							
13 h							
14 h							
15 h							
16 h							
17 h							
18 h							
19 h							
20 h							
21 h							
22 h							
23 h							
Minuit							
1 h							
2 h							
3 h							
4 h							
5 h							

FIGURE 11-2 : Enregistrez votre planning quotidien sur cette grille pour déterminer vos rythmes et besoins personnels.

Réguler vos rythmes interpersonnels et sociaux

Alors que vous travaillez à réguler vos horaires, visez aussi à renforcer et à construire des relations, et à vous engager dans des situations sociales propices au maintien d'une base régulière et d'un environnement affectif stable. Les relations et les intérêts de chacun sont différents, donc nous ne pouvons pas fournir des détails précis sur la façon d'atteindre cet objectif, mais tenez compte de ces suggestions :

» Évitez ou « dosez » les relations qui ont tendance à perturber votre routine quotidienne ou sont émotionnellement trop chargées. (Le *dosage* des relations est comme l'ajustement des doses de médicaments, vous réglez la fréquence ou l'intensité d'une relation et faites des ajustements au fur et à mesure que les conditions changent.)

» Identifiez et traitez les problèmes relationnels qui mènent à des conflits.

» Faites équipe avec les personnes les plus proches de vous pour soutenir vos efforts qui visent à établir et à maintenir une routine régulière.

» Impliquez-vous dans un groupe qui se réunit régulièrement – un groupe de soutien, un cours de yoga, une organisation bénévole ou un groupe religieux, par exemple.

Maintenir votre rythme au milieu du changement

La TIPRS reconnaît que le changement est une partie inévitable de la vie. Les gens se marient et divorcent, ont des enfants, changent d'emploi, etc. Une part de la TIPRS consiste à anticiper le changement et à développer des stratégies pour remplacer certaines routines tout en maintenant les autres. Les idées suivantes peuvent vous aider à vous préparer pour le changement :

» **Planifiez vos vacances à l'avance.** Ne laissez pas votre famille vous dicter les routines que vous suivez. Les rythmes de quelqu'un d'autre peuvent ne pas coïncider avec les vôtres.

» **Planifiez vos week-ends.** Les week-ends imprévus peuvent vous laisser sans rien avoir à faire, ce qui peut être déprimant, ou vous laisser ouvert à la spontanéité effrénée, qui peut conduire à l'impulsivité maniaque.

» **Recourez à un traitement immédiat pour tous vos maux physiques.** La toux, les rhumes, les sueurs nocturnes, l'incontinence, et d'autres maladies peuvent vraiment encrasser votre rythme veille/sommeil et autres routines. Consultez votre médecin pour vous aider.

» **Résolvez les conflits le plus tôt possible.** Permettre à des conflits et des problèmes relationnels de s'installer renforce la tension, qui trouve finalement un moyen de s'exprimer. Rechercher des conseils si nécessaire.

» **Mettez en place 30 minutes de calme avant le coucher.** Pendant ce temps, ne vous permettez aucune discussion ni émission à la télévision ou jeu vidéo ; évitez toutes les activités qui peuvent interférer avec votre sommeil.

» **Bannissez les débats à l'heure du dîner.** Si un problème survient pendant une conversation lors du dîner, prenez note et programmez un temps pour en discuter plus tard. Que le dîner soit un temps de restauration pacifique.

» **Donnez-vous suffisamment de temps pour vous préparer pour le travail.** Maintenez le stress aussi loin de vous que possible le matin.

» **Allouez du temps à la fin de votre journée de travail pour vous détendre.** Des transitions en douceur entre le travail et le temps personnel aident à réduire le stress.

La pleine conscience et autres activités de centrage

La TCD et d'autres thérapies que nous décrivons dans ce chapitre incluent de nombreuses formes de réduction de l'anxiété, y compris des exercices de respiration, de la méditation et des techniques de relaxation progressive. Une caractéristique commune de toutes ces techniques est la *pleine conscience* – le processus de concentrer votre cerveau sur le moment et être pleinement présent.

La pleine conscience nettoie votre cerveau, apaise vos nerfs, et vous permet de découvrir de nouvelles façons de réagir émotionnellement et au niveau comportemental. En fait, la TCD utilise la pleine conscience comme technique de base pour apaiser les émotions écrasantes et engager la partie logique du cerveau.

De nombreuses études scientifiques soutiennent les avantages émotionnels et comportementaux des stratégies de pleine conscience, et des scanners du cerveau ont démontré des changements dans le fonctionnement du cerveau à la suite de la formation à la pleine conscience.

La *réduction du stress basée sur la pleine conscience* (RSPC) est une forme de pratique de l'attention dirigée à réduire le stress et à améliorer la qualité de vie. La RSPC a été développée par Jon Kabat-Zinn au Centre médical de l'Université de Massachusetts et est maintenant largement utilisée pour traiter la dépression et l'anxiété. Envisagez d'inclure une certaine forme de réduction de l'anxiété et de formation à la pleine conscience dans le cadre de votre thérapie.

Les possibilités sont notamment :

- Des exercices de respiration ;
- Des techniques de visualisation ;
- Des procédures de relaxation musculaire progressive ;
- Le yoga ;
- Le taï chi ;
- La méditation.

Conseil

Un exercice de pleine conscience rapide et simple est de placer votre conscience sur chacun de vos cinq sens un par un. Pendant que vous effectuez une corvée, comme plier le linge ou retirer les mauvaises herbes, posez votre esprit sur ce que vous vivez à ce moment-là. Que voyez-vous ? Que sentez-vous ? Qu'entendez-vous ? Que touchez-vous ? Que goûtez-vous ?

Vous pourriez être surpris de ce que vous n'aviez pas remarqué autour de vous ; dans l'intervalle, vous êtes en mesure de concentrer votre cerveau et de sortir du tourbillon de vos soucis, des demandes et jugements dans votre tête. Prenez une grande respiration et allez de l'avant avec une énergie mentale renouvelée.

Pour plus de techniques de pleine conscience, consultez : *La Méditation pleine conscience pour les Nuls* de Shamash Alidina (First Éditions). Vous pouvez également découvrir et mettre en pratique des exercices de visualisation, en consultant *La Visualisation positive pour les Nuls*, de Robin Nixon (First Éditions).

Portrait

AU-DELÀ DES MÉDICAMENTS : PRENDRE SOIN DE MOI

« Depuis 2009, je travaille à la maison comme auteure et bloggeuse et cela m'a soulagée côté stress et me donne un horaire flexible pour effectuer les exercices qui m'aident à maintenir ma santé en bon état. Je suis aussi une joggeuse passionnée et trouve beaucoup de réconfort dans le dessin et la peinture dans mon temps libre. »

Helena Smole (`www helenasmole.com`), auteure de *Balancing the Beast: A Bright View of Schizoaffective Disorder. Bipolar or Manic-Depressive Type*.

Thérapies familiales et conjugales

La thérapie familiale peut s'avérer très efficace pour aider les membres de la famille à faire face, à vivre et à aimer une personne qui a un trouble bipolaire ; elle tend aussi à améliorer le pronostic de la personne qui souffre de la maladie. Une thérapie qui inclut la psychoéducation, les compétences de communication (voir le chapitre 13), la régulation émotionnelle (voir le chapitre 12), et des stratégies de résolution de problèmes (voir le chapitre 14) peut en effet aider les membres de la famille à acquérir des connaissances et des compétences indispensables pour se soutenir les uns les autres.

Groupes de soutien

Les groupes de soutien peuvent être utiles pour obtenir un soutien affectif, des informations et des solutions aux problèmes communs liés à un trouble bipolaire. Certains groupes de soutien accueillent également des membres de la famille et d'autres personnes importantes. Voir le chapitre 6 pour obtenir une liste de groupes de soutien.

Chapitre 12

Apporter des modifications à votre mode de vie

DANS CE CHAPITRE :

» **Créer un environnement familial sain et prendre un rythme plus sain**

» **Se lier avec des amis et des parents qui vous soutiennent**

» **Faire de l'exercice pour atténuer le stress**

» **Manger sainement et éviter tout ce qui est mauvais pour vous**

Lorsque vous survivez à un épisode thymique majeur, cette expérience peut vous secouer et vous donner une vision plus claire de la vie. Vous renaissez en quelque sorte, baptisé par le feu. Après une période de deuil de vos anciens projets et attentes, vous trouverez peut-être cette nouvelle période libératrice. Elle vous offre en tout cas une occasion de recommencer à zéro – de vous réinventer, de créer une vie plus facile à gérer et enrichissante, et de peindre de nouveaux décors de rêves.

Voilà de quoi nous allons vous parler dans ce chapitre. Ici, nous vous guidons à travers le processus de restructuration de votre vie d'une manière qui vous aide à maintenir votre santé mentale et à atteindre une existence véritablement enrichissante.

Cultiver un environnement sain à la maison

Si vous avez un trouble bipolaire, votre maison devient votre sanctuaire, et tout le monde chez vous a besoin de rafraîchir ses connaissances sur le trouble bipolaire et de travailler ensemble pour créer un environnement propice à votre rétablissement et au bien-être mental de l'ensemble du foyer. Dans cette section, vous découvrirez différentes façons d'atténuer la charge émotionnelle et de définir des limites saines.

Éduquer tous les membres du foyer

Toutes les personnes de votre foyer, de votre grand-mère à votre bébé, ont besoin de connaître les bases du trouble bipolaire (de façon adaptée au leur développement, bien sûr), y compris la façon dont il vous affecte et ce que votre famille peut faire pour vous aider. Si vos « colocataires » sont chacun sur une longueur d'onde différente, ils peuvent travailler à contre-courant et porter atteinte à tout progrès potentiel. Par exemple, si quelqu'un dans votre foyer « ne croit pas aux médicaments », il peut faire des commentaires désinvoltes qui vont vous dissuader de prendre vos médicaments.

Conseil

La sensibilité est importante, mais assurez-vous que l'environnement de la maison encourage une communication ouverte. Une gestion réussie du trouble bipolaire est possible si tout le monde est impliqué dans la discussion et a la possibilité de poser des questions ou d'exprimer ses préoccupations. Consultez vos proches afin de déterminer le meilleur moment et la façon la plus efficace d'ouvrir des discussions et d'apporter des informations. Faire en sorte que les membres de votre foyer lisent ce chapitre est une bonne façon d'ouvrir une discussion.

Note aux membres de la famille : Une erreur commune que les membres de la famille font est de commencer à débattre de questions sans impliquer la personne qui souffre du trouble bipolaire. Ne créez pas une société secrète dans le but de protéger votre être cher. Il pourrait se sentir isolé, comme si tout le monde voulait se liguer contre lui – comme s'il était le problème de la famille.

Établir un planning structuré

Certains foyers peuvent fonctionner harmonieusement avec des personnes qui ont des horaires et des emplois du temps différents, mais si la personne vivant avec le trouble bipolaire tend à dépendre des rythmes des autres membres de la famille, alors toute la famille peut avoir à travailler ensemble pour établir un planning et des routines acceptables par tout le monde. Si Junior aime recevoir ses copains le vendredi soir pour jouer aux jeux vidéo jusqu'à 2 heures du matin, mais que cette activité perturbe, à ce moment-là, le reste de la maison, il peut être nécessaire de déplacer cette petite fête chez l'un des amis ou de la programmer à un autre moment, plus tôt dans la soirée. Désolé, Junior. Pour en savoir plus sur l'importance de la structuration, voir la section suivante « Établir des routines saines ».

Baisser le volume

Vous ne voulez pas transformer votre maison en la zone sans bruit du quartier mais tous vos colocataires doivent être conscients de la façon dont le niveau sonore de leur voix, leur chaîne stéréo, leurs invités et leur télévision affectent les autres personnes du foyer. Assurez-vous de faire votre part pour baisser votre niveau sonore en procédant comme suit :

- Baissez le volume de la chaîne hi-fi, du téléviseur, des haut-parleurs de l'ordinateur et des autres sources de bruit.
- Évitez de crier d'une pièce à l'autre.
- Évitez de claquer les portes, de taper sur les casseroles et les pots, de piétiner d'une pièce à l'autre.

Réduire les conflits et les critiques

Certaines études montrent que dans les familles avec des niveaux élevés de conflit et de critique, les personnes qui ont eu un épisode thymique majeur sont beaucoup plus susceptibles de faire une rechute. Les chercheurs utilisent le terme *émotion exprimée* (EE) pour désigner les niveaux de critique, d'hostilité et de sur-implication émotionnelle ou de surprotection. Bien que cette expression, émotion exprimée, donne l'impression de se référer à l'expression de toutes les émotions, ce n'est pas le cas. Le terme a pour origine la recherche qui associe des niveaux élevés de modèles négatifs de communication émotionnelle avec des taux plus élevés de rechute des épisodes de maladie mentale, y compris la dépression et peut-être la manie, bien que cela soit moins clair.

Toute expression émotionnelle pouvant amener un être cher à se sentir nerveux, anxieux, en colère, frustré, ou coupable (d'être atteint du trouble ou de ne pas répondre à une attente de soins) tombe dans cette catégorie. Un niveau élevé de conflit et de critique dans la maison – même si elle est indirecte – peut déstabiliser quelqu'un qui souffre d'un trouble de l'humeur. Chaque membre de la famille doit être un soignant à un certain degré, de sorte que tous les membres de la famille doivent travailler ensemble pour établir une tonalité émotionnelle plus saine. Les trois approches suivantes peuvent contribuer de manière significative à calmer le niveau d'émotion exprimée dans votre foyer :

- » En apprendre plus sur le trouble bipolaire permet d'accroître généralement le niveau d'empathie envers le membre de la famille diagnostiqué, réduisant ainsi les expressions de critique, de blâme et de sur-implication émotionnelle.
- » Améliorer les compétences de communication aide les membres de la famille à s'exprimer eux-mêmes de manière plus saine. (Voir le chapitre 13 pour en savoir plus sur la communication.)
- » Renforcer les capacités de résolution de problèmes vous permet de résoudre les difficultés de façon logique et rationnelle. (Voir le chapitre 14 abordant les stratégies de résolution de problèmes.)

Établir des règles à la maison

Vous pouvez éliminer de nombreuses zones de conflit en amenant tous les membres de votre famille à partager ce qu'ils attendent des autres et à convenir des conséquences des comportements indésirables. Ces règles sont applicables à tout le monde, pas seulement à la personne qui a un trouble bipolaire ; tout le monde a besoin de travailler pour avoir des comportements sains et adaptables. Mettez-vous d'accord sur un ensemble de règles (ou de limites) pour la maison et sur les conséquences de tout écart à ces règles. Faire cela offre plusieurs avantages, dont les suivants :

- » **Réduire la confusion.** Toutes les parties connaissent les règles et ce qui se passe si quelqu'un franchit la ligne.
- » **Éliminer le besoin de harceler l'autre.** Vous et vos proches savez ce que tout un chacun attend, des rappels constants sont donc inutiles.
- » **Aider à réduire la critique.** Vous n'êtes pas obligé de critiquer les membres de votre famille pour ne pas s'être comporté d'une certaine manière ; vous réagissez simplement par la réponse adaptée dont vous avez précédemment convenu ensemble.
- » **Éliminer les disputes.** Vous dépassez la limite, et la réponse identifiée ensemble suit. Point barre.
- » **Calmer votre esprit.** Vous ne vous demandez pas constamment ce que vous pouvez supporter et à quelle hauteur vous pouvez prendre sur vous. C'est déjà établi.

- **Permettre un amour inconditionnel.** Vous pouvez contrôler votre espace personnel sans prendre des comportements inacceptables personnellement. Vous pouvez y répondre de la façon convenue précédemment.
- **Encourager l'indépendance.** Des attentes floues conduisent à des conflits sans fin – des discussions permanentes sur la façon de gérer toutes les situations – en répétant souvent les mêmes cycles maintes et maintes fois. En fixant des lignes directrices claires, les individus peuvent faire des choix au sujet de leurs comportements de façon indépendante en connaissant pleinement les réponses qu'ils peuvent attendre.

À retenir

Les limites et les conséquences doivent être réalistes et faire sens pour toutes les personnes impliquées. L'objectif est de décourager les comportements indésirables, mais les conséquences doivent permettre à un individu de revenir à un comportement adapté et de se remettre sur les rails. Des conséquences trop sévères ou qui durent trop longtemps peuvent être contre-productives, conduire à de l'amertume et à une incapacité à revenir à la normale. Les suggestions suivantes peuvent vous aider à établir des limites et conséquences efficaces :

- **Identifier un ou deux des comportements les plus gênants.** Laissez tomber les petits détails. Choisissez un ou deux comportements que vous ne pouvez pas tolérer. Si vous avez un trouble bipolaire, un problème de comportement identifié peut être celui de votre soignant qui vous harcèle ou fait des commentaires insensibles au sujet de votre état. Si vous êtes un soignant, un problème de comportement peut être que votre proche abuse de l'alcool ou dépense trop d'argent.
- **Choisissez des comportements que vous pouvez facilement mesurer.** Qu'une personne arrive ou non à la maison à un moment précis est assez facile à déterminer. Que cette personne vous traite ou non avec égards relève du jugement.
- **Réagir de façon appropriée.** Avec les enfants, vous pouvez limiter l'usage de la télévision ou de l'ordinateur de temps en temps ou couper leur argent de poche. Des conséquences similaires sont inappropriées pour les adultes parce qu'elles les infantilisent, bloquant leur capacité de prise de décision. Sauf si vous êtes face à une véritable crise où votre sécurité est en danger, vous devez tout faire pour favoriser une prise de décision responsable chez l'autre personne.

  Pour des adultes, les conséquences appropriées sont des réponses sur lesquelles vous vous pré-accordez tous ensemble face à un comportement indésirable identifié. Vous ne pouvez pas réellement changer le comportement d'une autre personne ; vous ne pouvez ajuster que votre propre comportement, de sorte que les réponses peuvent inclure que vous vous dégagiez brièvement de la conversation jusqu'à ce que votre bien-aimé s'apaise ou que vous stoppiez une activité planifiée jusqu'à ce que des comportements désirables reviennent. Assurez-vous que ce sont des conséquences avec lesquelles vous pouvez vivre. Ainsi, vous pourrez vous y tenir.

Attention

Les conséquences ne devraient jamais inclure de retirer de l'amour ou de l'attention. En bref, vous éloigner de la situation pour éviter une nouvelle escalade n'est pas la même chose que de retirer de l'amour ou de l'attention et doit être fait de manière compatissante, limitée dans le temps, et pour résoudre les problèmes. Par exemple, si votre être cher vous pose toujours les mêmes questions sur vos médicaments et que vous êtes en train de vous énerver tous les deux, et si vous aviez convenu que vous gériez vos médicaments et qu'il n'est pas adapté qu'elle passe son temps à vous harceler à ce sujet, vous pouvez lui rappeler l'accord mis en place, lui rappeler que vous l'aimez, puis lui dire que vous allez marcher vingt minutes, le temps de vous calmer un peu.

» **Communiquer clairement les limites et les conséquences associées.** Vous ne pouvez pas attendre que vos proches respectent vos limites si vous ne les informez pas de ces limites. Parcourez avec eux vos limites et les conséquences qui en découlent à un moment où vos émotions sont stables, et non pendant les périodes de turbulences. Vous devrez peut-être les écrire.

» **Toujours faire respecter les limites.** Sans une application cohérente et sans renforcement, les conséquences deviennent de vaines menaces. Être cohérent peut demander beaucoup d'autodiscipline de votre part, mais cela vaut la peine sur le long terme. Plus vous êtes cohérent, moins vous aurez peut-être à appliquer les conséquences.

Lorsque les règles sont pour la première fois en place et que les gens mettent toujours en place les conséquences, cela peut parfois engendrer une explosion de comportements négatifs, du moins au tout début. Essayez d'être patient et attendez ; tout cela passera, si vous persistez dans les stratégies convenues.

Attention

Se fixer des limites ne signifie pas transformer une personne en être humain idéal, quelle qu'elle soit. Cela signifie plutôt communiquer votre incapacité ou votre refus de tolérer certains mots ou actions en votre présence ou chez vous. Vous ne pouvez pas contrôler un adulte qui vous est proche, mais les limites et les conséquences vous fournissent des outils que vous pouvez utiliser pour encourager les efforts de votre proche à adopter des comportements plus positifs.

Prendre en considération les enfants

Si vous avez des enfants qui vivent avec vous, ils souffrent aussi des répercussions du trouble bipolaire. En tant que tuteur, vous devrez peut-être protéger physiquement vos enfants pendant les épisodes thymiques extrêmes, mais les tenir à l'écart de la réalité de la maladie est souvent une erreur. Peut-être même plus que les adultes, les enfants ont besoin de comprendre ce qui se passe. Sinon, leur cerveau en développement, qui est encore autocentré, va prendre un raccourci et ils peuvent penser qu'ils sont la cause des disputes et des larmes de leurs parents.

ACCEPTER LES IMPERFECTIONS

De nos jours, tout le monde doit être parfait : la super maman, la reine de beauté, le beau gosse viril mais sensible, l'investisseur performant, le stagiaire… Et si vous ajoutez à cela ce que la société et la culture attendent de vous, vous feriez mieux de vous mettre au boulot tout de suite. Allez à la librairie la plus proche, dévalisez le rayon de livres et de vidéos sur l'auto-assistance et ajoutez-y quelques magazines tant que vous y êtes. Et n'oubliez pas d'allumer la télévision pour vous faire inonder de messages qui vous expliquent que vous n'êtes pas assez bon, pas assez intelligent, pas assez talentueux pour réussir.

La société et les médias d'aujourd'hui glorifient la perfection, et les gens la poursuivent avec acharnement, souvent jusqu'à l'autodestruction. Les familles ne peuvent pas simplement être constituées de personnes aimantes qui passent du temps ensemble ; elles doivent être « étonnantes » et atteindre un but incroyable. Une mère aimante et disponible ne fait pas l'affaire à moins d'avoir un corps sublime et de porter les bons vêtements et le maquillage assorti pour compléter le tableau.

Apprendre à vous accepter, vos imperfections et tout le reste, est la seule clé pour parvenir à une véritable satisfaction et sérénité. Les personnes atteintes de trouble bipolaire découvrent plus rapidement que d'autres que vous ne pouvez pas continuer à essayer d'en faire toujours plus et à être toujours plus. Vous devez évaluer ce que vous devez faire et ce que vous aimez faire, et ensuite soigneusement trier tout ce qui s'est empilé dans votre assiette. Le mot « non » doit devenir votre mantra parce que les gens vont toujours vous demander d'en faire un tout petit peu plus.

Si vous êtes une maman qui travaille, vous ne pouvez probablement pas remplir toutes les fonctions de l'école. Si vous ou votre conjoint vivez avec un trouble bipolaire, vous pourriez avoir à décliner quelques invitations à dîner. Vous ne pouvez peut être pas inscrire vos enfants au sport parce que vous n'avez pas le temps de les y emmener. Vous ne pouvez peut-être pas accepter une promotion qui vous fera travailler à des heures tardives. Vous pouvez seulement prendre ces décisions et vivre avec elles. Quoi que vous choisissiez de faire, ne laissez pas la société vous dicter la perfection et vous fixer des objectifs irréalistes. « Faire tout et le faire bien » n'est pas une option réaliste pour la plupart des gens, sans parler des personnes qui vivent avec un trouble bipolaire.

Conseil

Quand vous expliquez le trouble bipolaire à des jeunes enfants, utilisez un langage spécifique à leur âge. Le plus souvent, la dépression et la manie ne signifie rien pour un enfant de 5 ans alors utilisez des expressions comme « Maman est très excitée parfois et n'arrive pas à se calmer » ou « Papa ne peut pas s'empêcher d'être triste même quand tout va bien » pour aider vos enfants à comprendre ce qui se passe. Laissez juste un peu de temps pour les questions et les réponses. Encouragez vos enfants à exprimer leurs perceptions et émotions. Écouter activement et avec empathie vos enfants, être tolérant à toutes les questions et réponses, sans jugement, est un grand pas pour les aider à faire face au trouble bipolaire de leur parent.

Établir des routines saines

En établissant des routines saines et en vous engageant à vous y tenir, vous pouvez prendre le contrôle et souvent prévenir la dépression et la manie. Si vous vous engagez à rester au lit seulement huit heures par nuit et à être debout le reste du temps, peu importe comment vous vous sentez, par exemple, vous pouvez éviter certains épisodes thymiques ou diminuer leur durée quand ils se produisent. Vos routines aident à réduire au silence les modifications de votre sommeil et vos niveaux d'énergie liés à la dépression et à la manie.

Dans cette section, vous apprendrez comment réguler votre sommeil, planifier des activités sociales et garder de la place pour un peu de variété afin de prendre un peu plus le contrôle sur vos humeurs.

Réguler votre sommeil

Montrez-nous une personne ayant un trouble bipolaire, et nous allons vous montrer une personne qui dort trop, pas assez, ou pas assez profondément. Le trouble dérègle vos habitudes de sommeil, et un sommeil perturbé aggrave souvent vos humeurs. Pour rester en bonne santé, il faut dormir. Les suggestions suivantes peuvent vous aider à établir des horaires réguliers de sommeil :

- **Se coucher et se lever à la même heure chaque jour.** Reportez-vous au chapitre 11 pour des suggestions sur la façon de créer un programme structuré.
- **Ne faire une sieste que si elle fait partie de votre routine de sommeil.** Faire la sieste est comme grignoter : cela peut ruiner votre appétit pour le sommeil. Si vous faites la sieste et avez du mal à dormir la nuit, essayez d'abord de diminuer ou d'arrêter les siestes, pour mieux dormir la nuit.

- **Ne pas lutter contre l'insomnie**. Vous obliger à dormir est généralement contre-productif. Utilisez certains des exercices de recentrage du chapitre 11 pour calmer vos pensées, ou adonnez-vous à une activité calme, comme la lecture.
- **Éviter la caféine et autres stimulants.** Les spécialistes du sommeil disent que toute prise de caféine dans l'après-midi influence votre sommeil. Si vous avez des problèmes de sommeil, gardez cela à l'esprit. Évitez également les aliments épicés, l'alcool, la nicotine, les décongestionnants et autres ennemis du sommeil.
- **Éteindre la télévision.** Si vous avez un téléviseur ou un ordinateur dans la chambre, envisagez de les retirer de la pièce. Si vous ne pouvez pas manquer un épisode de votre émission préférée, enregistrez-la pour la regarder plus tard. Si la musique aide à vous endormir, c'est une bonne chose ; sinon, éteignez également le lecteur de radio ou mp3.
- **Se mettre en veille.** Évitez tous les stimulants, y compris les appels téléphoniques, les émissions de télévision, les activités informatiques et le travail ou travail scolaire, une heure avant le coucher. La nature même des appels téléphoniques et du travail vous réveille, et les écrans d'ordinateur et de télévision envoient de la lumière dans vos yeux, signalant au cerveau qu'il doit rester éveillé au lieu de dormir. Tenez-vous en à la lecture, écoutez de la musique douce et faites d'autres activités apaisantes à la place.
- **Allumer un ventilateur ou tout autre appareil qui bourdonne.** Le bruit monotone, communément appelé le *bruit blanc*, aide certaines personnes à dormir. Il peut également bloquer les bruits les plus dérangeants, tels que les aboiements de chien.
- **Ne pas faire d'exercice avant le coucher.** Sauf, bien sûr, si vous envisagez une activité sexuelle. Si cela ne vous dérange pas de rester éveillé toute la nuit après un moment intime avec votre partenaire, l'intimité est généralement encouragée. Cependant, l'exercice régulier agit souvent comme un stimulant, alors essayez de déplacer vos sessions d'exercices plus tôt dans la journée.
- **Obtenir le soutien de la famille.** Si les membres de la famille vous tiennent éveillé pendant la nuit ou vous encouragent à rester debout au-delà des vos limites, expliquez-leur combien il est important pour vous de vous tenir à votre routine de sommeil.
- **Travailler avec votre médecin.** Demandez à changer l'heure à laquelle vous prenez vos médicaments, ajustez les doses ou changez/ajoutez des médicaments pour vous aider à dormir. Si vos médicaments ne vous font pas dormir assez tôt ou vous laissent groggy le matin, vous devrez peut-être les prendre plus tôt dans la soirée.

Planifier des activités sociales

Rester sociable alors que le trouble bipolaire ravage votre vie peut être un véritable défi. Lorsque vous êtes déprimé, vous pouvez fuir la vie sociale. Après un épisode maniaque, vous pouvez hésiter à vous mélanger à nouveau à votre cercle d'amis habituel, surtout si vous avez dit ou fait quelque chose de gênant au cours de votre dernier épisode thymique. Toutefois le maintien du lien social sur une base régulière vous offre des avantages précieux, notamment :

- Il régule vos horaires et apporte de l'activité à votre journée.
- Cela vous connecte avec d'autres personnes qui peuvent souvent améliorer votre humeur.
- Cela élargit et renforce votre réseau de soutien.
- Cela fournit un contexte social qui améliore vos perspectives.
- Il réduit l'isolement, qui peut contribuer à la dépression.

À retenir

Tout le monde n'est pas un animal social, donc ne vous sentez pas obligé de bourrer votre agenda d'événements sociaux. Certaines personnes, plus que d'autres, apprécient d'avoir du temps pour eux-mêmes. Essayez néanmoins de sortir de la maison régulièrement, même si cela est un peu douloureux au début.

Garder de la place pour la spontanéité

Certaines personnes pensent que les vacances parfaites consistent à faire un circuit organisé en bus et à s'arrêter pour visiter les attractions rencontrées sur la route. D'autres préfèrent se promener seul, à la recherche de trésors cachés. Et certains se contentent de s'asseoir dans un endroit pour contempler le monde. Vous connaître vous et votre tempérament est vital pour obtenir des résultats positifs à toute organisation d'activités.

Portrait

PRENDRE SOIN DE MON CERVEAU

« Pour moi, les ajustements de mon mode de vie visant à gérer le trouble bipolaire ont pour objectif de donner à mon cerveau ce dont il a besoin pour bien fonctionner, et cela signifie de faire chaque chose avec modération, en particulier les bases – le sommeil, l'alimentation et l'exercice :

» **Le sommeil.** Une bonne nuit de sommeil est essentielle. J'ai besoin de huit heures par nuit. Quand mes habitudes de sommeil se modifient, c'est généralement le premier signe que quelque chose se prépare. Trop de sommeil, et je bascule vers la dépression. Pas assez, et je suis en train de devenir maniaque.

» **L'alimentation**. Une alimentation équilibrée nourrit mon cerveau. Quand je suis maniaque, j'ai tendance à ne pas manger beaucoup ou à ne pas boire suffisamment d'eau. Quand je suis déprimée, j'ai toujours envie de *junk food* et j'ai tendance à trop manger, ce qui me rend encore plus léthargique.

» **L'exercice.** Sortir et marcher est l'une de mes façons préférées de faire de l'exercice physique. Je trouve aussi que le yoga, les techniques de respiration et la méditation sont d'excellents moyens de se détendre et de maintenir un mode de vie sain. Trop d'exercice peut me faire basculer directement dans un épisode maniaque, et trop peu me transforme en grosse larve.

Quand la chimie de mon cerveau est déséquilibrée, même le défi relativement simple de faire les choses avec modération est difficile. Après 17 ans de lutte contre le trouble bipolaire, je me suis finalement rendu compte que je devais aussi ajuster mon attitude. Je devais me réconcilier avec le fait d'être bipolaire. Une fois que j'accepté mon diagnostic, je me suis arrêtée de broyer du noir. Lorsque j'ai arrêté de m'apitoyer sur mon sort, j'ai pris mes responsabilités. Et une fois que j'ai fait cela, j'ai pris le contrôle de mon trouble au lieu de le laisser me contrôler. J'ai appris à gérer ma maladie avec prévoyance. Si je suis vraiment honnête avec moi-même, je sais quand je glisse dans un épisode thymique. Identifier les signes précoces et obtenir de l'aide professionnelle avant que les choses ne deviennent hors de contrôle est une compétence qui vaut la peine d'être acquise. »

Janine Crowley Haynes, auteur de *My Kind of Crazy: Living in a Bipolar World*.

Si vous appréciez un mode de vie plus libre, une routine trop rigide peut vous donner l'impression d'avoir une laisse autour du cou. Pour la desserrer, gardez une plage de temps libre dans votre emploi du temps. Mettez des règles pour votre sommeil, le travail et les heures de repas, tout en laissant du temps libre pour le reste de votre emploi du temps. À l'inverse, les personnes qui s'épanouissent avec des programmes stables et en prévoyant tout préfèreront avoir peu de temps libre dans leur emploi du temps.

Conseil

Pour assurer des changements fructueux à long terme, envisagez de faire des ajustements mineurs sur une période prolongée. Vous avez peu de chances de vous tenir à des changements importants qui ne sont pas en phase avec votre tempérament. L'idéal, c'est de trouver le rythme qui vous convient.

Construire des relations saines

Les relations peuvent contribuer de manière significative à la stabilisation de l'humeur. Un ami, qui est plus sociable que vous, peut vous encourager à participer à des activités qui améliorent vos humeurs. Un compagnon calme et stable peut vous aider à établir un rythme plus lent qui tient votre manie en échec. Cette section propose quelques conseils pour examiner l'état de certaines relations et pour renforcer les liens importants qui peuvent souffrir du trouble bipolaire.

Définir les relations vitales

Que vous souhaitiez travailler sur l'amélioration d'une relation actuelle ou la construction d'une nouvelle relation, restez conscient des aspects suivants des relations qui peuvent affecter la stabilité de l'humeur :

- **Le partage d'intérêts communs.** Si vos intérêts communs se limitent à boire, fumer ou prendre des drogues, envisagez de structurer la relation autour d'activités plus saines ou de passer plus de temps avec d'autres amis.
- **L'acceptation et la compréhension.** Accepter et comprendre le trouble bipolaire est difficile pour vous, mais cela peut l'être encore plus pour les parents et amis qui n'en ont pas la réelle expérience. Si ces gens vous critiquent pour votre maladie verbalement ou à travers leur langage corporel et leur attitude, la critique alourdit votre fardeau. En devenant plus informées sur le trouble bipolaire, les personnes qui partagent votre vie peuvent apprendre l'acceptation et l'empathie.
- **L'appréciation.** Les gens qui vous aiment et vous trouvent intéressant le font en dépit de votre trouble bipolaire, et aussi fréquemment à cause de cela, ou au moins partiellement à cause de cela. Lors de la construction de nouvelles relations, cherchez des gens qui apprécient vos spécificités et vos talents. Attention cependant aux personnes qui apprécient vos comportements excessifs ; ils peuvent encourager des choix de vie malsains pour leur propre amusement, tout en étant complètement inconscientes des effets de leurs actions.

» **Le soutien.** Stabiliser vos humeurs nécessite un travail supplémentaire de votre part. Vous devez gérer vos médicaments, apporter des changements à votre mode de vie, et peut-être même faire face à des périodes de chômage et de vache maigre. En période de crise, il faut des gens qui vous soutiennent autour de vous pour répondre à vos besoins physiques et émotionnels.

Réévaluez régulièrement vos relations en cours afin de déterminer si l'une d'entre elles sapent la stabilité de votre humeur. Si vous repérez des relations potentiellement nocives, décidez si elles sont assez précieuses pour être sauvées. Vous pouvez tirer un bénéfice important à mettre fin à ces relations et à investir votre temps et votre énergie dans une nouvelle relation, potentiellement plus productive.

À retenir

La critique, les exigences, le jugement et l'abus (physique, émotionnel et verbal) n'ont pas leur place dans une relation saine. Grâce à la thérapie, vous pouvez souvent identifier ces éléments nocifs et vous en débarrasser, en supposant que toutes les parties concernées se soient engagées à améliorer la relation. Toutefois, si vous êtes dans une relation malsaine et que l'autre partie refuse de négocier, vous faites face au choix difficile de rester dans la relation et de risquer votre santé, ou de cesser la relation.

S'amuser un peu

Cultiver des relations saines signifie bien plus que d'éviter les conflits et de « bien s'entendre ». Cela exige que vous et vos proches ayez de véritables discussions et partagiez des expériences qui augmentent votre intimité et renforcent vos liens. Lorsque le trouble bipolaire entre dans une relation, vous pouvez devenir tellement pris par la gestion d'une crise et de ses effets que vous perdez émotionnellement le contact les uns avec les autres. Encouragez vos proches à participer à des activités en famille y compris la préparation des repas, l'exercice physique, les jeux, les sorties en famille, et aux réunions de famille pour discuter de vos plans.

À retenir

Les médicaments de l'humeur et la thérapie peuvent faire des merveilles en termes de contrôle des symptômes du trouble bipolaire, mais même une combinaison réussie de médicaments et de thérapie est rarement suffisante pour retrouver un fonctionnement 100 % normal – la capacité à gérer toutes les tâches attendues en tant que membre sain de la famille, qu'ami ou que collègue. La capacité à bien fonctionner s'améliore généralement quand vous augmentez progressivement votre niveau d'implication et d'activité dans un environnement favorable.

S'éloigner de temps en temps

Deux personnes peuvent se tenir bonne compagnie pendant quelques heures ou quelques jours, mais après plusieurs semaines cependant, on peut se sentir comme submergé par une foule, surtout quand les deux personnes doivent faire face à un problème de santé à long terme. Vos proches ne doivent pas monter la garde 24 heures sur 24 auprès de vous ; le faire n'est sain ni pour vous ni pour eux. Lorsque vos humeurs entrent dans un cycle, un proche peut avoir besoin de passer plus de temps et d'énergie en tant que soignant, mais quand vos humeurs se stabilisent, il peut envisager de faire un break avec vous pour que vous puissiez à la fois recharger vos batteries et vous reconnecter avec d'autres personnes.

Se libérer du stress grâce à l'exercice physique

Vous savez sans doute que l'exercice d'aérobic est bon pour le corps et l'esprit, mais il est possible que vous ne sachiez pas comment l'exercice aide spécifiquement les personnes bipolaires :

- **L'exercice améliore la dépression sans induire la manie.** L'exercice physique est un outil puissant pour créer et maintenir les états d'humeur plus positifs, et il ne comporte pas de risque de déclencher un épisode de manie (bien qu'un exercice excessif peut indiquer le début d'une hypomanie ; dans ce cas, l'hyperactivité touche toutes les fonctions de la personne et ne se limite pas aux activités sportives).
- **L'exercice aide à contrôler la prise de poids qui accompagne souvent la prise de certains médicaments psychiatriques.** L'exercice réduit également les risques de maladies cardio-vasculaires et de diabète, souvent plus fréquents chez les personnes bipolaires, et notamment ceux qui prennent des antipsychotiques de deuxième génération. En outre, il semble réduire le risque de démence, ce qui suggère que l'exercice est précieux pour la santé globale du cerveau.

Vous n'avez pas à courir 10 kilomètres ou à lever de la fonte tous les jours pour rester en forme. Si votre objectif principal est de réguler vos humeurs, 15 à 20 minutes de marche par jour est tout ce dont vous avez vraiment besoin. Avec une promenade quotidienne, vous pouvez immédiatement récolter les bienfaits de l'exercice d'aérobic sur la stabilisation de l'humeur :

- Augmentation de la capacité à dormir (dans de nombreux cas) ;
- Amélioration de la digestion ;

» Énergie accrue ;

» Sentiment d'accomplissement.

Attention

Consultez votre médecin avant de commencer un programme d'exercices intense, spécialement si vous prenez du lithium. Lorsque vous transpirez, vous perdez des fluides, ce qui peut augmenter la concentration du médicament dans votre corps. Dans le cas du lithium, des niveaux accrus du médicament peuvent être potentiellement toxiques. Votre médecin peut vous recommander des moyens de réduire les risques.

Manger sainement

Lorsque vous vous sentez déprimé ou maniaque, votre régime alimentaire est susceptible d'en souffrir. Vous pouvez vous suralimenter pour nourrir votre humeur, jeûner parce que la nourriture ne vous fait pas envie, ou ne manger que des aliments riches en matières grasses, sucre et amidon. Suivre quelques recommandations nutritionnelles de base peut donc améliorer votre sentiment général de bien-être, ce qui est important pour la gestion à long terme du trouble bipolaire :

» Mangez régulièrement – trois repas complets par jour ou plusieurs petits repas tout au long de la journée.

» Ne sautez pas de repas, surtout le petit-déjeuner.

» Adoptez un régime alimentaire bien équilibré.

» Consommer du café et l'alcool avec modération, voire pas du tout.

Conseil

Ne sautez pas le petit-déjeuner, même si vous ne prenez qu'un verre de lait ou une poignée de noix. Mettez quelque chose dans votre système avant de commencer votre journée. Le petit-déjeuner est essentiel au bien-être parce que le cerveau ne fonctionne pas bien avec le carburant provenant de la décomposition de matières grasses ou de protéines stockées. Il a besoin de carburant frais pour fonctionner ; un apport alimentaire régulier est la seule façon de garder le cerveau au top de sa forme. Si vous sautez le petit-déjeuner, votre cerveau fonctionne sur « des vapeurs » – le réservoir de carburant marche littéralement à sec, ce qui porte atteinte à toutes sortes de fonctions cérébrales. Une assiette d'œufs au jambon tous les jours n'est pas nécessaire, mais essayez de manger un peu de protéines et un peu de graisse pour tenir toute la matinée. Ces sections offrent des suggestions pour évaluer et améliorer votre alimentation.

GLOIRE AU CHOCOLAT !

Considéré par certains comme la nourriture de l'humeur parfaite, le chocolat comporte plusieurs ingrédients qui contribuent à la modification de l'humeur : une pincée de sucre pour augmenter les niveaux d'énergie et de sérotonine, une pincée de phényléthylamine (une substance chimique du cerveau que votre corps libère lorsque vous tombez amoureux), un brin de théobromine et de magnésium pour améliorer le fonctionnement du cerveau, une touche de caféine pour vous rendre plus alerte, et quelques grammes de protéines pour stimuler les neurotransmetteurs excitables. Bien sûr, trop de chocolat peut vous donner un mal de ventre, voire de quoi vous clouer au lit, mais une poignée de M. & Ms® ou une barre de Kit-Kat® peut être le traitement parfait dont vous avez besoin pour passer le coup de pompe du milieu d'après-midi.

Réduire les glucides simples

Les aliments tels que le riz blanc, les chips, les biscuits, les craquelins et les pâtes blanches sont remplis de glucides simples qui font souvent faire à votre taux de sucre un tour de montagnes russes (ce qui signifie un indice glycémique assez élevé). Vous pouvez ressentir une poussée d'énergie initiale, mais 30 à 60 minutes plus tard, vous aurez probablement un coup de pompe alors que votre taux de sucre dans le sang baissera, vous laissant épuisé et en manque de votre prochaine dose de sucre.

La pêche que vous donnent les glucides simples ne dure pas, car ils déclenchent un pic du niveau de sucre dans le sang auquel votre corps réagit par un mécanisme de survie. Comme les niveaux de sucre dans le sang augmentent, votre pancréas déverse de l'insuline dans votre système pour convertir l'excès de sucre en graisse à stocker. Avec un afflux important d'insuline, les niveaux de sucre dans le sang baissent, ce qui vous rend somnolent, grincheux et vous avez alors souvent envie de manger plus de friandises.

Conseil

Pour égaliser ces pics et ces creux, réduisez votre consommation de malbouffe et évitez les glucides simples, y compris la plupart des pains, les pâtes, les pommes de terre, et les produits transformés. Au lieu de cela, faites le plein de céréales complètes, de fruits et légumes, contenant des glucides complexes qui entrent dans votre système progressivement, ce qui empêche les fluctuations extrêmes des niveaux de sucre dans le sang.

Prendre des forces avec des protéines

Lorsque vous entendez le mot « protéines », vous pensez probablement aux muscles. Pourtant les protéines contribuent à de nombreuses autres parties du corps. Les composants de base des protéines sont les acides aminés, dont plusieurs agissent en tant que régulateurs neurologiques. Lorsque vous consommez des protéines, votre corps les décompose immédiatement en acides aminés afin de les transporter à l'endroit où ils sont nécessaires.

L'un de ces acides aminés, la tyrosine, est un composant de base de neurotransmetteurs excitables – la dopamine et la noradrénaline – qui aident le corps et le cerveau à réguler l'énergie et la concentration, entre autres.

Conseil

Nous ne vous recommandons pas de suivre le régime Atkins et de ne manger que des protéines et des légumes, mais manger suffisamment de protéines est nécessaire pour l'énergie et avoir une humeur stable. La viande est la meilleure source pour obtenir les neuf acides aminés essentiels qui comprennent des protéines complètes, mais les végétariens peuvent obtenir des protéines en combinant des produits alimentaires complémentaires, comme les haricots et le riz, les haricots et le maïs, le blé entier et les arachides. Les végétariens devraient également surveiller leur apport en vitamines et minéraux essentiels (particulièrement les vitamines du complexe B et le sélénium) ; reportez-vous au chapitre 9 pour obtenir des informations sur les compléments alimentaires.

Faire le plein de fruits et légumes

Pour améliorer votre santé et votre bien-être, augmentez votre consommation quotidienne de fruits et légumes frais ou congelés, parce qu'ils offrent des avantages nutritionnels non disponibles dans la plupart des aliments transformés :

- **Fibres.** Améliorent la digestion et la santé cardiovasculaire parmi beaucoup d'autres fonctions importantes du corps.
- **Vitamines et minéraux.** Fournissent les éléments nutritifs dont votre corps a besoin pour se développer et fonctionner correctement.
- **Les glucides complexes.** Apportent un flux régulier de subsistance et d'énergie tout au long de la journée (au lieu des pics associés aux sucres et amidons raffinés).

Éviter ce qui est mauvais

La caféine, la nicotine, les pilules pour maigrir, l'alcool, la marijuana et autres substances forment une véritable corne d'abondance de perturbateurs légaux et illégaux de l'humeur. Si vous avalez votre anxiolytique avec une boisson énergétique et sortez faire la tournée des bars avec vos copains, vous pourriez vous faire plus de mal que vous ne l'imaginer. Bien que ces substances puissent sembler assez innocentes, elles peuvent causer des ravages sur votre combinaison de médicaments et vos tentatives d'améliorer votre alimentation et votre exercice physique.

Voici une liste des substances les plus courantes qui peuvent causer des problèmes. Cette liste est non exhaustive et nous n'incluons pas beaucoup de drogues de rue dangereuses, comme la méthamphétamine et la cocaïne, qui sont si mauvaises à bien des égards que nous avons jugé qu'elles étaient trop évidentes pour en parler.

1. **La caféine.** Surveillez votre consommation de caféine, réduisez-la ou stoppez-la. Vous voudrez peut-être ne pas totalement changer vos habitudes. Soyez simplement conscient de la façon dont cela affecte votre énergie et votre humeur.

2. **La nicotine.** Arrêtez de fumer ou réduisez le nombre de cigarettes que vous fumez. Cela vaut aussi pour les mâcheurs de tabac et les amateurs de cigares.

3. **Les amphétamines et autres stimulants.** les amphétamines sont des versions renforcées de la caféine et de la nicotine qui peuvent facilement déclencher des épisodes maniaques ou psychotiques. Si vous avez un problème avec l'utilisation des amphétamines, parlez-en à votre médecin ou adressez-vous aux Narcotiques anonymes de France. (`www.narcotiquesanonymes.org`)

4. **L'alcool.** Tenez-vous en à une ou deux bières ou verres de vin, si vous choisissez de boire, et évitez totalement les boissons alcoolisées, si vous prenez des benzodiazépines. L'alcool peut contribuer à la dépression, réduire le contrôle de l'impulsivité et interagir de façon dangereuse avec certains médicaments du trouble bipolaire, en particulier le lithium.

5. **La marijuana.** Bien que la marijuana puisse générer un sentiment d'euphorie, elle peut aussi déclencher de la paranoïa et de l'anxiété, réduire les inhibitions et affecter les récepteurs cannabinoïdes du cerveau, qui sont fortement liés à la modulation de l'humeur.

6. **Les compléments énergétiques et de régime.** Beaucoup de pilules amaigrissantes et fortifiantes sont couplées avec des stimulants potentiellement dangereux – certaines sont tout simplement dangereux comme la nicotine ou la caféine. Consultez votre psychiatre avant de prendre quoi que ce soit pour vous aider à perdre du poids. Votre médecin peut suggérer d'autres approches qui comportent un risque plus faible de déstabiliser vos humeurs.

7. **Les médicaments en vente libre.** Consultez votre médecin avant de prendre tout médicament en vente libre, quel que soit le degré de sécurité qu'ils peuvent vous sembler présenter. Soyez particulièrement prudent avec ceux qui suivent :

   - **Les analgésiques comme l'ibuprofène.** Éviter les analgésiques tels que l'ibuprofène et le naproxène lorsque vous prenez du lithium. Vos reins éliminent ces médicaments et peuvent être endommagés à cause d'eux.
   - **Les décongestionnants contenant de la pseudo-éphédrine.** Les décongestionnants tels que la pseudo-éphédrine (Sudafed) sont des stimulants et peuvent exacerber la manie ou la dépression ou bien aggraver les symptômes, même lorsque vous prenez des agents apaisants.
   - **Les antitussifs contenant du dextrométhorphane.** Évitez le dextrométhorphane, un antitussif, lorsque vous prenez un ISRS. Dans certains cas, les gens abusent de ce médicament et prennent des doses très élevées pour être euphoriques. Lisez les étiquettes et choisissez un antitussif qui n'utilise pas de dextrométhorphane.
   - **Les somnifères en vente libre.** Évitez-les à moins que votre médecin vous donne son accord.

8. **Plantes et remèdes naturels.** De nombreux médicaments à base de plantes peuvent ne pas sembler plus nocifs que du persil, mais ils peuvent être très puissants. Soyez particulièrement prudent avec l'éphédra, la valériane, le kava, et le millepertuis.

Voir le chapitre 9 pour plus de détails sur les produits à base de plantes et naturels, et consultez toujours votre médecin avant d'ajouter une nouvelle substance à votre mélange de médicaments.

Chapitre 13
Communiquer efficacement

DANS CE CHAPITRE :

- **Définir un ton propice aux interactions positives**
- **Éviter les quatre principaux mots qui tuent la communication**
- **Utiliser le « je » pour éviter le jeu des reproches**
- **Exprimer ses sentiments pour les valider**
- **Se désengager des batailles perdant-perdant**

Dans un groupe de deux personnes ou plus, une communication efficace est essentielle pour maintenir la paix, un environnement affectif sain, et pour faciliter la collaboration. Lorsqu'il y a rupture dans les communications, souvent à cause de la peur, d'un manque d'empathie, ou par incompréhension, les émotions s'échauffent et peuvent alimenter des échanges féroces où personne ne gagne et tout le monde perd. Ajoutez un trouble bipolaire à ce mélange, avec la peur, la suspicion, l'irritabilité, la dépression, le ressentiment et le manque de contrôle des pulsions qui les accompagnent souvent, et même les grands efforts des personnes les mieux intentionnées tournent court.

Dans ce chapitre, nous offrons des conseils pour vous aider à établir un environnement propice à une communication productive. Nous vous aidons également à accélérer votre acquisition de compétences et de stratégies qui favorisent la compréhension et aident à résoudre les conflits de communication.

Ouvrir la voie

Des conversations réussies commencent par une préparation minutieuse et une connaissance pratique des compétences de base en communication. Dans les sections suivantes, nous offrons des conseils pour vous aider à préparer une discussion productive en expliquant comment choisir le bon moment et le lieu, établir les règles de base, maîtriser ses émotions et son langage corporel, et enfin choisir des mots avec soin pour éviter de déclencher des réponses houleuses.

Choisir le bon endroit et le bon moment

Le bon endroit et le bon moment ne représentent pas les ingrédients uniques d'une conversation réussie mais ils jouent sans aucun doute un rôle important. Voici quelques suggestions pour bien les choisir :

- **Attendre une accalmie.** N'essayez pas de résoudre des différends lorsque les émotions sont encore vives ou que quelqu'un dans le groupe traverse un épisode thymique.
- **Allouez une tranche horaire dédiée à la discussion.** Programmez une heure pour vous voir et parler les uns aux autres. Choisissez un moment commode pour tout le monde, lorsque personne n'est attendu ailleurs.

  Conseil

  Idéalement tous les intervenants doivent être entièrement focalisés sur la conversation ; cependant, avec des sujets difficiles, une approche moins directe peut être utile. Par exemple, la voiture n'est pas le meilleur endroit pour parler de quelque chose de très émotionnel, mais cela fonctionne parfois pour aborder des sujets sensibles, car il permet aux gens d'éviter le contact visuel direct tout en restant engagés. Les conseillers suggèrent souvent d'utiliser un temps de trajet en voiture pour parler avec des adolescents car il évite le face à face qui peut engendrer un sentiment de gêne et de blocage (cependant, ne démarrez pas ou ne continuez pas une conversation qui s'échauffe pendant que vous conduisez, cela peut être dangereux). Parler tout en faisant une tâche plus subalterne comme essuyer la vaisselle peut également amoindrir le sentiment d'une confrontation frontale.
- **Choisissez une pièce calme sans distractions.** La table de salle à manger est un endroit idéal pour parler ; une table sert de barrière subtile qui donne aux gens un sentiment de sécurité et de protection. Le séjour est aussi un lieu opportun, à partir du moment où la télévision, les ordinateurs et les téléphones sont éteints. Évitez de faire votre réunion dans un lieu public, à moins que cela ne soit le seul endroit où vous sentez que vous pouvez parler en toute sécurité. Les gens sont moins susceptibles de s'épancher si des étrangers peuvent les entendre, et cette hésitation diminue l'efficacité d'une conversation.

Établir des règles de base

Avec toutes les parties réunies, le premier ordre du jour est de travailler ensemble pour établir des règles de base de communication. Encouragez tout le monde à contribuer de sorte que chacun apporte une certaine contribution aux règles que le groupe finit par valider. Voici quelques règles de base :

- Se concentrer sur un seul sujet à la fois.
- Faire des observations plutôt que porter des jugements.
- Parler à tour de rôle.
- Pas de hurlements.
- Pas de vulgarité.
- Pas de menaces, d'intimidation ou de comportement violent.
- Toute personne peut demander une pause à tout moment.
- Avoir une écoute active plutôt que passive.
- Respecter le point de vue de l'autre personne.

Conseil

Si vous ne semblez pas pouvoir communiquer sans vous disputer, envisagez de faire venir un thérapeute, un ami ou un membre de la famille pour faciliter la réunion. Choisissez quelqu'un avec un esprit calme, analytique, que chacun respecte et dont tout le monde va suivre l'orientation. Le facilitateur peut aider à faire respecter les règles de base et à veiller à ce que tout le monde ait une chance d'être entendu.

Faites attention à ce que vous dites

Une communication efficace exige de la clarté, de l'honnêteté et de la précision, mais vous devez être clair, honnête et précis d'une manière qui capte et garde les gens réceptifs concentrés sur ce que vous dites. Voici quelques conseils pour choisir des mots et des phrases que les auditeurs sont susceptibles d'assimiler plutôt que de nier :

- **Exprimez-vous en utilisant le « je », surtout quand vous exprimez une opinion.** Utilisez des locutions telles que « je pense que… » et « À mon avis… » pour commencer vos phrases. Pour plus de détails sur l'utilisation du « je », allez à la section « être moins conflictuel, grâce au « je » ».
- **Restez dans le présent autant que possible.** Vous pouvez discuter du passé pour en tirer des leçons et améliorer vos résultats, mais ne restez pas

embourbé dans le passé parce que vous ne pouvez pas le changer. N'utilisez pas des événements passés pour faire des reproches ou lancer des attaques contre quelqu'un comme arme défensive.

- **Ne vous engagez pas dans la critique, le jugement, la revendication ou le reproche.** En résumé, tous les participants à la discussion doivent faire preuve de respect pour les autres. Voir la section suivante « Éviter les quatre grandes sources de conflit » pour apprendre comment éviter la critique, le jugement, la revendication et le reproche.
- **N'exagérez pas.** Faites de votre mieux pour décrire avec précision une situation et évitez les généralisations, comme les mots *toujours* et *jamais*. Il est rare que quelque chose arrive systématiquement ou jamais. Si vous dites quelque chose comme : « Tu ne fais jamais… », vous mettez en application deux choses à ne pas faire : des reproches à l'autre personne et des généralités.
- **Évitez les comparaisons, en particulier entre deux personnes.** Dire à sa femme qu'elle est exactement comme sa mère ou à un fils qu'il a fait comme son père vous assure presque à tous les coups d'obtenir une forte réaction négative. Au lieu de généraliser le comportement d'une personne grâce à des comparaisons, mettez l'accent sur les comportements spécifiques ou les questions à discuter.

S'exprimer de façon positive

Parfois, la façon de dire quelque chose est plus importante que ce que vous dites. Un ton sarcastique dans la voix, par exemple, peut transformer le sens d'une phrase en son exact opposé. Par exemple, si vous dites quelque chose comme : « Je vous remercie de votre amour et de compréhension » d'une voix sarcastique, cela signifie : « Je n'apprécie pas vraiment votre manque d'amour et de compréhension. »

Le ton de la voix peut transmettre un large éventail d'émotions – de la tristesse à la joie, du regret à l'espoir, du bonheur à la colère, et plus encore. Soyez sensible au ton de votre voix et essayez de maintenir un ton positif, optimiste et encourageant. Évitez les tons négatifs qui véhiculent la colère, la frustration et l'amertume. Faire l'effort d'avoir un ton plus positif peut même vous encourager à penser de façon plus positive, mais si vous ne pouvez pas invoquer des sentiments positifs, faites un grand effort pour rester neutre.

COMMENT S'EXCUSER... ET COMMENT NE PAS LE FAIRE

Les personnes atteintes de trouble bipolaire ne devraient pas avoir à présenter des excuses pour ce que le trouble leur fait faire, mais les excuses ont le pouvoir de guérir les relations et de libérer toutes les personnes impliquées de leur culpabilité et leur ressentiment – en supposant, bien sûr, que les excuses sont sincères et données d'une manière appropriée. Voici quelques choses à faire et à ne pas faire pour faire des excuses efficaces :

- **Soyez sincère.** Faites des excuses seulement si vous sentez vraiment que vous avez contrarié la personne et souhaitez vraiment ne pas refaire la même erreur.
- **Décrivez ce pour quoi vous êtes désolé.** Spécifier ce que vous avez dit ou fait pour bouleverser l'autre personne permet de reconnaître le rôle que vous avez joué.
- **Valider les sentiments de l'autre personne.** Décrivez comment vous pensez avoir blessé l'autre personne. Cela démontre que vous êtes au courant des conséquences de vos paroles ou actions.
- **N'essayez pas de vous soustraire en douce.** N'essayez pas de justifier ce que vous avez dit ou fait en vous excusant seulement pour la façon dont l'autre personne se sent. Dire quelque chose comme : « Je suis désolé que tu te sentes de cette façon, mais... » est une excuse égoïste. La personne que vous blessez remarquera immédiatement que vous vous excusez seulement pour atténuer votre culpabilité et non parce que vous avez de sincères regrets pour vos paroles ou actions.
- **Lâchez prise.** Acceptez le fait que vous n'avez aucun contrôle sur la personne pour qu'elle accepte vos excuses. Rappelez-vous que vous vous êtes excusé pour elle et non pas pour vous-même, donc ne soyez pas amer si la personne refuse de vous pardonner.

Gardez à l'esprit que des excuses ne sont pas toujours ce qu'une personne veut ou ce dont elle a vraiment besoin. Parfois, quand quelqu'un attend des excuses, ce que cette personne veut vraiment c'est de la sympathie ou de la reconnaissance. Votre proche peut juste avoir besoin d'entendre que vous savez qu'il est mal et que vous comprenez qu'il a de bonnes raisons de se sentir mal ; il ne vous reproche rien ou n'attend pas que vous présentiez des excuses pour une chose sur laquelle vous n'aviez aucun contrôle. Voir la section « Valider les sentiments des autres » pour plus de détails.

Être sensible aux postures, aux positions et au langage corporel

La posture, la position et le langage du corps transmettent les émotions et la communication non verbale. Vous pouvez lire des livres entiers sur le thème de la communication non verbale, mais quand vous êtes en communication avec un ami ou membre de votre famille – quelqu'un que vous connaissez assez bien en l'occurrence –, vous n'avez probablement pas besoin d'une étude détaillée du langage du corps. Assurez-vous simplement de faire ce qui suit :

- Restez debout ou assis à une distance confortable de la personne, en restant sensible à son espace personnel.
- Restez détendu et rassurant. Si vous ressentez vos muscles, y compris vos muscles faciaux, se crisper, cela signifie que vous allez probablement vous mettre en colère, que vous êtes contrarié ou sur la défensive. Respirez profondément et rappelez-vous de vous détendre.
- Ayez l'air attentif. Maintenez un contact visuel approprié (ne fixez pas la personne) et utilisez des indices verbaux et non verbaux, comme un signe de tête pour dire « oui » ou « bien » pour indiquer que vous écoutez ce que la personne dit.

  À retenir

  Parfois, l'attention indirecte est plus appropriée et peut rendre un échange moins conflictuel. En marchant, en faisant la vaisselle, en conduisant, ou en vous livrant à une autre activité, vous pouvez toujours rester et sembler attentif non verbalement par un signe de tête, en disant « oui » ou « OK », et en utilisant la posture et le langage du corps pour montrer que vous êtes à l'écoute.
- Si vous vous adressez à plus d'une personne, donnez votre attention à chacun des interlocuteurs pour que personne ne se sente exclu.

Ajouter une pincée de symptômes de l'humeur à ce mélange

Au cœur d'un trouble bipolaire, vous butez sur bien plus que vos défaillances de communication habituelles. Les symptômes bipolaires et les retombées émotionnelles qu'ils laissent dans leur sillage sapent les efforts des individus les plus raisonnables de plusieurs façons :

- **La dépression provoque souvent une perte de confiance et des sentiments de faible estime de soi ou d'inutilité.** Vous sentir de cette façon peut vous empêcher de vous affirmer convenablement quand une situation est injuste ou nuisible, et vous pouvez vous en vouloir plus tard. Si vous vous sentez déprimé, soyez attentif à la façon dont votre humeur peut vous empêcher de parler de manière appropriée ; vous pourriez avoir besoin de faire des efforts particuliers pour vous affirmer convenablement.

» **Les poussées d'irritabilité et de colère sont des symptômes communs de la manie.** Lorsque vous vous sentez agité, vous pouvez être plus susceptible de parler de façon impulsive ou de faire des choses que vous regretterez plus tard. Si vous vous sentez hypomaniaque ou maniaque, faites un effort particulier pour ralentir et réfléchir avant de répondre aux autres ou de faire des déclarations qui peuvent alimenter les conflits.

» **Les retombées émotionnelles de la vie avec un trouble bipolaire peuvent engendrer des problèmes relationnels récurrents chaque fois que certains sujets se posent.** C'est le cas si les épisodes thymiques précédents ont donné lieu à de l'hypersexualité, par exemple, susceptible d'alimenter un conflit futur. Le ressentiment d'avoir à prendre des médicaments ou le sentiment de perte de statut dans la famille peut conduire également à des conflits. La peur, la suspicion, le regret et autres réactions émotionnelles puissantes peuvent également jouer un rôle dans la déstabilisation de vos relations.

Bien que les traitements médicaux puissent aider à éliminer les symptômes bipolaires de l'équation, la thérapie est souvent nécessaire pour aider les personnes ayant un trouble bipolaire et leurs proches à faire face aux petits et grands tourments qui contribuent au conflit. Le préjudice émotionnel que le trouble bipolaire laisse derrière lui est souvent aussi difficile à réparer que la maladie l'est à traiter.

Éviter les quatre grandes sources de conflit

Le conflit survient souvent quand quelqu'un se sent attaqué. Lorsque la personne qui se sent menacée se met sur la défensive, l'échange tourne généralement au vinaigre. Une façon d'empêcher quelqu'un de se sentir menacé en premier lieu est d'éviter les quatre principaux facteurs qui ont tendance à mettre les gens sur la défensive : la critique, le jugement, la revendication et le reproche.

La critique

La critique à forte dose (surtout si elle n'est pas équilibrée par du positif et de l'empathie) tire les gens vers le bas et déclenche la colère et/ou la peur, ce qui bloque immédiatement les possibilités de résolution de problème. Ainsi, au lieu de lancer une critique, faites en sorte de favoriser une attitude douce dans laquelle vous acceptez les gens pour ce qu'ils sont et de la façon dont ils choisissent de vivre. Soyez plus concerné par ce que vous pouvez faire pour aider vos proches à se sentir mieux et à mieux fonctionner plutôt que sur ce que les autres pensent de votre situation. Vous pourriez être agréablement surpris par le changement dans la façon dont vos proches vous répondent quand vous laissez la critique hors de vos échanges.

Par exemple, les parents d'un fils sans emploi qui a un trouble bipolaire peuvent se sentir obligés de le harceler pour qu'il trouve un emploi ou cherche un appartement parce qu'ils croient que leurs amis estiment qu'ils sont de mauvais parents ou que leur fils est un fainéant. Au lieu de le harceler, les parents feraient probablement mieux d'écouter leur fils, de l'aider à sécuriser les choses dont il a besoin pour retrouver un travail et de fixer quelques limites raisonnables.

Le jugement

Le jugement accompagne souvent des différences de tempéraments, de croyances, de valeurs et d'attentes. Le jugement se développe à partir de scénarios dans lesquels vous imposez votre propre définition de ce qui est acceptable ou de comment les autres doivent se comporter. Comme la critique, le jugement est un outil de pouvoir et de contrôle qui prétend aider quelqu'un d'autre à « être une meilleure personne ». Il déclenche des émotions fortes chez la personne jugée et réduit la probabilité de résolution efficace des problèmes.

Pour réduire la quantité de jugement qui entre dans vos relations, procédez comme suit :

- **Essayez de reconnaître le jugement dans vos communications quotidiennes (en dehors du travail).**

  Notez comment vous vous sentez quand vous êtes jugé et comment les gens réagissent quand vous êtes le juge.

- **Acceptez ou au moins tolérez vos différences.**

  L'acceptation/tolérance doit être réciproque pour que la communication gagne du terrain.

- **Comprenez la source de vos différences.**

  Chaque individu a des raisons, des connaissances et de l'expérience qui informent autrui sur ses systèmes de croyances et de valeurs. Parfois, la compréhension de la source des croyances et des valeurs d'une personne conduit à la tolérance, sinon à l'acceptation.

La revendication

La revendication va de pair avec la critique et le jugement en tant que moyens de tentative de contrôle du comportement d'une autre personne. Bien sûr, demander à quelqu'un de faire quelque chose pour vous est parfaitement normal et acceptable. Dans certaines relations formalisées (comme entre un patron et un employé), des revendications sont effectivement attendues. Avec ses proches, cependant, faire des revendications plutôt que de favoriser une approche des tâches et des problèmes dans un esprit de collaboration respectueuse est beaucoup moins susceptible d'aboutir aux résultats souhaités. Même si vous obtenez ce que vous voulez, les revendications déclenchent généralement des contrecoups émotionnels qui font partie d'un cycle de douleur et de souffrances qui amoindrit la possibilité d'une résolution efficace des problèmes.

Le reproche

Le reproche est le résultat naturel de la critique et du jugement et, par nature, une façon de faire des revendications aux autres pour changer leur comportement. Le reproche est personnel, subjectif et axé sur le passé. La clé pour le surmonter est de se concentrer sur le présent et d'aborder chaque question comme un problème à résoudre. Toute personne impliquée doit fonctionner en tant que participant à la résolution des problèmes qui se posent. Si vous avez à blâmer quelque chose, blâmez la maladie, mais ne vous blâmez pas, vous, et ne blâmez certainement pas un proche qui souffre d'un trouble bipolaire – ce n'est pas sa faute.

Être moins conflictuel en utilisant le « je »

Utiliser le « je » est une façon d'exprimer ce que vous pensez ou ressentez sans mettre l'autre personne sur la défensive et en lui donnant quelque chose à débattre.

Voici un exemple de bonne et mauvaise façons de formuler une déclaration :

Négatif : « Tu regardes trop la télévision et je ne peux pas dormir. »

Positif : « Je ne peux pas dormir avec la télévision allumée... »

L'utilisation du « tu » blâme la personne sur le fait de rester debout tard, ce qui vous empêche de dormir. Faire des reproches met la personne sur la défensive et dire que la personne reste debout trop tard lui donne quelque chose à argumenter : « Je ne reste pas debout trop tard » ou « Le volume de la télévision n'est pas fort ! » ou encore « Peut-être que tu vas au lit trop tôt ! ».

L'utilisation du « je » dit simplement que vous ne pouvez pas dormir lorsque le téléviseur est allumé. En n'ajoutant pas de reproche à l'équation, vous évitez la critique et le jugement, et ne formulez pas une demande spécifique ; plus important encore, vous laissez la porte ouverte à la résolution du problème. La conversation qui commence par un « je » a une meilleure chance de se développer en une séance de résolution de problème axée sur la satisfaction des besoins des deux personnes – une personne a besoin de dormir ; l'autre a besoin de rester debout et de regarder la télévision.

Voici quelques exemples supplémentaires :

- **Négatif : «** Dépêche-toi ! »
- **Positif : «** Je ne veux vraiment pas être en retard. »
- **Négatif : «** Tu m'as gêné quand tu as commencé à parler du trouble bipolaire à table au dîner. »
- **Positif : «** J'étais gêné lorsque le sujet du trouble bipolaire a été abordé au dîner. Je ne veux pas en parler en public. »
- **Négatif : «** Tu dois arrêter de m'attaquer à chaque fois que je ne suis pas d'accord avec toi. »
- **Positif : «** J'ai l'impression que je ne peux pas m'exprimer sans provoquer une scène lorsque nous avons un désaccord. »
- **Négatif : «** Tu n'arrêtes pas de me critiquer pour tout ! »
- **Positif : «** Parfois j'ai l'impression que je ne peux rien faire sans être critiqué. »

Conseil

Au milieu d'un désaccord, rappelez à vos proches que vous les aimez toujours et que vous vous souciez d'eux. Pendant les désaccords, quand les sentiments sont blessés, vous souvenir qu'il existe une connexion positive entre vous peut s'avérer difficile. Que l'on vous rappelle votre lien peut aider à rediriger les émotions de votre proche vers la résolution du problème et à éloigner la peur et la colère qui prennent souvent le dessus quand une personne pense que l'autre a cessé de prendre soin d'elle ou en a fini avec leur relation. Rassurer les autres sur le fait que vous n'avez pas cessé de les aimer éloigne cette peur et la colère de l'équation, et la situation dans son ensemble est plus sereine. (Pour en savoir plus à propos de la résolution de problèmes, voir le chapitre 14.)

À retenir

La seule chose pire que l'utilisation du « tu » est l'utilisation de l'expression « tu as toujours... ». Il est rare que quelqu'un se comporte ou réagisse toujours de la même manière. N'exagérez pas ou ne faites pas croire qu'une chose est pire que ce qu'elle est réellement. Cela tend à faire dérailler une conversation productive vers un échange épuisant sur ce qui a été exactement dit et comment.

Valider les sentiments des autres

Les sentiments tels que la peur, la colère, l'amertume, la jalousie, etc., sont à la racine de la plupart des conflits interpersonnels. Les humains ont besoin d'exprimer ces sentiments et de voir les autres reconnaître leurs sentiments. L'une des meilleures façons de libérer la pression dans une interaction émotionnellement chargée est de valider les sentiments de l'autre personne – à savoir de montrer que vous comprenez ce que la personne ressent et reconnaissez que ses sentiments sont légitimes.

Valider est un pas au-delà de l'écoute active. Avec *l'écoute active*, vous reconnaissez simplement que vous avez écouté et compris ce que la personne ressent. Avec la *validation*, vous dites qu'il est normal d'avoir ce sentiment et que le sentiment est légitime compte tenu de la situation de la personne en question. Voici un exemple d'interaction typique avec trois réponses différentes :

- **Le mari :** « Chaque fois que nous sommes en thérapie familiale, tout le monde se lie contre moi, comme si j'étais le seul responsable des problèmes que nous avons. »
- **La femme (réponse défensive typique, négative) :** « Personne ne se "ligue" contre toi ! Tout le monde sait que ce n'est pas de ta faute. »
- **La femme (réponse réfléchie, mieux)** : « On dirait que tu es assez contrarié sur la façon dont nos séances de thérapie familiale se passent. »
- **La femme (validation, la meilleure) :** « Je te comprends ; je serais assez contrariée, aussi, si j'avais l'impression que toute la famille se liguait contre moi. »

À retenir

Les sentiments non acceptés et non exprimés ont tendance à être mis de côté et, finalement, réapparaissent de manière destructive – par exemple, à travers le sarcasme, la colère, et parfois la violence.

Valider les sentiments de quelqu'un semble certainement assez facile, mais cela va à l'encontre de la façon dont la plupart des gens sont réglés pour répondre. En société, les gens ont tendance à cacher leurs émotions ou désirent y parvenir. Si quelqu'un exprime une émotion forte, les gens ont tendance à réagir d'une des façons contre-productives suivantes :

- **Contre-attaquer.** Les grandes émotions déclenchent souvent de plus grandes émotions – la peur et la colère le plus souvent. Éviter de sauter dans la mêlée quand vos propres émotions sont déclenchées est un énorme défi. En effet, contre-attaquer va rapidement tourner aux reproches et à la critique, qui sont deux interactions nuisibles et contre-productives.

- **Amoindrir.** Celui qui écoute rejette et invalide l'émotion de l'autre personne en disant quelque chose comme : « Pourquoi es-tu tellement en colère ? Personne ne cherche à te faire du mal. » N'essayez pas d'argumenter contre la façon dont quelqu'un se sent. Le fait est que la personne se sent de cette façon. Acceptez-le en disant quelque chose comme : « Je peux envisager pourquoi tu penses que les gens essaient de te faire du mal. Que pouvons-nous faire pour te faire sentir plus en sécurité ? »

- **Conseiller.** Celui qui écoute suppose que l'émotion exprimée est un appel à l'aide et commence à offrir des conseils que l'autre n'a jamais demandés. Une bonne règle de base est d'éviter d'offrir des conseils à moins que l'autre personne ne le demande expressément. Si vous n'êtes pas sûr, demandez à l'autre quelque chose comme : « Veux-tu que je te fasse quelques suggestions ? »

- **Ignorer.** Une autre façon de rejeter la validité de l'émotion de quelqu'un est de garder le silence à ce sujet ou d'essayer de changer le sujet, ce qui revient à peu près à ignorer ce que la personne dit. Si vous ne savez pas comment répondre à quelque chose, au moins essayez d'indiquer que vous avez entendu et compris la personne en paraphrasant ce qu'elle vous dit et/ou en lui demandant simplement de clarifier ou de vous aider à comprendre plus clairement ce qu'elle dit ou demande.

Se sortir de conflits improductifs

Bien qu'aucun membre de la famille ne soit à blâmer pour avoir ou pour avoir déclenché des troubles bipolaires, tous peuvent et doivent travailler ensemble pour tenter de résoudre les conflits et réduire au silence les désaccords inévitables. Les émotions fortes ont tendance à alimenter les conflits, ce qui n'est bon pour personne. Si un désaccord commence à s'échauffer, vous devrez peut-être vous dégager pendant un certain temps afin de laisser refroidir les émotions.

Voici quelques techniques pour vous aider à vous désengager de discussions houleuses improductives :

- **Faites une pause.** La colère vient par vagues. En attendant que la crise passe – loin de la personne ou des personnes avec lesquelles vous vous disputez –, faire une pause permet aux émotions les plus fortes de se calmer afin que vous puissiez revenir à la discussion dans un état plus stable. Rappelez-vous de reconnaître d'abord les sentiments des autres parce que les ignorer tend à faire dégénérer le conflit. Cependant tout le monde a besoin d'une chance de se désengager. Dire quelque chose comme « Ne t'avises pas de m'abandonner ! » est improductif et c'est une tentative de contrôle du comportement de l'autre. Prendre des pauses ou vous éloigner pour laisser retomber les tensions doit toujours être une option.

- **Faire un peu d'humour ensemble.** L'humour peut être une bonne façon de désamorcer un conflit mais soyez prudent ; c'est drôle seulement si tout le monde rit. Rejeter les inquiétudes de l'autre en se moquant de lui est susceptible de déclencher ou de renforcer un conflit. Pourtant, l'humour partagé comme un rappel de l'affection que vous avez les uns pour les autres peut être très bénéfique ; l'humour peut aider tout le monde à se rappeler que les disputes en cours sont du gâchis.

  Conseil

  Parfois il est utile de se rappeler une chose pour laquelle vous vous étiez auparavant battus mais dont vous aviez ri plus tard car c'était vraiment stupide ou parce que vous avez compris ce qui avait engendré votre malentendu. Ou bien rappelez-vous un moment où vous vous êtes disputés sur quelque chose puis en avez ri ensemble à postériori.

- **Allez faire un tour.** La marche aide à atténuer les conflits de plusieurs façons. Quand vous marchez avec quelqu'un, vous êtes physiquement côte à côte, vous déplaçant dans la même direction, ce qui est moins conflictuel que face à face. En outre, l'activité de marche tend à agir comme une libération émotionnelle en soi, et si vous marchez dans un lieu public, vous pouvez être plus enclin à baisser le ton.

Ces stratégies ne sont pas un remède magique pour les désaccords, mais ils peuvent souvent aider à contenir le conflit, l'empêcher de dégénérer, et réduire sa durée. Toutes les personnes engagées dans des relations ont des désaccords et se disputent à un moment donné, mais trouver des moyens de maintenir le calme et la compassion permet d'éviter aux conflits de devenir toxiques.

À retenir

Se désengager est une solution temporaire. Une fois que les émotions se sont atténuées, vous avez encore besoin de résoudre le conflit sous-jacent, ce que vous pouvez souvent accomplir en pratiquant les techniques de communication que nous décrivons plus haut dans ce chapitre et en vous engageant dans une résolution des problèmes productive, comme nous le décrivons dans le chapitre 14. Éviter le conflit fonctionne rarement.

Attention

Utiliser les agressions verbales, les insultes, l'intimidation ou les menaces, jeter des choses au visage de l'autre, endommager ce qui appartient à l'autre et être physiquement agressif sont des formes inacceptables de communication. Peu importe comment quelqu'un essaie de rationaliser ces comportements, ce sont des formes de violence – purement et simplement. Si vous retrouvez ces schémas dans votre relation, parlez-en avec une personne de confiance – un ami ou membre de la famille – et cherchez le soutien des groupes ou de conseillers qui travaillent sur les situations de violence.

Chapitre 14
Résoudre les problèmes et conflits

DANS CE CHAPITRE :

- **Se préparer pour une séance de résolution de problèmes réussie**
- **Se concentrer sur le problème en cours et reconnaître les besoins et intérêts de chaque personne**
- **Faire un brainstorming et mettre en œuvre les solutions trouvées**
- **Évitez les actions qui aggravent les problèmes et lâchez prise sur les problèmes que vous ne pouvez pas résoudre**

Les problèmes ont tendance à aller et venir dans un environnement fait de tensions et de conflits. La bonne nouvelle est que chaque problème a une solution, généralement plus d'une, qui peut aider à soulager les tensions et résoudre les conflits en même temps.

À retenir

De nombreux experts et organisations ont développé des approches structurées de résolution de problème. En fait, certains thérapeutes proposent un type spécifique de thérapie appelée la *thérapie de résolution de problèmes* (TRP). La plupart des approches structurées de résolution de problèmes sont similaires et recommandent toutes à peu près les étapes suivantes :

- Définir le problème.
- Fixer des objectifs ou identifier les besoins.
- Faire un brainstorming pour trouver des solutions.
- Classer les solutions et choisir la plus prometteuse.

- Mettre en œuvre la solution choisie.
- Évaluer les résultats.

Si votre premier choix ne fonctionne pas, revenez à l'étape 5 pour essayer une des autres solutions sur la liste ou à l'étape 3 et cherchez plus de solutions.

Dans ce chapitre, nous recommandons une approche similaire pour résoudre les problèmes avec des tierces personnes, pour faire face non seulement aux problèmes, mais aussi aux conflits interpersonnels qui l'accompagnent. Nous rappelons également quelques-uns des types de résolution de problèmes improductifs et décrivons les situations dans lesquelles il vaut mieux lâcher prise car c'est le meilleur plan d'action.

Préparer le terrain pour une résolution de problèmes efficace

Si vous devez résoudre un problème seul, alors préparer le terrain pour le résoudre de manière efficace est simple : allez dans un endroit calme et réfléchissez-y. Les choses se compliquent lorsque vous devez résoudre des problèmes avec les autres. Pour entamer sur un ton juste – ou du moins productif – une session de résolution de problèmes, suivez les étapes suivantes pas à pas et à l'avance :

- **Invitez toutes les parties prenantes.** Toutes les personnes touchées par le problème doivent jouer un rôle dans sa résolution. Toute personne qui est exclue sera moins encline à mettre en œuvre la solution.
- **Définissez un ordre du jour.** Faites en sorte que tous les intervenants connaissent à l'avance l'ordre du jour de la session de résolution de problèmes afin qu'ils puissent commencer à formuler des idées. Vous avez peut-être déjà défini le problème, tel que discuté dans la section suivante, ou vous ressentez simplement un conflit et voulez savoir ce qui en est la cause.
- **Planifiez une tranche horaire.** Choisissez un moment qui est pratique pour tout le monde, une fois que les émotions ont refroidi. Assurez-vous que vous avez au moins une heure sans interruption devant vous. Si vous réussissez à régler les choses en moins de temps, tant mieux pour vous ! Si vous ne pouvez pas résoudre le problème en une heure, programmez une autre session.
- **Choisissez un endroit qui est propice à la résolution de problèmes.** Choisissez un endroit calme où vous ne serez pas interrompus, y compris sans téléphones, ordinateurs ni téléviseurs. Être assis autour d'une table permet souvent aux gens de se sentir en sécurité ; cela fournit également une surface pour la prise de notes.

» **Définissez des règles de base.** Le premier point à votre ordre du jour peut être de discuter des règles de base pour que tout le monde se sente à l'aise. Voici quelques bonnes règles pour rappeler à tous des techniques de communication de base (voir le chapitre 13) :

- Pas de reproches ;
- Pas de cris ;
- On ne ressasse pas le passé (en d'autres termes, on reste dans le présent) ;
- On reste positif, constructif et pragmatique ;
- On respecte l'avis des uns et des autres, même si on n'est pas d'accord ;
- Prévoyez de petits moments de pause si une personne est très émotive et a besoin de prendre du recul pendant quelques minutes.

Attention

N'essayez pas de vous lancer dans une séance de résolution de problèmes lorsque vous ou votre bien-aimé est en pleine phase de manie, d'hypomanie ou de dépression. Au milieu d'un épisode thymique, vous devez vous concentrer sur l'épisode lui-même. Une pensée claire est essentielle pour résoudre efficacement un problème, et essayer de le faire au cours d'un épisode thymique est souvent contre-productif.

Identifier le problème

La première étape pour résoudre tout problème est d'identifier le problème lui-même. Une façon d'identifier un problème est de commencer avec ce que vous ressentez. Êtes-vous en colère, frustré, effrayé, blessé ? Puis demandez-vous ce qui vous fait vous sentir de cette façon. Essayez de former une déclaration qui commence par la façon dont vous vous sentez et se termine avec la cause. Par exemple, « Je me fâche quand ma famille me traite comme un enfant » ou « Je crains de perdre notre maison parce que nous dépensons plus d'argent que nous gagnons ».

À retenir

Gardez à l'esprit que si vous essayez de résoudre un problème en couple, en famille ou en groupe, le problème d'une personne devient le problème de tous ; cependant, chaque individu peut avoir une perspective différente sur ce que le problème est vraiment. Essayez de travailler ensemble pour trouver une définition du problème sur laquelle tout le monde s'accorde.

Conseil

Une autre façon d'identifier un problème, en particulier lorsque le problème génère un conflit avec une autre personne, est d'échanger vos versions de l'histoire. Cette méthode permet à chacun de partager son point de vue sur ce qui se passe et peut-être aussi ses idées sur la question sous-jacente. Si vous ne pouvez pas parler du problème sans vous disputer, faites que chaque personne impliquée écrive son histoire et ensuite échangez les versions écrites. Échanger vos versions est plus productif quand tout le monde essaie de ne pas juger mais d'écouter avec attention et est conscient de l'expérience de l'autre personne sans critiquer ou juger son point de vue (voir le chapitre 13 pour des conseils sur comment communiquer sans juger).

Attention

Parce qu'il y a toujours des points de vue divergents dans chaque histoire qui déclenchent des émotions fortes, il est généralement préférable de partager des versions conflictuelles en présence d'un médiateur compétent ou d'un thérapeute familial qui peut poser des questions, aider à réguler les réponses émotionnelles et faciliter un récit productif de ce qui se passe.

Si vous choisissez d'échanger vos versions seuls, sans médiateur, donnez à chaque partie la possibilité de présenter sa version de façon ininterrompue, puis à tour de rôle demandez à chacun de poser des questions jusqu'à ce que toutes les personnes impliquées aient une compréhension claire de la position de tous. Laissez beaucoup de temps et d'espace pour que les réactions émotionnelles s'expriment et s'atténuent au besoin. Essayez d'étoffer ce qui se passe en posant des questions ouvertes – « Qui ? », « Quoi ? », « Quand ? », « Où ? », « Pourquoi ? » et « Comment ? » – ainsi que des questions comme :

- Qui est habituellement impliqué lorsque le problème survient ?
- Qui est affecté par le problème et comment ?
- Que se passe-t-il lorsque le problème survient ?
- Qu'est-ce qui améliore le problème ou l'empire ?
- Quand le problème se produit-il généralement ou empire-t-il ? Est-ce un problème qui survient à un moment précis de la journée ou non ? ou au cours de certains types d'événements ou de situations ?
- Où le problème se produit-il habituellement ? À la maison, au travail, à l'école, en voiture, dans un restaurant ?
- Quels sont les facteurs déclencheurs identifiables – événements, paroles, actions ou émotions – généralement associés au problème ou au conflit ?
- Comment avez-vous géré le problème jusqu'à présent ?
- Comment les autres font face à des problèmes similaires ? Leurs méthodes sont-elles efficaces ?

Des questions mettent à jour des détails, et les détails permettent souvent d'approfondir la compréhension qu'ont les gens du problème, ouvrant ainsi la voie à des solutions.

Attention

Le processus d'identification des problèmes est souvent assombri par des événements passés, d'autres problèmes et émotions, surtout quand vous avez affaire à un groupe de personnes. Voici trois conseils qui peuvent vous aider à éviter les pièges les plus courants associés à cette étape du processus de résolution de problèmes :

- **Restez dans le présent.** Vous ne pouvez pas changer le passé, ça ne sert à rien de le ressasser. Ce conseil est difficile à mettre en pratique, alors essayez de développer un moyen pour le groupe d'arbitrer lorsque la discussion dérive dans le passé et vous fait mal, pour la concentrer de nouveau sur le présent.
- **Concentrez-vous sur un seul problème.** Les problèmes ont tendance à arriver par vagues, mais si vous essayez de les résoudre en bloc, vous allez vous noyer. Choisissez un seul problème, le plus pressant. Résoudre les problèmes un à la fois peut être difficile à faire, alors élaborez un plan pour savoir quand les événements se détournent du seul problème ciblé et pour revenir sur la bonne voie.
- **Restez objectif.** Essayez de voir le problème du point de vue d'une personne qui est assise au balcon plutôt que de celle qui joue sur scène. Cela peut vous aider à développer une perspective plus objective et à devenir moins réactif et plus proactif.

À retenir

Si vous faites équipe avec d'autres pour résoudre un problème, une bonne communication est cruciale. Le chapitre 13 vous offre des conseils pour communiquer avec vos proches.

Redéfinir le problème/conflit : du « vrai ou faux » aux besoins non satisfaits

Les gens voient souvent des problèmes, en particulier ceux qui débouchent sur des conflits, en termes manichéens de bien ou de mal. En fait, si votre problème devait se retrouver devant une cour de justice, l'accent serait mis sur qui a raison et qui a tort. Le système juridique tourne autour des droits, des obligations et des recours – le jugement aura généralement la forme d'une compensation financière pour la partie lésée.

Malheureusement, les proches abordent souvent les problèmes comme des batailles juridiques. Ils essaient de faire valoir leur cas et de prouver leur bon droit à l'autre, le plus souvent en vain. Sans aucun juge ou jury pour trancher l'affaire, les questions restent en suspens et souvent s'enveniment.

Une approche plus efficace est de redéfinir le problème en termes de besoins ou d'intérêts non satisfaits. Cette approche est celle que les médiateurs professionnels utilisent souvent pour résoudre les conflits. Ici, toutes les parties communiquent leurs besoins et attentes et travaillent ensemble pour trouver des moyens de répondre aux préoccupations et besoins de chacun. Dans le langage de la thérapie de résolution de problèmes, cette étape se concentre sur l'identification des objectifs qui répondent aux besoins de toutes les parties concernées.

À retenir

L'objectif d'un processus de résolution des problèmes fondé sur les intérêts est que toutes les parties soient gagnantes. Au lieu de défendre des positions contradictoires, vous communiquez vos intérêts et ensuite travaillez en collaboration pour trouver des ressources qui y répondent.

Pour identifier les besoins, demandez-vous, ainsi qu'à toutes les autres personnes impliquées dans la situation, ce que vous voulez – ce qui doit se passer pour que vous sentiez que le problème ou la question a été résolu. Les réponses varient en fonction du problème et si vous travaillez seul ou en collaboration pour le résoudre, voici quelques exemples de besoins :

- Nous avons vraiment besoin d'arrêter de nous disputer au dîner.
- J'ai besoin de médicaments que je n'ai pas les moyens d'acheter.
- J'ai besoin qu'on m'emmène au travail parce que j'ai perdu mon permis de conduire.
- Nous avons besoin de gagner 1 000 € de plus chaque mois ou d'économiser 1 000 € de plus.
- Je dois savoir que tu es en sécurité.
- Je dois avoir une certaine assurance que tu prends tes médicaments.
- J'ai besoin qu'on arrête de me harceler pour savoir si je prends bien mes médicaments.

Une fois que vous avez identifié les besoins et les objectifs de chacun, le processus passe à l'étape suivante, celle du brainstorming à propos des solutions et de la recherche de stratégies et de ressources pour répondre à ces besoins.

Faire un brainstorming pour trouver des solutions

Maintenant voici la partie créative et agréable de la résolution de problèmes – le brainstorming des solutions possibles. Le but ici est de proposer autant de solutions que possible. Si vous essayez de résoudre un problème seul, commencez par griffonner quelques idées. Si vous collaborez avec un groupe, faites le tour du cercle et demandez à chaque personne de contribuer avec au moins une idée. Désignez une personne dans le groupe chargée d'écrire toutes les idées (un tableau blanc est très pratique pour cette phase).

Conseil

Choisissez la technique qui fonctionne le mieux pour tout le monde. Certaines personnes préfèrent trouver des solutions dans leur coin puis les apportent au groupe, alors que d'autres sont plus créatives dans le cadre d'une discussion animée. L'objectif est de générer un grand nombre de solutions potentielles, et il n'y a pas une unique façon de faire pour atteindre cet objectif.

À retenir

Soyez créatif, pas critique. Vous pourrez éliminer les idées farfelues plus tard, mais la critique à ce stade décourage la pensée créatrice, qui conduit souvent, elle, aux meilleures solutions. Il faut trouver du plaisir à lancer des idées et sortir des sentiers battus.

Lorsque vous êtes à court d'idées, passez en mode rétroaction. (Vous voudrez peut-être rayer les solutions que vous avez déjà essayées dans le passé et qui ne fonctionnaient pas, mais gardez à l'esprit qu'une solution qui a échoué dans le passé peut être couronnée de succès avec une meilleure planification et réalisation.) Pour chaque solution sur votre liste, dressez un inventaire de ses avantages et inconvénients, ou faites une analyse coût-bénéfice. Posez-vous les questions suivantes :

- Que coûterait la mise en place de cette solution en termes de temps, d'argent, d'effort, d'investissement affectif, etc. ?
- Quelle solution, si elle fonctionne, serait-elle susceptible d'offrir le plus grand bénéfice ?
- En regardant les avantages et les inconvénients, ou les coûts par rapport aux bénéfices, quelle serait la solution qui semble la meilleure pour tout le monde ?

Classez les solutions pour ne garder que les deux ou trois premières et choisissez-en une. Gardez les autres en réserve.

Planifier et mettre en œuvre les solutions choisies

Pour améliorer vos chances de résoudre avec succès le problème, élaborez un plan pour la mise en œuvre de la solution choisie. Assurez-vous d'inclure les éléments suivants dans votre plan :

- **Ressources.** Parfois, la résolution des problèmes et des conflits nécessite des ressources supplémentaires : des aménagements alternatifs de vie, d'argent ou de transport. Si vous avez identifié certains besoins, assurez-vous que votre plan comprend une liste de ressources à explorer.
- **Tâches.** Si la solution est assez complexe, décomposez-la en tâches à faire pour que la mise en œuvre semble moins écrasante et plus réalisable.
- **Affectations.** Déterminez qui va effectuer chaque tâche.
- **Délais.** Fixer un délai pour la mise en œuvre de votre plan et peut-être des dates intermédiaires pour accomplir les différentes tâches.
- **Les signes de succès.** Écrire une brève description du succès que vous espérez, afin d'avoir un point de référence pour savoir si vous avez résolu le problème.

Dans la majorité des livres témoignages écrits par des personnes ayant souffert de la bipolarité, se dégage cette notion de « *distance par rapport à la maladie* » ; en effet, il y a une étape où les patients commencent à réaliser que le trouble bipolaire n'est pas le problème en soi ; le vrai problème était la manière de voir et de penser cette maladie – tout passerait donc par la lucidité sur la maladie pour faire la paix avec... D'où l'importance de la connaissance et la psychoéducation autour de la bipolarité.

Conseil

Pensez à ajouter à votre plan une façon de célébrer votre réussite. Par exemple, si vous avez résolu avec succès le problème ou atteignez un jalon particulier, célébrez cela tous ensemble par un dîner au restaurant ou un bon film au cinéma.

Avec votre plan en place, vous êtes prêt à avancer. Mettez ce plan en action et monitorez la situation. Programmez une autre réunion pour discuter de vos progrès. Si vous êtes passé à côté de votre objectif, vous devrez peut-être ajuster votre plan, le jeter et essayer une autre solution (voir la section précédente pour plus de détails sur la façon de trouver d'autres solutions).

Parfois, résoudre un problème ou un conflit est une simple question de compromis. Par exemple, pour faire en sorte que son père arrête de l'appeler sur son téléphone portable pour vérifier si elle va bien, Tara accepte d'appeler à la maison une fois par jour pour dire à son père qu'elle est en sécurité. Dans d'autres cas, vous devrez peut-être explorer les ressources disponibles. Supposons qu'un proche bipolaire ne puisse pas vivre chez lui parce que la situation est trop stressante pour son rétablissement. La famille peut essayer de louer un appartement où il pourra emménager temporairement.

À retenir

Des ressources sont généralement disponibles pour répondre aux besoins de chacun, bien que trouver et sécuriser ces ressources puisse exiger une réflexion créative et de la recherche. Si les ressources nécessaires coûtent de l'argent, consultez le chapitre 18 pour quelques pistes sur l'aide que vous pourrez commencer à chercher.

Portrait

RÉSOUDRE LES PROBLÈMES PAR « L'ÉDUCATION DE SOI »

« Il y a sept ans, je suis arrivé au stade de vouloir mettre un terme à ma vie. Après être resté sept à huit heures à écrire ma lettre de suicide, j'ai pris conscience qu'en fait je voulais finalement vivre encore un peu. À cette époque on venait de me diagnostiquer bipolaire – après 26 ans d'enfer à me demander ce qui ne tournait pas rond avec moi ; parce que j'étais quelquefois fou à lier et d'autres fois tellement déprimé que je pouvais à peine bouger.

Ce diagnostic – enfin un nom sur ce qui n'allait pas – fut un soulagement d'un côté ; de l'autre côté, j'étais toujours dans un endroit bien, bien sombre...

Quand mon livre est sorti, à ma grande surprise, j'ai commencé à avoir des coups de téléphone pour me demander de parler devant des groupes – personnel hospitalier, association de patients. Toutes ces années à croire qu'il fallait que je cache mes symptômes, maintenant les gens veulent vraiment m'écouter et surtout savoir mon opinion sur cette maladie.

À ce jour, j'ai parlé à des milliers de gens, à la fois des patients qui souffrent comme moi et à des membres de leur famille ou des amis. D'où l'idée d'écrire un livre sur cette maladie, un livre qui fait partager des histoires et des expériences, pour aller au-delà d'un bon diagnostic et d'un traitement approprié. C'est pourquoi ce livre est largement mon histoire, ou mes et vos histoires...

Mais par-dessus tout, ces histoires montreront, je pense, l'unicité et les similitudes d'une vie sous l'emprise du trouble bipolaire. Donc, nous avons besoin d'apprendre cette maladie, prévenir ses dangers, communiquer nos découvertes et surtout raconter nos triomphes. »

P. E. Jones, *La Vérité sur les troubles bipolaires. La vie avec des hauts et des bas*, Josette Lyon, Paris, 2013.

Éviter les approches improductives

Tout le monde aborde les problèmes un peu différemment – à juste titre. Pour autant, certaines approches sont plus constructives que d'autres. La technique de résolution de problèmes que nous présentons dans ce chapitre – identifier le problème et prendre des mesures pour le résoudre – semble bien fonctionner. D'autres fonctionnent aussi. Il suffit de faire de votre mieux pour éviter les approches improductives suivantes :

- **L'évitement**. Si vous avez une aversion pour les conflits, vous avez peut-être tendance à éviter de parler des sujets qui fâchent ou de faire quoi que ce soit pour les résoudre de peur de déclencher des disputes. Bien que cela puisse être vrai, essayez de peser le poids de la douleur à court terme face au soulagement que vous êtes susceptible de ressentir avec une solution à long terme. Les problèmes empirent bien souvent et s'ancrent encore plus dans le temps, alors l'évitement se traduit généralement par un soulagement temporaire et un plus grand problème à traiter plus tard.
- **L'abandon.** Les problèmes persistants peuvent faire dérailler même les meilleures tentatives pour les résoudre. Ne baissez pas les bras et continuez votre tâche en étant plus persévérant. En effet, chaque problème a vraiment une solution ; et cela est d'autant plus faisable que vous obtenez que tout le monde travaille ensemble et colle à l'objectif pour parvenir à un résultat positif. N'abandonnez pas !
- **Assumer la responsabilité.** Prendre la responsabilité d'un problème n'est pas nécessairement mauvais ou improductif, surtout si vous travaillez seul sur le sujet. Dans un effort de collaboration, cependant, les résultats s'améliorent quand toutes les personnes impliquées participent à la résolution du problème. Si vous êtes une personne qui prend des responsabilités, vous devrez peut-être prendre un peu de recul, laissez les autres jouer un rôle actif.
- **Parler sans agir.** Parler d'un problème est utile, mais l'action est généralement nécessaire pour résoudre un problème. Si vous remarquez que vous ou un proche se plaint constamment de la même question, il est temps de commencer à planifier et à agir pour résoudre le problème.

Attention

D'abord, ne blessez personne. Parfois, simplement laisser reposer un problème sans agir est la meilleure option, au moins jusqu'à ce que vous ayez une solution prometteuse à l'esprit et un plan solide pour la mettre en œuvre. « Laisser reposer » une situation signifie essayer d'être plus conscient de la situation – en acceptant le problème et vos sentiments à son sujet – sans réagir ou prendre de mesures. Ce processus permet une plus grande attention pour la résolution du problème ; il peut aussi vous donner une chance d'accepter les sentiments difficiles et de reconnaître que certaines choses sont hors de votre contrôle. Même les meilleurs plans peuvent se retourner contre vous et faire empirer les choses, mais les réactions épidermiques comportent un plus grand risque de catastrophe. Faites de votre mieux afin d'éviter d'amoindrir la confiance nécessaire pour traiter efficacement les problèmes actuels et futurs. Examinez attentivement les retombées potentielles de l'action et de l'inaction et déterminez ainsi la meilleure approche pour résoudre le problème.

Lâcher prise sur les problèmes que vous ne pouvez pas résoudre seul

Parce que chaque problème a une solution, cela ne signifie pas pour autant que vous pouvez résoudre tous les problèmes. Il ne vous appartient tout simplement pas de résoudre certains problèmes. Et, bien que vous puissiez être en mesure de convaincre quelqu'un des avantages d'adopter une certaine ligne de conduite, au final, vous ne pouvez pas contrôler ses réponses ou sa volonté de donner suite. Si vous travaillez sur un problème qui nécessite la coopération d'une tierce personne et que vous ne l'obtenez pas, vous avez quatre options principales :

- Convainquez ou chouchoutez la personne en l'encourageant et la soutenant pour qu'elle coopère ; aidez-la à identifier les points positifs et à essayer quelque chose de différent.
- Forcez la personne à coopérer, par exemple, en contactant les autorités ou un tribunal.
- Sollicitez l'assistance d'une tierce partie objective à laquelle tout le monde fait confiance et respecte pour faire une médiation et peut-être offrir des solutions auxquelles les personnes impliquées dans la situation n'auraient pas pensé. (Le tiers peut être un ami, membre de la famille, thérapeute, ou même un médiateur professionnel.)
- Lâchez prise sur le problème et faites tout votre possible pour vous en protéger. En d'autres termes, définissez et appliquez des limites. (Voir le chapitre 12 pour en savoir plus sur la définition des règles ou limites à appliquer à la maison.)

À retenir

Gardez à l'esprit que l'approche de résolution de problèmes que nous présentons dans ce chapitre est uniquement un point de départ. Certaines situations demandent des stratégies supplémentaires ou plus spécifiques. Par exemple, les problèmes financiers nécessitent une étude des ressources externes, comme nous l'expliquons dans le chapitre 18. Pour les problèmes qui ont pour source une communication inefficace, toutes les personnes concernées peuvent avoir besoin d'acquérir des compétences de communication (voir le chapitre 13 pour plus de détails). Si vous avez affaire à des questions liées au travail, tournez-vous vers le chapitre 17 pour des solutions qui peuvent vous aider à obtenir des résultats positifs.

Chapitre 15

Prévenir un épisode thymique

DANS CE CHAPITRE :

» **Garder tous vos soignants dans la boucle**

» **Empêcher un épisode thymique de devenir hors de contrôle**

» **Choisir un établissement psychiatrique à l'avance**

» **Préparer tout ce que vos proches ont besoin de savoir en cas d'urgence**

» **Signer une autorisation de divulgation médicale pour faciliter la communication entre les soignants**

Avez-vous donné à vos proches votre consentement pour parler avec votre médecin en cas d'urgence ? Leur faut-il appeler d'autres membres de la famille ? Si oui, lesquels ? Quand ils joignent quelqu'un qui peut aider, qu'est-ce que vous voulez qu'ils disent ? Faut-il geler vos comptes bancaires ou cartes de crédit ? Ont-ils le pouvoir de le faire ? N'attendez pas un épisode actif pour répondre à ces questions. D'ici là, vous et vos proches devriez déjà avoir les réponses.

Si l'idée de vous asseoir avec vos proches pour discuter des éventualités d'un épisode bipolaire vous dépasse un peu, ne paniquez pas. Ce chapitre fournit des informations qui peuvent vous aider à élaborer un plan d'urgence personnalisé de sorte que vous et vos proches soyez prêts en cas de crise.

Faites équipe avec vos soignants

Les médecins et les thérapeutes sont utiles lorsque vous ne vous sentez pas bien ou si vous avez un problème spécifique ; mais quand vous vous sentez bien, ils abordent rarement le sujet douloureux des « éventualités » d'une crise. Comme par exemple : « Et si les symptômes réapparaissent ou empirent ? » Durant votre prochain rendez-vous avec votre médecin ou un thérapeute, demandez-leur : « Et si ? » Questionnez-les afin d'obtenir des détails sur ce qu'il faut faire si vous ou d'autres remarquez un retour ou une aggravation des symptômes. Assurez-vous de discuter des points suivants :

» **Quels sont les signes avant-coureurs qui doivent alerter ?**

Un signe avant-coureur presque universel est un changement de la régularité du sommeil – vous dormez beaucoup moins ou plus que d'habitude. Voici quelques autres signes avant-coureurs communs pour la manie ou la dépression :

- **Manie ou hypomanie.** Augmentation de l'énergie, de l'agitation, de l'irritabilité ; un débit de parole plus rapide (ne peut pas s'arrêter de parler) ; une parole ou des comportements impulsifs, comme être trop honnête ou ouvert ; faire des dépenses excessives durant des virées shopping, pendant les vacances, etc. Des idées grandioses ; une hyper-sexualité/promiscuité ; une fuite des idées et pensées ou des troubles de la concentration ; une estime de soi gonflée à bloc ; une augmentation des conflits interpersonnels ; une façon de se maquiller ou de s'habiller extravagante.
- **Dépression.** Perte d'intérêt pour toute activité agréable ; fatigue ou perte d'énergie ; retrait social ; douleurs inexpliquées ; perte ou gain de poids, augmentation ou diminution de l'appétit ; une tristesse inexpliquée qui ne disparaît pas ; des sentiments de culpabilité, d'inutilité, ou d'indifférence ; une baisse de l'estime de soi ou une augmentation de l'autocritique ; un sentiment d'impuissance ou de désespoir ; une tendance accrue aux pensées autour de la mort ou la mortalité, le suicide ou l'idéation (envisage ou planifie un suicide).

» **Que faire lorsque vous ou d'autres remarquez des signes avant-coureurs ?**

La première étape est de contacter votre médecin ou votre thérapeute. Ils peuvent offrir plusieurs actions à mener en fonction de la durée et de la gravité des signes avant-coureurs. Ces actions peuvent inclure une augmentation de la dose d'un médicament, un changement de médicaments, vous faire venir à davantage de séances de thérapie ambulatoires, ou vous envoyer dans un établissement psychiatrique. Voir la section suivante « Déjouer un épisode thymique » pour plus de détails.

» **Qui est responsable si vous ne remarquez pas les signes avant-coureurs ?**

Le manque de *perspicacité* – une incapacité à remarquer que quelque chose ne va pas – est un symptôme courant du trouble bipolaire, de sorte que vous devriez vraiment charger une ou plusieurs personnes de confiance dans votre équipe de soins, de préférence des personnes qui peuvent vous voir tous les jours, pour intervenir quand ils remarquent un ou plusieurs de vos signes avant-coureurs.

» **Comment joindre votre médecin ou un thérapeute en dehors des horaires de bureau ?**

Si on ne vous a pas donné les numéros de téléphone d'urgence pour joindre votre médecin et votre thérapeute les nuits, les week-ends et les jours fériés, vous devez les obtenir maintenant. Demandez aussi à votre médecin ou à votre thérapeute à quoi vous attendre lorsque vous appelez ces numéros. Allez-vous tomber sur un médecin de garde ou sur un répondeur ? Si vous laissez un message, combien de temps faudra-t-il pour que quelqu'un vous rappelle ? Que devriez-vous faire pendant que vous êtes en attente de cet appel ? Que devez-vous faire si personne ne rappelle ?

» **Qui appeler, ou bien où aller, si vous ne pouvez pas joindre votre médecin ou thérapeute ?**

Si vous vous retrouvez dans la salle d'urgence d'un hôpital qui ne dispose pas d'un établissement psychiatrique, les médecins sur place vont vouloir savoir dans quel établissement psychiatrique vous transférer. Demandez à votre médecin à l'avance de sorte que vous sachiez où aller. Voir la section « Choisir un établissement psychiatrique » pour plus de détails.

Déjouer un épisode thymique

Idéalement, une gestion efficace de l'humeur dépend de la prévention. Cependant, même en suivant tout à la lettre et en prenant les bonnes doses des traitements, vous pouvez vivre des *poussées* d'épisodes thymiques. Pour cela, la gestion de l'humeur exige une surveillance continue même lorsque les choses semblent être favorables. Lorsque vous ou d'autres remarquez les signes avant-coureurs de la dépression ou de la manie (voir la section précédente), consultez votre médecin afin d'obtenir des conseils.

Votre médecin peut recommander l'une des actions suivantes, en fonction de la gravité de vos symptômes :

- **Arrêter de prendre un médicament susceptible de contribuer aux symptômes.** Par exemple, si vous prenez un antidépresseur et que vous commencez à remarquer des symptômes d'hypomanie, votre médecin peut en diminuer temporairement les doses ou vous faire arrêter l'antidépresseur.
- **Augmenter la dose d'un ou plusieurs médicaments que vous prenez déjà.** Votre médecin peut vous conseiller de prendre une dose plus forte d'un médicament que vous prenez déjà.
- **Ajouter un médicament.** Si vos humeurs ont été stables tout en prenant un certain médicament, votre médecin peut vous prescrire d'ajouter des médicaments pour aider à traiter les mêmes symptômes - au moins temporairement, jusqu'à ce que la stabilité de l'humeur soit rétablie.
- **Vous impliquer dans un traitement ambulatoire intensif (TAI).** Si votre médecin pense que vos symptômes sont graves, mais ne constituent pas une menace pour votre sécurité ou celle des autres, il peut recommander un traitement ambulatoire intensif (hôpital de jour ou centre de crise dans un CMP), au cours duquel vos humeurs pourront être plus étroitement surveillées pendant un changement de médicaments, jusqu'à ce qu'ils fassent effet.
- **Vous rendre à l'hôpital ou dans un établissement psychiatrique.** Si les symptômes sont graves et si votre médecin pense qu'ils peuvent être une menace pour vous ou pour d'autres, il peut vous recommander d'appeler le 15 ou de trouver quelqu'un pour vous conduire aux urgences les plus proches ou dans un établissement psychiatrique.

À retenir

Plus tôt vous obtenez de l'aide, et plus vous serez impliqué dans le traitement. Si vous attendez trop longtemps et que vous perdez le contrôle de vos facultés mentales, les décisions peuvent être prises sans vous.

Choisir un établissement psychiatrique

Une façon de réduire votre appréhension au sujet de l'hospitalisation est de choisir vous-même un établissement de soins de santé mentale avant d'en avoir besoin, en supposant que vous ayez le choix. Les restrictions imposées par votre couverture santé et la pénurie de lits dans les établissements psychiatriques (dans de nombreux endroits) peuvent vous laisser peu de choix lorsque l'hospitalisation est nécessaire. Demandez à votre médecin une liste des établissements dans votre région ou appelez votre centre hospitalier ou de santé mentale local pour obtenir une liste d'options. Avec cette liste, commencez à filtrer vos choix en répondant à ces questions :

- Quel établissement recommande votre médecin ou votre thérapeute ? Il se pourrait qu'il fasse des gardes dans un ou plusieurs établissements sur votre liste.
- Si vous appartenez à un groupe de soutien, quels sont les établissements recommandés par les autres membres (les meilleurs et les pires) ? Une fois que vous avez réduit votre liste à deux ou trois établissements possibles, planifiez une visite dans chaque établissement.
- Une fois la liste des établissements faite, contactez les services d'admission pour discuter des modalités de couverture en fonction des conditions et statut de l'établissement et de votre mutuelle.

Demandez à un ou plusieurs amis proches ou des membres de votre famille, votre réseau de soutien, d'y aller avec vous afin qu'ils puissent apporter un avis supplémentaire.

Conseil

Si un hôpital psychiatrique ne vous permet pas de faire la visite de l'établissement, vous pouvez toujours inspecter l'ensemble des installations et poser des questions spécifiques comme celles de la liste suivante. Vous pouvez également demander à parler à l'infirmière en chef ou au chef de service. Lorsque vous arrivez dans un établissement, faites le maximum pour obtenir les réponses aux questions suivantes :

- Est-ce que l'établissement semble propre et bien organisé ? (Vérifiez les chambres, salles de bains et espaces communs, tels que la cafétéria et la salle de thérapie de groupe.)
- Est-ce que le personnel semble traiter les patients avec respect et empathie ?
- Est-ce que chaque patient a sa propre chambre ?
- Est-ce que l'établissement autorise un accès extérieur ? Si oui, pour combien de temps chaque jour ?
- Serez-vous autorisé à voir votre médecin, ou est-ce que l'établissement a son propre médecin qui va gérer vos soins pendant votre hospitalisation ?
- Combien de fois allez-vous voir votre médecin ou le médecin du service ?
- Combien de temps dure un séjour en moyenne ?
- Quelle est la politique d'appel téléphonique pour les patients ?
- Que pouvez-vous prendre avec vous et qu'est-ce qui est interdit ?

- Est-ce qu'il est possible de fumer dans l'établissement – où et quand ?
- Quels sont les jours et horaires de visites ? (Méfiez-vous des heures de visite qui sont très restrictives.)
- Quels types de traitement sont proposés ?
- Combien de temps serez-vous en séance de thérapie chaque jour ?
- Quelle est la politique sur « l'isolement et la contention » ? (Voir le chapitre 16.)

Regrouper les informations essentielles

Fouiller dans le sac à main ou porte-monnaie de quelqu'un pour y trouver les noms et numéros de téléphone des médecins à contacter ou fouiller dans l'armoire à pharmacie pour reconstituer des informations sur le traitement en cours en cas de crise est très frustrant et peut engendrer des erreurs. Heureusement, c'est également inutile. Vous devez conserver une liste de toutes les informations pertinentes dans un seul document, le stocker sur un ordinateur ou un Smartphone dans un format qui est confidentiel mais accessible à vos proches, et en imprimer une copie pour chaque membre de votre équipe. Ce document doit inclure les informations suivantes :

- Les médicaments actuels, les doses et les instructions.
- Le nom de votre médecin et ses numéros de téléphone au cabinet médical et en cas d'urgence.
- Le nom de votre thérapeute, et ses numéros de téléphone au cabinet médical et en cas d'urgence.
- Le nom, l'adresse et le numéro de téléphone de l'hôpital, des urgences que vous préférez ainsi que des numéros de secours.
- Les informations de couverture maladie : numéro de sécurité sociale et de mutuelle avec les coordonnées pour les joindre.
- Les noms des personnes à contacter et à ne pas contacter.
- Une description de ce qui a et n'a pas marché dans le passé.

Avec l'aide de vos proches, remplissez la fiche d'informations de crise du tableau 15-1, distribuez-la à tous les membres de votre équipe de soutien, et gardez-la toujours à portée de main.

TABLEAU 15-1 : Exemple de feuille d'informations de crise

À CONTACTER		
Personne à appeler	**Nom**	**Téléphone**
Psychiatre		
Thérapeute		
Médecin généraliste		
Hôpitaux/établissements psychiatriques à privilégier		
Hôpitaux/établissements psychiatriques de secours		
Équipe locale de santé mentale en cas de crise		
Groupe local de soutien en cas de crise		
Police		
Urgences		
Amis/Famille		
Amis/Famille		
Amis/Famille		

TRAITEMENT		
Médicament	**Dose**	**Posologie**

ASSURANCE	
Mutuelle	
Numéro de téléphone des membres du service médical	
Numéro de téléphone des membres du service psychiatrique	
Numéro d'identifiant de membre, d'identifiant du groupe	
ÉCOLE/TRAVAIL	
Nom de l'établissement scolaire/employeur	
Numéro de téléphone de l'établissement scolaire/employeur	
Nom de la personne à contacter	

À retenir

Gardez plusieurs copies de la fiche d'informations de crise à portée de main : une à la maison, une au travail, une dans votre sac à main ou porte-documents, et l'autre sur votre ordinateur ou votre smartphone. Assurez-vous aussi de garder les informations à jour.

Signer ou non des autorisations de divulgation de renseignements médicaux

Parfois, les lois visant à protéger les droits d'un individu minent les efforts des autres pour faire ce qu'il y a de meilleur dans son intérêt. Par exemple, la *protection des données médicales* peut dissuader un médecin de discuter de l'état d'un patient avec un membre de la famille – même si cela permettrait d'obtenir l'accord de ce dernier face à une situation particulière de manière plus efficace.

Vos proches sont informés de la protection des données médicales souvent lorsque vous êtes en pleine crise et ils ne peuvent pas alors parler au médecin pour savoir ce qu'il se passe. N'attendez pas qu'une crise se produise. Envisagez d'obtenir des documents juridiques signés à l'avance afin que vos proches puissent obtenir des informations et agir en votre nom si nécessaire. Les documents à signer sont généralement une autorisation de divulgation de données médicales, une délégation de pouvoir, comme nous l'expliquons dans les sections suivantes.

À retenir

Vous n'êtes pas obligé de signer l'un des documents juridiques décrits dans les sections suivantes. Ne le faites que si vous faites entièrement confiance aux personnes nommées dans les documents de n'utiliser leur autorisation qu'en cas de nécessité et pour servir vos intérêts.

Le formulaire d'autorisation de divulgation d'informations médicales

Le *formulaire d'autorisation de divulgation d'informations médicales* permet à votre médecin ou thérapeute de partager des informations sur votre état avec d'autres personnes, notamment médecins et/ou thérapeutes. Le type d'information et les personnes autorisées à les recevoir dépendent entièrement de vous. Vous pouvez stipuler des restrictions dans le formulaire. La Figure 15-2 fournit un modèle d'autorisation, bien que votre médecin puisse avoir un formulaire bien précis qu'il souhaite que vous remplissiez.

Ne présumez pas, simplement parce que quelqu'un prétend que la loi lui interdit de partager des informations ou de parler avec vous, qu'elle a raison. Vérifiez auprès d'autres sources fiables, comme un avocat qui a de l'expérience et de l'expertise dans les lois sur la vie privée et les données médicales.

Conseil

Même sans cette autorisation, un médecin ou un thérapeute peut recevoir des informations d'un proche, donc si vous êtes préoccupé par un être cher qui souffre d'un trouble bipolaire, dans la mesure où vous pensez que son médecin ou un thérapeute a besoin de savoir quelque chose à son sujet, vous pouvez appeler, envoyer un e-mail, un sms ou une lettre à ce médecin ou thérapeute pour exprimer vos préoccupations. Il faut cependant garder à l'esprit que le médecin ou thérapeute peut trouver nécessaire ou se sentir obligé de partager ce que vous dites avec le proche en question.

AUTORISATION
DE TRANSMISSION DU COMPTE RENDU D'HOSPITALISATION

Je soussigné(e) : Madame, Monsieur : ……………………………………………………………

Demeurant au : ……………………………………………………………………………………

……………………………………………………………………………………………………

autorise le Docteur ………………………………… à transmettre mon compte-rendu d'hospitalisation ainsi que le courrier de sortie au(x) médecin(s) désigné(s) ci-dessous.

……………………………………………………………………………………………………

……………………………………………………………………………………………………

……………………………………………………………………………………………………

……………………………………………………………………………………………………

……………………………………………………………………………………………………

……………………………………………………………………………………………………

……………………………………………………………………………………………………

☐ J'autorise la transmission de mon compte rendu à la CPAM, médecin conseil.

☐ J'autorise la transmission de mon compte rendu au(x) service(s) d'urgences, CMP, ou autres structures de soins.

☐ N'autorise pas la transmission de mon compte rendu au(x) médecin(s) suivant(s) :

……………………………………………………

……………………………………………………

……………………………………………………

Date : Signature.

FIGURE 15-2 : Exemple d'une autorisation de transmission des informations médicales.

La délégation de pouvoir

La *délégation de pouvoir* vous permet de désigner une autre personne pour agir en votre nom dans plusieurs domaines, y compris financier, juridique et médical. Dans le monde du trouble bipolaire, la délégation de pouvoir (ou désignation de personne de confiance) peut être très utile, surtout lorsque des dépenses excessives et des décisions financières et commerciales impulsives accompagnent les épisodes thymiques.

Je soussigné(e),

Nom :..**Prénom** :..

Adresse : ....

Code postal : ....**Ville** :...

Téléphone :...

Admis(e) à la clinique :...

À compter du... **pour la durée de ma prise en charge,**

o **SOUHAITE, DESIGNER COMME PERSONNE DE CONFIANCE**

Cette personne pourra :

- ➢ Vous accompagner pour toutes vos démarches durant votre hospitalisation,
- ➢ Assister à certains entretiens médicaux,
- ➢ Vous aider dans la prise de certaines décisions,
- ➢ Etre consultée par le médecin si l'évolution de votre état de santé ne vous permet pas d'exprimer vous-même votre volonté et de recevoir l'information.

En aucun cas, la personne de confiance ne peut accéder à votre dossier médical en dehors de votre présence et sans votre accord exprès.
Cette désignation est valable pour toute la durée de l'hospitalisation sauf choix contraire de votre part ; vous pourrez à tout moment révoquer ce choix.

Nom :..**Prénom** :..

Qualité : ....

Adresse : ....

Code postal : ....**Ville** :...

Téléphone :...

o **SOUHAITE, NE PAS DESIGNER DE PERSONNE DE CONFIANCE**

Date :..**Signature du Patient** :...

REVOCATION

Je décide de révoquer la désignation de :

Nom :..**Prénom** :..

Comme personne de confiance.

Date :..**Signature du Patient** :...

FIGURE 15-3 : Exemple de désignation d'une de personne de confiance.

Selon la loi du 4 mars 2002, L. 1111-6 du Code de la Santé Publique (référence : EN DPA 031 indice : MAJ le 3 octobre 2009).

5

Gérer les conséquences

DANS CETTE PARTIE...

Le trouble bipolaire frappe d'une pierre deux coups. Le premier coup est l'épisode thymique lui-même – la maladie. Le second est le dommage qui résulte de l'épisode thymique, ce qui peut inclure une hospitalisation forcée, la perte d'un emploi et peut-être même des factures médicales écrasantes, un compte bancaire totalement vidé, des infidélités et des problèmes juridiques.

Alors que le reste de ce livre se concentre sur le traitement des symptômes liés à l'humeur, dans cette partie, nous portons notre attention sur les retombées – en particulier comment gérer efficacement une hospitalisation inévitable, comment retourner au travail (si et quand vous vous sentez prêt), et comment surmonter les revers financiers. (Pour faire face à d'autres types de retombées, reportez-vous aux chapitres de la partie IV sur la communication et la résolution de problèmes et le chapitre 20 sur le traitement des situations de crise.)

Chapitre 16

De l'hospitalisation au rétablissement

DANS CE CHAPITRE :

- » **Considérer les avantages de l'hospitalisation et développer des attentes réalistes**
- » **Passer en revue les droits du patient**
- » **Rester à l'aise en étant à l'hôpital et garder vos médecins dans la boucle**
- » **Se ménager pendant votre rétablissement**

Malgré tous vos efforts et ceux de votre équipe de gestion de l'humeur, des poussées d'épisodes thymiques peuvent vous mener dans un établissement hospitalier ou psychiatrique, peut-être contre votre volonté. L'hospitalisation peut être traumatisante, mais elle est également la première étape pour regagner votre santé mentale et vous libérer des symptômes débilitants du trouble bipolaire.

Dans ce chapitre, nous vous proposons des informations pour vous aider à tirer le meilleur parti d'un séjour dans un hôpital ou établissement psychiatrique. Nous décrivons les procédures d'exploitation normalisées afin que vous sachiez à quoi vous attendre ; nous vous offrons des conseils sur la façon de rendre votre séjour plus confortable ; nous vous encourageons à garder des êtres chers dans la boucle ; et nous vous livrons des conseils pour vous rétablir et minimiser les risques d'une rechute peu de temps après votre sortie.

Accepter l'hospitalisation

Peu de gens aiment passer du temps à l'hôpital, mais il y a de bons côtés. En plus d'être une possible bouée de sauvetage, l'hospitalisation vous donne la possibilité d'atteindre des objectifs importants :

- Récupérer dans un endroit relativement sûr.
- Échapper aux responsabilités quotidiennes, facteurs de stress et déclencheurs.
- Concentrer votre énergie sur votre rétablissement.
- Stabiliser vos médicaments ou passer à des médicaments plus efficaces.
- Participer à une thérapie pour développer de meilleures capacités d'adaptation.
- Se renseigner sur les services et les soutiens communautaires qui peuvent vous aider après votre sortie.
- Donnez à vos proches du temps et de l'espace pour chercher de l'aide pour eux-mêmes.

À retenir

Pensez à l'hospitalisation comme un moyen de réinitialiser votre cerveau après un crash. Essayez de ne pas vous inquiéter de laisser tomber d'autres personnes ou de prendre du retard dans votre travail ou dans vos études. Occupez-vous de vous en priorité et allez dans un endroit où vous êtes en mesure de vous aider vous-même et de mieux fonctionner à votre sortie.

Savoir à quoi vous attendre

Savoir comment fonctionne un établissement psychiatrique avant d'y être admis peut aider à soulager l'anxiété qui accompagne l'hospitalisation, surtout si vous êtes hospitalisé contre votre volonté. Dans les sections suivantes, nous décrivons ce à quoi vous attendre lorsque vous êtes hospitalisé. Gardez à l'esprit que chaque établissement est différent et chaque expérience est unique.

Voir le médecin

Attendre de voir le médecin, surtout lorsque vous êtes admis pour la première fois et quand vous êtes sur le point de sortir, est probablement la partie la plus frustrante d'un séjour hospitalier. Les médecins font normalement leur visite aux patients une fois toutes les 24 heures, donc si vous entrez dans l'établissement le vendredi après-midi, vous pouvez avoir à attendre jusqu'au samedi après-midi pour voir le médecin et un peu plus longtemps avant de commencer à obtenir les médicaments dont vous avez besoin. Cela peut sembler une éternité quand vous êtes enfermé, maniaque ou dépressif, et n'avez pas les idées claires.

Adapter vos médicaments

La priorité du médecin est d'évaluer votre état de santé et de vous prescrire des médicaments. Parce que vos symptômes étaient suffisamment graves pour que vous soyez admis à l'hôpital, vous pouvez vous attendre à prendre des doses plus lourdes que la normale de médicaments de première intention. Si vous prenez des médicaments qui ont une efficacité relativement faible pour traiter la manie aiguë ou la dépression ou qui peuvent aggraver vos symptômes, le médecin peut les arrêter et essayer autre chose. (Voir le chapitre 7 pour en savoir plus sur les médicaments.)

L'objectif du médecin est de stopper votre épisode de manie ou de dépression le plus rapidement possible. Après avoir récupéré de l'épisode et plusieurs semaines d'humeurs stables, vous et votre médecin habituel pouvez discuter de la possibilité de réduire le traitement ou d'arrêter certains médicaments.

Démarrer une thérapie

La plupart des établissements offrent des séances de thérapie en individuel et/ou en groupe. Bref, attendez-vous à un planning assez chargé. Les séances de thérapie peuvent inclure l'éducation des patients, la capacité d'adaptation, la réflexion, la spiritualité, la zoothérapie, des séances de groupe ou en communauté, la formation à la pleine conscience, et d'autres thérapies individuelles d'appoint. La plupart des établissements offre également une certaine forme de soutien à la famille pour aider vos proches à mieux comprendre ce qui se passe, à renforcer leur communication et aider à la résolution de problèmes.

Regarder les politiques de contention

La Haute Autorisé de santé (HAS) stipule que les hôpitaux utilisent les contentions que lorsque c'est « absolument nécessaire » et en utilisant l'« alternative la moins restrictive ». Certains établissements et personnels sont meilleurs que d'autres à utiliser des compétences comportementales (telles qu'écouter les patients, répondre à leurs préoccupations et à leurs besoins, et rester calme tout en les encourageant à utiliser des stratégies autoapaisantes) pour gérer les comportements agressifs et violents sans l'utilisation de contention ou d'isolement, mais quand ces efforts échouent, le personnel de l'établissement peut contenir un patient en utilisant l'un ou l'autre des moyens suivants :

1. **Les contentions physiques.** Toute méthode pour restreindre le pouvoir de mouvement ou l'activité d'une personne.
2. **Les contentions chimiques.** La sédation par des médicaments psychotropes qui ne font pas partie du traitement standard pour la pathologie de la personne.

Les hôpitaux ne devraient utiliser des contentions que très rarement et seulement en dernier recours lorsque toutes les autres interventions ont échoué. Lorsque vous êtes celui qui est contenu, vous aurez probablement du mal à vous rappeler que la contention est utilisée pour vous garder vous et ceux qui vous entourent en sécurité – pour prévenir des dommages involontaires qui peuvent résulter de symptômes extrêmes. Pourtant, c'est toujours le but d'une contention.

Vous devriez avoir l'occasion de discuter d'un incident de contention avec votre équipe de traitement, lorsque les choses se calment. Le personnel hospitalier débriefe souvent après une situation de contention et vous devriez avoir une occasion semblable de le faire avec eux. La discussion post-contention avec le personnel devrait être axée sur la guérison et la récupération de l'événement tout en offrant une rétroaction au personnel sur la façon dont vous avez ressenti les choses au cours du processus.

Conseil

Faites en sorte qu'un membre de la famille ou un proche examine la politique de contention avec l'équipe de traitement ou le personnel de l'unité de soins lorsque vous êtes admis pour la première fois pour donner à votre famille un aperçu suffisant des politiques et des procédures de l'unité de soins. Un examen préventif de cette politique montre également au personnel de l'hôpital que vous et votre équipe de soutien portez une attention particulière aux procédures de contention et que vous vous attendez à ce que des conflits potentiels soient traités de la manière la plus sûre et par les moyens les plus cliniquement appropriés.

Étudier les variations des heures de visite

Les heures de visite dans les établissements psychiatriques varient considérablement.

Conseil

Si vous voulez recevoir des visiteurs, appelez et demandez à certains proches de vous rendre visite, ou appelez votre contact principal à l'extérieur et demandez à cette personne de communiquer avec ceux que vous aimeriez voir. Dans de nombreux cas, les proches évitent de venir parce qu'ils supposent que vous ne voulez pas recevoir de visiteurs ou ne voulez pas qu'on sache que vous avez été hospitalisé pour un trouble de l'humeur. Ils ont simplement besoin de savoir que vous êtes d'accord pour qu'ils passent vous voir.

Si vous avez l'intention de rendre visite à un proche dans un établissement psychiatrique, appelez à l'avance pour savoir s'il y a quelque chose dont elle a besoin ou souhaite et ensuite vérifiez auprès du personnel s'il est possible de le lui apporter (si on vous y autorise). Au-delà de cela, appréhendez l'hospitalisation de votre proche comme vous le feriez avec une hospitalisation pour toute autre maladie. Essayez de faire en sorte que l'hospitalisation soit la plus normale que possible pour votre proche.

Savoir combien de temps vous allez rester

La durée moyenne de séjour pour les adultes dans les établissements psychiatriques est variable et dépend pour chaque cas en fonction de la sévérité de l'épisode en cours, du degré de sévérité du risque suicidaire, de la nature de l'épisode et du degré d'évolution du trouble (premier épisode ou un énième épisode avec échec de plusieurs traitements antérieurs). Pour de nombreux adultes, le séjour ne dure que quelques jours – juste assez longtemps pour intervenir sur la crise, donner le temps aux médicaments de faire effet et d'organiser les rendez-vous externes après la sortie. En bref, les séjours de trois à six mois, comme cela était le cas auparavant, sont l'exception.

Sortir de l'hôpital

Lorsque le médecin qui vous suit à l'hôpital pense que vous êtes en état de sortir, il vous rencontre pour une évaluation finale.

À retenir

Seul le médecin, et non le personnel de l'hôpital, décide de votre sortie. Plaider votre cause auprès des infirmières et autres membres du personnel ne fera pas écourter votre séjour.

À la sortie, le médecin vous fournira d'une ordonnance de médicaments pour une durée de 2 à 4 semaines, le temps de revoir votre psychiatre traitant.

Connaître vos droits en tant que patient

Droits des personnes hospitalisées en milieu fermé

Les généralités

La ratification par la France de la Convention européenne des droits de l'homme a rendu indispensable une loi, celle du 27 juin 1990. L'article L. 326.3 pose le principe selon lequel les restrictions aux libertés doivent être limitées à celles nécessitées par l'état de santé du malade et la mise en œuvre du traitement. En toutes circonstances, la dignité de la personne hospitalisée doit être respectée et sa réinsertion recherchée.

Les droits

» **Droit d'émettre et de recevoir du courrier.**

Des sanctions pénales sont instituées pour garantir ce droit, mais il y a peu de jurisprudence car l'instruction est plus ou moins longue, l'intéressé doit prouver qu'il a rédigé des lettres et que celles-ci ont été détournées ou retenues.

» **Droit de téléphoner.**

Ce droit ne fait pas partie des droits élémentaires garantis.

» **Droit d'être informé.**

Dès l'admission, puis à sa demande, le patient a le droit d'être informé de sa situation juridique et de ses devoirs. Cette garantie demeure bien souvent formelle.

» **Droit de communiquer avec l'autorité administrative (L. 322.2).**

L'autorité administrative se constitue ainsi : juge, préfet, maire, procureur. Ce sont des autorités chargées d'exercer des contrôles ou à faire des visites régulières dans un établissement.

» **Droit de saisir la commission départementale des hôpitaux psychiatriques (CDHP).** En complément des contrôles des autorités précédemment citées. Composé de psychiatres et de magistrats (membre ou non du conseil d'administration), la CDHP a un rôle consultatif et peut être saisie par les intéressés. Elle doit être informée de tout placement ou levée de placement, peut saisir le procureur de la République ou le TGI, sans pouvoir de décision propre.

- **Droit de prendre conseil auprès d'un médecin ou d'un avocat de son choix.** Les difficultés pratiques peuvent exister, mais le droit existe. La priorité est évidemment de pouvoir communiquer avec un avocat pour pouvoir saisir un juge. En cas d'obstruction éventuelle de l'hôpital, l'interné n'a, bien souvent, pas les moyens financiers ou intellectuels pour lancer une procédure.
  Le droit de consulter un médecin de son choix peut rencontrer des résistances diverses : obtentions d'aménagement de permissions accompagnées pour consulter un médecin ou un avocat à l'extérieur.
  Présence d'un infirmier derrière une porte vitrée quand un médecin extérieur à l'établissement fait des visites.
- **Droit de vote.**

  Sauf si le malade est sous tutelle.
- **Droit de se livrer à une activité religieuse ou philosophique de son choix.**
- **Droit de consulter le règlement intérieur et de recevoir des explications.**
- Pas de sanction immédiate garantie.
- Le respect des droits du patient reste toujours à la discrétion de l'hôpital.
- Les saisines du juge des référés (c'est le droit commun) pour faire cesser un trouble illicite manifeste est pratiquement impossible par le malade privé de contact avec l'extérieur.

Après la sortie, possibilité d'engager une action en responsabilité contre l'hôpital pour obtenir des dommages et intérêts, mais la procédure est longue et difficile. À titre d'exemple, toutefois, un hôpital psychiatrique a été condamné à verser des dommages et intérêts pour avoir mis en place un contrôle systématique des correspondances entre un interné et un tiers pendant 2 ans.

Droit de refuser un traitement

Le code de déontologie médicale (de septembre 1995) précise que le consentement de la personne examinée ou soignée doit être recherché dans tous les cas. Lorsque le malade est en état d'exprimer sa volonté, il peut refuser les investigations ou le traitement proposé : le médecin doit respecter ce refus après avoir informé le malade de ses conséquences.

Ces règles résultent de l'Art. L. 326.4 du 27 juin 1990 :

« Tout protocole thérapeutique pratiqué en psychiatrie ne peut être mis en œuvre que dans le strict respect des règles déontologiques et éthiques en vigueur. »

En pratique, le médecin doit à son patient une information loyale, claire et appropriée sur son état et les soins prodigués. Il doit tenir compte de la personnalité du patient et veiller à la bonne compréhension de ses explications.

Dans le cas d'hospitalisation sous contrainte, ces règles ne peuvent, en pratique, être appliquées qu'au cas par cas, car le refus de soin pour un malade hors d'état de manifester sa volonté ne peut être que passager et, dans cette hypothèse, il faut respecter le devoir d'information et la recherche de consentement.

Bien sûr, le refus de tel ou tel traitement est d'abord interprété (à tort ou à raison) comme un signe de maladie mentale.

Rendre votre séjour plus confortable

Conseil

Les conseils de survie suivants peuvent rendre votre séjour à l'hôpital un peu plus agréable et productif :

- Apportez tous les médicaments que vous prenez actuellement ou une liste des médicaments avec les doses.
- Dites à l'infirmière et à un médecin si vous avez consommé de l'alcool ou d'autres médicaments non prescrits. Une réaction suite à un arrêt brutal peut être dangereuse, surtout si on ne sait pas ce qui se passe pour vous.
- Apportez les coordonnées de votre médecin et thérapeute. Laissez les objets de valeur à la maison.
- Laissez votre ceinture, couteau de poche, ainsi que tout autre accessoire potentiellement nuisible à la maison. L'hôpital ne vous laissera pas garder sur vous quelque chose que vous ou un autre patient pourriez utiliser contre vous-même ou envers d'autres pour faire du mal.
- Apportez des pantoufles ou des mocassins ou d'autres chaussures sans lacets. Apportez des vêtements confortables mais modestes. Si vous le pouvez, apportez votre propre oreiller et une couverture confortable.
- Apportez un cahier sans spirales pour noter vos pensées et sentiments ainsi que toutes les informations utiles que vous récoltez auprès du personnel, des groupes de thérapie, ou d'autres patients.

» Coopérez avec le personnel autant que votre état mental le permet.

» Apprenez à connaître les autres patients (et communiquer avec) qui peuvent mieux comprendre votre expérience que les gens à l'extérieur.

» Si vous fumez, apportez une grande provision de cigarettes. (Si votre hôpital est non-fumeur, vous pouvez obtenir un patch de nicotine.)

» Apportez des livres, des magazines, et un jeu de cartes si vous jouez.

» Emballez une ou deux photos de famille, de vos amis, ou de vos animaux – sans cadres en verre – pour donner de la vie et personnaliser votre espace sur place.

À retenir

Renseignez-vous sur les règles pour les visites et les appels, dès que vous pouvez traiter l'information. Vous pouvez alors planifier vos communications avec votre famille et d'autres membres de l'équipe de soutien. Un contact continu et le soutien du monde extérieur peuvent être très bénéfiques, mais évitez autant que possible les interactions potentiellement dangereuses ou toxiques. Utilisez votre téléphone et votre temps de visite de façon constructive en créant un réseau de soutien à l'extérieur basé sur des relations saines et solides, sur lequel construire votre rétablissement.

Gardez votre équipe dans la boucle

La communication est un élément important de la construction et de l'entretien de votre réseau de soutien ainsi que pour obtenir ce dont vous avez besoin pour faciliter votre rétablissement à la fois pendant votre hospitalisation et au-delà. Assurez-vous de garder votre médecin, un thérapeute, et des proches dans la boucle :

» **Informez votre médecin et thérapeute.** Si vous n'avez pas informé votre médecin et/ou thérapeute que vous alliez à l'hôpital, faites-leur savoir où vous êtes le plus tôt possible. Assurez-vous que votre équipe de soins à l'hôpital a pris contact avec vos soignants externes pour obtenir vos antécédents et de l'information sur les médicaments que vous prenez actuellement, les actions thérapeutiques que vous suivez et pour collaborer à votre plan de traitement en milieu hospitalier et à votre transition de statut d'« hospitalisé » à celui « d'ambulatoire ».

» **Restez en contact avec vos proches.** Votre réseau de soutien de proches peut contribuer à faciliter votre transition vers le monde réel après votre séjour à l'hôpital, donc si vous sentez que vous pouvez le faire, gardez des amis et membres de votre famille dans la boucle, en particulier si vous vivez votre première hospitalisation.

Conseil

Certains établissements offrent des formations et thérapies familiales susceptibles d'aider les membres de la famille à développer de la compréhension, de l'empathie et des attentes réalistes pour votre rétablissement. Si l'établissement le propose, encouragez votre famille à faire de leur mieux pour profiter de ces services.

Faire de votre rétablissement votre priorité absolue

Sortir de l'hôpital ne signifie pas nécessairement que vous êtes prêt à reprendre votre routine quotidienne. Un épisode thymique sévère peut vous avoir épuisé, et vous pourriez ne pas retrouver vos repères pendant plusieurs mois. Peu importe que vous souhaitiez vraiment reprendre vos habitudes, nous vous encourageons à prendre votre temps et à donner la priorité à votre récupération complète.

Dans les sections suivantes, nous vous aidons à bien gérer les suites d'un épisode thymique majeur et à faire face aux retombées. Nous expliquons également l'importance de vous concentrer sur des pensées de bien-être et de bonne santé et vous proposons des idées et conseils pour vous isoler dans un endroit propice à votre convalescence.

À retenir

Vous pourriez être tenté d'essayer de tout résoudre à la fois, surtout si vous sortez d'un épisode maniaque. Dans la plupart des cas, cependant, il est plus judicieux pour votre état de santé général d'avancer à petits pas en vous concentrant sur votre propre bien-être, un processus que nous abordons dans cette section.

Anticiper le contrecoup

La rapidité avec laquelle vous allez récupérer entièrement de votre épisode dépressif ou maniaque dépend principalement de la gravité de votre épisode thymique et de la façon dont vous répondez au traitement. Vous pouvez être l'un des rares chanceux qui réagissent parfaitement au bout de quelques jours de traitement, ou vous et votre médecin pouvez passer des semaines (voire plus) à essayer de trouver la bonne combinaison de médicaments et de thérapie. Quand votre métabolisme s'ajuste aux médicaments et que votre humeur commence à se stabiliser, vous pouvez rencontrer un ou plusieurs des effets suivants :

» **Trouble de la mémoire.** Vous pouvez ne pas vous souvenir de ce qu'il s'est passé pendant votre épisode thymique, en particulier lors d'un épisode maniaque.

- **Augmentation/diminution des niveaux d'énergie.** Ne soyez pas surpris si vous avez significativement besoin de plus de sommeil après un épisode maniaque ; votre corps et votre cerveau ont besoin de temps pour récupérer.
- **Anxiété.** Vous pouvez devenir anxieux après un épisode thymique à cause de certains médicaments ou avoir des inquiétudes au sujet de votre famille, de votre travail, de vos relations, de vos factures et d'autres aspects de votre vie qui peuvent être en plein bouleversement.
- **Confusion.** Un épisode thymique majeur et les médicaments utilisés pour le traiter peuvent vous rendre confus. Vous pouvez vous demander qui vous êtes vraiment et comment les médicaments vont vous affecter.

Jusqu'à ce que vous en sachiez plus sur le trouble bipolaire, vous pouvez vous rendre compte que quelque chose ne va pas, mais vous ne savez pas exactement quoi. De nombreux symptômes sont assez répandus lorsque vous commencez à prendre un médicament, mais ils diminuent au fil du temps. Si les symptômes sont intolérables ou persistent pendant plus d'une semaine, parlez-en à votre médecin.

Maîtriser l'art d'être égoïste

Si vous êtes l'un de ces « super-performants » qui fait passer ses propres besoins après ceux des autres, un épisode thymique peut sonner le glas du changement – pour que vous deveniez plus conscient de vos propres besoins et les affirmiez davantage. Ce changement peut vous demander de commencer à travailler sur le développement de l'art d'être égoïste. Au cours de votre rétablissement, vous avez besoin de prendre soin de vous.

Évaluer vos besoins, demander et accepter de l'aide

La première étape pour maîtriser l'art d'être égoïste est de comprendre ce dont vous avez besoin et comment faire en sorte que ces besoins soient satisfaits (soit par vous, soit par quelqu'un d'autre). Demander aux gens de vous aider ou accepter de l'aide qui vous est offerte peut vous faire vous sentir étranger et mal à l'aise, surtout pour les personnes qui sont habituellement plus tournées vers les autres. Cependant, définir vos besoins, demander directement aux autres de vous aider, et les laisser vous aider sont des éléments importants dans le processus de rétablissement.

Pour évaluer vos besoins et les combler, essayez l'exercice suivant :

- **Listez par écrit cinq à dix besoins, en commençant par le plus important.** Par exemple : « J'ai besoin d'aide pour préparer les enfants avant l'école. »

- **Faites un brainstorming pour trouver des façons de combler chacun de ces besoins, y compris avec les noms des personnes qui peuvent vous aider, comme des amis ou des membres de votre famille.** Vous seriez peut-être capable de répondre seul à certains besoins, en prenant une heure après votre journée de travail pour vous détendre, par exemple. Toutefois, pour de nombreuses situations, vous aurez besoin d'aide, alors pensez à qui vous pouvez solliciter.
- **Élaborez un plan pour exécuter la meilleure idée pour répondre à chaque besoin.**
- **Si vous avez besoin d'aide, écrivez une description détaillée du type d'aide dont vous avez besoin et de la quantité de temps nécessaire pour le faire.**
- **Contactez les personnes capables de vous aider.** Si quelqu'un vous a demandé : « Que puis-je faire pour t'aider ? », encouragez cette personne à regarder votre plan avec vous pour voir sur quels points il est capable d'aider.
- **Mettez votre plan en action.**

Habituez-vous à dire NON !

Maîtriser l'art d'être égoïste vous oblige à devenir sensible à vos propres besoins et à éviter de surcharger votre temps et à surinvestir votre énergie. En bref, vous devez apprendre à dire non. Si vous avez du mal à dire non, essayez les phrases suivantes :

- « J'aimerais t'aider, mais j'ai vraiment trop de choses à faire en ce moment. »
- « Je suis désolé, mais je veux vraiment passer plus de temps avec ma famille. »
- « Je suis désolé, mais nous avons connu quelques revers financiers et je ne peux rien donner en ce moment. »

Conseil

Utilisez l'identification de l'appelant sur votre téléphone à la maison ou votre téléphone portable pour vous aider à filtrer les appels des personnes les plus agaçantes. Ou laissez votre messagerie vocale prendre les appels et rappelez plus tard.

S'isoler dans un endroit sûr et calme

L'endroit le plus évident pour récupérer d'un épisode thymique majeur – chez vous – n'est pas toujours le plus judicieux. Si vous vivez seul, la solitude peut aggraver vos symptômes, et sans le regard attentif d'une personne qui vous soutient et une certaine interaction humaine, vous pouvez retomber dans la dépression ou la manie. En revanche, si l'ambiance à la maison est tendue ou des membres de la famille ne vous soutiennent pas, l'environnement peut se révéler carrément toxique. Le meilleur endroit pour votre rétablissement est un endroit sûr et calme, un environnement structuré qui offre la bonne combinaison des éléments suivants :

- **Tranquillité.** Calme et tranquillité sont essentiels pour soulager l'anxiété, surtout après un épisode maniaque.
- **Activité.** Le repos est important, mais trop de repos peut conduire à la dépression.
- **Interactivité.** Rester connecté à vos amis, membres de la famille et collègues apporte un soutien social supplémentaire.
- **Soutien.** Avoir quelqu'un disponible pour vous aider à suivre votre plan de traitement et joignable si vous avez besoin d'aide peut s'avérer une vraie bouée de sauvetage.
- **Routine.** Une routine structurée avec des heures régulières de réveil, de coucher, de repas et d'activités peut contribuer à votre récupération.

Les aménagements de vie qui répondent à ces critères peuvent inclure : vivre chez un ami ou un membre de la famille, ou, si nécessaire, entrer à l'hôpital, une maison de convalescence, ou une autre résidence temporaire. Avoir un ami qui habite avec vous peut vous apporter du soutien et de la compagnie si vous vivez seul, il peut aussi être un allié et défenseur si vous vivez avec des membres de votre famille qui ne vous soutiennent pas. Rappelez-vous surtout de ne pas trop vous éloigner de vos réseaux de soutien médicaux et personnels quand vous cherchez un lieu de séjour.

Attention

Si votre situation familiale s'est détériorée, évitez de déménager pour emménager seul sous le coup de l'impulsivité. La solitude peut souvent aggraver une dépression et libérer vos pulsions maniaques. Un certain degré de soutien personnel améliore presque toujours le résultat du traitement.

Si vous décidez de rentrer chez vous auprès des membres de votre famille, nous les encourageons fortement à s'informer sur le trouble bipolaire et à faire les aménagements nécessaires pour faciliter votre transition. La thérapie familiale peut jouer un rôle crucial dans votre bon rétablissement, comme nous l'expliquons dans le chapitre 11. Vous trouverez au chapitre 12 des indications supplémentaires sur la façon dont les membres de votre famille peuvent aider à créer un environnement émotionnel sain.

À retenir

Vous ne devez pas nécessairement songer à déménager pour trouver un endroit sûr et calme. Avec le soutien de vos amis et de votre famille, il est parfois possible de créer un tel lieu à la maison.

Suivre les ordres de votre médecin

Votre médecin vous fera tout un topo sur l'importance de prendre vos médicaments et de bien suivre votre traitement, donc nous n'allons pas en rajouter une autre couche. Ce que votre médecin peut omettre de vous dire, cependant, ce sont les instructions à suivre si vos médicaments ne fonctionnent pas ou s'ils produisent des effets secondaires indésirables. Voici quatre règles pour suivre votre plan de traitement et faire des ajustements si le plan ne produit pas les résultats souhaités :

- **Donnez-lui du temps.** Certains médicaments prennent plusieurs jours, voire plusieurs semaines, pour devenir pleinement efficaces. Au cours de cette période d'adaptation, les effets les plus négatifs diminuent.
- **Gardez une trace écrite.** Prenez des notes à chaque fois que vous démarrez un nouveau médicament ou modifiez votre dosage de sorte que vous pouvez fournir à votre médecin un retour détaillé sur la façon dont le médicament a affecté vos sentiments et votre comportement. Utilisez le tableau de l'humeur au chapitre 11, et notez les changements de médicament dans la section « Notes » au bas du tableau.
- **Communiquer vos préoccupations.** Vous sentir juste « bien » est inacceptable. Si vous ressentez des effets secondaires négatifs, contactez votre médecin pour obtenir des suggestions sur la façon de les réduire au minimum. Si votre médecin semble insensible à vos préoccupations, trouvez un autre médecin avec lequel vous pourrez communiquer.
- **Consultez votre médecin avant de faire des changements.** Ne jouez pas au docteur ; ne cessez pas de prendre un médicament sans l'approbation de votre médecin.

À retenir

Le traitement du trouble bipolaire est très individualisé ; ce qui fonctionne pour une personne ne fonctionne pas nécessairement pour une autre. Faites équipe avec votre médecin pour trouver le plan de traitement le plus efficace pour vous. Votre partie du travail est de dire à votre médecin comment vous vous sentez, afin qu'il puisse prendre des décisions et faire des ajustements de traitement en étant bien informé.

Récupérer votre vie

Vous avez trouvé l'endroit idéal pour récupérer – une petite plage privée à Bora Bora, à deux pas de la hutte de votre psychiatre. Vous êtes au repos dans votre hamac en train de lire sans vous soucier du reste du monde. Nous espérons que vous passez de bonnes vacances, mais, à un moment, vous aurez besoin de revenir à la réalité – revenir vers votre famille et vos amis, faire face à vos problèmes, et, à moins que vous ayez une fortune personnelle ou le droit à une pension d'invalidité, trouver un emploi rémunéré qui n'est pas trop stressant.

Dans cette section, nous vous aidons à déterminer le bon moment pour remonter à bord du navire et nous fournissons des conseils pour faciliter votre transition. Pour des conseils sur le retour au travail, voir le chapitre 17.

Savoir quand vous êtes prêt

Le rétablissement d'un épisode thymique majeur nécessite une approche lente et régulière dans laquelle vous stabilisez d'abord vos médicaments et vos humeurs, puis lentement faites la transition vers des activités normales. Pour prévenir des rechutes et assurer une transition en douceur, assurez-vous de remplir ou surpasser tous les critères de la liste de contrôle suivante avant de retourner à votre vie normale :

- Vos médicaments sont stables.
- Vos humeurs sont stables.
- Vous dormez suffisamment.
- Vos pensées sont claires.
- Votre groupe de soutien est en place.
- Votre médecin/thérapeute pense que vous êtes prêt.

Attention

Ne divorcez pas, ne quittez pas votre emploi ou ne prenez pas d'autres décisions majeures tant que vos humeurs sont instables. La manie, la dépression et l'anxiété peuvent souvent vous pousser à prendre des décisions irréfléchies que vous regretterez plus tard. Nous ne vous conseillons pas de rester dans une relation toxique ou dans un emploi qui vous stresse. Notre conseil est de prendre ces décisions majeures de la vie quand votre cerveau fonctionne correctement et que vous êtes dans le bon état d'esprit.

Portrait

J'AURAIS DÛ RESTER PLUS LONGTEMPS LA PREMIÈRE FOIS

« Le printemps était arrivé et notre fille, Ali, était sur le point de décrocher son diplôme d'études secondaires. Pendant que je bouclais mon année scolaire (en tant que professeur), Joe et moi avions organisé une petite fête pour le diplôme d'Ali et nous nous préparions, ma fille et moi, pour une excursion de deux semaines en Espagne.

Malheureusement, la manie a décidé que c'était le bon moment pour faire intrusion dans ma vie. Elle a engendré de vives tensions dans la famille et je dormais peu la nuit, voire pas du tout. Nous connaissions les signes avant-coureurs, alors j'ai doublé mes visites en thérapie, et nous avons fait part de nos préoccupations à mon psychiatre. À chaque visite, il a modifié un médicament ou ajouté quelque chose comme la prégabaline (Lyrica) pour m'aider à dormir. Il me fallait un anti-maniaque lourd et un tranquillisant assez fort pour endormir un éléphant, mais mon docteur semblait se contenter de me prescrire des médicaments de deuxième intention. Il n'a pas réussi à saisir pleinement la gravité de mon état.

Rapidement, j'ai commencé à ressentir une paranoïa sévère et des hallucinations visuelles et auditives. Une nuit, j'ai nourri les carpes du lac où nous vivons avec des Cornflakes et je pouvais jurer les avoir vues sauter hors de l'eau et se transformer en chats.

Joe m'a conduite à l'hôpital et nous avons été emmenés dans une salle d'attente. Mais je n'étais pas dans un état pour attendre, alors je me suis dirigée vers le hall et ai engagé une conversation avec une famille qui se trouvait là, pensant à tort que leur fille avait été l'une de mes étudiantes. Ils ont joué le jeu jusqu'à ce que la sécurité arrive et m'embarque pour l'unité psychiatrique, où un travailleur social m'a remis un bouquet de formulaires juridiques à signer. Je ne pouvais pas me concentrer alors, sans lire les formulaires, je me suis mise en colère et ai griffonné un grand X sur chaque page à la place de ma signature. Plus tard dans la soirée, j'ai fait un match de catch avec deux aides-soignants costauds et me suis réveillée le lendemain matin avec quelques hématomes.

Même après avoir causé tant de problèmes dans le service, après seulement trois jours, j'ai réussi à convaincre le médecin de me libérer parce que ma fille et moi avions prévu de partir en voyage. Malheureusement, ma manie avait d'autres plans pour moi. Un matin tôt, deux jours après avoir quitté l'hôpital, j'ai appelé la police pour me rendre. Je n'arrivais pas à me rappeler ce qui était arrivé à l'un de mes médicaments, et j'étais convaincue que je l'avais vendu dans la rue et que la police me recherchait. Les agents se sont présentés chez nous, ont parlé à mon mari, et m'ont emmenée aux urgences. Plus tard, je fus transférée dans un établissement psychiatrique, où j'ai passé une dizaine de jours pour récupérer.

Cette fois, je suis sortie de l'hôpital en me sentant assez stable. Ma fille et moi avons dû annuler notre voyage en Espagne, mais elle a été en mesure de prendre des dispositions de dernière minute pour partir au Costa Rica, plus tard ce printemps-là, avec sa classe d'espagnol. Avoir dû annuler notre voyage a certainement été une déception, mais l'Espagne ne va pas disparaître de la carte du monde et nous irons un jour. »

Cecile Kraynak, professeur et auteur.

Revenir vers votre famille et vos amis

Un épisode thymique ne vous coupe pas toujours physiquement de votre famille et de vos amis, mais il crée presque toujours un fossé entre vous et vos proches d'une façon ou d'une autre. La première étape vers la réconciliation avec les êtres qui vous sont chers est de vous pardonner pour tout ce qui s'est passé au cours de l'épisode thymique. La seule chose dont vous êtes coupable est d'avoir une maladie. L'étape suivante est d'encourager tout le monde à travailler ensemble ; c'est la partie la plus difficile, parce que cela demande de la compréhension, de l'empathie et une capacité à pardonner. Voici quelques façons d'atteindre ces objectifs :

- **Renseignez-vous sur le mal que vous auriez pu faire aux personnes de votre famille et ensuite présentez des excuses, du moins reconnaissez leur douleur.** Il est normal de ne pas savoir que vous avez blessé quelqu'un et comment vous l'avez blessé, en particulier au cours d'un épisode thymique. Il est également normal de ressentir que vous n'êtes pas obligé de présenter des excuses pour quelque chose que vous avez fait sous l'emprise du trouble bipolaire, mais reconnaître que vous n'êtes pas la seule victime peut aider à guérir la blessure.
- **Encouragez votre famille et vos amis à s'informer sur le trouble bipolaire.** Plus ils en sauront sur la maladie, plus il leur sera facile de comprendre que cette maladie n'est pas un produit de votre volonté. Ils peuvent commencer par la lecture de ce livre, en particulier du chapitre 19.
- **Faites participer les membres de votre famille à votre thérapie à un degré d'investissement avec lequel ils se sentent à l'aise.** Le chapitre 11 vous donne des détails sur la façon dont la thérapie familiale peut vous aider.
- **Donnez aux membres de votre famille des instructions précises sur la façon dont ils peuvent vous aider et vous soutenir.** En les impliquant de cette manière, les membres de la famille se sentent plus responsables que victimes.

Vous pouvez rencontrer une certaine résistance de la part de certains membres de votre famille ou amis qui se sentent en quelque sorte « victimes » de votre état. Ce qu'ils doivent comprendre, c'est que le trouble bipolaire a touché et lésé l'ensemble de votre cercle de proches, et *vous* en premier. Vous assurez votre part de responsabilité en cherchant un traitement, en gérant vos médicaments, et en assistant à des séances de thérapie. Maintenant, à eux de s'impliquer et d'apporter leur pierre à l'édifice. Vous pouvez leur faciliter la tâche en montrant votre empathie (« je peux comprendre votre résistance ou votre sentiment d'être victime de mon trouble ») et précisant ce que vous attendez d'eux en tenant compte de leurs disponibilités et capacités (en fait, ce qui compte n'est pas ce que vous méritez, mais ce que les autres peuvent donner comme soutien psychologique ou comme aide objective).

À retenir

Suivre les ordres de votre médecin et effectuer des contrôles de votre état de santé ne garantit pas que vous resterez sans symptômes. Parfois, le trouble bipolaire a un cours naturel qui défie toute prédiction ou préparation, et un épisode se produit indépendamment du traitement et du planning. Accepter que les échecs puissent survenir vous aidera, vous et votre famille, à les garder en perspective, de sorte que, quand quelque chose va mal, vous ne subissiez pas cela comme un échec de votre traitement. La clé est de rester vigilant, d'identifier les problèmes le plus tôt possible et de résoudre ces problèmes rapidement tout en étant combatif.

Chapitre 17

Reprendre le travail... ou pas

DANS CE CHAPITRE :

- **Jauger votre capacité à reprendre le travail et reprendre en douceur**
- **Choisir de révéler ou non votre diagnostic**
- **Vérifier la possibilité des aménagements de votre lieu de travail qui pourraient vous aider**
- **Décider de changer de job ou d'arrêter de travailler**

Votre désir de retourner au travail après un épisode thymique majeur peut varier du tout au rien ou se situer quelque part entre les deux. Vous voudrez peut-être reprendre votre place même si vous n'êtes pas sûr de votre capacité à être performant et que vous avez peur de la façon dont votre supérieur et vos collègues vont vous accueillir.

Vous avez probablement beaucoup de questions qui vous traversent l'esprit : « Suis-je prêt à retourner au travail ? », « Dois-je dire à mes collègues ou à mon supérieur ce qui est arrivé ? », « Dois-je demander des aménagements de mon lieu de travail ; et, si oui, quels types d'aménagements sont envisageables ? », « Que dois-je faire si je suis incapable de retourner au travail ? »

Dans ce chapitre, nous fournissons des informations et des conseils qui peuvent vous aider à prendre des décisions éclairées et répondre aux questions importantes que vous vous posez sur votre retour au travail.

Examen objectif. Êtes-vous prêt ?

Personne ne peut vous dire si oui ou non et quand vous devez retourner au travail. La réponse dépend de plusieurs variables, y compris la gravité de votre maladie, l'efficacité du traitement que vous recevez, le soutien que vous avez au travail et à la maison, le niveau de stress impliqué (et votre capacité à y faire face), et votre empressement à retourner au travail. Au lieu d'essayer de répondre à l'unique et complexe question : « Suis-je prêt à retourner au travail ? », demandez-vous plutôt à quoi pourrait ressemble votre retour :

- **Mi-temps thérapeutique.** Le médecin peut proposer la reprise du travail sous forme de mi-temps thérapeutique, où le salarié perçoit également des indemnités journalières. C'est la sécurité sociale qui donne son accord sur le mi-temps, le montant et la durée des indemnités journalières.
- **Changement d'emploi.** Au lieu de reprendre votre emploi, vous pouvez tenter d'obtenir une position moins exigeante avec le même employeur, être envoyé ailleurs ou changer totalement de carrière (voir plus loin les aménagements raisonnables, statut RQTH).

Si vous envisagez de ne pas retourner au travail, demandez-vous si vous pouvez vous permettre de ne pas travailler sur le long terme. Ce n'est pas nécessairement qu'une question d'argent et d'avantages. Le travail offre une foule d'autres avantages, notamment les suivants :

- **Structure.** Les personnes atteintes de trouble bipolaire répondent souvent bien à un environnement structuré et à un emploi du temps stable ; le travail peut couramment remplir cette commande.
- **Une estime de soi positive.** Être productif procure un sentiment d'estime de soi.
- **Camaraderie.** Pour beaucoup de gens, le travail inclut la socialisation, et une vie sociale active (mais pas trop active) peut niveler les humeurs d'une personne vers le haut et fournir un soutien vers le rétablissement et des habitudes d'adaptation.

Ne sous-estimez pas la valeur de ces avantages lors de votre prise de décision. Cependant, si le trouble bipolaire vous empêche de retourner au travail, ne présumez pas que vous êtes nécessairement passé à côté de votre vie. Vous pouvez structurer votre journée, établir une vie sociale saine et construire de l'estime de soi en étant sans emploi ; cela vous demandera seulement un autre type d'effort – peut-être sous la forme de bénévolat, de nouveaux rôles au sein de votre famille, d'une formation pour adultes, ou de hobbies.

À retenir

Lorsque vous commencez à penser à retourner au travail (ou non), discutez de vos options avec votre médecin et votre thérapeute et demandez-leur leur avis. Ils peuvent vous aider à peser le pour et le contre, à savoir si vous êtes prêt ou non et quand vous pouvez reprendre, vous faciliter la transition de retour au travail (si c'est ce que vous décidez de faire), ou vous orienter sur les ressources utiles si vous êtes incapable de retourner au travail ou si vous choisissez de ne pas le faire.

Reprendre le rythme

Si vous décidez de retourner au travail et que vous et votre médecin/thérapeute convenez que vous êtes prêt, envisagez de revenir progressivement au lieu de reprendre à plein temps tout de suite. Un retour progressif peut comprendre les scénarios suivants :

- Travailler par demi-journée ou au moins quelques heures par jour ou semaine.
- Travailler sur un rythme un jour avec/un jour sans.
- Avoir un collègue pour vous aider dans certaines de vos responsabilités.
- Effectuer certaines de vos tâches à la maison.

Planifiez des rendez-vous hebdomadaires avec votre médecin et/ou thérapeute sur les quatre à six premières semaines de votre retour au travail afin qu'ils puissent aider à surveiller votre état tout au long de la transition. Ils peuvent vous aider à décider si vous êtes prêt, et quand, à travailler un plus grand nombre d'heures et à prendre plus de responsabilités.

REPRENDRE LE TRAVAIL AVEC UN TROUBLE BIPOLAIRE

« J'ai eu ma première crise maniaque aux alentours de Noël 1999. Je travaillais comme professeure d'espagnol au lycée pour les secondes. On m'avait dit qu'enseigner en lycée pouvait rendre fou, mais dans mon cas, il a fallu quelques autres facteurs (y compris le trouble bipolaire) pour y arriver !

Après avoir atterri à l'hôpital, les médecins m'ont mise sous acide valproïque (Depakote) et quelques autres médicaments, et après trois longs mois, j'ai récupéré et je suis retournée au travail. Malheureusement, je n'avais pas complètement récupéré ; ou peut-être que j'avais récupéré, mais les médicaments m'avaient tellement sonnée que je ne pouvais pas fonctionner. J'étais désorientée à l'école, dans le brouillard, et entourée par des amis un peu perdus et ma famille qui avait été aussi aveuglée par cette maladie comme je l'avais été.

J'ai travaillé quelques semaines et ai eu ensuite besoin de m'arrêter. Chaque fois que je suis revenue, il se passait quelque chose qui brisait l'équilibre précaire de ma santé mentale. Un jour, j'ai dû arrêter un autre enseignant dans le hall parce que je ne pouvais pas trouver ma salle de classe. Je me sentais de plus en plus coupable de manquer le travail et de laisser tomber mes élèves. Au final, j'ai pris ma retraite anticipée. Quelques années plus tard, quand j'ai réussi à gérer ma maladie, j'ai décroché un emploi avec moins de stress en tant que coordinatrice ESL (espagnol seconde langue) dans un autre système scolaire. C'était ce que mon médecin avait préconisé. J'étais bonne au travail, cela structurait mes journées et j'ai eu des interactions positives avec les élèves et mes pairs. Chaque jour, j'ai été récompensée par un sentiment d'accomplissement.

Au fil du temps, j'ai même pu revenir à l'enseignement à temps partiel, et j'ai même écrit quelques livres, y compris *La Grammaire espagnole pour les Nuls*. Je sens que mes médicaments et mes humeurs se sont stabilisés et je fonctionne à nouveau à plein régime. Mon conseil pour toute personne qui pense retourner au travail est le suivant : ne soyez pas trop impatient de vous remettre au travail. Allez-y doucement. Attendez de vous sentir prêt. »

Cécile Kraynak, professeur et auteur

Révéler votre diagnostic… ou pas

La question de savoir si vous devez révéler votre diagnostic de trouble bipolaire à votre employeur provoque souvent une anxiété considérable. Bien sûr, cela ne devrait pas être le cas. Si vous aviez un cancer, du diabète ou une maladie cardiaque, vous révéleriez votre pathologie sans réserve. Vous pouvez même obtenir une certaine sympathie de la part de vos collègues. Les personnes atteintes de trouble bipolaire, cependant, craignent souvent la possibilité réelle d'être stigmatisées.

Dans les sections suivantes, nous vous aidons à voir si révéler votre état est dans votre intérêt, et nous vous donnons des conseils sur comment procéder si vous choisissez de le faire.

Peser le pour et le contre

Dire aux gens avec qui vous travaillez que vous avez un trouble bipolaire comporte un risque de stigmatisation des façons suivantes :

- Être licencié ou « poussé vers la porte ».
- Être mis au placard (gel des promotions).
- Être exclu des événements sociaux par vos collègues.
- Vous soucier en permanence de la perception qu'ont les gens de vous.

La discrimination envers une personne pour raison de santé est illégale, mais cela ne veut pas dire que cela ne se produit jamais.

Dans les meilleurs cas (avec les employeurs qui apprécient leurs employés et comprennent que les bonnes personnes ont souvent des problèmes de santé qui doivent être gérés), révéler votre état peut vous être utile de plusieurs façons :

- Vous n'avez plus à porter le fardeau qu'est celui de cacher votre maladie.
- Vous pouvez bénéficier d'aménagements de votre lieu de travail. (Votre employeur doit être conscient de votre handicap et est tenu de fournir des aménagements. Voir la section suivante « Demander des aménagements du lieu travail. »)
- Votre supérieur et vos collègues que vous informez peuvent être plus disposés et enclin à vous offrir de l'aide si elles comprennent ce qu'il se passe.

En informant les autres, vous pouvez en apprendre davantage sur le trouble bipolaire et vous sentir en totale maîtrise.

Nous ne pouvons pas vous dire si révéler votre état est le meilleur plan d'action pour vous. Vous devez pouvoir évaluer si les gens sont réceptifs en fonction de leurs comportements passés et de leurs commentaires au sujet de la manie ou de la dépression. S'ils ont montré de l'empathie pour les personnes qui ont eu des pathologies similaires, vous pouvez prédire qu'ils vont traiter votre situation avec soin et la comprendre également.

Parler à vos supérieurs et collègues

Lorsque vous êtes celui qui est malade, vous ne devriez pas avoir à investir du temps et de l'énergie dans l'éducation des autres au sujet de votre maladie. En tant qu'êtres humains bienveillants, les gens autour devraient déjà vous montrer une certaine empathie, tout du moins de la sympathie, et faire l'effort de comprendre votre pathologie. La réalité, cependant, est que si vous n'informez pas et n'êtes pas votre propre avocat, votre situation au travail (ou à la maison ou à l'école ou ailleurs) ne s'améliorera pas toute seule. Plus les autres seront informés sur le trouble bipolaire, moins ils seront effrayés et plus ils auront tendance à l'accepter.

Alors, comment allez-vous informer vos supérieurs, collègues et autres personnes sur votre lieu de travail ? Voici quelques suggestions :

- Commencez par révéler votre pathologie aux personnes en lesquelles vous avez confiance et qui semblent compréhensives et ouvertes d'esprit. Elles pourront donner l'exemple aux autres.
- Jouez le rôle du professeur. Adoptez une approche non conflictuelle pour présenter le trouble bipolaire.
- Gardez à l'esprit que *vous* contrôlez exactement ce que divulguez à chaque personne. Vous n'êtes pas obligé de dire tout à tout le monde.
- Si votre employeur dispose d'un département des ressources humaines (RH), envisagez de faire participer le personnel des ressources humaines aux réunions avec votre supérieur. Les RH connaissent le droit du travail et sont en mesure d'expliquer à vos supérieurs leurs responsabilités envers vous.
- Décrivez la façon dont vous vous sentez quand vous êtes déprimé ou maniaque. Personne n'est censé être sur la défensive quand vous décrivez simplement comment le trouble bipolaire vous fait vous sentir.
- Décrivez vos symptômes les plus courants. Cela veut dire : informez votre supérieur et vos collègues de la façon dont votre comportement est susceptible de changer lorsque vous êtes entré en épisode maniaque ou dépressif. En décrivant les symptômes, vous accomplissez deux choses. D'abord, vous faites savoir aux gens à quoi ils doivent s'attendre pour être mieux préparés à gérer des changements de comportement. Deuxièmement, vous les enrôler pour vous aider à repérer les signes avant-coureurs que vous pouvez ne pas remarquer quand vous vous sentez maniaque ou dépressif.
- Assurez-vous de mentionner que tout ce que vous dites et faites ne peut pas être attribué au trouble bipolaire. Vous ne voulez pas qu'une brigade « anti-bipolaire » sonne l'alarme à chaque fois que vous élevez la voix. Faites-leur savoir que lorsque vous êtes en bonne santé, vous pouvez être triste,

en colère, énergique, fatigué, frustré, etc., comme tout le monde. La plupart des personnes bipolaires veulent être traitées « comme tout le monde ».

- Faites remarquer qu'avec le traitement, vos symptômes restent généralement sous contrôle.
- Gardez à l'esprit que cela peut prendre un certain temps pour que les gens digèrent et acceptent les informations et plus encore pour changer leurs attitudes et leurs comportements. Si votre entreprise fait venir des conférenciers invités, envisagez d'inviter un psychiatre, thérapeute, ou une personne qualifiée d'un groupe de santé mentale pour parler ou mener une discussion sur la maladie mentale, spécifiquement sur le trouble bipolaire.

Demander des aménagements du lieu de travail

Tant que vous avez informé votre employeur de votre état et que vous avez exprimé un désir d'obtenir de l'aide, votre employeur est tenu d'engager le dialogue avec vous pour déterminer si des aménagements raisonnables peuvent vous permettre de remplir les fonctions essentielles de votre travail.

Pour bénéficier d'une protection en vertu de la maison départementale des personnes handicapées (MDPH, cf. paragraphe qui suit), votre situation doit remplir les conditions suivantes :

- Vous avez un handicap physique ou mental qui limite considérablement une ou plusieurs de vos principales activités de vie.
- Vous avez un dossier sur ce handicap (votre diagnostic, par exemple) ou êtes considéré comme ayant ce handicap.
- Vous êtes par ailleurs qualifié pour effectuer votre travail ; vous devez avoir les compétences, l'expérience, la formation et toutes les exigences liées à votre poste, et avec des aménagements raisonnables, vous pouvez être en mesure de remplir les fonctions essentielles de l'emploi.

Alors, quels sont exactement les aménagements raisonnables ?

Les aménagements sont des changements dans l'environnement de travail ou la façon dont les choses sont généralement faites qui permettent à une personne ayant un handicap de profiter de possibilités égales d'emploi. Un aménagement n'est pas considéré comme raisonnable s'il crée une « contrainte excessive » pour l'employeur. La contrainte excessive se réfère non seulement à des difficultés financières, mais aussi à des aménagements qui sont trop vastes ou perturbateurs, ou qui changeraient la nature ou le fonctionnement d'une entreprise.

Les aménagements raisonnables en milieu de travail pour les employés souffrant d'un trouble bipolaire se font en fonction des recommandations listées dans le dossier MDPH (rubrique RQTH) avec l'intervention de la médecine du travail auprès de votre employeur et du service des ressources humaines.

Les aménagements peuvent inclure les éléments suivants :

- Des horaires flexibles, ainsi que des indemnités de congés pour les visites chez le médecin et les séances de thérapie.
- Un calendrier de travail qui ne perturbe pas vos habitudes de sommeil, en évitant le travail de nuit ou les changements répétés des horaires de travail.
- Des ajustements de planification pour réduire les interruptions.
- Des pauses plus longues ou plus fréquentes.
- Un bureau à part pour réduire les distractions.
- Un allégement des exigences du poste qui doivent être clairement documentées.
- Un calendrier ou agenda électronique avec des objectifs clairement identifiés, des échéances et jalons.
- Une formation (ou information) sur le trouble bipolaire pour les collègues et les supérieurs.
- Des réunions régulières avec la médecine du travail et l'employeur pour évaluer les besoins et la performance et pour développer des stratégies afin de résoudre les problèmes qui se posent.
- Mettre en place une procédure pour évaluer l'efficacité de chaque aménagement et apporter les ajustements nécessaires pour améliorer l'environnement de travail global et répondre à tous les changements qui peuvent survenir.

Être reconnu « travailleur handicapé »

Pour en savoir plus : `http://vosdroits.service-public.fr/F1650.xhtml`.

La notion de travailleur handicapé concerne la personne dont les possibilités d'obtenir ou de conserver un emploi sont réduites à cause d'un handicap. Il peut s'agir de l'altération d'une ou plusieurs fonctions physique, sensorielle, mentale ou psychique.

La Commission des droits et de l'autonomie des personnes handicapées (CDAPH) reconnaît la qualité de travailleur handicapé. Elle favorise également l'accès de la personne handicapée aux mesures d'emploi et de formation professionnelle.

Quelles sont les démarches à accomplir ?

La qualité de travailleur handicapé est reconnue sur décision de la CDAPH. Cette commission est créée au sein de la maison départementale des personnes handicapées (MDPH).

La demande de reconnaissance doit être déposée au moyen du formulaire **cerfa n°13788*01** à la MDPH du département de résidence de la personne handicapée, ou du département où le demandeur se trouve en traitement ou en rééducation.

Qui peut effectuer les démarches ?

Les démarches peuvent être effectuées par :

- la personne handicapée elle-même ;
- ses parents ou son représentant légal ;
- les personnes qui en ont la charge effective ;
- le responsable de l'établissement ou du service social ou médico-social qui assure la prise en charge ou l'accompagnement de la personne.

Dans ces derniers cas, la personne handicapée est informée de la saisine de la commission.

Comment se déroule l'examen du dossier ?

La CDAPH examine le dossier et procède ensuite à l'audition du demandeur avant de se prononcer sur l'attribution de la qualité de travailleur handicapé.

Quels sont les effets du statut de « travailleur handicapé » ?

Le travailleur handicapé bénéficie de *certaines aides* pour faciliter son insertion professionnelle :

» **Des aides spécifiques à la recherche d'emploi** pour les travailleurs handicapés sont accessibles. Il s'agit notamment :

- De soutiens spécialisés pour la recherche d'emploi au sein des agences départementales de Pôle emploi.
- Des services du réseau Cap Emploi.
- D'actions spécifiques prévues par les programmes départementaux pour l'insertion professionnelle des travailleurs handicapés (PDTIH).
- Des services d'accompagnement à l'emploi créés au sein d'associations ou d'établissements privés spécialisés.

» **Des aides incitatives à l'emploi.**

Différentes aides financières de l'État et éventuellement de la région sont prévues pour favoriser l'embauche, l'aménagement du poste de travail, l'accompagnement ou le maintien dans l'emploi et éventuellement, compenser la lourdeur du handicap. L'Agefiph (association de gestion du fonds pour l'insertion professionnelle des personnes handicapées) propose également des services et des aides financières aux employeurs et éventuellement aux travailleurs handicapés.

» **Une formation professionnelle.**

L'ensemble des conditions de la formation professionnelle continue est accessible aux personnes handicapées. Toutefois :

- Des mesures particulières réglementent l'apprentissage des jeunes handicapés.
- L'accès à certains contrats de travail est assorti d'une formation obligatoire (le contrat de professionnalisation est à privilégier).

TRAVAILLER EN INDÉPENDANT AVEC UN TROUBLE BIPOLAIRE

Si vous êtes travailleur indépendant, vous pouvez être confronté à des défis uniques dans la gestion de votre vie professionnelle avec le trouble bipolaire. En règle générale, vous n'avez pas droit à un congé maladie ou des congés payés en tant que travailleur indépendant, de sorte que votre revenu est immédiatement affecté lorsque vous vous vous arrêtez. Pourtant, vos dépenses continuent, y compris les salaires et les frais généraux.

Cependant le travail indépendant vous offre également une plus grande flexibilité d'emploi du temps, d'horaires et, dans la plupart des cas, la liberté de changer de lieu à tout moment de la journée. En d'autres termes, vous pouvez vous accorder des aménagements raisonnables et un temps de transition. Sans oublier qu'en étant indépendant, vous pouvez gérer le flux d'informations que vous communiquez à vos employés et collègues au sujet de votre pathologie.

Une certaine planification préalable peut limiter les inconvénients potentiels dans cette situation :

- Renseignez-vous pour prendre une assurance-invalidité, même si cela peut être difficile après avoir été diagnostiqué.
- Élaborer un plan d'urgence pour la gestion de votre entreprise dans le cas où vous n'êtes pas fonctionnel. Choisissez une personne de confiance pour intervenir et gérer ce qu'elle peut à votre place pendant que vous êtes *off*. Essayez d'organiser cela en détail avant qu'une crise ne se déclenche.
- Essayez de faire autant de trésorerie que possible pour vous dépanner pendant les périodes où vous ne pouvez pas gérer votre entreprise.
- Essayez de vous assurer que vos procédures et activités quotidiennes sont bien décrites quelque part, par écrit, de sorte que ceux qui vous remplacent puissent s'y référer en votre absence.

Les organismes de formation professionnelle continue doivent tenir compte des contraintes particulières des personnes handicapées et prévoir notamment :

- un accueil à temps partiel ou discontinu,
- une durée adaptée de la formation,
- et des modalités adaptées de validation de la formation professionnelle.

Des formations spécifiques de rééducation et de réadaptation peuvent également être suivies chez l'employeur ou en centre spécialisé.

- **Des passerelles entre différentes structures du milieu ordinaire.** L'entreprise adaptée et le centre de distribution de travail à domicile, entreprises du milieu ordinaire dont la vocation est d'employer majoritairement des salariés handicapés, peuvent mettre à disposition d'une entreprise classique un salarié handicapé pour une durée maximale d'un an renouvelable une fois.

Par ailleurs, un salarié handicapé qui a démissionné depuis un an maximum d'une entreprise adaptée ou d'un centre de distribution de travail à domicile pour un contrat de travail dans une entreprise classique bénéficie d'une priorité de réembauche dans l'établissement d'origine.

Trouver un emploi plus adapté

Certains emplois ne sont tout simplement pas bons pour la santé mentale. Reprendre un tel emploi, même avec des aménagements raisonnables de votre lieu de travail, pourrait vous condamner à une rechute. Cependant ce n'est parce que vous n'êtes pas en mesure de reprendre le job que vous aviez avant votre trouble bipolaire que vous ne pouvez pas du tout reprendre un travail. Après tout, vous pourriez peut-être en profiter pour effectuer une transition vers un poste différent ou vers une autre profession, démarrer votre propre entreprise, ou trouver quelques jobs agréables à temps partiel qui paient vos factures.

Dans les sections suivantes, nous donnons des conseils sur la façon de choisir un travail bon pour vous, propice à votre bien-être mental, et vous proposons des suggestions sur la façon de poursuivre vos objectifs professionnels.

À retenir

Le rétablissement ne signifie pas toujours reprendre la vie que vous aviez avant votre diagnostic bipolaire. En fait, le trouble fournit souvent l'occasion d'aller de l'avant et d'apporter des changements qui conduisent à une vie plus enrichissante et épanouissante.

Imaginer des conditions de travail idéales

Certaines personnes semblent savoir à partir du jour où ils sont nés ce qu'ils veulent faire quand ils seront grands. D'autres ne cessent jamais de se poser cette question jusqu'au jour de leur retraite. Lorsque le trouble bipolaire vous empêche de faire votre travail, vous devez vous poser cette question dans le contexte de votre nouvelle réalité. Si vous êtes incapable ou refusez de reprendre le travail que vous faisiez avant votre trouble bipolaire, demandez-vous ce que vous voulez faire pour vivre maintenant. Essayez de formuler une vision de vos conditions de travail idéales :

- Préférez-vous travailler seul ou avec d'autres ?
- Préférez-vous travailler à la maison ou à l'extérieur ?

- Combien d'heures par semaine pouvez-vous travailler sans mettre en péril votre santé mentale ? (Assurez-vous de tenir compte du temps nécessaire pour les rendez-vous médicaux, les séances de thérapie, et les activités d'auto-thérapie.)
- Préférez-vous des heures fixes ou voulez-vous définir vos propres horaires ? (Même si vous définissez vos horaires, des horaires régulières peuvent aider à stabiliser votre humeur.)
- Vous êtes autonome ou travaillez-vous mieux sous surveillance étroite avec des objectifs clairement définis, des délais et des consignes ?
- Êtes-vous plutôt un leader/gestionnaire ou une abeille ouvrière ?
- Préférez-vous travailler pour quelqu'un ou posséder votre propre entreprise ?
- Que faites-vous le mieux ? (Voir la section suivante pour plus de détails.)
- Qu'est-ce que vous aimez faire le plus ? (Voir la section suivante pour plus de détails.)

Faire l'inventaire de vos compétences et centres d'intérêt

Lorsque vous envisagez de changer d'emploi, l'objectif est de trouver un job pour lequel vous êtes compétent mais aussi que vous aimerez faire, alors commencez votre recherche d'emploi en faisant une liste de vos compétences, qui peuvent inclure les éléments suivants ou des choses complètement différentes :

- Travailler avec des enfants ou des adolescents ;
- S'occuper des personnes âgées ;
- Le développement informatique ;
- Écrire ;
- La gestion financière, la comptabilité ;
- La conception de sites internet ;
- Réparer des machines ;
- Le jardinage ;
- L'enseignement, l'éducation, la formation ;
- L'organisation, la planification.

Ensuite, notez une liste de centres d'intérêts – ce que vous aimez faire ou ce qui vous attire, peu importe si vous pensez que vous êtes qualifié pour le faire ou pas. Qu'est-ce que vous aimeriez faire, même si vous n'étiez pas payé pour le faire ? Quelles activités avez-vous trouvé les plus agréables et enrichissantes ? Les centres d'intérêts peuvent tout inclure, de la danse interprétative à la biochimie.

Votre liste de compétences et de centres d'intérêts trace le chemin vers une diversité de carrières possibles et vous aide à identifier les domaines où vous auriez besoin de formation. Considérez l'option de rencontrer un ergothérapeute, une professionnelle de la réadaptation ou un conseiller d'orientation qui vous aidera à explorer toutes les options de carrières qui correspondent à vos compétences, vos centres d'intérêts et vos besoins médicaux.

Chercher votre job de rêve

Chercher votre job de rêve peut être aussi facile que feuilleter les petites annonces ou de faire une recherche sur Internet, mais obtenir cet emploi demande probablement un peu plus de travail. Vous pouvez avoir besoin d'acquérir une compétence supplémentaire, de faire une formation ou avoir plus d'expérience ; établir des contacts dans un nouveau domaine ou industrie ; acheter des outils ou des équipements spéciaux ; ou écrire un business plan (si vous voulez créer votre propre entreprise). Pour vous préparer, envisagez d'explorer les ressources suivantes :

- **Famille, amis et collègues.** Partagez votre vision avec les membres de votre entourage qui vous soutiennent. Ils peuvent avoir des informations, des conseils ou des contacts professionnels susceptibles de vous aider à poursuivre vos rêves. Si votre patron vous soutient, vous pouvez même lui demander de l'aide afin qu'il vous propose une transition vers un autre poste dans l'entreprise ou vers une entreprise ou une industrie connexe.
- **Vos médecin et thérapeute.** Tenez vos médecin et thérapeute au courant de vos plans pour trouver un travail valorisant. Ils peuvent avoir des informations sur les ressources locales pour aider les gens qui reprennent le travail avec un trouble bipolaire et ils peuvent avoir des contacts professionnels aptes et disposés à vous encadrer.
- **Universités et chambres des métiers.** Si vous avez besoin de formation complémentaire pour vous diriger vers une nouvelle profession, contactez les universités locales ou la chambre des métiers pour savoir ce qui est disponible. Parlez à quelqu'un au bureau des aides financière pour voir si vous êtes admissible à des bourses, des subventions et/ou des prêts.

» **Les entreprises visées.** Si vous voulez travailler dans un secteur spécifique, contactez les entreprises de ce secteur pour lequel vous aimeriez travailler. Essayez d'organiser une réunion avec le chef du département qui vous intéresse pour savoir ce que vous devez faire pour vous qualifier pour un poste. Demandez si l'entreprise propose des stages.

» **Les organismes bénévoles.** Si vous ne pouvez pas obtenir la formation ou l'expérience nécessaire, pensez aux organismes bénévoles où vous pouvez gagner toutes sortes de compétences tout en donnant de votre temps et des efforts pour votre communauté locale. Le bénévolat semble également un bon point sur un CV.

» **La chambre de commerce.** Si vous envisagez de créer votre propre entreprise, rendez-vous à la chambre de commerce pour obtenir des informations, des conseils et des contacts sur le mentorat, les financements et les formations.

» **Les groupes de soutien en santé mentale.** N'oubliez pas de partager votre vision avec les gens dans vos groupes de soutien. De nombreuses personnes qui assistent à des groupes de soutien sont des professionnels ou des patrons de petites entreprises qui peuvent avoir des pistes d'emploi, des connexions et des informations pour vous aider à trouver le travail que vous cherchez ou à créer votre propre entreprise. Les chasses à l'emploi les plus réussies commencent par des conversations personnelles. Décrivez votre emploi de rêve et veillez à ce que les gens sachent ce que vous faites pour vous y préparer. Votre réseau ne peut vous offrir de l'aide que si les personnes savent ce dont vous avez besoin.

Retourner au travail est-il bon pour vous ?

Un des risques du trouble bipolaire est qu'il peut déclencher des décisions hâtives dans votre vie professionnelle, en particulier au milieu d'un épisode maniaque ou dépressif. La maladie peut limiter votre clairvoyance. Par exemple, si vous êtes déprimé et ne pouvez pas travailler ou prévoir de reprendre votre travail, quand vous serez en mesure de retravailler, vous pouvez décider de démissionner ou de prendre une retraite anticipée.

Ces options sont certainement acceptables si vous êtes en mesure d'en bénéficier et que vous êtes dans un état d'esprit et de jugement sains. Cependant, si ce n'est pas le cas, prendre une décision hâtive de démission peut sérieusement compromettre vos droits en tant qu'employé et vos perspectives d'avenir. Avant de soumettre votre lettre de démission, pensez à ce que vous avez à gagner et à perdre.

Voici quelques suggestions pour évaluer votre situation :

- Prenez autant de temps que nécessaire pour vous sentir mieux avant de prendre une décision définitive. Votre employeur ne va probablement pas à vous virer (ou ne le peut pas) lorsque vous êtes en congé maladie et sous surveillance médicale ; s'il le fait, vous pouvez l'attaquer aux prudhommes.
- Énumérez les avantages et les inconvénients de votre démission. Passez un peu de temps à examiner votre liste afin de voir clairement ce qui est en jeu. Montrez cette liste à des personnes de confiance et demandez-leur d'y ajouter des éléments supplémentaires que vous auriez oubliés et que vous devriez considérer.
- Discutez de vos options avec votre médecin et thérapeute ainsi qu'avec les membres de votre famille, vos amis et associés en qui vous avez confiance. Soyez honnête avec vous-même et avec votre équipe de soutien pendant votre réflexion ; leur cacher vos soucis les plus importants ne vous aidera pas à trouver des solutions.
- S'il existe un syndicat dans l'entreprise ou l'organisme pour lequel vous travaillez, rencontrez votre représentant syndical pour discuter de vos options et des conséquences possibles de votre démission. Un représentant syndical a normalement une certaine expérience de la situation et devrait être capable de clairement vous expliquer ce que vous pouvez gagner et perdre si vous démissionnez. Il peut aussi avoir une connaissance des postes de travail latéraux qui peuvent répondre plus efficacement à vos besoins en santé mentale. De même, vous pouvez accéder à ces informations via les RH ou via un programme d'aide aux employés (PAE).
- Avant de prendre une décision définitive, pensez à consulter votre propre avocat – de préférence un spécialiste du droit du travail, pour protéger vos droits en tant qu'employé. Même si votre représentant syndical et les personnes des RH sont qualifiés pour fournir les conseils dont vous avez besoin, ils peuvent ressentir plus de loyauté envers votre employeur que pour vous et vous offrir des conseils moins adaptés. Nous ne sommes pas en train de vous dire de garder un emploi pour lequel vous trimez, mais nous détestons voir les gens jeter l'éponge (surtout quand ils ne se sentent pas bien), puis regretter leur décision plus tard quand il est déjà trop tard pour faire quoi que ce soit à ce sujet. Si cependant vous ne pouvez pas travailler ou ne trouvez d'emploi pour gagner au moins assez d'argent pour payer vos factures, le dernier recours est de demander des prestations d'invalidité à la Sécurité sociale. Voir le chapitre 18 pour plus de détails.

Chapitre 18

Surmonter les problèmes financiers

DANS CE CHAPITRE :

» **Comprendre comment obtenir de l'aide des services publics de santé mentale**

» **Apprendre comment fonctionne le processus d'assurance-invalidité**

» **Tirer parti d'autres ressources pour votre survie financière**

Le trouble bipolaire pousse souvent les familles au bord du gouffre financier. Pourtant, les gens sont souvent réticents à demander de l'aide parce qu'ils sont fiers de travailler pour gagner assez d'argent pour payer leurs factures. Même quand ils franchissent cet obstacle et décident de demander de l'aide, nombreux sont ceux qui sont confrontés au double défi de savoir où obtenir de l'aide et de maîtriser des processus qui peut paraître encore plus compliqué que de jouer au Rubik's Cube.

Malheureusement, il n'existe aucun guichet unique pour accéder aux aides sociales et financières dans le cas d'une maladie mentale. Vous devez donc explorer différentes sources d'aides pour rester à flot. Nous ne pouvons pas vous livrer des instructions étape par étape détaillées sur la façon d'obtenir une aide financière et des soins médicaux abordables, mais dans ce chapitre nous vous suggérons des points de départ pour trouver l'aide financière dont vous avez besoin et à laquelle vous avez droit.

Le système public de santé mentale

Quand la bipolarité vous empêche d'assurer votre activité professionnelle, il est important de connaître et de demander les différentes ressources possibles, qui vont de l'arrêt de travail prolongé jusqu'à la mise en invalidité temporaire ou définitive. Pour cela, il vous faut un suivi régulier par un psychiatre qui vous aidera à obtenir les documents nécessaires et fournira les certificats médicaux pour justifier votre incapacité à travailler.

- **Arrêt de travail.** Il permet de se rétablir avant de reprendre son travail.
- **Reprise de l'activité professionnelle à mi-temps thérapeutique.** Obligatoire après un long arrêt maladie, permettant une reprise progressive et non stressante du travail.
- **Congé de longue durée (CLD).** Il permet de bénéficier dans certains cas d'un salaire complet durant 3 à 5 ans, puis d'un demi-salaire pendant 2 à 3 ans. Cette disposition concerne certains fonctionnaires et les durées varient selon les institutions.
- **Pension d'invalidité.** La Sécurité sociale place le malade en invalidité lorsque l'arrêt maladie se prolonge plus de 3 ans : elle verse alors une pension calculée en fonction de l'ancien salaire. Cela n'empêche pas de retravailler mais le cumul de la pension et du nouveau salaire ne doit pas représenter un montant supérieur au salaire de référence. En outre, la maison départementale des personnes handicapées (MDPH), qui reprend les attributions de la Commission technique d'orientation et de reclassement professionnel (plus connu par son sigle COTOREP), examine la demande assortie d'un certificat du médecin traitant, en vue de l'attribution du statut de travailleur handicapé. Celui-ci donne, en principe, priorité à l'accès à certains types de formation, à des emplois protégés en milieu ordinaire (il existe un quota obligatoire de travailleurs handicapés dans toute entreprise au-delà d'une certaine taille), ou à l'emploi en milieu protégé : ateliers protégés, centres d'aide par le travail (CAT). C'est également la MDPH qui attribue l'allocation adulte handicapé (AAH) qui compense financièrement l'incapacité de travailler induite par la maladie. L'AAH fait partie des minima sociaux.

Ces mesures, qui n'ont rien de spécifique à un type de particulier de pathologies, peuvent être utiles dans le cadre de leur travail à certaines personnes souffrant de trouble bipolaire.

Chercher le soutien de ses pairs

Chaque personne dans votre vie a quelque chose de précieux et unique à vous apprendre – que cela soit le swing au golf ou une nouvelle technique de thérapie – et personne ne connaît mieux le trouble bipolaire que celui qui vit avec. Vous pouvez vous sentir réticent à siéger dans une salle pleine d'étrangers et à parler de votre vie, mais ne rejetez pas le soutien de vos pairs avant d'avoir essayé. Cela peut être un soulagement pour vous d'être parmi des gens à qui vous n'avez pas à cacher que votre cerveau court-circuite parfois de façon imprévisible. Pour plus de détails sur la chasse aux groupes de soutien dans votre région, retournez au chapitre 6.

D'autres façons de survivre aux périodes de vaches maigres

Le vieux dicton « les situations désespérées appellent des mesures désespérées » s'applique souvent aux personnes et aux familles aux prises avec un trouble bipolaire. Lorsque vous ne pouvez pas payer vos factures, vous pouvez constater que les seules options restantes sont celles que vous pensiez n'avoir jamais à considérer. Dans les sections suivantes, nous vous donnons des informations sur les lieux où vous pouvez trouver un soutien financier.

Demander de l'aide à sa famille et à ses amis

Lorsque vous êtes à court d'argent, envisagez de demander l'aide de votre famille et de vos amis. Si vous êtes réticent à demander de l'argent, considérez ceci : si l'un de vos proches avait des soucis d'argent et que vous aviez les ressources nécessaires pour l'aider, ne voudriez-vous pas savoir qu'il ou elle a besoin d'aide ? Seriez-vous prêt à l'aider ? Vous vous sentiriez probablement même mal si vous avez su plus tard que votre proche avait besoin d'aide et ne s'était pas tourné vers vous.

À retenir

L'autonomie est l'une des vertus les plus surfaites dans notre société. Les gens ont un besoin émotionnel et spirituel de se sentir utile et de donner aux autres. En demandant et en acceptant l'aide de vos proches, vous les aidez à répondre à ce besoin.

Conseil

Plusieurs services en ligne vous permettent de mettre en place une page pour solliciter des dons d'amis, de membres de la famille, et même de parfaits étrangers pour aider à payer vos factures médicales et autres dépenses.

Consultez `www.lepotcommun.fr`, `www.leetchi.com`, `https://morning.com/cagnotte`.

Trouver une aide financière d'appoint

Lorsque vous avez affaire à des problèmes temporaires de trésorerie, vous pourriez trouver un certain soulagement financier en prenant les mesures suivantes :

- **Contactez vos créanciers.** Appelez les banques, les entreprises ou les particuliers à qui vous devez de l'argent et faites-leur savoir ce qui se passe. Ils peuvent être disposés à réfléchir avec vous, pour accepter une baisse de vos mensualités ou vous accorder une période de répit pour payer vos factures. Les entreprises de services publics peuvent avoir des programmes d'assistance pour aider à couvrir vos factures mensuelles. Certains prêteurs (pour les prêts hypothécaires et les prêts étudiants, par exemple) peuvent vous permettre de stopper temporairement vos paiements si vous rencontrez un revers financier, spécialement s'il est dû à un problème de santé.

Accompagner un ami ou un proche bipolaire

DANS CETTE PARTIE...

Après avoir découvert qu'un proche est bipolaire, vous pouvez être traversé par un tourbillon d'émotions allant du soulagement à l'espoir, de la culpabilité au désespoir. Cependant, indépendamment de ce que vous ressentez, votre proche a besoin de vous plus que jamais. Votre travail, en tant qu'ami ou membre de la famille, est de développer de l'empathie, de prêter main-forte et d'éviter de devenir dominateur – le tout sans laisser le trouble vous tirer vers le bas. Soutenir un ami ou un parent qui a un trouble bipolaire peut être un défi de taille, principalement parce que la personne peut refuser votre aide quand il ou elle en a le plus besoin.

Nous sommes passés par cette guerre-là et, dans cette partie, nous révélons ce que nous avons appris dans les tranchées. Ici, vous trouverez ce que vous pouvez faire pour soutenir un proche, quand vous devez intervenir, et quand vous devez prendre vos distances. Nous fournissons des conseils sur la façon d'anticiper une crise et la façon de rester sur vos gardes quand le trouble bipolaire pointe le bout de son nez. Dans le dernier chapitre de cette partie, nous expliquons certains des défis de diagnostic, de traitement et comment soutenir un enfant ou un adolescent avec un trouble bipolaire.

Chapitre 19

Soutenir un proche

DANS CE CHAPITRE :

» **S'impliquer**

» **Comprendre ce que votre proche traverse**

» **Savoir quand il est temps d'appeler de l'aide**

» **Aider une personne qui refuse de l'aide et écouter vos propres besoins et émotions**

Lorsque le trouble bipolaire affecte un ami ou un parent, il vous affecte aussi. Les symptômes peuvent vous dérouter et vous perturber, mettre à rude épreuve votre relation avec votre proche et vous laisser physiquement et mentalement vidé. Vous voulez aider, mais comment ? Que pouvez-vous faire pour remédier à des « problèmes de câblage » dans le cerveau ? Que pouvez-vous dire à votre proche quand il perd tout espoir ? Que pouvez-vous faire quand votre ami semble déterminé à faire sauter son compte épargne ou à ruiner son mariage ? Et comment pouvez-vous aider lorsque votre proche résiste à toute aide et répond à vos conseils bienveillants avec arrogance et colère ?

Dans ce chapitre, nous abordons la confusion et le sentiment d'impuissance auxquels famille et amis doivent souvent faire face. Nous expliquons les réalités concrètes du trouble bipolaire pour vous préparer aux combats à venir ; nous proposons des exercices pour vous aider à ne pas céder à votre tendance à culpabiliser pour ce qui arrive à votre proche ; et nous révélons ce que vous pouvez et ne pouvez pas faire pour aider votre proche sur le chemin du rétablissement. Nous faisons également des suggestions sur la façon de prendre soin de vous et de trouver pour vous et votre proche un *modus vivendi* afin de sortir de l'ombre du trouble bipolaire vers la lumière d'un avenir plein d'espoir.

Adopter le bon état d'esprit

Être un aide-soignant efficace et apporter votre soutien repose aussi bien sur ce que vous pensez que sur ce que vous faites. Si vous appréhendez votre rôle avec de fausses attentes et des malentendus, vous êtes davantage susceptible de dire et de faire les mauvaises choses, de devenir facilement frustré, et de vous blâmer pour des situations et des événements qui sont en réalité hors de votre contrôle. En adoptant le bon état d'esprit, vous pouvez fonctionner plus efficacement en tant que soutien tout en maintenant votre propre santé mentale.

Avoir des attentes réalistes

Tout le monde a besoin d'espoir, mais un faux espoir peut conduire à la déception et à la frustration. Il peut aussi vous amener à baisser la garde. Dans le cas d'un trouble bipolaire, vous pourriez penser que votre problème est réglé, que la maladie est guérie et que vous pouvez « mettre tout cela derrière vous ». Si vous le faites, vous êtes susceptible de rebasculer dans les vieux schémas. Vous oubliez alors combien il est important pour votre proche de prendre ses médicaments. Vous devenez moins vigilant sur les signes avant-coureurs. Vous devenez négligent. Et bim ! Vous revenez au point de départ, en regardant votre proche lutter contre une dépression majeure ou un épisode maniaque.

Pour aider votre proche à gagner la bataille contre le trouble bipolaire, vous devez d'abord adopter le bon état d'esprit et affronter les réalités de la maladie :

- Votre proche est et restera vulnérable aux épisodes thymiques.
- Votre proche ne peut pas décider lui-même de surmonter la maladie.
- Un traitement préventif à long terme est presque toujours nécessaire pour prévenir les rechutes et contrôler les symptômes.
- Même avec un traitement préventif, les symptômes peuvent réapparaître.
- Vous et votre proche aurez peut-être besoin d'ajuster vos attentes futures et vos modes de vie pour maintenir votre bien-être à tous.
- Votre proche peut parfois refuser votre aide, mais il a toujours besoin de votre amour et de votre compréhension.

À retenir

Vous et votre proche avez toutes les raisons d'espérer une rémission et une vie merveilleuse. Votre proche doit cependant s'en tenir au plan de traitement, et vous avez, tous deux, besoin de rester vigilants en période faste pour vous permettre de court-circuiter toute escalade de l'instabilité de l'humeur.

Faites la différence entre la maladie et la personne que vous aimez

Votre proche incarne pour vous le trouble bipolaire. Le trouble exprime tous ses symptômes négatifs à travers les actions, les émotions et les paroles de votre proche, ce qui rend tentant d'associer le trouble avec la personne et de blâmer votre proche pour les problèmes résultant de la maladie.

Pour combattre avec succès la maladie, vous devez faire équipe contre elle. Commencez par dissocier le trouble bipolaire de la personne qui en souffre. Au milieu d'un épisode thymique majeur, la dissociation est plus facile à dire qu'à faire, mais quand vous avez le temps de réfléchir aux choses, essayez les exercices suivants :

- **Pensez au temps d'avant le premier épisode thymique qui a perturbé votre vie.** Est-ce que la personne que vous aimez semblait différente ? De quelle manière ? Pouvez-vous associer des comportements avec le trouble ?
- **Regardez des photos de moments agréables que vous et votre proche avez vécu ensemble.** Avez-vous remarqué des symptômes à l'époque ? Qu'est-ce qui a changé ? Décrivez les façons qu'a le trouble d'affecter le comportement de votre proche au cours d'un épisode thymique.
- **Listez tous les mots et comportements qui semblent ne pas faire du tout parti du caractère de votre proche.** Est-ce que votre proche dirait et ferait les mêmes choses, s'il avait les idées claires ? Qu'est-ce qui serait différent ?

Attention

N'allez pas trop loin, quand vous dissociez le trouble de votre proche. Vous pourriez être tenté d'attribuer tous les comportements négatifs à la maladie, même des comportements qui sont compatibles avec son caractère. En attribuant trop de choses au trouble bipolaire, vous diminuez l'importance et la valeur de la personnalité et de la capacité de votre proche à penser par lui-même, ce qui peut être tout aussi dommageable qu'attribuer trop peu de choses au trouble de votre proche.

Apprendre à ne pas prendre les choses personnellement

Lorsque vous recevez en pleine figure une salve colérique de votre proche et quand rien ne semble lui plaire, vous pouvez réagir en le prenant personnellement et être sur la défensive. Cette réaction est tout à fait naturelle, surtout quand vous êtes dans une relation étroite avec quelqu'un que vous aimez. Votre bonheur et le bonheur de votre bien-aimé peuvent être intimement liés, et quand l'un d'entre vous est malheureux, l'autre souffre aussi.

Conseil

Vous commencez à penser que si vous pouviez juste trouver la bonne façon d'agir et les bons mots à dire, la situation pourrait s'améliorer. Quand cela n'est pas le cas, la frustration et l'amertume surgissent bien souvent. Essayez de dépersonnaliser les paroles et les actes blessants de votre proche, afin de surmonter le piège de les prendre trop à cœur. Dépersonnaliser consiste à arriver à comprendre qu'une grande partie de ce que votre proche dit ou fait en réalité a très peu à voir avec vous. Ses sentiments, ses pensées, ses réactions, ses actions peuvent provenir de sources multiples, y compris la dépression, la manie, la pensée déformée, ou la paranoïa. En sachant que le trouble bipolaire et d'autres facteurs contribuent souvent beaucoup plus au comportement de votre proche que tout ce que vous dites ou faites, vous pouvez vivre plus facilement certaines de ses réactions.

Nourrir votre sens de l'empathie

Vous pouvez ne pas *connaître* ce que votre proche bipolaire traverse ou ressent, mais vous pouvez faire preuve d'empathie – ou imaginer et partager ce que votre proche traverse dans une certaine mesure. Malheureusement, votre proche n'est probablement pas en mesure de décrire comment elle se sent, car elle ne peut pas comprendre ce qui se passe à l'intérieur. Cette section est là pour vous aider à avoir une idée de ce que votre proche traverse.

Votre proche bipolaire est aux prises avec une grave maladie mentale qui menace son *soi* – son estime, sa maîtrise d'elle-même, sa confiance en elle, son autodétermination, son image d'elle-même, etc. Quand elle se sent menacée, elle se met instinctivement en mode « lutte » ou en mode « fuite ». En mode lutte, votre proche peut être en colère, arrogante, ou critique ; refuser votre aide ; arrêter de prendre ses médicaments ; ou blâmer les autres. En mode fuite, elle peut se tourner vers la drogue ou l'alcool, rompre une relation, sembler indifférente ou égocentrique, ou nier qu'elle a un problème.

Tout le monde peut avoir des réponses inadaptées face à des menaces perçues. Les gens sont sur la défensive face à la critique, peuvent nier quand on les accuse, se déchaîner quand d'autres tentent de les contrôler, refuser de l'aide même quand ils en ont besoin… Et la liste est longue. Avec la maladie mentale, la spirale négative d'événements entraînant des comportements dysfonctionnels et mal adaptés est aggravée par au moins deux facteurs supplémentaires :

- **Des changements majeurs de la vie.** Au milieu d'une maladie mentale grave, une personne peut perdre son emploi, ses amis, le sentiment de sécurité financière, et une foule d'autres soutiens externes sur lesquels nous avons tendance à nous appuyer pour nous sentir en sécurité.

- **Une capacité diminuée pour faire face à des situations.** Une personne qui est incapable de penser clairement manque d'un outil essentiel pour faire face aux défis complexes avec des moyens constructifs rationnels.

À retenir

Bien que les paroles et les actions de votre proche puissent être contre-productives et vous semblent irrationnelles, elles sont en fait normales et raisonnables dans le contexte de la psychologie humaine. En d'autres termes, dans les mêmes circonstances, la plupart des gens, y compris vous, répondraient probablement de la même façon. L'empathie, c'est accepter ce fait et essayer de votre mieux de voir la situation à travers les yeux de votre proche.

Malheureusement, les comportements inadaptés ont tendance à en entraîner d'autres. Vous pouvez néanmoins commencer à briser le cercle vicieux en répondant à ces comportements de manière plus constructive et faire ce qui suit :

- Vous concentrer moins sur la critique des comportements négatifs et plus sur l'éloge des comportements positifs.
- Devenir moins exigeant.
- Éviter la confrontation et les disputes.
- Choisir la résolution de problème plutôt que la culpabilisation.
- Se concentrer sur l'ici et maintenant au lieu de ressasser le passé.

Reconnaître vos limites

Lorsque l'un de vos proches souffre d'un trouble bipolaire, vous êtes près de lui et regardez se dérouler le drame. Sur la scène, le médecin diagnostique et prescrit, les thérapeutes conseillent et forment, et votre proche se bat contre des épisodes thymiques. Vous errez dans les coulisses comme une doublure solitaire, vous demandant si vous avez un rôle à jouer et quelque chose à apporter.

Naturellement, vous voulez que votre proche se rétablisse mais la situation est tout à fait nouvelle pour vous. Devez-vous vous tenir à l'écart pour laisser le médecin et le thérapeute faire leur travail ? Devez-vous prendre le contrôle ? Qu'est-ce qui serait le plus utile ? Et comment pouvez-vous éviter de faire empirer les choses ? Pour devenir une personne de soutien efficace, vous devez déterminer ce que vous pouvez et ne pouvez pas faire pour aider. Heureusement pour vous, la section suivante vous explique tout.

Faites ce que vous pouvez

Votre présence, patience, compréhension et volonté d'aider sont peut-être les contributions les plus précieuses que vous pouvez apporter. Au-delà de cela, vous pouvez offrir de nombreux types d'aides, mais gardez à l'esprit que si votre proche est une personne adulte, il a la possibilité d'accepter ou de rejeter votre aide ou de limiter votre niveau d'implication. Être trop insistant ou autoritaire peut provoquer des sentiments de ressentiment et une résistance supplémentaire au traitement, et vous ne voulez certainement pas que cela arrive.

À retenir

Voici quelques-unes des façons d'aider les plus efficaces et adaptées :

- Informez-vous sur le trouble bipolaire, ses symptômes et les traitements disponibles, ce que vous faites déjà en lisant ce livre.
- Restez en contact, en particulier pendant les moments difficiles.
- Donnez un amour inconditionnel et des mots encourageants tout en fixant des limites pour garder vos réserves émotionnelles intactes (comme « Je veux que tu m'appelles seulement trois à quatre fois par jour »).
- Rassurez votre proche sur le fait qu'un traitement approprié est censé lui faciliter la gestion des symptômes bipolaires.
- Encouragez votre proche à chercher une aide professionnelle en cas de besoin (mais ne le harcelez pas).
- Aidez votre proche à trouver un médecin et un thérapeute qualifiés.
- Aidez-le dans toutes les démarches administratives de prise en charge.
- Aidez-le pour le suivi de ses humeurs et l'observance des médicaments ainsi qu'en surveillant les signes avant-coureurs d'un épisode thymique imminent.
- Demandez la permission d'assister à des rendez-vous avec le médecin et le thérapeute de votre proche.
- Demandez à votre proche quand et comment appeler son médecin ou thérapeute si vous devenez préoccupé par son comportement.
- Si votre proche ne peut pas aller travailler, demandez s'il veut que vous appeliez son employeur et ce qu'il veut que vous disiez. Si votre proche est un travailleur indépendant, demandez si vous pouvez faire quelque chose pour aider à faire en sorte que son activité continue de fonctionner.
- Tenez les personnes choisies par votre proche informées.
- Effectuez des tâches ménagères de base, telles que faire les courses, garder les enfants, payer les factures.

Reconnaître ce que vous ne pouvez pas faire

Vous ne pouvez pas contrôler la façon dont votre proche choisit de faire face à son trouble bipolaire. Si votre proche est un adulte, vous ne pouvez pas le forcer à prendre ses médicaments, à suivre une thérapie, ou même à dormir suffisamment. Si vous essayez de prendre le contrôle, vous risquez de prendre possession d'un problème que vous ne pouvez pas résoudre.

Vous pouvez et devez intervenir à des moments où la maladie rend votre proche incapable de prendre les bonnes décisions, mais le reste du temps, vous devez lâcher prise et lui permettre de se gérer lui-même. Il a besoin de prendre la responsabilité de bien suivre son plan de traitement, de prendre ses rendez-vous et de s'y rendre, de prendre les médicaments prescrits, de maintenir un mode de vie sain et de demander de l'aide.

À retenir

Vous n'êtes pas responsable de la maladie de votre proche et vous ne pouvez pas l'en guérir. Ne vous sentez pas coupable d'une poussée du trouble bipolaire et ne pensez pas que vous avez le pouvoir ou les ressources nécessaires pour résoudre le problème vous-même.

Rester attentif aux signes d'alerte

L'une des caractéristiques les plus inquiétantes du trouble bipolaire est que la personne qui en souffre peut ne pas être en mesure de reconnaître l'apparition des symptômes avant qu'il ne soit trop tard pour interrompre le cycle. Vous pouvez jouer un rôle précieux en tant que soutien, en restant en contact régulier avec votre proche et en surveillant les signes avant-coureurs d'un épisode thymique.

À retenir

Tout le monde n'a pas les connaissances, le tempérament et la sensibilité pour faire la différence entre les variations normales de d'humeur et les symptômes d'une crise, et pour intervenir diplomatiquement. Le candidat idéal pour ce poste possède les qualifications suivantes :

- Il sait et peut reconnaître les signes d'un épisode thymique avant la crise.
- Il a un contact proche et régulier avec la personne souffrant du trouble bipolaire.
- Il peut communiquer ouvertement ses observations sans déclencher un conflit.
- Il a la permission de communiquer avec le thérapeute ou le médecin de la personne concernée.

Au cours d'une période de calme relatif, consultez votre proche pour déterminer s'il est prêt à autoriser une ou deux personnes à l'aider à contrôler ses humeurs. Évitez d'avoir trop de personnes impliquées. Trop de vigilance et d'attention sur lui peuvent lui faire penser qu'il vit dans un aquarium.

Savoir quand vous impliquer

Si votre proche accepte de vous laisser monitorer ses humeurs et de surveiller les signes d'alerte, demandez-lui des détails supplémentaires pour vous aider à déterminer la gravité des symptômes et les actions à entreprendre quand vous les identifiez :

- Faites une liste de signes avant-coureurs communs. (Voir le chapitre 15 pour plus de détails sur les signes d'alerte communs de manie et de dépression.)
- Renseignez-vous pour savoir à quel moment vous devriez suffisamment vous inquiéter pour agir.
- Déterminez les actions à entreprendre, y compris partager vos observations et vos préoccupations avec votre proche, contacter le médecin thérapeute, confisquer les cartes de crédit ou les clés de voiture, tenir éloignés des objets de la personne pourrait utiliser pour se faire du mal, ou demander de l'aider à une autre personne du groupe de soutien.

Savoir quand vous mettre en retrait

Tout le monde a ses bonnes et ses mauvaises journées. Ne présumez pas que vous devez contacter le médecin ou le thérapeute de votre proche juste parce qu'elle est irritable ou semble avoir un peu moins d'énergie. Dans ces conditions, vous pouvez être un peu plus vigilant et faire part de vos préoccupations, mais essayez de ne pas réagir de façon excessive.

Au milieu d'un épisode thymique majeur, ne vous éloignez pas tout simplement parce que votre proche vous demande de le faire. Restez avec elle jusqu'à ce qu'elle prenne des mesures pour obtenir le traitement nécessaire pour stabiliser ses humeurs. Encouragez votre proche à contacter son médecin ou un thérapeute immédiatement pour une évaluation et une consultation. Une courte visite chez un thérapeute qualifié est souvent suffisante pour mettre votre proche de nouveau sur la bonne voie, et si le thérapeute remarque un comportement anormal, il aura une meilleure idée de la façon de procéder.

Lorsque la crise est calmée et que votre proche reprend le contrôle de ses humeurs, soyez prêt à prendre du recul et le laisser gérer sa vie à nouveau. Faites-lui savoir que vous êtes là, si elle a besoin de quelque chose.

Faisons un marché ! Élaborer un contrat

La peur domine l'ensemble du scénario entourant l'instabilité de l'humeur et son traitement. Les proches ont peur d'être impuissants face à un épisode thymique majeur si la personne bipolaire refuse de l'aide. Personne n'apprécie d'avoir des amis et des parents hyper vigilants qui essayent de diriger leur vie et les forcent à prendre un traitement quand ils pensent ne pas en avoir besoin.

Une solution consiste à élaborer un accord pendant une période de calme et de stabilité relative qui définit qui et dans quelles circonstances une personne peut intervenir et ce que l'intervention peut inclure. Cet accord est conçu comme un *contrat de traitement* ; voir un exemple de contrat en figure 19-1. Un contrat de traitement efficace contient les informations suivantes :

- Une liste des personnes qui sont autorisées à intervenir (et peut-être une liste de personnes qui ne sont pas autorisées à intervenir, si nécessaire).
- Les descriptions des signes extérieurs et des symptômes de dépression et de manie.
- Les descriptions des signes vérifiables que votre proche est capable de gérer seul le trouble.
- Les descriptions des signes observables alertant que votre proche a besoin d'aide.
- Des instructions sur le type d'aide que votre proche accepte et celui qu'il refuse.
- Une déclaration claire que vous pouvez faire ce que vous pensez nécessaire et adapté quand vous pensez que votre proche fait face à un risque imminent de se nuire à lui-même ou aux autres.

Contrat de traitement

Ce contrat de traitement spécifie mes limites et mes préférences en acceptant de l'aide pour gérer mon trouble bipolaire. Il est destiné à aider ma personne de soutien, ________________, à déterminer quand j'ai besoin d'aide et le type d'aide que je préfère lorsque les symptômes spécifiques sont présents.

Je suis capable de gérer mon trouble bipolaire quand je fais ce qui suit :

- ☐ Dormir régulièrement : ___ à ___ heures par nuit.
- ☐ Aller au travail/à l'école.
- ☐ Voir mon médecin/thérapeute ___ fois toutes les semaines/mois.
- ☐ Prendre les médicaments prescrits.
- ☐ Voir ma famille et mes amis ___ fois par semaine.
- ☐ Communiquer avec les autres sans me disputer.
- ☐ Autres : ______________________________

Vous devriez être inquiet lorsque vous remarquez l'un des symptômes de dépression suivants :

- ☐ Je dors plus de ___ heures par jour.
- ☐ Je manque le travail/l'école.
- ☐ Je me plains de ma santé ou d'autres questions beaucoup plus que d'habitude.
- ☐ Vous remarquez que je pleure presque tous les jours.
- ☐ Ma maison est en désordre et je ne semble pas concerné.
- ☐ Je ne me lave pas ou je ne m'habille pas comme d'habitude.
- ☐ Je bois de l'alcool plus que d'habitude et je prends des drogues.
- ☐ Je fume.
- ☐ Autres : ______________________________

Lorsque vous observez ____ ou plusieurs des symptômes pendant plus de ___ heures/jours, vous pouvez m'aider en procédant comme suit :

- ☐ Demandez-moi comment je vais.
- ☐ N'essayez pas de me convaincre que je ne suis pas déprimé.
- ☐ Passez plus de temps avec moi et encouragez-moi à sortir.
- ☐ Amenez-moi chez le médecin si je suis incapable de le faire moi-même.
- ☐ Restez près de moi jusqu'à ce que j'obtienne de l'aide.
- ☐ Autres : ______________________________

FIGURE 19-1 : Exemple d'un contrat de traitement.

Vous devriez être inquiet lorsque vous remarquez l'un des symptômes suivants d'hypomanie ou de manie :

- ☐ Je ne dors pas au moins ____ heures par jour.
- ☐ J'achète plus de choses que d'habitude et de façon impulsive.
- ☐ Je m'intéresse plus que d'habitude au sexe ou je pratique des activités sexuelles à risque.
- ☐ Je m'adonne au jeu et j'investis dans des placements à risque.
- ☐ Je parle plus vite ou beaucoup plus que d'habitude.
- ☐ Je suis beaucoup plus irritable ou critique que d'habitude.
- ☐ J'ai beaucoup de plans mais ni le temps ni les ressources pour les exécuter.
- ☐ Je deviens paranoïaque ou je commence à entendre des choses ou à penser que je vois l'avenir.
- ☐ Mon apparence physique sort de l'ordinaire, comme trop de maquillage ou des vêtements extravagants.

Aider quelqu'un qui refuse de l'aide

L'un des symptômes du trouble bipolaire est un *manque de prise de conscience* – une incapacité (involontaire) à remarquer un changement important dans sa propre humeur ou comportement. Ce symptôme se produit le plus souvent lors d'un épisode thymique aigu, mais peut aussi faire partie plus globalement de la vie avec la maladie. Les membres de la famille s'épuisent à voir quelqu'un qui refuse leur aide, et ils regardent parfois, impuissants, la maladie détruire la vie de leur proche. Ce qu'il faut faire pour aider quelqu'un qui refuse de l'aide ou un traitement dépend de chaque situation. Les sections suivantes vous offrent quelques suggestions.

À retenir

Les solutions sont très spécifiques à chaque situation. Dans certains cas, si votre proche parvient à gérer seul, mais pas d'une manière qui répond à vos normes, se mettre en retrait est la meilleure approche à adopter. Si la personne représente un danger pour elle-même ou pour les autres, vous avez besoin de prendre des mesures plus drastiques, comme appeler les urgences.

Agir en cas d'urgence

À retenir

Si votre proche présente le risque de se nuire à lui-même ou aux autres, cherchez de l'aide immédiatement. Si vous pensez qu'il a besoin de soins médicaux et que vous pouvez le transporter en toute sécurité, emmenez-le aux urgences les plus proches. Si vous n'êtes pas complètement certain que vous puissiez le transporter en toute sécurité, appelez le 15 ou le Samu psychiatrique.

Exprimer vos inquiétudes

Si vous essayez d'aider quelqu'un qui refuse toute aide, vous avez probablement déjà essayé de discuter de vos préoccupations et peut-être même de convaincre la personne d'aller chercher de l'aide. Toutefois essayer de convaincre quelqu'un de demander de l'aide ne fonctionne pas toujours. Dans le cas d'une situation sans gravité, tentez d'écouter plutôt que de parler et d'acquiescer plutôt que d'être en désaccord et d'essayer de convaincre la personne d'accepter de l'aide.

Utilisez les compétences de communication que nous décrivons dans le chapitre 13 pour exprimer vos préoccupations et appliquez les compétences de résolution de problèmes que nous décrivons dans le chapitre 14 afin de faire équipe avec votre proche pour répondre à vos préoccupations.

À retenir

La confrontation, les critiques et disputes sont susceptibles d'être contre-productives et de faire que votre proche soit encore moins susceptible de coopérer.

Appeler le docteur ou le thérapeute

Dans une situation sans gravité, envisagez d'appeler le médecin ou le thérapeute de votre proche pour exprimer vos préoccupations. Le médecin ou le thérapeute peuvent alors vous fournir des conseils sur la façon de procéder et peuvent travailler avec la famille pour faire en sorte que la personne obtienne les soins dont elle a besoin.

À retenir

Même si le soignant de votre proche dit qu'il ne peut pas parler avec vous, il peut écouter et agir en se basant sur les informations que vous lui fournissez. Rappelez-vous que le soignant peut avoir une obligation de dire à votre proche qu'il a reçu des informations de vous ; votre proche peut percevoir cela comme un abus de confiance.

La famille a son mot à dire, quand il s'agit d'une crise jugée sérieuse ou grave. Dans certains cas, la famille se comporte en alliée et arrive à convaincre le patient de se faire soigner et éventuellement d'être hospitalisé (en hospitalisation libre). Cependant si une demande en hospitalisation à la demande d'un tiers (HDT) est requise, la démarche est plus difficile, car elle fait endosser au demandeur une responsabilité et peut engendrer une culpabilité.

Prendre soin de vous

En tant que soignant, vous pouvez vous sentir plus seul qu'un mec dans une réunion Tupperware®. Les amis et la famille peuvent demander comment va votre proche et ne montrer que peu d'intérêt pour vous, sur comment vous tenez le coup. Pire encore, votre cercle d'amis peut faire savoir, peut-être par peur, ignorance, ou par fausse croyance, que vous ne voulez pas d'« ingérence » dans vos affaires. Si vous laissez ce comportement s'installer, vous et votre proche pouvez vous retrouver bien isolés.

La solitude n'est pas saine pour vous ou votre proche. Si vous restez à vous morfondre, consumé par des regrets de la vie que vous avez perdue et par les responsabilités supplémentaires que vous portez, votre proche reconnaîtra la douleur dans vos expressions et gestes et ressentira les affres de la culpabilité. Vous avez besoin de lâcher un peu de lest, de faire le deuil de ce que vous avez perdu, de répondre à vos besoins, de retrouver une vie, puis de revenir dans la relation, frais, disponible et ressourcé.

Portrait

MIEUX SOUTENIR MA FILLE

« Les gens qui aiment une personne avec une maladie chronique comme le trouble bipolaire font partie du voyage de leur être cher – qu'elles le veulent ou non. Et tandis que les symptômes de la dépression, l'anxiété et la manie sont les plus difficiles pour la personne qui souffre du trouble bipolaire, les épisodes thymiques ont aussi un effet profond sur les relations affectives. Il peut être difficile de rester calme et ne pas réagir négativement quand quelqu'un pour qui vous vous souciez lutte contre des graves dépressions, angoisses ou manies. Il y a cependant beaucoup de choses que vous pouvez faire pour apporter votre compréhension et soutien.

Tout au long de mon voyage avec ma fille qui a un trouble bipolaire, j'ai appris que prendre soin de moi-même et faire en sorte d'en savoir le plus possible sur le trouble bipolaire sont deux choses essentielles pour pouvoir offrir un soutien réel. Je ne peux pas "réparer" ses symptômes, mais je peux changer la façon dont je réagis à sa maladie. Elle a besoin de moi pour être centrée, solide et bien informée. Elle a besoin de moi aussi pour l'écouter. Je devais apprendre à l'écouter vraiment – à entendre ce qu'elle dit… ou pas – et à lui répondre avec honnêteté et l'esprit ouverture. Après tout, je ne peux pas attendre de ma fille qu'elle soit honnête avec moi et me fasse confiance si je ne fais pas la même chose avec elle. Acquérir ces compétences m'a coûté de nombreuses séances avec mon propre thérapeute et un groupe de soutien.

Le trouble bipolaire est une maladie à vie ; nous allons continuer à parler, à écouter et à travailler à construire une relation étroite et honnête grâce à ces capacités d'adaptation et de communication, un peu plus chaque jour. »

Cinda Johnson, co-auteur de *Perfect Chaos: A Daughter's Journey to Survive Bipolar, a Mother's Struggle to Save Her.*

Bien que votre proche – que ce soit un ami ou un parent – prenne le trouble bipolaire de plein fouet, vous devez gérer beaucoup de dommages collatéraux. Souffrir en silence vous oblige à retenir des sentiments qui finissent par s'exprimer par la critique et le blâme. Essayez de trouver une issue saine pour vos émotions :

» **Assistez à un groupe de soutien pour les amis et les membres de la famille des personnes atteintes de maladies mentales.** Un groupe de soutien peut vous fournir une tribune pour partager vos sentiments et des informations. Voir le chapitre 6 pour une liste de groupes de soutien.

» **Discutez des problèmes avec votre famille et vos amis.** Se sentir en colère à propos de ce que vous traversez est normal, et vous avez le droit d'en parler ouvertement, mais le faire avec le bon dosage. Surcharger votre proche bipolaire avec vos réponses émotionnelles, peu importe si elles sont légitimes, ne fait qu'ajouter davantage de sentiments négatifs à quelqu'un qui est déjà mal équipé pour les gérer.

» **Voir un thérapeute.** Un thérapeute peut vous aider dans le processus de deuil et vous permettre d'exprimer vos émotions.

Le trouble bipolaire est peut-être une partie importante de votre vie, mais il ne devrait pas totalement l'éclipser. Bien que votre temps et votre énergie peuvent être sévèrement réduits, surtout en période de crise, faites tout votre possible pour vous livrer à certaines activités enrichissantes et qui vous ressourcent pour éviter l'épuisement. Vous voulez maintenir votre propre identité et votre propre vie autant que possible.

Commencez avec quelques-unes des activités possibles suivantes :

» Reconnectez-vous avec de vieux amis.

» Partagez les loisirs et centre d'intérêts que vous aimez avec votre proche.

» Participez à des activités communautaires. Inviter des amis ou des membres de la famille à votre domicile. Une fois par semaine, faites quelque chose d'amusant, juste pour le plaisir de le faire.

Chapitre 20

Gérer les situations de crise

DANS CE CHAPITRE :

- **Communiquer avec le médecin et le thérapeute de votre proche**
- **Anticiper ce qu'il vous faudra faire en cas de crise**
- **Gérer différents types de scénarios de crise**

Une famille qui vit avec le trouble bipolaire tend à éprouver plus de situations de crise qu'une famille moyenne. Au milieu de ces périodes troublées, les amis et membres de la famille éprouvent souvent un mélange frustrant de chaos et d'isolement. Si votre proche souffre d'un trouble bipolaire, vous pouvez ne pas savoir quoi faire ou alors vers où vous tourner pour chercher de l'aide en cas de crise. Si vous communiquez avec le médecin ou thérapeute de votre proche, ils peuvent vous répondre que les règles de confidentialité les empêchent de vous parler. Si vous appelez la police, votre proche peut opposer une résistance et finir en prison au lieu d'être envoyé à hôpital et, dans les deux cas, vous en vouloir pour semer la pagaille. Alors, que devez-vous faire ?

Dans ce chapitre, nous essayons de vous aider à répondre à cette question, de préférence avant que vous ne deviez-vous la poser, de sorte que vous ayez une idée générale de la façon de réagir en cas de crise. Tout d'abord cependant, nous évoquons une chose que vous aurez probablement besoin de faire indépendamment du fait que vous avez peut-être un plan plus élaboré en place : contacter le médecin ou thérapeute de votre proche.

Consulter le médecin ou thérapeute de votre proche

Face à une crise de santé mentale, l'une des premières choses que vous devez faire est d'appeler le médecin ou thérapeute de votre proche pour lui faire savoir ce qu'il se passe et lui demander ce qu'il faut faire. Nous disons « l'une des premières choses que vous devriez faire », parce que si vous avez des raisons de croire que votre proche peut physiquement faire du mal à lui-même ou à quelqu'un d'autre, vous devez d'abord appeler le 15 et décrire la situation. Ensuite, vous pouvez appeler le médecin ou le thérapeute.

Appeler le médecin ou thérapeute de votre proche peut sembler assez facile, mais dans certains cas, il peut être difficile de le joindre ou il peut vous répondre que le secret médical lui interdit de discuter avec vous au sujet de la pathologie de votre proche sans son consentement. En fait, les membres de la famille disent souvent que cela est l'un des aspects les plus frustrants quand ils ont à faire face à la maladie mentale.

Voici quelques idées qui peuvent vous aider à surmonter les obstacles pour obtenir des informations et le traitement dont votre proche a besoin :

- Bien que le médecin ou thérapeute puisse ne pas être en mesure de vous dire quoi que ce soit à propos de l'état de santé de votre proche, aucune loi lui interdit de :
  - Vous écouter ou lire un courrier ou un e-mail que vous lui avez envoyé.
  - Vous fournir des informations générales sur une maladie mentale particulière pour vous aider à développer une meilleure compréhension de ce qui se passe et de ce qu'il faut faire dans une situation donnée.

  Conseil

  Si votre proche a signé et déposé une autorisation de divulgation d'informations médicales à son médecin ou à l'hôpital vous autorisant à avoir des informations, le médecin ou l'hôpital ne peuvent pas vous refuser l'accès à ces informations. Le chapitre 15 présente un exemple de formulaire de divulgation d'informations médicales.

  Si votre proche est déjà hospitalisé et n'a pas déposé ce formulaire, insistez pour que l'hôpital demande à votre proche s'il est disposé à le faire.
- Le soignant de votre proche peut partager des informations avec vous quand celui-ci est présent et a la possibilité de contester ces informations.

- Il n'est pas interdit à un médecin ou à un thérapeute de partager des informations avec vous si, par son jugement professionnel, cela s'avère dans « l'intérêt du patient » – par exemple, si vous avez besoin de savoir que votre proche a des pensées suicidaires, de sorte que vous redoubliez de vigilance. Lors d'une demande d'informations, expliquez que vous en avez besoin pour agir dans l'intérêt de votre proche. Bien sûr, le médecin doit être d'accord avec votre évaluation de l'intérêt du patient avant de vous divulguer des renseignements, sans le consentement du patient.
- Un médecin ou un thérapeute a souvent plus de pouvoir que vous pour obtenir de votre proche qu'il accepte de l'aide s'il oppose de la résistance à ce soutien.
- Si votre proche ne reçoit pas encore de soins psychiatriques ou si son médecin ou thérapeute ne sont d'aucune aide, essayez de contacter le centre de soins psychiatriques local pour obtenir des conseils.

Si vous parlez au médecin ou thérapeute de votre proche, garder à l'esprit qu'il peut se sentir obligé de partager ce que vous dites avec votre proche, son patient.

Discuter du plan à suivre en cas d'urgence

Le pire moment pour décider quoi faire quand votre proche fait une crise est justement le cœur d'une crise. Avec un peu d'organisation, vous saurez quoi faire (et ne pas faire) quand une crise surgit, y compris quand il vous faut prendre des mesures, qui contacter et comment, et où emmener votre proche si l'hospitalisation est nécessaire. Au cours d'une période de calme relatif, organisez une réunion avec tous les membres de la famille qui peuvent être appelés pour gérer une crise, y compris la personne bipolaire. (Si possible, gardez également le médecin et le thérapeute de votre proche dans la boucle.) Dans les sections suivantes, nous fournissons des détails sur les sujets à couvrir lors de cette réunion.

À retenir

Pour rendre votre réunion plus productive, suivez les directives de communication que nous présentons au chapitre 13, concentrez-vous en particulier sur la section « Préparer le terrain pour une communication efficace ».

Comprendre comment s'impliquer

Le premier sujet d'une réunion « d'intervention en cas de crise » doit être le rôle que chacun doit jouer dans l'éventualité de cette crise. Pour déterminer votre rôle spécifique dans la gestion de la crise de votre proche, examinez les différents niveaux de soutien. Par exemple, allez-vous jouer le rôle de meneur ou d'intervenant seulement quand une crise se profile ? Voulez-vous agir plutôt comme un service d'aiguillage, appelant les autres lorsque vous sentez la crise arriver ? Ou bien allez-vous avoir une position frontale dans l'équipe de gestion de l'humeur – aller chez le médecin, gérer les médicaments et aider votre proche directement ? Et quand vous entrez en action, quelle est la dose d'énergie dont vous avez besoin ?

Considérez aussi quelques questions importantes qui affectent votre capacité à avoir un engagement suivi :

- **À quel point êtes-vous disponible ?** Votre position géographique et votre emploi du temps peuvent limiter votre disponibilité. Vivez-vous assez près de votre proche pour venir rapidement dans les moments où il a un problème, ou avez-vous besoin de sauter dans un avion ? Pouvez-vous prendre des congés ou vous éloigner de vos responsabilités familiales pour vous consacrer à la prévention et à la gestion des crises ? Avez-vous un accès facile aux services de garde d'enfants ? Votre patron comprend-il la situation ?

- **Comment réagissez-vous généralement en cas de tensions ?** Si vous êtes du genre à défaillir quand quelqu'un se coupe avec un bout de papier au bureau ou à paniquer quand votre cave est inondée, vous n'êtes peut-être pas la meilleure personne pour jouer un rôle de premier plan au cours d'une crise. Pour aider votre proche, vous devez garder la tête froide, identifier les signes d'un épisode thymique imminent et agir rationnellement au milieu du chaos.

- **À quel point étiez-vous impliqué avant la crise ?** Plus vous étiez impliqué dans la gestion du quotidien, plus vous serez probablement utile en cas de crise. Avez-vous une idée des causes de cette crise ? Savez-vous ce qu'il se passe avec les médicaments de votre proche ? Parlez-vous régulièrement avec lui de ses contraintes et des choses qui le stressent ou bien restez-vous plutôt à l'écart ?

- **Quelles sont vos limites ?** Voulez-vous avoir une procuration pour pouvoir intervenir avec, par exemple, la gestion des cartes de crédits et des comptes bancaires ? Est-ce que votre proche bipolaire est disposé à partager des informations sur l'état de ses finances et à vous laisser la possibilité d'y accéder et de les gérer ? Serez-vous présent à la maison pour cacher les clés de la voiture et les bouteilles d'alcool ? Ces questions constituent une partie importante du plan que vous devez mettre en place clairement avant tout problème majeur.

- **Jusqu'à quel point votre proche va-t-il supporter que vous interveniez ?** Si la personne que vous aidez peut devenir explosive et dangereuse lors d'une crise, il n'y a pas grand-chose que vous puissiez faire avant d'impliquer d'autres niveaux d'intervention comme l'équipe de gestion de crise ou les urgences. Votre rôle dans la gestion de crise peut s'avérer très vite limité si vos tentatives d'intervention déclenchent des réactions explosives ou destructrices.

À retenir

Les limites définies quant à votre degré d'implication dépendent beaucoup des caractères, de la confiance et de la volonté de travail en équipe. Vous devez identifier vos préférences personnelles, et ce que vous estimez être des niveaux raisonnables d'implication. Il est tout aussi important de communiquer votre niveau de confort pour traiter des questions personnelles comme l'argent et les soins. Votre niveau d'implication ne va pas de soi ; c'est une question de négociation. Cependant, votre proche doit avoir quelqu'un dans l'équipe de soutien qui soit capable et prêt à intervenir en cas de crise.

Déterminer quand intervenir

Identifier le moment approprié où vous devez intervenir représente souvent un réel défi. Vous ne devez pas appuyer sur le bouton « panique » chaque fois que votre proche est un peu sombre ou agité, mais vous ne devez pas non plus attendre qu'il agisse de façon destructive et ne soit plus réceptif à quoi que ce soit.

Idéalement, vous pouvez communiquer vos observations et vos préoccupations à votre proche bien avant qu'une crise ne se produise, en supposant que vous puissiez identifier suffisamment tôt les signes avant-coureurs et que votre proche soit ouvert à vos observations. Dans de tels cas, vous pouvez dire quelque chose comme : « J'entends plus parler de toi que d'habitude » ou « Je pense que tu as l'air moins énergique qu'il y a quelques semaines ». Tenez-vous en à décrire ce que vous voyez et entendez, et évitez de faire des diagnostics, tels que « tu as l'air maniaque » ou « tu sembles déprimé aujourd'hui ». Laissez votre proche tirer ses propres conclusions sur la base de vos observations. Si elle accepte la situation, elle peut voir son médecin ou son thérapeute pour faire une évaluation et obtenir tout traitement nécessaire. Si vous avez des doutes sur le bon moment pour vous exprimer, ces lignes directrices peuvent vous aider :

» **Agir tôt et souvent.** Faites en sorte d'établir une communication ouverte avec votre proche sur la maladie et comment elle l'affecte, comme nous l'expliquons au chapitre 19. Un tel discours vous donne une meilleure connaissance des signes avant-coureurs et améliore votre capacité à les identifier au plus tôt. Il rend également votre proche plus à l'aise de parler de la maladie avec vous et d'autres, et ainsi à être plus réceptif à vos observations et préoccupations.

À retenir

Plus tôt vous pouvez identifier un cycle de l'humeur et prendre des mesures, plus vous êtes susceptible de voir vos actions couronnées de succès. Quand un cycle de l'humeur prend de l'ampleur, votre proche peut opposer plus de résistance devant votre intervention et tous vos efforts peuvent tomber à l'eau.

» **Garder un œil sur le tableau des humeurs.** Si vous vivez avec votre proche, vous pouvez ne pas remarquer l'escalade subtile de son humeur d'un jour à l'autre, mais un rapide coup d'œil sur une période d'une ou deux semaines sur son tableau des humeurs peut vous alerter sur un problème. Encore une fois, plus vous pouvez communiquer ouvertement avec votre proche, plus vous pourrez avoir accès à ses tableaux des humeurs. Surtout n'aller pas y jeter un œil sans son autorisation. (Le chapitre 11 présente un exemple de tableau des humeurs que vous pouvez utiliser.)

- **Identifier les comportements « Alerte rouge ».** Est-ce que votre proche dort nettement moins ou plus ? Est-ce qu'elle commence à passer ses journées à faire du shopping ou à planifier de nombreux projets pharaoniques ? Mange-t-elle beaucoup plus ou bien moins ? Votre proche, musicien, a cessé d'écouter de la musique ou de jouer de son instrument ? Les changements de comportement qui indiquent des problèmes sont souvent très spécifiques à chaque individu.
- **Rester du côté de la prudence.** Équilibrez votre peur de blesser les sentiments de votre proche et de le mettre en colère avec votre désir de le garder en sécurité. Vous ne pouvez pas gérer tout dans sa vie, mais si vous êtes inquiet et que vous sentez que les choses ne vont pas bien, il faut agir. Votre proche est peut-être en colère contre vous pour cela, mais si vos actions font une différence dans sa sécurité et sa survie, vos efforts en valent la peine.

Attention

Si votre ami ou parent parle de suicide ou se comporte de manière imprudente, vous devez agir immédiatement. S'il ne peut pas ou ne veut pas vous écouter, appelez à l'aide, comme nous l'expliquons un peu plus bas dans la section « Menaces ou tentatives de suicide ».

Savoir qui appeler à l'aide

Pendant que vous travaillez sur un plan d'intervention en cas de crise avec votre proche, soyez sûr d'aborder la question de savoir qui peut intervenir et quand. Faites une liste des personnes que votre proche peut contacter et des personnes que vous jugeriez utiles, et modifiez-la ensuite si nécessaire. Rayez les personnes qui peuvent apporter plus de problèmes que de solutions ; vous savez tous les deux qui ils sont. Enregistrez votre liste finale de noms et de numéros sur la Fiche d'information en cas de crise que nous fournissons au chapitre 15.

Gardez à l'esprit que vous pouvez avoir besoin d'appeler plus d'une personne sur votre liste. Si vous essayez d'agir rapidement et que les symptômes dangereux ne sont pas présents, vous êtes plus susceptible de traiter avec le médecin et le thérapeute. Si vous agissez au cours d'un épisode dangereux, vous êtes susceptible d'appeler l'hôpital ou le 15 d'abord, mais vous devez aussi appeler le psychiatre et le thérapeute.

Conseil

Apportez votre liste de contacts aux urgences ou à l'hôpital. Cela fera économiser à l'équipe en charge sur place beaucoup de temps. Gardez également une liste de médicaments à jour avec votre liste de contacts afin que vous puissiez dire aux professionnels de santé exactement quels médicaments et doses votre proche est censé prendre.

Décider où aller

Vous devez savoir où emmener votre proche dans le cas où il a besoin de soins hospitaliers. Il vous faut avoir une liste d'au moins trois options :

- **Premier choix.** Demandez à votre proche où il préfère aller. Au chapitre 15, nous donnons des conseils pour choisir un établissement psychiatrique avant qu'une crise ne se déclenche.
- **Deuxième choix.** Dans le cas où le premier choix est indisponible (par exemple, s'il n'y a plus de lits disponibles), vous avez besoin d'une solution de repli.
- **Les urgences.** Les urgences de l'hôpital est le choix de dernier recours. De là, les médecins peuvent déterminer les étapes suivantes.
- En plus de cette liste, obtenez des instructions sur comment vous rendre à chaque établissement ainsi que des numéros de téléphone au cas où. Vous ne voulez pas vous mettre en quête de ces informations au milieu d'une situation d'instabilité. Si vous emmenez votre proche aux urgences, vous n'avez qu'à vous y rendre. Si vous l'emmenez dans un établissement psychiatrique, vous devez appeler à l'avance pour savoir si un lit est disponible et si la mutuelle de votre proche couvre bien ce service, s'il s'agit d'une clinique psychiatrique privée.

Réagir face à une crise

Les gens n'hésitent pas à boucler leur ceinture de sécurité ou à porter un casque de vélo, mais ils hésitent souvent à retirer les clés de voiture à quelqu'un qui conduit imprudemment ou à lui arracher ses cartes de crédits quand il fait des dépenses excessives. Lorsque vous et votre proche discutez de la prévention des crises et de leur gestion, assurez-vous de couvrir tous les comportements à risque et de convenir d'un plan pour les gérer. L'approbation préalable de votre proche avant que vous n'interveniez peut renforcer votre volonté d'agir pendant une crise et rendre votre proche plus réceptif à vos efforts.

Dans cette section, nous listons les comportements à risque qui sont communs aux troubles bipolaires et proposons des suggestions pour les traiter en cas de crise. La façon dont vous choisissez de gérer ces comportements dépend uniquement de vous et de votre proche mais la meilleure façon de le faire nécessite souvent une réflexion créative et une planification sérieuse.

À retenir

Les plans que vous développez au cours de votre réunion rationnelle avec votre proche peuvent lui sembler tout à fait inacceptables au cours d'une crise, en particulier un épisode maniaque. Avoir un plan solide et en prendre les mesures très tôt peut augmenter vos chances de succès, mais vous devez être prêt à rencontrer une résistance inattendue.

Menaces et tentatives de suicide

Une personne souffrant de dépression grave présente un risque élevé de suicide. Le risque peut être élevé si la personne a récemment commencé un traitement pour la dépression, car il peut encore être déprimé, mais a maintenant assez d'énergie pour réellement passer à l'acte. Si vous pensez que votre proche pourrait envisager le suicide, prenez les mesures suivantes :

- **Veillez continuellement sur lui ; ne laissez pas votre proche seul.**
  Si vous ne pouvez pas rester auprès de lui, appelez quelqu'un pour venir puis attendez jusqu'à ce que votre remplacement arrive.
- **Écoutez-le, continuez de le soutenir en lui signifiant à quel point il compte pour vous, et encouragez-le à exprimer ses sentiments.**

  À ce stade, n'essayez pas d'argumenter sur le fait que la vie vaut d'être vécue et ne rejetez pas ses sentiments.
- **Retirez toutes les armes ou médicaments que votre proche pourrait utiliser lors d'une tentative de suicide**.

  Ne laissez rien autour de lui qui pourrait faire du suicide une option « facile »
- **Appelez le médecin ou le thérapeute de votre proche ou appelez le 15.**
  Si vous ne pouvez pas communiquer avec le médecin ou le thérapeute, n'hésitez à conduire votre proche aux urgences et à composer le 15.
- **Obtenez de l'aide d'autres amis ou membres de la famille.**
  Ils peuvent aider à soutenir votre proche aussi bien que vous, pendant la crise.

À retenir

N'ayez pas peur de poser des questions sur ses pensées suicidaires. Votre proche ne deviendra pas suicidaire juste parce que vous posez des questions ; le risque vient quand vous ne demandez rien. Faites aussi confiance à vos perceptions et à vos instincts. Lorsque vous gérez un proche qui devient de plus en plus violent ou suicidaire, vous pouvez essayer de vous convaincre de croire que quelque chose de mauvais peut effectivement se produire. Si la situation se dégrade, obtenez de l'aide avant qu'il ne soit trop tard.

Les comportements agressifs

Si un comportement agressif accompagne un épisode thymique, n'essayez pas de combattre le feu par le feu. Essayez de désamorcer la situation et le conflit.

Attention

La sécurité d'abord ! Placez-vous de façon à avoir accès à une sortie. Ne laissez pas l'agresseur se mettre entre vous et la seule issue de secours. Essayez d'éviter de parler dans la salle de bain ou la cuisine, où le risque de se blesser est plus grand. Ne restez pas seul avec quelqu'un que vous pensez pouvoir devenir agressif ; appelez des amis ou des membres de la famille pour vous aider.

Désamorcer des situations potentiellement explosives est le but d'une communication efficace, ce que nous abordons au chapitre 13. Voici quelques choses à faire et à ne pas faire en cas de situations tendues :

- **Donnez beaucoup d'espace à votre proche.** Une personne qui connaît un épisode thymique sévère peut avoir une altération du sens de l'espace personnel, donc reculez et n'essayez pas de toucher la personne.
- **Déplacez-vous lentement.** Votre proche peut interpréter les gestes brusques et les mouvements rapides comme des menaces.
- **Ne blâmez pas, ne critiquez pas, ne jugez pas et ne menacez pas.** Toutes ces actions vont faire empirer le conflit.
- **Parlez doucement et plus lentement**. Essayez d'utiliser une voix apaisante.
- **Engagez une conversation avec votre proche.** L'agression se produit souvent en raison de l'incapacité d'une personne à communiquer ses besoins. Posez des questions et utilisez vos compétences d'écoute active, comme nous l'expliquons au chapitre 13, pour arriver à faire parler votre proche. Une conversation de diversion sur des sujets légers est également une bonne stratégie si la personne est réceptive.
- **Offrez quelque chose à manger ou à boire.** Ou si la personne fume, suggérez une pause cigarette. Ces distractions peuvent également aider à désamorcer une situation.

Attention

Ne tardez pas à appeler le 15, si votre proche est agressif ; n'essayez pas de gérer la situation vous-même. Les recommandations précédentes aident à désamorcer des situations avant que l'agression ne se produise ou pendant que vous attendez des services d'urgence.

Conduite dangereuse

La manie et la dépression peuvent nuire à la capacité de votre proche à conduire en toute sécurité. La manie lève les inhibitions, essentiellement en désactivant le régulateur de vitesse à l'intérieur du cerveau et en poussant votre amie ou parente à ignorer les limites de vitesse et les techniques de conduite préventive. La dépression, d'autre part, peut nuire à la concentration et aux réflexes, ce qui ralentit le temps de réponse et aboutit à une conduite erratique. Un conducteur qui se sent désespéré et découragé, et qui ne se soucie pas de savoir s'il vit ou meurt, peut être incapable de prendre des décisions de conduite sécuritaires. L'intervention évidente dans ce cas est de retirer les clés de voiture – une évidence qui en reste une jusqu'à ce que vous considériez certaines des conséquences... La conduite est au cœur de la vie de nombreuses personnes et représente l'âge adulte et l'indépendance. En retirant les clés de voiture, vous supprimez le sens de l'indépendance et de liberté de votre proche et sa capacité à se rendre au travail, à faire ses courses, à se rendre à des rendez-vous chez le médecin et à effectuer d'autres tâches qui l'aident à rester sur la bonne voie et à éviter un épisode thymique majeur. Alors, avant de lui arracher les clés de voiture, planifiez ces éventualités :

- Quelqu'un peut-il emmener votre proche au travail ?
- Comment votre amie ou parente va se rendre chez son médecin et thérapeute ?
- Qui peut aller chercher les enfants de votre proche, les emmener au foot, et aller faire les courses ? Le fait de lui retirer les clés est la partie facile. Conservez une vie normale pour votre proche exige une planification et une attention sérieuse aux détails.

Dépenses excessives

Les dépenses excessives sont presque un cliché dans les histoires concernant les épisodes maniaques. L'intervention logique est trompeusement simple : cacher l'argent et le chéquier, arracher les cartes de crédit et de débit et transférer de l'argent du compte courant à un compte que votre proche ne peut pas toucher. Soyez conscient que votre proche peut trouver des moyens de contourner ces obstacles mineurs et obtenir de l'argent. Par exemple, il pourrait :

- Mémoriser les numéros de carte de crédit.
- Utiliser les informations de compte stockées sur les sites de vente en ligne pour passer des commandes.
- Faire du shopping par téléphone.
- Demander de nouvelles cartes de crédit par téléphone ou sur Internet.

Conseil

Pour garder une longueur d'avance sur la manie, vous devez faire preuve de créativité et inventer des moyens de contrer les tactiques précédentes :

- **Contactez les sociétés de cartes de crédit et les banques pour bloquer ou changer les numéros de comptes.** Les procédures peuvent varier, selon les banques et sociétés de crédit, alors essayez de trouver leurs politiques à ce sujet au préalable. Rappelez-vous que vous pouvez aussi avoir besoin de changer le numéro de carte partout où la carte est utilisée pour des paiements réguliers ou automatiques.
- **Déclarez les cartes de crédit volées et faites opposition.** Techniquement parlant, le trouble bipolaire les leur a volées, de sorte que vous n'êtes pas vraiment en train de mentir. (Faites-le avec parcimonie.)
- **Inspectez le courrier pour trouver les publicités de carte de crédit.** La plupart des boîtes aux lettres reçoivent un flux régulier d'offres alléchantes ; déchirez-les ou tout simplement écrivez « Retour à l'envoyeur » sur les enveloppes et déposez-les dans une boîte aux lettres.
- **Surveiller l'utilisation d'Internet et des e-mails de votre proche pour trouver toute activité concernant les demandes de carte de crédit ou de transactions.** Cette étape particulière est possible uniquement si vous avez les informations de connexion pour les comptes de votre proche. Cela peut également se retourner contre vous en cas d'abus de confiance. Il est judicieux de planifier ce type d'interventions en obtenant la permission de votre proche quand il se sent bien.
- **Essayez d'éviter de sauvegarder le numéro de la carte de crédit sur ses sites de e-commerce préférés ou supprimez-le si une crise couve.** De cette façon, votre proche ne peut tout simplement pas se connecter à son site préféré et faire des achats extravagants quand il est au milieu d'un épisode maniaque ou dépressif. Bien sûr, des inconvénients potentiels accompagnent ces plans astucieux. Par exemple, si votre proche partage ses comptes avec son conjoint ou un autre proche, comment cette personne peut avoir accès à l'argent pour aller faire les courses à l'épicerie ou payer les factures ? Une solution est de garder au moins un compte distinct auquel la personne bipolaire ne peut pas accéder – l'argent restant disponible pendant une crise. Vous pouvez également vouloir ne garder les comptes qu'au seul nom du conjoint pour réduire les sources potentielles d'argent et de crédit au cours d'une crise.

Sexualité compulsive

L'hypersexualité – un état chargé de confiance sexuelle et de désir excessifs – est une caractéristique de diagnostic de la manie qui aboutit souvent à des comportements sexuels à risque. Elle déverse des seaux entiers de problèmes sur la personne bipolaire et sa famille. Essayer de réduire ce comportement à risque présente des défis uniques. Le comportement sexuel relève de l'intime. Sans être derrière la personne maniaque 24 heures sur 24 et 7 jours sur 7, comment pouvez-vous éviter les comportements sexuels dangereux ? Pour commencer, essayez ce qui suit :

- » Tentez autant que possible les passages à l'acte en privant la personne bipolaire de certains moyens, comme ses clés de voiture (si elle habite loin de la ville) et/ou les cartes de crédit. Pas de voiture, pas d'argent, pas de sexe. Cela peut ne pas être facile, mais essayez au maximum de bloquer la réalisation des contacts sexuels, notamment les contacts non protégés en phase d'exaltation et d'impulsivité (hypo)maniaque. Bien sûr, s'opposer à ce genre d'impulsions risque d'induire un conflit avec la personne bipolaire.
- » **Restreignez ou surveillez l'accès à Internet.** L'Internet offre un accès 24 heures sur 24 à un panel de possibilités sexuelles, y compris la pornographie, qui peut être le moindre de vos soucis. Les sites de discussion, de rencontre en ligne, et d'autres applications de dragues virtuelles regorgent de personnes qui cherchent des connexions sexuelles. La pornographie en ligne n'implique certes pas le risque de maladies sexuellement transmissibles ou de grossesse, mais les sites de discussion et de rencontre peuvent malgré tout conduire à des rencontres physiques. Par ailleurs, les études constatent un lien entre la bipolarité et les nouvelles addictions au web-porno. Restreindre l'accès à Internet possède quelques inconvénients potentiels pour discuter avec vos proches lors de votre réunion de planification. Pouvez-vous restreindre l'accès à Internet sans éliminer les e-mails privés et professionnels ? Votre proche vous permet-il de surveiller ses activités sur Internet ? Adaptez votre plan, afin que chacun de vous se sente à l'aise et confiant avec cette idée. Parler, parler et parler encore est le seul moyen de couvrir toutes les bases pour sécuriser les excès des conduites chez la personne bipolaire.

Abus de substances

Le trouble bipolaire est souvent associé à un abus de substances. Chez une personne dont les inhibitions sont déjà compromises, ces substances font fondre tout ce qui reste du bon jugement. Avec la dépression, l'alcool peut entraîner un risque beaucoup plus élevé de suicide ou induire un virage vers le pôle maniaque. De plus, combiner les médicaments et l'alcool n'est pas du tout souhaitable. Aider votre proche à rester à l'écart de ces substances dangereuses peut être salvateur, mais vos options sont limitées :

- **Coupez l'accès à l'argent et aux transports.** Si votre proche n'a pas les moyens d'acheter de la drogue et de l'alcool et ne peut pas se rendre jusqu'à eux, il ne peut pas les utiliser. Cependant, même si les fonds sont limités, il peut encore voler ce dont il a besoin ou faire du troc pour en obtenir.
- **Restreignez le téléphone et l'accès à Internet.** Si un ami ou une connaissance délivre des drogues ou de l'alcool à votre proche, vous pouvez couper les communications avec le monde extérieur, si possible, pour aider à bloquer cette voie d'accès.
- **Surveillez l'activité de votre proche.** Passer votre temps à surveiller est très intrusif et restrictif pour vous et pour votre proche, mais monter la garde est l'option la plus efficace pour contrôler presque tous les comportements à risque que nous couvrons dans cette section. Obtenez l'aide des autres, si possible, pour réduire votre épuisement.

Fugues et disparitions

Si votre proche disparaît – vous ne pouvez pas le trouver ou retrouver sa trace dans un délai raisonnable –, vous devez en aviser la police. Si le département de police dispose d'une unité formée pour faire face aux personnes atteintes de maladie mentale, demandez à parler à quelqu'un de ce département. Dans tous les cas, assurez-vous de dire à la personne qui fait le rapport que votre proche a une maladie mentale et risque d'avoir des comportements imprévisibles. Bien que vous puissiez ne pas avoir attendu le laps de temps nécessaire avant de signaler une personne disparue, en identifiant la maladie mentale, vous pouvez faire en sorte que les policiers répondent dans un délai plus rapide que pour des procédures habituelles.

Allez faire ce rapport en personne plutôt que par téléphone peut s'avérer plus efficace car cela vous permet d'évaluer la façon dont l'agent de police réagit à l'information que vous lui donnez. Si vous sentez que vous ne pouvez pas être entendu ou que vous ne pouvez pas être pris au sérieux, avec respect et courtoisie, demandez à parler à un supérieur.

Si votre proche a disparu, contactez son médecin et son thérapeute, qui peuvent avoir une certaine idée de l'endroit où aller le chercher. Ils peuvent aussi avoir plus d'influence sur les forces de police. Assurez-vous de communiquer avec des amis et des parents (tous ceux à qui vous pouvez penser) pour élargir le réseau de personnes à la recherche de votre proche.

Arrestations

Les patients bipolaires ont plus de probabilité d'avoir des contacts avec la police. Et cela pour maintes raisons : tapage nocturne, errance sur la voie publique, dénudation intempestive, exhibitionnisme sexuel, bagarres, coups et blessures, actes de violence... Malheureusement, les liens entre ces troubles et ces conduites ne sont pas connus des instances policières et judiciaires, et parfois même de certains experts médico-légaux. D'autres enquêtes révèlent que la prévalence de la bipolarité chez les personnes en prison est nettement plus élevée que dans la population générale (certains résultats avancent un risque multiplié par 8). Cette observation n'est pas étonnante et s'explique par les conséquences des états d'impulsivité, de désinhibition et de prise de risque en phase maniaque (souvent majorées par l'abus d'alcool ou de stimulants) : actes de violence, fraudes dans les affaires, vols et parfois homicides pour raisons conjugale ou affective...

Si votre proche bipolaire est arrêté, votre but est de faire le faire passer le plus rapidement possible du système judiciaire au système de santé. D'habitude, un des policiers du commissariat se met en contact avec le psychiatre traitant pour avoir une confirmation que votre proche est bien suivi pour des raisons médicales (sans aller dans les détails du diagnostic ou divulguer des données qui tombent sous le secret médical). La suite de l'arrestation dépend évidemment de la nature du délit ou de l'acte criminel. La plupart du temps, le patient est transféré à l'infirmerie psychiatrique de la police (par exemple, l'IPP à Sainte-Anne, pour Paris) – après un temps de surveillance de 24 à 48 heures, il sort accompagné d'un proche ; si la crise maniaque est forte, le psychiatre de l'infirmerie décidera un transfert dans un hôpital psychiatrique, avec une hospitalisation en HDT (signée par les parents et le médecin de l'infirmerie) ou en HO signée par le Préfet de Police.

Bipolarité et responsabilité pénale

Malheureusement, le bipolaire peut être, surtout en phase maniaque, amené à faire des infractions à la loi pénale. Il commettra donc un délit (importance moyenne) ou un crime (infraction grave). Il passera pour les délits devant un tribunal correctionnel (trois magistrats de profession) ou une cour d'assises (trois magistrats de profession et douze jurés civils).

La justice pénale est une chose grave (risque de prison) et il est indispensable que le bipolaire soit assisté d'un avocat. Il est tout aussi important, sinon plus, que le bipolaire fasse entendre, pour sa défense, un psychiatre (l'expertise psychiatrique est facultative devant le tribunal correctionnel, obligatoire devant la cour d'assise).

Si l'expertise psychiatrique ordonnée par le Tribunal ou la Cour d'Assise est trop défavorable ne pas hésiter à solliciter une contre-expertise.

Voici quelques directives que vous pouvez suivre pour vous aider à atteindre l'objectif de le faire passer le plus rapidement possible du système judiciaire au système de santé :

- » **Soyez solidaire.** Restez calme et rappelez à votre proche ses droits d'être représenté légalement. Si des plaintes ont été déposées et que vous avez les ressources, envisagez de faire appel à un avocat pour le représenter – de préférence un avocat ayant une expérience avec des cas impliquant une maladie mentale.

  Sentez-vous libre de faire une déclaration à la police, mais retardez la signature du rapport jusqu'à ce que vous ayez discuté des options avec la police et soyez à l'aise avec la décision de l'endroit où votre proche sera pris en charge. Pour procéder à une arrestation, les agents auront probablement besoin d'une déclaration sous serment (signée).

- » **Soyez proactif.** Avoir le consentement et être proactif dans vos communications avec l'avocat de votre proche, surtout si l'avocat est un avocat d'office qui a été chargé de l'affaire. Posez des questions à chaque fois que vous rencontrez quelque chose que vous ne comprenez pas ou si vous ne connaissez pas les conséquences potentielles de quelque chose que l'on vous demande, à vous ou à votre proche, de signer.

- » **Signalez l'arrestation de votre proche au psychiatre, au médecin traitant et au thérapeute.** Si votre proche est en traitement, gardez le médecin et thérapeute dans la boucle.

- » **Documentez tout.** Tenez un journal de tout ce qui arrive et de tout ce que vous et votre proche faites pour demander de l'aide. Conservez des copies de toutes les lettres, e-mails et fax que vous envoyez. Documentez ou enregistrez toutes les conversations téléphoniques et messages que vous laissez, y compris la date, l'heure et le nom de la personne avec laquelle vous parlez.

- » **Ne discutez pas des accusations portées avec les autorités.** Vous ne voulez pas dire, par inadvertance, quelque chose qui aggraverait le cas de votre proche.

- » **Consultez l'avocat de votre bien-aimé et obtenez sa permission avant de parler du diagnostic de votre proche avec les autorités.** Les personnes à qui vous avez à faire peuvent ne pas comprendre ou accepter pleinement la maladie mentale. La mention de la maladie mentale peut affecter positivement ou négativement la situation de votre proche, et un avocat aura généralement une meilleure idée que vous de la sensibilité et des connaissances d'un individu particulier.

- **Rappelez-vous que les médicaments peuvent être retenus jusqu'à ce que l'aptitude de votre proche à subir un procès soit évaluée.** Retenir les médicaments est cruel, mais les avocats de la défense se battent parfois pour que les médicaments soient retirés, afin que leurs clients soient plus facilement déclarés inaptes à être jugés, et dans ce cas, leurs clients sont plus susceptibles d'être envoyés dans un établissement de santé mentale et les charges d'être abandonnées. Être déclaré inapte à être jugé n'est pas une défense d'aliénation mentale. Cela signifie que la personne ne peut pas, à ce moment-là, comprendre la nature de la procédure engagée contre lui ou aider à son avocat à préparer sa défense.
- **Gardez à l'esprit que la défense d'aliénation mentale peut être une option, surtout si les charges portent sur comportements violents.** Si vous pensez que votre proche n'avait pas la capacité de reconnaître le caractère illicite de ses actions au moment où il les a commises, la défense d'aliénation mentale peut être utile pour la transition entre le système judiciaire pénal et un établissement psychiatrique.
- **Parlez avec l'avocat de votre proche pour apporter des contributions au moment de la détermination de la peine si une condamnation a lieu.** Plusieurs scénarios de détermination de la peine peuvent arriver et varient en fonction de la juridiction et de la nature du crime : plaidez pour un programme de déjudiciarisation, s'il est disponible. Certaines juridictions ont des programmes de déjudiciarisation. Pour les cas impliquant une maladie mentale, cela peut supposer d'exiger que la personne accusée du crime reçoive un traitement et ne cause pas d'ennuis pendant une période donnée pour voir ses charges abandonnées. Cela peut aider votre proche à éviter un casier judiciaire.

Si votre proche est finalement reconnu coupable et emprisonné, alors vous pouvez plaider pour un traitement pour votre proche, sans avoir à consulter son avocat. Si la prison dispose d'un département de services de santé physique ou mentale, envoyez par fax les informations suivantes à la fois au superviseur de la prison ou au surveillant et au département des services médicaux ou de santé mentale :

- Le nom complet de votre proche, sa date de naissance, le numéro de réservation et l'adresse de résidence actuelle.
- Le diagnostic de votre proche ou les raisons pour lesquelles vous pensez que son comportement est le résultat d'une maladie mentale.
- Le nom, le numéro de téléphone et l'adresse du psychiatre ou du médecin traitant de votre proche.
- Une liste de tous les médicaments actuels, les doses, les horaires des prises, et le nom et le numéro de la pharmacie.

- Des informations sur les médicaments qui se sont avérés efficaces et inefficaces ou qui ont causé de graves effets secondaires.
- Un historique des tentatives ou menaces de suicide.
- Des informations sur d'autres pathologies médicales qui peuvent nécessiter une attention.
- Une version écrite du formulaire de consentement de divulgation d'information médicale si votre proche vous en a donné un ; s'il ne l'a pas fait, une demande du formulaire qu'il sera invité à signer pendant qu'il est en prison.

Que faire en phase aiguë ?

Dans la grande majorité des cas, lors des phases aiguës de la maladie bipolaire, le patient lui-même est capable de demander de l'aide. Plus rarement, mais cela est alors toujours douloureux, c'est l'entourage qui se trouve en position de demander des soins pour la personne qui souffre.

Plusieurs intervenants peuvent alors aider les familles lors d'une phase aiguë :

- Le médecin psychiatre qui suit le patient.
- Le médecin généraliste.
- Un service d'urgences psychiatriques : dans la plupart des hôpitaux généraux se trouve un service d'accueil d'urgence psychiatrique où 24 heures sur 24 un psychiatre peut recevoir un patient, évaluer son état et l'orienter vers un suivi ambulatoire ou vers une hospitalisation si cela s'avère nécessaire.
- Dans certaines grandes villes, il existe en outre des services spécialisés d'urgence psychiatrique (par exemple, à Paris, le centre psychiatrique d'orientation et d'accueil, le CPOA).
- Certains services de secteur ont leur propre centre d'accueil et de crise (CAC) où les patients du secteur peuvent être évalués et parfois rester quelques jours le temps de juguler le moment aigu.
- Dans les cas où le patient refuse ou est dans l'impossibilité de se rendre aux urgences, on peut faire appel à des services médicaux privés. Un médecin se déplace au domicile du patient et peut alors évaluer la situation et prendre la décision qui s'impose.
- Le centre médico-psychologique (CMP) peut aussi organiser des visites à domicile permettant d'examiner et d'évaluer l'état du patient.

» Dans certains cas extrêmes et très rares, notamment lors d'agitation intense ou d'agressivité ou au contraire de complications physiques de la maladie (dénutrition grave par exemple), la police, les pompiers ou bien encore le Samu peuvent être sollicités.

Plus d'informations sur : www.troubles-bipolaires.com/prise-en-charge-du-patient/aspects-medico-sociaux

Modalités d'hospitalisation

» **Soin psychiatrique libre (SPL)**

C'est le régime habituel de soin psychiatrique dans les hôpitaux généraux publics. C'est, hors exception, le seul régime de soin psychiatrique dans les cliniques privées psychiatriques. L'état du malade nécessite des soins en milieu hospitalier et il est d'accord pour être hospitalisé. Le malade sort sur avis médical ou à sa demande. Si le médecin pense que celui-ci court un risque en demandant sa sortie mais qu'il est capable de le faire en toute connaissance de cause, il lui demande de signer une décharge (« sortie contre avis médical »). Dans le cas du trouble bipolaire, les SPL peuvent être nécessaires en cas d'épisode dépressif, lors d'épisodes hypomaniaques modérés, ou pour ajustement thérapeutique.

» **Soin psychiatrique à la demande d'un tiers (SPDT)**

La demande est présentée par un membre de la famille ou par l'entourage. Elle est accompagnée de deux certificats médicaux attestant que les troubles rendent impossibles le consentement de la personne et que son état impose des soins immédiats assortis d'une surveillance constante en milieu hospitalier. Ces deux certificats sont circonstanciés (description des troubles actuels justifiant le placement et non simple énoncé d'un diagnostic : ce n'est pas le fait de souffrir d'un trouble bipolaire qui justifie à lui seul l'hospitalisation à la demande d'un tiers mais la situation de danger induite par la maladie). Le premier certificat doit être établi par un médecin n'ayant aucun lien juridique avec l'établissement d'accueil. Le second certificat doit être établi par un autre médecin qui peut exercer dans l'établissement d'accueil sans être nécessairement psychiatre. Si les deux certificats ne sont pas concordants, le directeur de l'établissement d'accueil ne peut prononcer l'admission. Dans les 24 heures de l'admission puis à intervalles réguliers (15 jours puis 1 mois) un certificat médical est délivré par un psychiatre de l'établissement d'accueil après examen de la personne hospitalisée, qui statue sur la nécessité de maintenir ou non la mesure.

La fin de SPDT peut se faire sur décision médicale à tout moment du séjour (certificat de levée de SPDT) ou à la demande du tiers ayant demandé les soins. Bien sûr, il existe des voies de recours pour la personne recevant des soins psychiatriques contre son gré.

Dans le cas du trouble bipolaire, la SPDT peut être nécessaire lors d'épisodes dépressifs sévères avec idées suicidaires, ou lors de phases maniaques au cours desquelles le patient n'a pas conscience de la nécessité des soins. Pour l'entourage, se trouver en position de demander des soins psychiatriques contre le gré de la personne est souvent très douloureux et très culpabilisant. Pourtant, en pratique, une fois passée la phase aiguë, on observe souvent que le patient perçoit le bénéfice de cette mesure et accepte les soins qui peuvent se prolonger en ambulatoire ou en SPL selon l'état. À toutes les phases de cette procédure, un grand travail explicatif est nécessaire de la part de l'équipe médicale à destination du patient et de son entourage.

» Soin psychiatrique sur décision d'un représentant de l'État (SPDRE)

Les préfets (à Paris, le préfet de police) peuvent prononcer par arrêté, au vu d'un certificat médical circonstancié, l'hospitalisation d'office de personnes compromettant l'ordre public ou la sécurité des personnes. Comme dans le SPDT, des certificats circonstanciés décrivant l'état du patient doivent être rédigés à 24 heures puis à intervalles réguliers (15 jours puis 1 mois) et se prononcer sur l'opportunité ou non de maintenir ou, au contraire, d'abroger la mesure de SPDRE.

Dans le cas du trouble bipolaire, le SPDRE peut être motivée à différentes phases de la maladie, et notamment pendant les phases maniaques, au cours desquelles il n'est pas exceptionnel de constater des troubles des conduites majeurs pouvant même se compliquer de gestes hétéro-agressifs.

» Une demande d'admission d'un tiers (HDT)

Elle doit être rédigée entièrement à la main, puis datée et signée par la personne qui fait la demande. Cette personne ne doit pas faire partie du personnel soignant de l'établissement d'accueil (mais ce pourra être une assistante sociale, car elle ne fait pas partie du personnel soignant). La demande doit obligatoirement comporter les nom, prénom, profession, âge et domicile de l'auteur de la demande et de la personne dont l'hospitalisation est demandée. Doivent aussi paraître les indications précises sur la nature des relations existant entre ces deux personnes, comme par exemple les éventuels liens de parenté ou de voisinage.

La demande d'admission manuscrite du tiers pour une HDT (hospitalisation à la demande d'un tiers) en psychiatrie pourra se présenter comme ceci :

FIGURE 20-1 : Demande d'admission du tiers pour une hospitalisation en psychatrie.

Nom - Prénom : ....
Profession : ....
Age : ....
Domicile : ....

à Monsieur le directeur du centre hospitalier de : ....

J'ai l'honneur de vous prier de bien vouloir autoriser l'admission dans votre établissement, en hospitalisation sur demande d'un tiers,

De mon voisin, épouse, père etc. (préciser la nature des relations),
Nom - Prénom : ....
Né(e) le : .... **à :** ....
Profession : ....
Domicile : ....
pour y recevoir les soins que nécessite son état.

Fait le : .... **à :** ....
Signature : ....

» L'admission au centre de soins

La personne qui aura transporté ou accompagné le patient doit se présenter à l'accueil du centre de soin, munie des pièces indispensables suivantes :

- demande d'admission du tiers (manuscrite) ;
- certificats médicaux datés et signés ;
- pièce d'identité de l'auteur de la demande d'admission (le tiers) ;
- pièce d'identité de la personne à hospitaliser.

Le transport du patient est organisé par le tiers, que ce soit dans son véhicule personnel ou au moyen d'une ambulance qu'il aura commandée. À leur arrivée sera remplie une fiche d'admission comportant les coordonnées du tiers, éventuellement aussi les coordonnées de la famille du patient (si le tiers ne fait pas partie de la famille). Dans la mesure du possible, si le tiers les connaît ou si l'état du patient le permet, seront notés ses antécédents médicaux (allergies, problèmes cardiaques, etc.), le nom de son médecin traitant, le nom de son psychiatre s'il est déjà suivi à l'extérieur, ses prochains rendez-vous médicaux (ou chirurgicaux), son traitement habituel, un régime alimentaire particulier…

L'admission est officiellement prononcée par le directeur du centre de soins, au vu de la conformité des pièces justificatives effectivement présentes.

Un arrêt de travail pourra être proposé. Il est important de savoir qu'en aucune manière la spécialité psychiatrique n'y est mentionnée.

MODÈLE DE CERTIFICAT D'HOSPITALISATION SUR DEMANDE D'UN TIERS (PROCÉDURE NORMALE) [14]

Il est recommandé de se référer aux recommandations HAS 2005 « Modalités de prise de décision concernant l'indication en urgence d'une hospitalisation sans consentement d'une personne présentant des troubles mentaux »

Je soussigné (nom, prénom) ....

Docteur en médecine ....

Certifie avoir examiné ce jour M. (Mme, Mlle) ....

Né(e) le ....

Domicilié(e) à...

et avoir constaté les troubles suivants : *(décrire l'état mental du malade et son comportement, agitation, délire, idées de suicide... en insistant sur les éléments cliniques préoccupants qui permettent aussi d'apprécier les raisons de l'absence de consentement et l'urgence des soins appropriés ; ne pas mentionner le diagnostic).*

Ces troubles rendent impossible son consentement. Son état impose des soins immédiats et une surveillance constante en milieu hospitalier.

En conséquence, ceci justifie son hospitalisation sur demande d'un tiers selon les termes de l'article L. 3212-1 du Code de la santé publique dans un établissement mentionné aux articles L. 3222-1 et suivants du même Code.

Je certifie n'être ni parent ou allié, au quatrième degré inclusivement, ni avec la personne ayant demandé l'hospitalisation, ni avec la personne dont l'hospitalisation est demandée.

Fait à, le

Signature :

[14] 1er certificat médical : médecin extérieur à l'établissement d'accueil.
2e certificat médical : médecin extérieur ou appartenant à l'établissement d'accueil. Pour ce 2e certificat, mentionner que le médecin certificateur n'est ni parent ni allié, au quatrième degré inclusivement, avec le médecin ayant rédigé le premier certificat.

FIGURE 20-2 : Exemple de certificat d'hospitalisation.

TEXTES RÉGLEMENTAIRES

- Loi nº 68-5 du 3 janvier 1968 portant réforme du droit des incapables majeurs, *Journal Officiel* (*JO*), 4 janvier 1968.
- Loi nº 90-527 du 27 juin 1990 relative aux droits et à la protection des personnes hospitalisées en raison de troubles mentaux et à leurs conditions d'hospitalisation, *JO*, 30 juin 1990 ; Circulaire nº 39/92.
- DH. PE/DGS.3C/du 30 juillet 1992 relative à la prise en charge des urgences psychiatriques, *BO*, 1992 ; 92/38 : 89-98.
- La charte du patient hospitalisé. Annexée à la circulaire ministérielle nº 95-22 du 6 mai 1995.
- Loi nº 2002-303 du 4 mars 2002 relative aux droits des malades et à la qualité du système de santé, *JO*, 5 mars 2002 ; 4 118.
- Décret nº 2003-462 du 21 mai 2003 relatif aux dispositions réglementaires des parties I, II et III du Code de la santé publique, *BO*, 2003 ; 2003-22.
- Circulaire DHOS/O 1 nº 2003-195 du 16 avril 2003 relative à la prise en charge des urgences, *BO*, 2003 ; 2003-20.
- Circulaire DGS/6C nº 2004-237 du 24 mai 2004 relative au rapport d'activité de la commission départementale des hospitalisations psychiatriques pour l'année 2003. Transmission du rapport d'activité pour les années 2000 et 2001.
- Circulaire DGS/SD6C nº 2005-88 du 14 février 2005 relative à la commission départementale des hospitalisations psychiatriques (CDHP), *BO*, 2005 ; 2005/3.

Chapitre 21

Soutenir votre enfant ou adolescent bipolaire

DANS CE CHAPITRE :

- **Accepter les défis du diagnostic chez les enfants et adolescents**
- **Demander une évaluation professionnelle**
- **Élaborer un plan de traitement pour votre enfant et votre famille**
- **Comprendre comment jouer votre rôle de parent face à un enfant bipolaire**

Vous avez peut-être remarqué que quelque chose ne tournait pas rond avec votre enfant. Il se peut qu'il ait toujours été plus sensible et irritable que les autres enfants, mais maintenant il n'est plus lui-même du tout. Il est épuisé ; même la plus petite des tâches l'accable. Il ne semble pas profiter de quoi que ce soit, et ne parle même plus à ses amis. Vous vous inquiétez de savoir s'il ne s'agit pas d'une dépression.

Cependant, après quelques semaines, il semble aller mieux. Puis, progressivement ou soudainement, il va super bien, trop bien, et il n'est plus tout à fait lui-même à nouveau. Il semble ne jamais dormir, il est devenu un moulin à paroles et il est difficile de suivre sa pensée. Il a lancé plusieurs projets ambitieux, mais ne parvient pas à se concentrer sur l'un d'eux. Il appelle tout le monde dans sa classe – même les enfants qu'il ne connaît pas vraiment – et leur parle de découvertes étranges qu'il a faites à propos de l'univers. Ou peut-être qu'il est plus en colère que jamais et est convaincu que les autres enfants le suivent jusqu'à la maison et effacent des choses sur son ordinateur. Il reste debout jour et nuit, endommage son ordinateur, affronte ses pairs et fait fuir tout le monde.

Besoin d'un conseil ? Vous en trouverez des tonnes. En ce qui concerne l'éducation des enfants, tout le monde se prétend expert. Pourtant essayer de gérer la situation avec des conseils vus à la télé et les commentaires des voisins ne va pas vous aider, ni vous ni votre enfant. Vous êtes probablement face à un problème médical complexe qui a besoin de la même attention que vous portez au diabète, à l'asthme sévère, ou à d'autres maladies chroniques.

Dans ce chapitre, nous décrivons comment le trouble bipolaire affecte généralement les enfants et les adolescents et pourquoi le diagnostic est souvent difficile. Nous rappelons également ce qu'une évaluation professionnelle devrait impliquer et comment en obtenir une pour votre enfant. Enfin, nous présentons des options de traitement pour un enfant avec un trouble bipolaire et proposons une brève introduction à ce que vous pouvez faire en tant que parent (à la maison et à l'école) pour votre enfant qui souffre de cette pathologie.

Comprendre les difficultés du diagnostic

Le cerveau d'un enfant est différent de celui d'un adulte. Les neurones d'un cerveau jeune sont dans un processus de connexion et de configuration pour créer une personne adulte. Tout comme les bébés doivent babiller avant de parler, les enfants doivent avoir des réactions émotionnelles immatures avant d'en avoir des matures. Lorsque des problèmes surviennent avec les humeurs et les comportements chez les enfants, les symptômes ne sont pas toujours aussi clairement définis que chez les adultes. Chez les enfants, le trouble bipolaire peut présenter quelques-unes des différences suivantes :

- **Comportements.** Habituellement, les enfants ne partent pas faire un tour du monde ou ne se lancent pas dans une virée de shopping en cas d'épisode maniaque ; cependant, ils peuvent rester debout toute la nuit, à parler, à chanter, à danser, à vouloir jouer, à compter leurs cartes de football et se mettre à collectionner frénétiquement, même à voler les cartes d'autres enfants.
- **Cohérence.** La dépression peut apparaître moins cohérente chez les enfants que chez les adultes. Les enfants peuvent s'égayer lorsque les niveaux de stress diminuent ou quand ils sont avec des amis mais ensuite s'effondrer – d'une manière différente de leur réponse habituelle au stress – devant un stress ou une exigence mineurs. La manie a tendance à être plus discrète que la dépression, même chez les enfants. Les comportements maniaques sont à peu près présents tout le temps et dans toutes les configurations lors d'un épisode en cours, et l'enfant est très différent de son état habituel.

» **Durée.** Pour un diagnostic de manie chez les adultes, le *Manuel diagnostique et statistique des troubles mentaux* (DSM) exige qu'un épisode maniaque dure au moins une semaine complète ou nécessite une hospitalisation. Chez les enfants, il n'y a pas de consensus sur la durée d'un épisode pour qu'il soit considéré comme un épisode maniaque. Certains professionnels comptent sur les critères du DSM pour les adultes, tandis que d'autres ne le font pas. (Voir l'encadré « Le débat sur le diagnostic bipolaire chez l'enfant. »)

À retenir

Un bref entretien ne suffit pas pour un diagnostic de trouble bipolaire chez un enfant ou un adolescent. Obtenez une évaluation minutieuse, de préférence avec un psychiatre spécialisé pour les enfants et les adolescents, avant d'accepter un diagnostic bipolaire pour votre enfant (voir la section « Demander une évaluation professionnelle » pour plus de détails).

LE DÉBAT SUR LE DIAGNOSTIC BIPOLAIRE CHEZ L'ENFANT

Il y a eu, ces 15 dernières années, une augmentation considérable du nombre d'enfants diagnostiqués avec un trouble bipolaire, ce qui stimule le débat entre les professionnels, les familles et les médias quant à savoir si le trouble bipolaire est sur-diagnostiqué chez les enfants.

En essayant de comprendre les enfants les plus en difficulté – les enfants incontrôlables avec d'énormes sautes d'humeur, des crises d'agressivité et un comportement provocateur – un concept a fait surface suggérant que ce genre de réactivité est une forme de manie ou d'un mélange de manie et de dépression chez l'enfant. Certains experts avancent que, parce que les jeunes cerveaux sont différents, la manie chez les enfants se présente plus sous forme d'irritabilité que d'euphorie et est plus chronique qu'épisodique par rapport aux adultes. Cette théorie présente au moins trois problèmes :

» Actuellement, aucune preuve scientifique fiable ne la soutient.

» La recherche peut fausser le nombre d'enfants qui ont effectivement un trouble bipolaire. Si les médecins vont trop vite en besogne pour classer les sautes d'humeur, les crises de colère et les comportements difficiles comme des symptômes de trouble bipolaire sans exclure systématiquement d'autres pathologies qui ont des symptômes similaires, les estimations de la prévalence du trouble bipolaire chez les enfants s'en trouvent exagérées.

» La question de la durée d'un épisode pour le qualifier comme de la manie chez les enfants n'est toujours pas réglée. Une grande partie des chercheurs sur la bipolarité chez l'enfant modifie les critères de durée, en disant que la manie n'a pas à durer une semaine complète chez les enfants (comme cela est nécessaire pour un diagnostic DSM chez les adultes), mais, dans le domaine, tous ne sont pas d'accord.

...

...

La recherche est toujours en cours, aussi des conclusions fermes ne sont pas encore disponibles. Cependant la plupart des cliniciens et des chercheurs conviennent que le diagnostic de trouble bipolaire chez les enfants nécessite un épisode clair de manie ou d'hypomanie qui se prolonge au-delà de sautes d'humeur et de crises de colère quotidiennes. Une caractéristique clé du diagnostic chez les enfants et les adultes est la cyclicité ou périodicité – qui signifie le potentiel de récurrence des symptômes maniaques au sein d'épisodes qui constituent un véritable changement par rapport au comportement de tous les jours. De plus, un épisode signifie que les symptômes apparaissent et disparaissent sur un certain laps de temps. Cela diffère d'un modèle chronique de changements d'humeur d'un instant à l'autre et des explosions de colère. Cette configuration est plutôt celle de la bipolarité cyclothymique caractérisée par des changements continus de l'humeur, qu'on désigne de « circularité » par comparaison à la « périodicité » de la forme typique de la bipolarité*.

Les spécificités du diagnostic de trouble bipolaire chez les enfants sont susceptibles de rester floues encore pendant un certain temps. Les familles doivent alors insister pour qu'une évaluation approfondie soit conduite par un professionnel afin d'identifier clairement les schémas de symptômes chez leur enfant et d'explorer toutes les causes possibles de ces symptômes avant d'accepter le diagnostic du trouble bipolaire.

* Dr Élie Hantouche *et al.*, *Cyclothymie. Troubles bipolaires des enfants et adolescents au quotidien*, Josette Lyon, Paris, 2012.

À l'adolescence, en particulier la seconde adolescence, les enfants présentent des symptômes plus typiques de la dépression et de la manie. L'âge commun d'apparition du trouble bipolaire se situe entre la fin de l'adolescence et l'âge adulte (18 à 25 ans). Chez les adolescents plus jeunes et les enfants de moins de 12 ans, le diagnostic est plus controversé ; des études suggèrent que la manie peut se produire chez les enfants pré-pubères, mais c'est assez rare.

Les sections suivantes mettent en évidence différents types d'enfants qui sont plus susceptibles de recevoir un diagnostic de trouble bipolaire et quelques autres explications de ce qui peut être à l'origine de leurs comportements.

L'enfant en colère

De nombreux enfants font des crises. Néanmoins, des schémas durables d'explosions des humeurs quotidiennes et du comportement et une incapacité persistante à répondre aux exigences de la vie quotidienne sans s'effondrer constituent des signaux d'alerte chez les enfants.

Les crises de colère, être soupe au lait et les sautes d'humeur ne constituent pas assez d'éléments pour diagnostiquer officiellement une manie ou un trouble bipolaire parce que ces symptômes peuvent provenir d'une foule d'autres causes et pathologies :

» **La dépression unipolaire.** La colère et les crises de colère fréquentes peuvent être des symptômes de dépression chez les enfants sans manie. Les enfants déprimés, souvent avec une capacité limitée à exprimer leurs sentiments clairement et des compétences insuffisantes pour gérer une tristesse insupportable, peuvent sembler vraiment en colère.

» **L'anxiété.** Les craintes et les inquiétudes peuvent paralyser les enfants et les rendre incapables de répondre aux demandes. Ils peuvent, par exemple, être terrifiés que quelqu'un se blesse à la maison et ils sont donc réticents à quitter la maison pour aller à l'école. Une bataille fait rage chaque matin, avec des larmes et des jouets qui volent dans les airs. Cet enfant a peur, mais il a l'air défiant.

» **Le trouble obsessionnel-compulsif (TOC).** Le TOC est un sous-type de trouble anxieux, dans lequel les enfants ont des pensées et des peurs irrationnelles répétées et accompagnées par des comportements qu'ils doivent répéter pour essayer de réduire leurs craintes. Un enfant qui doit entrer et sortir par une porte cinq fois, par exemple, a du mal à entrer dans la salle de classe et peut avoir une crise quand il est forcé d'y entrer. Il peut ne pas être en mesure de vous dire ce qui se passe, il semble seulement être en opposition et avoir un caractère explosif.

» **Les problèmes de langage et d'apprentissage.** Les problèmes de langage non diagnostiqués ou qui ne sont pas convenablement traités et les problèmes d'apprentissages sont terriblement frustrants pour les enfants. Ils ne peuvent pas faire ce que les enseignants ou les parents leur demandent, de sorte qu'ils sont étiquetés « difficiles » ; peu importe ce qu'ils font, ils ne semblent pas pouvoir réussir ou modifier leurs comportements. Ces enfants s'enferment dans un cycle infernal d'échec, ce qui conduit à des comportements et à des débordements négatifs et d'évitement.

» **Les problèmes de sommeil.** Les enfants avec des habitudes de sommeil irrégulières et une difficulté à rester endormis peuvent être terriblement irritables et réactifs.

» **Les problèmes médicaux.** Les migraines, les problèmes d'estomac et l'asthme sont quelques-unes des affections causant l'irritabilité les plus courantes chez les enfants.

- **Le stress.** Les conflits à la maison peuvent rendre les enfants irritables et réactifs. La maladie ou un deuil dans la famille, les problèmes financiers, un grand changement, de nouveaux frères et sœurs, et la toxicomanie chez les membres de la famille peuvent faire des ravages sur la capacité d'un enfant à tolérer la vie quotidienne. Certaines situations scolaires peuvent aussi être écrasantes ; par exemple, le harcèlement ou les bagarres avec des amis ou des enseignants peuvent causer une détresse sévère.

À retenir

Tous les enfants en colère ne sont pas forcément bipolaires. De nombreux adultes atteints de trouble bipolaire se souviennent avoir été des enfants en colère et difficiles, mais la plupart des enfants en colère et difficiles ne sont pas atteints de trouble bipolaire.

L'enfant hyperactif

Chez les enfants, certains symptômes du trouble déficitaire de l'attention avec hyperactivité (TDAH) semblent se chevaucher avec les symptômes de la manie, mais la distinction entre les deux pathologies est essentielle parce que le traitement pour le TDAH est très différent du traitement pour le trouble bipolaire. Par exemple, les stimulants utilisés pour traiter le TDAH, tels que l'Adderall (une combinaison de dextroamphetamine et de d'amphétamine, non disponible en France) et le méthylphénidate (Ritaline), peuvent faire des ravages chez un enfant maniaque. De même, les anti-maniaques, qui peuvent aider en cas de manie, n'aident pas les enfants atteints de TDAH.

Identifier les symptômes communs entre la manie et le TDAH

La manie et le TDAH partagent un certain nombre de symptômes de base qui se concentrent sur l'énergie, le contrôle des impulsions et les réactions de l'humeur. Cependant, dans la manie, elles se produisent sous forme d'un épisode – un changement de modèle de comportement habituel d'un enfant. Dans le TDAH, ces symptômes sont des problèmes quotidiens chroniques. Certains des symptômes les plus importants qui se confondent entre les deux pathologies incluent :

- **Augmentation de l'activité motrice.** Dans les deux pathologies, les enfants « sautent partout ». Ils n'arrivent pas rester en place, ils semblent agités et peuvent s'ennuyer facilement.
- **Augmentation du débit de parole.** Dans les deux pathologies, les enfants sont des moulins à paroles. Ils interrompent ou lancent souvent des commentaires non pertinents. Ils parlent de ce qui les intéresse, sans prêter attention à la façon dont d'autres personnes réagissent. Ils laissent échapper des commentaires qui peuvent blesser les autres.

- **Faible contrôle des pulsions.** L'augmentation de l'activité motrice et la volubilité sont des exemples de contrôle limité des pulsions, ce qui est un problème central dans la manie et le TDAH. Parler et agir sans réfléchir engendre d'innombrables problèmes pour les enfants atteints de TDAH ou de manie. La prise de substances et les comportements sexuels deviennent des zones de danger pour les adolescents impulsifs.
- **L'impatience et la faible tolérance à la frustration.** Ce sont des sous-types de problèmes de contrôle des pulsions. Les enfants qui ne peuvent pas retarder la gratification, même pour un court moment – qui ne peuvent pas attendre leur tour, arrachent les choses des mains d'autres enfants, ou s'effondrent face à des frustrations mineures – peuvent souffrir de TDAH ou de manie.
- **Sautes d'humeur/être soupe au lait.** Les enfants qui souffrent de TDAH ou de manie peuvent avoir le sang chaud. La différence est que la manie est un épisode discret de symptômes de l'humeur, alors que les enfants atteints de TDAH peuvent être soupe au lait de façon quotidienne et avoir de fortes réactions de l'humeur face à des déclencheurs mineurs au quotidien, en particulier la frustration.

Distinguer le trouble bipolaire du TDAH

Quelles sont les différences entre les symptômes de la manie et ceux du TDAH ? Comment pouvez-vous faire le tri ? Chez les adultes, la distinction est assez simple. Chez les enfants, la distinction peut être plus difficile. Les considérations suivantes sont importantes à évaluer lors du diagnostic :

- **Les cycles.** Dans le trouble bipolaire, les symptômes maniaques et hypomaniaques se produisent typiquement en épisodes ; des périodes de symptômes suivent des périodes avec peu ou pas de symptômes. Dans le TDAH, les symptômes sont chroniques ; quelques changements en termes de gravité peuvent se produire d'un jour à l'autre, ce qui entraîne des bons et des mauvais jours, mais il n'existe pas de modèle épisodique.
- **Un changement par rapport au comportement habituel.** Un épisode maniaque, par définition, nécessite un changement des comportements de base. Même chez un enfant qui souffre de problèmes chroniques du comportement, l'enfant doit agir de façon clairement différente de son habitude pour que l'on puisse qualifier un épisode maniaque.
- **Mégalomanie.** La manie entraîne une personne à avoir une confiance en elle irrationnelle et à croire qu'elle peut tout faire et réaliser tout ce qu'elle imagine. Des sentiments de puissance nettement déformés ne sont pas partis du TDAH. En fait, les enfants atteints de TDAH luttent généralement

avec une faible confiance en eux et un sentiment qu'ils sont voués à l'échec. La mégalomanie est un des signes d'alerte de la manie.

» **Les troubles du sommeil.** Les enfants atteints du TDAH ont souvent du mal à calmer leur esprit pour dormir, ce qui rend très difficile l'heure du coucher ; ces enfants sont généralement fatigués le lendemain et ont des grosses difficultés à se réveiller. Dans la manie, le cycle veille/sommeil entier est perturbé. Les enfants maniaques ont besoin de peu de sommeil ; ils restent debout très tardivement, se lèvent tôt, et continuent à avancer. Ils finissent par tomber de fatigue, épuisés, mais ils ont tenu de longues périodes avec des niveaux élevés d'énergie en ayant moins besoin de sommeil.

» **Présence d'humeur euphorique.** La manie peut être diagnostiquée chez une personne qui a seulement une humeur irritable ou colérique, un symptôme qui est également associé avec le TDAH. Cependant, la présence d'euphorie – une humeur trop expansive et joyeuse avec un sentiment persistant que tout est « merveilleux », que tout est facile, même dans les moments un peu difficiles de la vie – fait partie de la manie, mais n'entre pas dans les symptômes du TDAH.

Deux autres indices sont précieux pour distinguer entre les deux troubles : la *survenue de symptômes psychotiques* et la notion de *bipolarité dans les antécédents familiaux* sont tous les deux en faveur du diagnostic de bipolarité juvénile.

Considérer la comorbidité : TDAH et trouble bipolaire

Est-il courant pour les enfants souffrant d'un trouble bipolaire de souffrir également de TDAH ? Un enfant peut-il avoir les deux pathologies ? La recherche montre que le trouble bipolaire provoque des problèmes d'attention et de concentration, même entre les épisodes d'humeur. Si un enfant est diagnostiqué bipolaire, il va probablement avoir des problèmes pour écouter, se concentrer et suivre les instructions. Faire la distinction entre ces problèmes et le TDAH est difficile, donc tester les deux diagnostics est un défi pour les médecins et trouver un traitement en est un pour les chercheurs. Selon certains experts de la question, la fréquence de la comorbidité BP juvénile et TDAH est de l'ordre de 40 % des cas. Si votre enfant a été diagnostiqué avec les deux troubles, cela va exiger un plan de traitement particulièrement prudent – mais qui va souvent privilégier la bipolarité et adresser le besoin de stimulants en second temps, notamment au cas où les symptômes dominants ne sont pas réduits avec les régulateurs et/ou les anti-maniaques.

HYPERACTIVÉ ET INATTENTION AGGRAVÉE PAR LA RITALINE

Mlle N., 13 ans, présente depuis l'enfance des crises de colère importantes et une intolérance manifeste à la frustration (cris, insultes, propos blessants, insolence). Les troubles ont débuté à l'âge de 4 ans. Au préalable, elle est décrite comme étant une enfant « joyeuse et facile à vivre ». À cette période, la famille a déménagé à la demande du père qui a ensuite quitté durant deux mois sa famille sans donner de nouvelles. Mlle N. a vécu cet événement comme un véritable abandon. La majoration des crises et les menaces de se tuer (serrer un foulard autour de son cou pour se tuer) ont enclenché un premier suivi pédopsychiatrique. À l'âge de 10 ans, un neuropédiatre pose un diagnostic de TDAH : éléments d'hyperactivité (« Elle est très speed », « usante » selon la mère) : agitation psychomotrice, impulsivité, distractibilité, difficulté de concentration, oublis fréquents, besoin de sa mère, nécessité de lui répéter plusieurs fois les choses, incapacité de s'organiser et de planifier les tâches... Un traitement par Ritaline a été instauré et prescrit sur deux ans. Progressivement, les doses ont été augmentées avec une accentuation continue des crises qui virent de la colère à l'agressivité et la violence, conduisant à l'arrêt du traitement en décembre 2015.

Dans l'histoire, on relève dès l'enfance :

» une anxiété de séparation assez importante vis-à-vis de la mère ; une peur intense de la nouveauté, de l'imprévu, du changement avec besoin de réassurance, besoin de tout lui expliquer (par exemple tout le déroulement du départ en vacances, etc.). Le changement peut provoquer un sentiment de panique et/ou de colère.

» des difficultés d'endormissement « mon cerveau est toujours agité le soir ».

» au niveau du tempérament affectif, une hypersensibilité émotionnelle (« un mini truc peut me faire sur-réagir ») avec des variations thymiques à cycles ultra-rapides : « Elle peut être triste, fatiguée, ralentie et brutalement devient super excitée, euphorique, parle très vite », « on dirait qu'elle a bu, qu'elle en fait trop, on dirait une fofolle ».

L'enfant dépressif

La dépression chez les adolescents et les enfants est une pathologie qui peut être associée à l'une des causes principales de décès chez les adolescents : le suicide. La dépression peut cependant être difficile à repérer, en particulier chez les adolescents qui semblent déjà de mauvaise humeur et impulsifs. Les enfants et les adolescents déprimés peuvent paraître colériques, s'ennuyer et être plus repliés sur eux-mêmes que tristes et abattus.

Les parents pensent souvent qu'un enfant ne souffre pas de dépression s'il peut encore sourire ou éprouver du plaisir à voir ses amis. Pourtant les enfants, comme les adultes, essaient de garder leur fonctionnement en public aussi longtemps qu'ils le peuvent. De plus, être avec des amis peut être la seule activité dans la vie d'un adolescent qui lui semble positive. L'école et la maison – avec leurs exigences et leurs jugements – sont douloureuses. Les amis sont réconfortants.

Comment pouvez-vous déterminer si votre enfant « dramatise » ou sombre dans une grave dépression ? Recherchez les signes suivants :

- **Des changements persistants dans le fonctionnement.** Tout le monde a de bons et de mauvais jours – parfois même plusieurs d'affilé, mais quand votre enfant ou adolescent commence à connaître des périodes prolongées où il n'est pas lui-même, vous devez être vigilant. Des changements importants dans la scolarité (les notes), les amis, les activités, l'énergie et l'enthousiasme qui durent pendant plus de quelques semaines devraient attirer votre attention.
- **Toute automutilation ou référence au suicide.** Ce sont des signes d'alerte critiques auxquels vous devez répondre immédiatement. Même si vous pensez que votre enfant veut seulement attirer votre attention ou essaie de vous manipuler, le fait qu'il utilise le suicide ou l'automutilation comme un outil est un réel problème.

  Attention

  Il faut toujours prendre au sérieux les menaces de suicide. N'essayez pas seul de déterminer si votre enfant le pense vraiment. Impliquez immédiatement un professionnel.
- **Le repli.** Les enfants aiment leur espace personnel et les adolescents, en particulier, passent beaucoup de temps dans leurs chambres. Cependant les enfants qui peinent à quitter leurs chambres, perdent leur intérêt à passer du temps avec leurs amis, ou abandonnent leurs loisirs montrent des signes de dépression. Ce comportement peut se produire progressivement et être facilement négligé.
- **Des changements du sommeil/de l'énergie.** Les enfants changent leurs habitudes de sommeil tout au long de leur développement. Les adolescents développent généralement un besoin de rester éveillés tard et de dormir plus tard dans la journée. Cependant, un enfant qui change ses habitudes et commence à dormir beaucoup plus ou beaucoup moins qu'à l'accoutumée peut être déprimé. Si les niveaux d'énergie de votre enfant semblent être en baisse et ne pas remonter après quelques semaines, planifiez un examen médical. Si le médecin ne trouve aucune autre cause médicale, la dépression peut être une possibilité.
- **La prise de substances.** La prise d'alcool et de marijuana semble être omniprésente dans les écoles secondaires de nos jours. Tenir vos enfants à l'écart de ces expériences est un véritable défi, mais un enfant qui utilise des drogues et de l'alcool régulièrement ou augmente son utilisation de

manière significative peut être en train de s'autosoigner. N'essayez pas de vous convaincre que tous les enfants le font. Si votre enfant est sous drogue ou ivre la plupart des week-ends, vous devez y prêtez attention. Même si la dépression n'est pas présente, la toxicomanie chez un adolescent est un gros problème et doit être traitée le plus tôt possible.

Si la dépression fait partie du diagnostic chez un enfant ou un adolescent, la question se pose de savoir si oui ou non il finira par expérimenter un épisode maniaque, ce qui modifie le diagnostic en trouble bipolaire. Les personnes développant une dépression au début de la vie ont un risque plus élevé de développer un trouble bipolaire que les personnes qui souffrent de dépression à un âge plus avancé ; encore une fois, la plupart des enfants qui souffrent de dépression ne développent pas de trouble bipolaire. Pour étudier les risques de votre enfant à développer un trouble bipolaire, son médecin peut explorer quelques-uns des signes suivants :

- **Des épisodes dépressifs répétés.** Un enfant qui éprouve de nombreux épisodes de dépression est un candidat plus probable pour un diagnostic bipolaire éventuel. Si les épisodes sont brefs (trois mois ou moins), le risque augmente.
- **Les antécédents familiaux.** Avoir un parent de premier degré, comme un parent ou un frère, qui souffre d'un trouble bipolaire augmente le risque de développer un trouble bipolaire de 5 à 10 %. Voir le chapitre 2 pour plus de détails concernant les antécédents familiaux et la génétique.
- **La réponse aux antidépresseurs.** La façon dont quelqu'un répond aux antidépresseurs est suggestive mais ne fait pas partie des critères de diagnostic du trouble bipolaire. Une des réponses suivantes aux antidépresseurs peut conduire un médecin à soupçonner la possibilité d'un trouble bipolaire :
  - Un épisode de manie ou d'hypomanie se produit. (Notez que les gens peuvent devenir maniaques ou agités sous antidépresseurs sans avoir de trouble bipolaire, mais si la manie persiste une fois que les antidépresseurs sont arrêtés, alors cela fait partie des critères diagnostiques de la manie/du trouble bipolaire.)
  - Les antidépresseurs ne fonctionnent pas.
  - Les antidépresseurs fonctionnent au départ, mais ensuite plus, même après une augmentation de dose et des essais de différents antidépresseurs.
- **Un tempérament, une tendance à voir « la vie en grand ».** Les personnes atteintes de personnalités hyperthymiques de base sont considérées comme ayant un risque élevé de trouble bipolaire.
  L'hyperthymie est un terme médical pour des niveaux élevés d'énergie – ce qui signifie être très volontaire et actif, souvent très confiant, et parfois considéré comme arrogant ou narcissique.

À retenir

Des dépressions répétées, des antécédents familiaux de trouble bipolaire, certaines réponses aux antidépresseurs, et une personnalité hyperthymique ne constituent pas un diagnostic de trouble bipolaire ; vous devriez plutôt les considérer comme des signes d'alerte. Soyez conscient que le traitement du trouble bipolaire avec des antidépresseurs seuls peut être risqué ; cela peut déclencher une manie ou de l'agitation. Donc, si le médecin de votre enfant décèle plusieurs de ces signes avant-coureurs, il peut choisir des médicaments différents de ceux qu'il donnerait à un enfant qui ne présente pas ces possibles indicateurs de bipolarité.

Le trouble bipolaire nécessite souvent au moins deux médicaments : l'un pour traiter la manie et l'autre pour la dépression (voir le chapitre 7 pour plus d'information sur les médicaments). Si le trouble bipolaire est peu probable, les choix de médicaments sont souvent, mais pas toujours, simples. La découverte des signes avant-coureurs du trouble bipolaire est l'une des nombreuses raisons qui font que rassembler un historique complet et réaliser un long entretien sont des étapes importantes pour traiter un enfant ou un adolescent souffrant de dépression.

L'enfant en opposition

Le terme « enfant oppositionnel » peut sembler redondant pour la plupart des parents et des enseignants parce que chaque enfant est oppositionnel à certains moments. Cette attitude fait partie du processus de grandir. Pour la plupart des enfants, les comportements rebelles répondent assez bien aux techniques parentales habituelles de la carotte et du bâton, mais les enfants oppositionnels représentent un défi beaucoup plus tenace. Leur vie entière semble tourner autour du mot « non » – l'enfant dit ou entend constamment le mot « non ». Les parents décrivent l'enfant comme étant têtu, ayant une volonté forte, ou tout simplement insupportable. Lorsque ce modèle crée des problèmes importants dans le fonctionnement – à l'école, à la maison, avec des amis, ou pendant les loisirs – un médecin ou un thérapeute peut suggérer un diagnostic de trouble oppositionnel avec provocation (TOP). L'un des risques à faire ce diagnostic trop vite cependant est que le comportement oppositionnel, comme la colère, est un symptôme partagé par de nombreuses pathologies.

Même si le diagnostic TOP est adapté, vous avez besoin de comprendre ce qu'il se passe. Voici quelques considérations à explorer avec le médecin de votre enfant :

- **Les troubles de l'humeur (dépression ou bipolaires).** Les pathologies de l'humeur peuvent créer des schémas de désobéissance. Un enfant dont l'humeur, plutôt que la pensée logique, entraîne son cerveau a moins d'énergie mentale pour faire ce qu'il doit faire dans la vie. La dépression sape l'énergie et l'intérêt, et la manie masque le jugement et l'inhibition.

» **Le tempérament.** Les enfants arrivent au monde avec certaines tendances fondamentales. La capacité d'aller avec le courant, par opposition à se tenir à un ordre du jour, est appelée *la flexibilité cognitive*. Certaines personnes (enfants inclus) sont moins souples et ont plus de difficultés à gérer les exigences de la vie. Au-delà de l'inflexibilité d'un enfant, l'inadéquation de tempérament entre un enfant et les adultes qui partagent sa vie (comme les parents et les enseignants) peuvent exacerber ou même déclencher des comportements oppositionnels significatifs.

» **L'anxiété.** D'une manière qui est similaire à un trouble de l'humeur, l'anxiété prend le contrôle du cerveau et entrave souvent la prise de bonnes décisions. Une personne anxieuse tend à se concentrer uniquement sur la diminution de son anxiété, alors, lui dire qu'il a besoin de faire ses devoirs peut ne pas avoir d'impact si votre enfant ne cesse de s'inquiéter de savoir s'il y a un cambrioleur dans la maison qui veut le tuer.

» **TDAH.** Les enfants qui ont un contrôle insuffisant de leurs pulsions ne peuvent pas suivre les instructions ou limiter leurs comportements négatifs aussi efficacement que les autres enfants. Ces enfants ont souvent du mal à changer de vitesse, et parce que chaque commande nécessite une modification dans le cerveau, alors suivre des instructions peut être particulièrement difficile pour eux. (Voir la section précédente « L'enfant hyperactif » pour plus de détails sur le TDAH.)

» **Les troubles envahissants du développement (TED).** Les TED (plus souvent appelés *troubles du spectre de l'autisme* dans le DSM-5) comprennent des diagnostics tels que le syndrome d'Asperger et l'autisme de haut niveau. Les enfants de cette catégorie sont cognitivement rigides ; ils ont du mal à adapter leur comportement et leurs pensées aux changements et aux exigences environnementales. Lorsqu'on leur ordonne de faire quelque chose de nouveau ou de faire une tâche indésirable, ils ont souvent du mal. Des déficits de compétences sociales de base interfèrent également avec leur capacité à remplir les attentes des adultes et de leurs pairs.

» **Les troubles d'apprentissage et du langage.** Tout ce qui interfère avec la capacité d'un enfant à apprendre correctement, à traiter des informations et à produire des réponses appropriées peut créer des modèles de comportement d'opposition et de défiance.

Un enfant oppositionnel peut être facilement étiqueté comme un enfant à problèmes, ce qui entraîne des interactions négatives plus fréquentes avec les adultes, exacerbe la frustration, la colère et la défiance. Si un diagnostic de trouble bipolaire vient s'ajouter à cela, les vrais problèmes peuvent être négligés, et les batailles supplémentaires au sujet des médicaments et de la thérapie peuvent conduire à davantage de conflits. Avant de prendre toute décision de diagnostic, assurez-vous que vous et le médecin de votre enfant considérez toutes les causes possibles du schéma de comportement de votre enfant.

À retenir

Lorsque vous gérez un enfant oppositionnel, ayez l'esprit large pour trouver les raisons possibles de ces actions provocatrices. Votre évaluation peut révéler que vous devez travailler sur vos compétences en tant qu'autorité de discipline, mais ne vous arrêtez pas là. Examinez les facteurs qui peuvent lui rendre difficile de choisir des comportements coopératifs. Il ne veut pas vous rendre dingue ; il est coincé dans des modèles qu'il ne peut pas changer facilement en réponse aux interventions parentales habituelles. Peut-être une approche plus positive, flexible de votre part, peut-elle neutraliser certaines des luttes de pouvoir et réduire la défiance et le conflit, diminuant ainsi la probabilité d'une escalade des crises. En d'autres termes, vous devrez peut-être choisir vos batailles et reculer sur les questions moins importantes.

L'enfant qui enfreint la loi

Si votre enfant a des démêlés avec la justice, nous vous encourageons fortement à le faire examiner pour un dépistage de troubles psychiatriques. Les troubles de l'humeur, en particulier la manie, sont beaucoup plus fréquents chez les enfants qui commettent des délits ou crimes. Dans de nombreux cas, la toxicomanie va de pair avec une maladie psychiatrique, créant un « dangereux duo » qui conduit votre enfant à la porte de sévères difficultés. Les écoles alternatives et les centres de détention sont peuplés d'un pourcentage démesuré d'adolescents qui souffrent de trouble bipolaire, de troubles anxieux ou de TDAH.

Si votre enfant a des ennuis avec la justice, faire évaluer son trouble psychiatrique et le traiter efficacement peut faire une grande différence ; cela peut littéralement être une bouée de sauvetage. Les tribunaux sont surchargés et ne recommandent pas d'évaluation pour de nombreux cas, alors ne pensez pas que le système de justice pénale va faire ce qui est mieux pour votre enfant. Les parents et les professionnels de santé mentale doivent plaider pour des évaluations psychiatriques et des traitements adaptés lorsque les enfants passent de l'autre côté de la loi.

Portrait

VOIES D'ENTRÉE DANS LA BIPOLARITÉ JUVÉNILE. EFFETS DU SEXE ET DU TEMPÉRAMENT

La bipolarité juvénile est marquée par une forte comorbidité, notamment le TDAH ou déficit de l'attention avec hyperactivité (avec les troubles des conduites) et les troubles anxieux, notamment la combinaison de plusieurs anxiétés (panique, anxiété sociale et TOC). Une étude originale italienne* a comparé 49 jeunes patients (âgés de 7 à 18 ans) présentant un trouble bipolaire avec TDAH sans trouble anxieux, 76 jeunes avec un trouble BP et des anxiétés multiples sans TDAH, et 52 jeunes bipolaires sans TDAH et sans trouble anxieux.

Le groupe « BP + TDAH » se caractérise par :

- dominance du sexe masculin ;
- âge de début plus précoce des signes bipolaires ;
- dominance des épisodes maniaques ou mixtes lors de l'épisode index ;
- sévérité clinique plus importante ;
- irritabilité plus importante ;
- diagnostics plus fréquents de bipolarité atypique ou non spécifiée ailleurs ;
- fréquence importante d'une évolution chronique ;
- interférence péjorative plus prononcée avec le fonctionnement ;
- risque plus élevé de développer des troubles des conduites ;
- plus de résistance aux traitements.

Le groupe « BP + anxiétés multiples » s'avère être plus proche du groupe « BP sans comorbidité », à l'exception de :

- dominance du sexe féminin ;
- fréquence plus élevée du diagnostic de BP-II ;
- usage plus important d'antidépresseurs ;
- usage moins fréquent d'antipsychotiques.

La nature de comorbidité indique des différences fondamentales dans la phénoménologie bipolaire précoce, notamment la comorbidité avec le TDAH qui est associée à un phénotype spécial de bipolarité contrairement à la comorbidité anxieuse qui est plutôt proche du phénotype typique de la bipolarité. Le phénotype avec troubles attentionnels est plutôt dans la configuration hyperthymique – irritable –, prévalent chez les garçons, alors que le phénotype anxieux est plutôt dans la configuration des tempéraments cyclothymique – dépressif – anxieux qui prévaut pour le sexe féminin. Les profils tempéramentaux assortis de comorbidité privilégiée doivent être inclus dans la recherche actuelle qui s'intéresse aux stades de progression de la bipolarité**.

---

* Masi G *et al.*, « Developmental Pathways for Different Subtypes of Early-Onset Bipolarity in Youths », *Journal of Clinical Psychiatry*, 2012.

** Kapczinski F *et al.*, « Clinical implications of a staging model for bipolar disorders », *Expert Review of Neurotherapeutics*, 2009, 9(7), p. 957-66.

Demander une évaluation professionnelle

Si vous avez lu la première moitié de ce chapitre, vous pouvez ne toujours pas avoir les idées claires au sujet de ce qui se passe avec votre enfant. Tout ce que vous savez est que votre enfant a des caractéristiques qui peuvent être causées par au moins une douzaine de raisons différentes, telles que l'angoisse normale chez les adolescents, le TDAH, la dépression, l'anxiété, le manque de sommeil, ou une foule d'autres pathologies et de facteurs contributifs. Et maintenant, que faire ? Maintenant, vous emmenez votre enfant chez un professionnel qui peut aider à faire le tri dans tout cela et à identifier un ou deux facteurs qui peuvent vous orienter vers un traitement approprié.

Trouver le bon médecin

Un bon point de départ pour identifier le professionnel adéquat qui procédera à une évaluation psychiatrique de votre enfant est de consulter votre médecin de famille ou un pédiatre. Les pédiatres sont de plus en plus familiers avec les diagnostics psychiatriques chez les enfants ; le vôtre peut probablement guider votre famille vers l'aide psychiatrique appropriée. Impliquer le pédiatre le plus tôt possible peut également s'avérer bénéfique parce qu'il peut procéder à un examen médical complet afin d'exclure la présence de toutes les maladies qui peuvent contribuer aux symptômes de votre enfant. En outre, le médecin peut traiter des questions de santé en général, comme le sommeil et la croissance, qui peuvent être des facteurs importants dans un trouble de l'humeur.

Après qu'un médecin a exclu d'autres maladies, si vous avez encore d'importantes préoccupations au sujet d'un trouble de l'humeur, la prochaine étape est de consulter un psychiatre spécialisé pour enfants et adolescents. Certains psychiatres pour adultes travaillent avec les adolescents et peuvent être à l'aise pour diagnostiquer et traiter des enfants de plus de 16 ans. Par contre, des enfants plus jeunes devraient voir un psychiatre formé et expérimenté dans le travail avec les enfants.

Attention

Méfiez-vous des médecins qui procèdent à un « diagnostic par prescription ». Dans cette approche, le médecin passe 15 minutes avec vous et votre enfant, vous remet une ordonnance de méthylphénidate (Ritaline) ou un antidépresseur, et puis, quand votre enfant se retrouve dans un hôpital, il essaie un autre médicament pour voir si cela fonctionne. Une évaluation approfondie prend du temps, nécessite de l'information à partir de diverses sources, bref un travail de détective. Continuez votre recherche si le psychiatre que vous voyez ne semble pas véritablement investi dans la recherche d'un diagnostic précis pour votre enfant.

Trouver un psychiatre pour enfants et adolescents peut vous demander un peu de travail, selon l'endroit où vous vivez ou surtout en rapport avec le faible nombre de pédopsychiatres en France qui accepte la présence de la bipolarité chez les jeunes de moins de 15 ans.

Consultez les sources d'informations suivantes pour prospecter :

- Le pédiatre de votre enfant ou médecin de famille.
- Le conseiller scolaire ou d'un service d'éducation spécialisée.
- Des amis ou des parents.
- Un conseiller ou un thérapeute qui travaille avec votre enfant.
- La société française de psychiatrie de l'enfant et de l'adolescent et disciplines associées (`http://sfpeada.fr`).
- L'association Bicycle, des parents de jeunes bipolaires et cyclothymiques (`www.bicycle-asso.org`).
- Un groupe de soutien local.
- Un hôpital local pour enfants ou une école de médecine ou encore un hôpital universitaire qui peut avoir un département de psychiatrie.

Retournez au chapitre 5 pour obtenir des conseils sur la recherche et le choix d'un psychiatre, et jetez un œil au chapitre 6 pour obtenir des conseils pour monter une équipe de gestion de l'humeur et un réseau de soutien. Cette information peut vous aider à mettre en place et à travailler avec une équipe centrée sur les soins de votre enfant.

Attention

Si votre enfant exprime des pensées ou des comportements suicidaires, courez, ne traînez pas, à l'hôpital psychiatrique le plus proche ou aux urgences. Obtenez de l'aide immédiatement et faites le tri dans vos options à long terme plus tard.

Savoir quoi faire quand vous allez chercher de l'aide

En tant que parent ou tuteur, votre rôle à ce stade précoce de l'enquête sur la possibilité que votre enfant ait un trouble de l'humeur est de trouver un médecin qui est qualifié pour évaluer et traiter votre fils ou votre fille, puis de donner au médecin un historique le plus précis et complet que possible. Votre enfant peut être incapable ou refuser de décrire les symptômes ou de rapporter les détails de divers incidents qui peuvent aider le médecin à évaluer avec précision la situation, de sorte que vous devez fournir cette information d'une manière qui protège autant que possible l'estime de lui-même qu'a votre enfant.

Conseil

Les suggestions suivantes proviennent d'autres personnes qui sont passées par là avant vous :

- **Soyez ouvert et honnête.** Si vous et votre conjoint avez des problèmes conjugaux ou si l'un de vous a un problème d'alcool ou de toxicomanie, ne gardez pas le secret. Les problèmes familiaux sont importants à considérer pour formuler un diagnostic. Ne laissez pas votre enfant être diagnostiqué à tort parce que vous voulez protéger un secret de famille. La thérapie familiale peut être une première étape nécessaire dans le traitement de votre enfant.
- **Mentionnez tous les antécédents familiaux de maladie mentale.** La génétique joue un rôle important dans le trouble bipolaire. Si votre famille a un passé de trouble bipolaire, de schizophrénie, de dépression, ou d'une autre maladie mentale, assurez-vous de le dire au psychiatre.
- **Partagez votre histoire familiale.** Quand avez-vous (vous et d'autres) commencé à être préoccupés par les humeurs de votre enfant ? Notez les détails de tout incident impliquant votre enfant qui a soulevé cette inquiétude. Veillez également à noter les périodes de calme relatif, et quand vous avez observé quelques problèmes. Tenir un tableau de l'humeur et un journal de sommeil pendant une ou deux semaines avant votre rendez-vous peut aider (voir le chapitre 11 pour un exemple de tableau de l'humeur).
- **Recueillez les informations d'autres personnes.** Demandez aux soignants, enseignants, entraîneurs, et toutes autres personnes qui interagissent avec votre enfant, leurs observations et suggestions. Certains thérapeutes et psychiatres ont des formulaires standards pour la collecte de ces données dans le cadre de leur processus d'évaluation.
- **Rencontrez le médecin personnellement.** Toute personne qui est étroitement impliquée dans la situation de votre enfant devrait avoir l'occasion de rencontrer le médecin en privé. Les parents doivent signaler honnêtement leurs préoccupations sans faire honte à leur enfant, et l'enfant doit être libre de parler ouvertement de ses symptômes. La façon dont tout cela se joue exactement dépend de l'âge et du tempérament de l'enfant, mais le médecin a besoin d'informations à partir de vos deux sources. La confidentialité pèse lourdement dans cette situation, en particulier avec les adolescents. La disposition habituelle est que le médecin ne dira pas aux parents ce que le patient lui dit à moins qu'un risque de sécurité soit en jeu. Clarifiez les limites de la confidentialité avec le médecin dès le début du suivi de votre enfant.

» **Obtenez une copie de l'évaluation.** De nos jours, les gens changent de médecins plus souvent qu'ils ne changent de vêtements. Avoir une copie de l'évaluation psychiatrique et des diagnostics de votre enfant peut faciliter la transition d'un médecin ou d'un thérapeute à l'autre.

À retenir

Si vous ne vous sentez pas à l'aise sur le plan de diagnostic ou de traitement que le médecin fournit ou si vous êtes mal à l'aise avec les réponses à vos questions, obtenez une deuxième opinion. Compte tenu de la complexité d'une situation de santé mentale, un second point de vue peut vous aider à prendre les meilleures décisions et choix de traitement pour votre enfant.

Casser la boîte des remèdes

Avec un diagnostic en main, l'aide du médecin de votre enfant et le soutien de votre réseau, votre famille peut se préparer à se lancer dans le traitement. Votre voyage serpentera le long d'un chemin parsemé d'avancées et de haltes, de réussites et d'échecs, d'excitation et de fatigue, et d'un éventuel fardeau financier, mais il finira par vous conduire sur une terre de stabilité pour votre enfant et votre famille. Heureusement, vous disposez de plusieurs véhicules de soutien pour vous aider à atteindre votre destination :

» **Les médicaments.** Équilibrer et calmer un système nerveux en surchauffe nécessite, au moins sur une certaine période, la prise de médicaments. Bien que vous et votre médecin puissiez avoir des préoccupations au sujet de l'utilisation de médicaments chez les enfants et adolescents, la bonne combinaison de médicaments peut finalement être une bouée de sauvetage.

» **La thérapie.** Une thérapie individuelle, familiale et parentale, un groupe de soutien et des compétences sociales sont les éléments de base du traitement des enfants ayant un trouble bipolaire.

» **Le soutien et l'intervention de l'école.** Les enfants passent une grande partie de leur vie quotidienne à l'école, et les troubles de l'humeur perturbent la vie scolaire à bien des égards. Mettre en place l'organisation scolaire adaptée et le système de soutien, que nous évoquons plus bas dans la section « S'occuper des questions scolaires » est essentiel pour le bien-être d'un enfant.

» **La gestion du mode de vie et des attentes.** Tout au long de ce livre, nous pointons les effets bénéfiques que les changements de mode de vie peuvent avoir sur le résultat du traitement. Ces changements de mode de vie s'appliquent aussi aux enfants, mais pour les enfants, les parents doivent les accepter, les mettre en œuvre et les encourager afin que les enfants ne se sentent pas sous pression pour répondre à des attentes irréalistes.

» **L'hospitalisation.** L'hospitalisation est un dernier recours, mais elle peut être la seule option si votre enfant est susceptible de se faire du mal ou de faire du mal aux autres. Gérer un trouble bipolaire sans hospitalisation est possible, mais les enfants atteints du trouble sont généralement hospitalisés au moins une fois pour cette maladie.

L'idée de traiter un enfant avec des médicaments psychiatriques peut vous faire froid dans le dos. Si c'est le cas, vous n'êtes pas seul. Les gens pensent souvent qu'il est difficile d'imaginer que les enfants souffrent tellement émotionnellement qu'ils ont besoin de médicaments. Le fait que le trouble bipolaire soit une maladie « physique » est assez difficile à saisir quand les adultes sont aux prises avec elle ; quand il touche les enfants, pour une raison ou une autre, les gens semblent avoir encore plus de mal à accepter cette réalité scientifique.

Lorsque les troubles de l'humeur d'un enfant menacent de détruire ses chances de faire sa transition vers l'âge adulte, ou que les symptômes perturbent son développement, les médicaments sont souvent la seule solution viable. Autrement dit, en dépit de tous les défis de diagnostic, lorsque la dépression ou la manie d'un enfant prend possession de sa vie, le traitement biologique est souvent nécessaire. Pourtant, le processus pour donner un médicament à un enfant est compliqué.

Tenir compte des problèmes liés aux médicaments

L'étude des médicaments psychiatriques chez les enfants en est encore à ses balbutiements. Le traitement pédiatrique pour certains troubles, tels que le TDAH et l'anxiété, a été étudié pendant des décennies, mais les scientifiques commencent à peine à examiner de près les traitements biologiques pour le trouble bipolaire chez les enfants – y compris les médicaments contre la dépression, la manie et les cycles de l'humeur.

La plupart des médicaments utilisés pour traiter le trouble bipolaire chez les adultes sont détaillés dans le chapitre 7. Les médecins prescrivent la plupart de ces médicaments pour les enfants et les adolescents, en utilisant la recherche fondée sur les adultes, ainsi que le peu d'informations disponibles sur les enfants souffrant de ce trouble. Cependant, pour de nombreuses raisons, les médecins doivent être particulièrement prudents lors du traitement des enfants et des adolescents. Voici quelques-unes des difficultés :

» **Des cerveaux différents, des réactions différentes.** Le cerveau d'un enfant ou d'un adolescent diffère du cerveau d'un adulte, donc les médicaments peuvent fonctionner différemment chez les enfants. Les avantages potentiels et les effets secondaires des différents médicaments ne sont pas aussi prévisibles chez les enfants parce que la recherche actuelle s'est concentrée seulement sur l'étude du cerveau des adultes.

- **Des cerveaux qui changent, des réactions qui évoluent.** Non seulement les cerveaux jeunes diffèrent de ceux des adultes, mais ils sont aussi en développement et ce à un rythme plus rapide. Vous pouvez arriver à stabiliser les choses, mais quand arrive la puberté ou qu'un événement physiologique se produit, les circuits du cerveau évoluent et changent, ce qui nécessite des ajustements de combinaisons de médicaments.
- **Un processus de diagnostic obscur.** Le diagnostic de trouble bipolaire chez les enfants peut être difficile. (Voir la section « Reconnaître les difficultés du diagnostic » plus haut dans ce chapitre pour plus de détails). Quand un enfant fait une colère, par exemple, vous avez besoin de savoir si c'est un symptôme d'un épisode thymique qui arrive ou à l'inverse qui s'aggrave ou bien le résultat d'une privation de sommeil ou de problèmes sociaux. Chercher les réponses nécessaires pour choisir la meilleure réponse ou le meilleur traitement peut s'avérer difficile.
- **Le manque de compréhension/non-conformité.** La compréhension qu'a un enfant de sa maladie et sa capacité à la gérer varie avec l'âge et le stade de son développement. L'inclure dans toutes les discussions et décisions, autant que possible par des moyens adaptés à son âge, est important. Cependant, étant donné que de nombreux symptômes du trouble bipolaire comprennent l'opposition et des explosions émotionnelles, convaincre un enfant de coopérer dans son traitement n'est pas chose facile. Comme les adultes, les enfants peuvent se sentir écrasés par les médicaments ou détestez les effets secondaires au point d'arrêter de les prendre.
- **Le conflit parental.** Les parents sont parfois en désaccord sur le diagnostic de trouble bipolaire et la nécessité que l'enfant prenne des médicaments. L'image médiatique des médicaments psychiatriques et la stigmatisation associée à la maladie mentale peuvent peser lourdement sur l'esprit des parents. Si un parent est bipolaire, ses expériences personnelles peuvent influer sur les décisions concernant le traitement de son enfant. Lorsque les parents ne voient pas les choses du même œil, l'enfant se retrouve souvent seul au milieu.

Donc, que faire ? Comment pouvez-vous décider quel est le meilleur plan d'action pour le bien-être de votre enfant ? Votre meilleur pari est de rassembler autant d'informations que vous le pouvez avant de prendre une décision.

Juliette a été récemment vue au CTAH et le diagnostic de sa bipolarité a été confirmé ; avec l'ajustement de son traitement, son TOC est nettement réduit ainsi que ses variations thymiques. Comme nous le voyons, l'exemple de Juliette illustre bien les rapports étroits entre l'anxiété obsessionnelle (TOC) et la bipolarité type cyclothymique[11].

Portrait

« 9 ANS DE GALÈRE »

MA FILLE ÉTAIT UN BÉBÉ PAS COMME LES AUTRES

Une adorable petite brunette avec plein de cheveux comme je l'avais imaginée dans mes rêves ! Mais, un bébé qui pleure sans cesse quand elle n'est pas dans mes bras, qui ne sait pas faire une sieste. Jamais, elle n'a fait une sieste, même tout bébé. Elle avait des angoisses de séparation terribles. Scolarisée à 2 ans, Juliette hurle chaque matin au moment de notre séparation. Elle refuse les siestes même avec son doudou. Elle résiste. Toujours seule dans la cour de récréation. À la maison, elle réclame sans cesse d'être active. Elle est très créative et a une mémoire exceptionnelle. Elle est incapable d'accepter la frustration et fait de très grosses colères. La période de la « non acceptation du NON » ne s'arrêtera jamais.

FÉVRIER 2008 : APPARITION DU PREMIER TOC

Juliette commence à demander sans cesse si elle ne va pas vomir ou avoir la diarrhée. Son questionnement devient incessant. Elle retire ses vêtements par peur de les souiller, passe tout son temps dans les toilettes où elle pousse pour s'assurer que ce qui allait sortir n'était pas de la diarrhée jusqu'à avoir les yeux injectés de sang. Son état m'inquiète car ma fille est terrorisée et me pose des questions en permanence : « Est-ce que je vais vomir ? Est-ce que je vais avoir la diarrhée ? J'ai peur, maman. » Elle décide de ne plus s'alimenter (ni boisson, ni nourriture), c'est l'anorexie totale. Elle se dit que si elle ne s'alimente plus, elle ne pourra pas vomir, ni avoir la diarrhée. J'en parle à mon médecin généraliste qui me dit qu'elle fait des caprices pour ne pas manger. Au CMP, on lui diagnostique un TOC : elle est placée sous Risperdal et commence une thérapie intensive.

UNE SCOLARITÉ BRILLANTE !

Toujours première de classe ! Besoin de perfection, donc elle travaille énormément à l'école. Par contre, on ressent une instabilité émotionnelle intense, des terreurs nocturnes qui persistent et toujours le besoin qu'on l'aide à s'endormir. Juliette manifeste une hypersensibilité face à la critique ou à la moindre remarque d'une copine ou d'un professeur et ça la fait souffrir de manière anormale.

Sinon, Juliette est infatigable, elle parle tout le temps, fait des grosses crises de colère, me tyrannise puis se sent coupable d'avoir été méchante avec moi. Ses TOC la tyrannisent, alors elle a besoin de faire sortir son mal-être. Les temps d'accalmie ont été très rares malgré le Risperdal et le suivi au CMP. Divers TOC se sont enchaînés de manière cyclique : la peur des orages, des champignons, des autoroutes, des incendies, la peur de mettre quelque chose dans les toilettes et plein d'autres peurs…

…

11. Élie Hantouche, *Troubles Bipolaires, obsessions et compulsions*, Odile Jacob, 2006.

…

Une hypersensibilité auditive : le moindre cliquetis que nous ne percevions même pas l'effrayait et la poussait à un poser un tas de questions.

Une hypersensibilité olfactive : elle perçoit des odeurs de fumée que nous ne sentons pas. Elle ne peut pas ouvrir un frigo car elle est assaillie par des odeurs qui lui donnent la nausée alors qu'il n'y a pas forcément d'odeurs désagréables.

Elle collectionne aussi toutes sortes de choses, parfois dérisoires.

Lors d'un séjour en clinique spécialisée dans la prise en charge des TOC, en février 2016, on lui retire le Risperdal qu'elle prenait depuis 2008, elle plonge dans une dépression sévère (elle perd 7 kg en 10 jours, ne mange plus, ne dort plus, est envahie de TOC, pleure sans cesse). Je suis désespérée de voir ma fille dans cet état.

En mars 2016, on lui donne de la Sertraline, un traitement anti-TOC réputé très efficace dans cette pathologie. Et là, elle entre dans un état d'excitation intense, une pile, elle parle sans cesse et fort, elle est complètement désinhibée (elle veut se teindre les cheveux en bleu, elle danse d'une manière extravagante sur une chanson de SIA, change sa façon de s'habiller, etc.) et elle commence à se scarifier. On retire donc la Sertraline et réintroduit le Risperdal, ce qui n'arrange pas les choses.

Les humeurs de Juliette varient plusieurs fois dans la journée. Elle peut être pleine de projets d'un coup (qui partent parfois dans tous les sens) et d'un coup, elle réclame le droit de mourir car elle sent qu'elle perd le contrôle de ses pensées, de ses émotions et même de ses mouvements par moments. Elle dit que dans sa tête, c'est l'autoroute, le big bang. Elle dit ne plus savoir qui elle est. Et ses TOC qui la harcèlent jour et nuit. Elle est à bout, veut mourir car elle ne veut plus penser. Elle se scarifie pour faire sortir cette souffrance. Elle a voulu se défenestrer et sauter de la voiture en marche.

Les gènes de ma famille continuent-ils de se propager ? Mon père et ma sœur sont bipolaires ! Je veux SAUVER ma fille, la sortir de l'ENFER ! C'est l'objectif de ma vie !

Comprendre le diagnostic et le plan de traitement

Avant de prendre des décisions sur les médicaments et le traitement pour votre enfant, assurez-vous de bien comprendre la situation telle qu'elle est. Posez au médecin de votre enfant quelques-unes des questions suivantes pour bien comprendre le diagnostic et le traitement en détails et pour obtenir une image claire de ce à quoi vous êtes confronté :

» **Comment êtes-vous arrivé à ce diagnostic ?** Vous voulez connaître le processus de pensée du médecin, pas seulement son verdict. Compte tenu de la complexité d'un diagnostic bipolaire chez les enfants, ne l'acceptez pas sans un examen attentif de la façon dont le médecin est arrivé à sa conclusion.

» **Comment avez-vous choisi ce médicament en particulier ?** Tout comme pour faire un diagnostic, le choix d'un médicament est un processus en plusieurs phases. Vous voulez connaître le processus de pensée de votre médecin, afin de comprendre et d'évaluer ensuite ses recommandations. Si le médecin vous remet une prescription sans explication, trouvez un autre médecin.

» **Existe-t-il des études des effets de ce médicament sur les enfants ?** Demandez si le médicament a été étudié chez les enfants et à quelle fréquence il a été utilisé pour les enfants. Demandez si le médicament a une indication de la Haute Autorité de santé (HAS) pour le traitement bipolaire chez les enfants, ce qui signifie que cette institution approuve le médicament pour cette utilisation particulière. De nombreux médicaments psychiatriques n'ont pas la validation de la HAS pour leur utilisation chez les enfants ; ils sont alors utilisés hors cadre. La pratique hors-cadre est tout à fait légale, très fréquente, et souvent un bon choix, mais vous voulez savoir quelles informations sont disponibles.

» **Quels sont les symptômes ciblés ?** La réponse à cette question vous indique quels sont les objectifs d'un médicament en particulier et comment vous pouvez déterminer si, oui ou non, il fonctionne. Tenir des tableaux de l'humeur, compter les crises de colère, tenir un journal de sommeil, sont des moyens pour vous et le médecin de suivre les progrès de votre enfant (voir chapitre 11). Sans ces documents, évaluer les réponses aux médicaments peut être assez difficile.

» **Quels sont les effets secondaires possibles ?** Découvrez quels sont les effets secondaires à surveiller, si l'un d'entre eux est dangereux, et la façon de les mesurer. Soyez sûr de savoir ce qu'il faut faire si vous devenez préoccupé par un effet secondaire. Demandez également comment entrer en contact avec le médecin – obtenez le numéro de son cabinet et un numéro d'urgence et une estimation du temps qu'il lui faut généralement pour vous rappeler.

» **Combien de fois allez-vous voir mon enfant ?** À quelle fréquence le médecin a-t-il besoin de surveiller votre enfant pour ce médicament ? À quelle fréquence va-t-il vous parler et pour quelle durée ? Avez-vous besoin de faire réaliser un suivi avec des tests de laboratoire ou des examens médicaux ?

» **Combien de temps mon enfant va-t-il prendre ce médicament ?** Si votre enfant se sent mieux avec un médicament, combien de temps a-t-il besoin de le prendre ? S'il ne lui convient pas, combien de temps doit-il continuer à le prendre avant d'essayer autre chose ? Quels sont les critères pour arrêter ou modifier un médicament ? Comment le médecin va-t-il prendre cette décision ?

À retenir

Trouver la bonne combinaison de médicaments peut prendre des mois. Évitez la tentation de jeter l'éponge et d'abandonner quand rien ne semble fonctionner. La persévérance paie.

Portrait

– QU'AI-JE FAIT DE MAL ? – RIEN, VOUS AVEZ JUSTE UN ENFANT BIPOLAIRE CYCLOTHYMIQUE !

« Nos familles ont toutes en commun du courage, de l'amour, de l'énergie, de la stratégie et de la persévérance. Nous, parents, sommes fiers de nos enfants malgré tout si gentils, prévenants, drôles, créatifs… Mais leurs réactions orageuses pour des riens, leurs crises balayent tout : toutes ces qualités, toutes les stratégies éducatives, tout ce qui a été bâti précédemment.

Parfois de guerre lasse, nous voudrions hurler pour que cela cesse, que ce n'est pas notre problème. Mais, à l'évidence, dès qu'on relâche la pression, cela revient vite en boomerang. La situation peut rapidement devenir inextricable.

Non contents d'avoir à gérer les frasques et problèmes quotidiens de nos « cyclokids », la société ajoute à nos difficultés, nous rejette, nous met en cause, se désengage !

Pourtant, l'enfant qui apprend sa cyclothymie est un enfant qui :

» Assume sa maladie sans honte : « Je suis bipolaire, tu me prends comme je suis, sinon tu passes ton chemin », A., 11 ans.

» Anticipe : « Maman, je sens le UP qui commence, écris au docteur pour lui demander des conseils pour calmer le jeu le plus possible », M., 16 ans.

» Suit son traitement : « Je suis vite énervé, j'en ai besoin », T., 13 ans

» Apprend à être le plus raisonnable possible : 23 h 59,9 999 999 « Je vais me coucher, j'ai un peu abusé ces temps-ci. J'ai pas envie d'être DOWN. » S., 15 ans.

» Va être aidé, car sa famille, ses copains, ses enseignants, ses médecins…, sauront de quoi il retourne, seront plus compréhensifs et aidants. L'enfant aura moins peur car on va lui donner les outils pour se comprendre et mieux se maîtriser.

» Sera un adulte avec un avenir. Il suffit de lire les parcours des adultes bipolaires pour comprendre que plus tôt on agit, moins sa vie sera semée d'embûches.

Un enfant cyclothymique, c'est l'affaire de tous : les parents, ses copains, la famille, les amis, les médecins, les enseignants, les institutions…

Un enfant cyclothymique est un défi et, pour le relever, il est important de nous unir. Il est indispensable d'agir et d'adapter notre éducation, afin de leur offrir le meilleur avenir possible. »

Amélie Clermont, présidente et fondatrice de l'Association Bicycle.

» **Allez-vous collaborer avec d'autres soignants ?** Vous voulez savoir si le médecin communiquera avec le thérapeute, pédiatre, neurologue, et/ou l'enseignant de votre enfant. Pouvez-vous attendre du médecin qu'il vous donne un compte-rendu écrit ? Est-ce que ce genre de documentation coûte plus cher ?

Conseil

Apportez une liste de questions écrites avec vous au rendez-vous de votre enfant et notez les réponses. Conserver ces informations sur votre ordinateur ou smartphone peut vous aider à les garder accessibles et à jour. Au cours du rendez-vous, vous échangez beaucoup d'informations avec le médecin dans un laps de temps court ; vous n'allez pas vous souvenir de tout si vous ne l'écrivez pas. Ne soyez pas gêné de prendre des notes lors du rendez-vous. Les médecins sont généralement coopératifs et savent que cela vous aidera à suivre le plan de traitement.

Être parent d'un enfant bipolaire

Être parent est un formidable défi, même lorsque les enfants ont une capacité normale de contrôle sur leurs pensées et leurs émotions, mais être parent d'un enfant avec un trouble bipolaire est encore plus exigeant. Bien sûr, les médicaments peuvent aider à stabiliser les neurones et la chimie dans le cerveau de votre enfant, mais le chaos de la vie quotidienne en dehors de son cerveau – l'heure du coucher, le réveil du matin, les rivalités entre frères et sœurs, la discorde familiale et autres tumultes – nécessite des soins intensifs. La plupart des approches thérapeutiques que nous décrivons dans le chapitre 11 fonctionnent bien pour les adultes et les enfants, mais la thérapie de l'enfant nécessite habituellement une formation plus importante de la formation de la famille et de l'encadrement.

Certaines approches parentales standard sont non seulement inefficaces mais peuvent aussi aggraver l'état d'un enfant ; elles ont un effet négatif sur son estime de lui-même tandis que les parents se sentent impuissants, coupables, et plein de ressentiment envers leur enfant. Pour survivre en tant que parent et éviter la situation dans laquelle « tout le monde perd », essayez les suggestions suivantes :

- **Ne prenez pas le comportement de votre enfant personnellement.** Vous n'êtes pas un mauvais parent simplement parce que vous ne pouvez pas contrôler l'humeur et le comportement de votre enfant.
- **Ne blâmez pas votre enfant pour ses comportements négatifs qui sont les symptômes de la maladie.** Rappelez-vous que le trouble bipolaire entrave sérieusement la maîtrise de soi d'une personne, en particulier au cours d'un épisode dépressif ou maniaque actif mais souvent entre ces périodes également. De nombreux comportements négatifs proviennent de la détresse de votre enfant, et non pas d'un désir d'enfreindre les règles ou de la colère contre vous. Rester calme et choisir vos batailles peut vous apporter une certaine tranquillité d'esprit.

» **Évitez d'humilier votre enfant ou d'utiliser une discipline très punitive.** Ces tactiques ne font qu'empirer les choses. Si votre enfant ne peut pas répondre à vos exigences à cause de ses symptômes de l'humeur, de son anxiété, ou de sa faible énergie par exemple, alors les conséquences ne changeront pas son incapacité à répondre à vos attentes. Vous allez tous deux finir seulement par vous sentir plus désespérés et en colère.

» **Faites ce que vous pouvez pour aider votre enfant à s'accepter lui-même comme il est et à intégrer le trouble dans sa vie.** L'acceptation et l'intégration sont les objectifs primaires de la thérapie et, en tant que parent, vous pouvez aider énormément. Comme les adultes atteints de ce trouble, les enfants doivent travailler à la compréhension qu'ils ne sont pas bipolaires ; ils ont un trouble bipolaire. C'est une grande partie, frustrante de leur vie, mais qui ne les définit pas.

» **Autorisez-vous, vous et votre enfant, à avoir du chagrin.** Votre enfant se lamente sur les différences entre lui-même et ses pairs. En tant que parent, vous pleurez la perte de l'enfant que vous attendiez et quelques-uns des rêves que vous pourriez avoir eus pour lui. Un thérapeute qualifié peut vous guider, vous et votre enfant, dans ce processus long et difficile de deuil, et pour vous aider tous à aller de l'avant.

Élever un enfant ayant des besoins émotionnels et comportementaux spéciaux exige des compétences spécialisées. Un thérapeute pour enfants ou un psychiatre peut vous fournir des stratégies et techniques pour tout gérer, de la plus grosse crise aux questions plus banales, comme arriver à faire sortir votre enfant du lit le matin.

À retenir

Le jugement, les critiques et les exigences peuvent faire partie intégrante de votre rôle parental, mais d'autres façons plus positives de communiquer avec votre enfant seront bien plus couronnées de succès, surtout lorsque votre enfant est aux prises avec un trouble bipolaire.

S'occuper des questions scolaires

Les enfants atteints de trouble bipolaire sont souvent sensibles et réactifs, en particulier pendant les épisodes thymiques mais souvent également entre deux épisodes. Ils ont une tolérance plus faible que la plupart des enfants et peuvent être extrêmement réactifs au tempérament des enseignants, aux horaires, aux conflits avec leurs pairs, et à tout changement imprévu. Le comportement oppositionnel, les effondrements et le drame social parsèment le paysage scolaire d'un enfant avec un trouble bipolaire. Les enseignants et les administrateurs peuvent développer des attitudes et attentes négatives envers votre enfant, qui rendent le succès encore plus difficile à atteindre.

Dans les sections suivantes, nous fournissons des suggestions pour vous aider à minimiser l'impact négatif du trouble bipolaire sur l'expérience scolaire de votre enfant et à inclure les ressources scolaires dans le cadre du processus de réduction des effets négatifs de la maladie et du rétablissement de son bien-être.

Tirer parti des services disponibles

Les enfants ayant des besoins spéciaux, tels que des contraintes physiques et des différences linguistiques, ont le droit de demander des ajustements de leur cadre éducatif. De même, les enfants atteints de trouble bipolaire méritent des services adaptés qui leur permettent de participer au processus éducatif. Si votre enfant a du mal à l'école, penchez-vous sur les options suivantes, qui sont toutes mandatées par la loi.

Aménagements de la vie scolaire

Souvent, prévenir l'équipe enseignante et l'infirmière scolaire peut suffire pour permettre à l'enfant de sortir de la classe quand il en a besoin, par exemple, et pour que l'établissement tienne compte de ses handicaps. (Voir l'espace éducateur pour les solutions possibles : classe aidante, enseignant aidant, etc.)

L'amélioration du déroulement de la scolarité d'un enfant souffrant de troubles de l'humeur peut nécessiter des aménagements de sa scolarité. Ces aménagements précis, formalisés dans le cadre d'une convention nationale, nécessitent de saisir le médecin de l'éducation nationale. Lorsque les adaptations mises en œuvre par l'enseignant sont insuffisantes pour permettre à l'enfant, à la classe et à l'enseignant lui-même d'évoluer sereinement, il est important de faire appel à lui.

Peuvent en découler deux types d'aménagements fort utiles.

Le PAI, projet d'accueil individualisé

Le PAI est une convention entre l'école, la famille et le médecin scolaire. Selon les besoins de l'élève, il peut prévoir différents aménagements :

- aménagement de l'emploi du temps, pour permettre un suivi thérapeutique (séances de thérapie cognitivo-comportementale, etc.) ;
- prise de médicament durant le temps scolaire ;
- autorisation de quitter la classe, le temps de s'apaiser et d'éviter une crise préjudiciable à tous ;
- fourniture de copies de cours dans quelques matières pour limiter la fatigue ;
- consignes à suivre en cas d'énervement, de déprime (exemple : ne pas toucher l'enfant/prévenir la famille, etc.).

« Art. D. 311-13. – Les élèves dont les difficultés scolaires résultent d'un trouble des apprentissages peuvent bénéficier d'un plan d'accompagnement personnalisé prévu à l'article L. 311-7, après avis du médecin de l'éducation nationale. Il se substitue à un éventuel programme personnalisé de réussite éducative. Le plan d'accompagnement personnalisé définit les mesures pédagogiques qui permettent à l'élève de suivre les enseignements prévus au programme correspondant au cycle dans lequel il est scolarisé. Il est révisé tous les ans. »

Le PAP, projet d'accompagnement personnalisé

Le PAP est un dispositif un peu plus complet, qui est mis en place avec avis médical du médecin scolaire ou par le médecin traitant, avec le chef d'établissement. Il peut être établi à la demande du conseil de classe, du parent ou du professeur principal.

Il suit l'enfant au cours de sa scolarité et est réévalué chaque année. Le PAP est mis en place directement par l'école, sans forcément reconnaissance de handicap (voir PPS ci-après). Il permet un certain nombre d'aménagement (sauf auxiliaire de vie scolaire, AVS), mais peut contenir l'utilisation d'un ordinateur par les parents (qui sait peut-être par l'école ?). L'intérêt est que le PAP peut être très rapidement mis en place et peut donc être le prélude, en attente du PPS.

Ce qu'on peut demander : sortir de la classe, avoir un agenda plutôt qu'un cahier de texte, placer l'élève devant, fournir des photocopies, comme le PAI, ainsi que des aspects plus médicaux : quoi faire en cas de déprime, en cas d'excitation...

Pour en savoir plus sur le PAP, `http://www.education.gouv.fr/pid25535/bulletin_officiel.html?cid_bo=85550`.

Pour tout le reste, il faut passer par la MDPH

La MDPH, ou maison départementale pour le handicap, est le lieu de ralliement pour faire reconnaître que votre enfant est en situation de handicap.

Exemples de cas nécessitant le recours de la MDPH :

- Votre enfant est incapable d'avoir des rapports apaisés avec les autres, à l'école cela pose problème (besoin d'une AVS, d'un PPS...).
- Votre enfant est en période de crises fortes, cela dure, et il ne peut raisonnablement pas suivre une scolarité classique (par exemple, en cas de phobies scolaires, ou lors de dépression sévères...).
- Votre enfant peut obtenir un aménagement d'accueil à la cantine, souvent très stressante.
- Votre enfant peut bénéficier d'un aménagement du temps/du barème aux examens.

Les MDPH peuvent proposer un recours temporaire qui va vous aider et agir comme une protection sociale, sachant qu'eux seuls sont aux courant du handicap, et qu'il suffit de ne pas renouveler la demande pour que la reconnaissance du handicap devienne caduque. Le dossier est valable 2 ans, à renouveler : l'enfant n'est donc pas enfermé dans le handicap, cela peut être temporaire.

L'intérêt est que l'enfant est protégé dans sa scolarité : absences acceptées, l'école ne peut pas renvoyer votre enfant sans un dossier solide.

Attention : ne faites pas le forcing pour faire reconnaître un diagnostic de bipolarité, car cela donne la possibilité au chef d'établissement de refuser de scolariser l'enfant.

Si l'item existe dans votre MDPH, utilisez « trouble de l'humeur », ce qui a l'avantage de soutenir fortement l'enfant dans ses périodes de dépression.

Quels services allez-vous trouver à la coordination handicap locale ?

- **Des renseignements sur la scolarité**, le travail, les loisirs, les prestations légales, l'adaptation de votre logement, les aides aux transports.
- **Un accompagnement pour réaliser votre plan d'aide individualisé**, pour vous permettre d'accéder aux droits et aux prestations légales, pour coordonner toutes les interventions nécessaires à votre vie quotidienne.
- **Une écoute** sur les problèmes de maltraitance et d'isolement.
- Le lieu pour déposer vos dossiers pour les droits et prestations que vous demandez.

Pour trouver la liste des MDPH : `www.mdph.fr`.

Il faut s'adresser à eux notamment pour obtenir :

- **Le PPS, projet personnalisé de scolarisation.** Il convient à des situations plus invalidantes et définit les modalités de déroulement de la scolarité et les actions pédagogiques, éducatives, sociales, médicales et paramédicales. Il peut comprendre :
  - des aménagements horaires ;
  - des mesures d'accompagnement techniques et humains (ordinateur, AVS) ;
  - un allongement du délai d'acquisition de certains apprentissages ;
  - des adaptations pédagogiques ;

- un aménagement de l'emploi du temps ;
- des suivis psychologiques, éducatifs, sociaux, médicaux et paramédicaux...
- préciser une procédure précise pour rattraper en cas d'absence (obligation d'être fait par les professeurs par exemple et non par un élève binôme) ;
- .../...

Attention : la demande d'un PPS relève de la seule initiative de la famille, qui doit contacter la MDPH. Une équipe pluridisciplinaire élabore le PPS. Les parents sont associés au projet.

Ensuite, la Commission des droits et de l'autonomie des personnes handicapées accorde le PPS et décide de son contenu.

Demande d'un PPS : Formulaire Cerfa n° 13788*01 : `http://vosdroits.service-public.fr/R19993.xhtml`. Il faut accompagner votre dossier d'un formulaire médical rempli par votre médecin traitant ou le pédopsychiatre.

QUAND LA BIPOLARITÉ S'INVITE DANS LA VIE SCOLAIRE DE MON ENFANT

La scolarité de mon enfant avait super bien commencé... Puis la bipolarité s'est invitée !

En primaire, nous avons réussi à maintenir les choses, parce que les enfants sont petits, parce qu'ils n'ont qu'une seule instit et que la structure est petite. Que les enfants sont les enfants, que les débordements sont classés dans les choses « normales ».

En deux mois de vacances, tout bascule, ils entrent au collège, dans la fosse aux lions :

- » Plein de monde, du bruit incessant qui s'invite même pendant le cours.
- » Une discipline succincte, une incapacité à faire la part des choses, tout écart de la part d'un élève est vu comme un crime très grave !
- » Une organisation difficile à acquérir, où le plus souvent les élèves sont peu aidés.
- » Des camarades en préadolescence, prompts à critiquer le moindre bouton sur le nez. Alors pensez ce que cela peut donner sur les particularités de nos enfants bipolaires !
- » Des profs qui changent sans cesse. Un prof que, au bout d'une heure, il ne voyait plus, alors quel était son intérêt d'arranger la situation ? Pourtant certains s'y sont attelés et je les en remercie chaleureusement ici.

Au collège, les adultes sont incapables de parler aux enfants sans crier.

...

...

C'est l'agression permanente ! J'ai été convoquée mille fois pour manque de travail, absentéisme, problème de comportement. Rien que l'année dernière lors de son redoublement de quatrième, j'en ai totalisé plus de trente !

« Mais, vous m'appelez pour ça... ? Ok, ce n'est pas bien de traiter une pionne sensible de "maya l'abeille" », mais enfin, vous pouvez le gérer, ça... Je ne sais pas, mettez-le «de corvée de chiotte» et réservez vos appels pour les choses importantes ! Ah un avertissement... Bon, envoyez... Bien sûr que j'en parlerais avec lui ! »

Absentéisme, parce qu'il avait des maux de tête l'empêchant de travailler.

Problème de concentration qu'il tentait de dompter en dessinant tout en écoutant le cours.

Problème de mémorisation chaotique. Il oubliait beaucoup de choses, de noter ses devoirs, ses affaires, ses devoirs à rendre...

J'ai décidé de parler de sa bipolarité. Je trouvais ça juste que les profs ne se remettent pas en cause quand ils s'agissaient de symptômes imputables à la maladie. J'ai plutôt eu une écoute favorable.

Mais certains profs refusaient d'y croire : « Il en joue de sa soi-disant bipolarité ! »

Je crois que, ce qui freine, c'est ce changement incessant de leurs capacités : un coup génial, un coup nul, un coup capable de tout mémoriser, le lendemain ne comprenant rien, ne se souvenant plus de rien ! Les profs interprétaient cela comme un manque de travail, ce qui a fini réellement par arriver : « À quoi ça sert de travailler, ils ne me croient pas, je me fais taper par les autres quand je suis le premier de la classe. »

Pourtant avec quelques adaptations (un suivi plus proche de son organisation au travail ; pas de bras de fer ; du silence ; l'utilisation de schémas qu'ils mémorisent mieux...), ce serait utile à tous, même aux non bipolaires !

Informer les enseignants au sujet du trouble bipolaire

Le processus d'obtention d'une éducation adaptée pour votre enfant est souvent intimidant. Les écoles sont inondées de demandes de services, et les budgets sont tendus. Le système éducatif a montré maintes fois son manque de compréhension et de sensibilisation aux besoins de santé mentale chez les enfants.

La stigmatisation et un manque de compréhension sur le trouble bipolaire sont monnaie courante partout, y compris dans les écoles. Durant le processus de mise en place et modifications des services pour votre enfant, vous aurez probablement besoin d'éduquer les enseignants. Le plaidoyer est votre mission. Pour la remplir, considérez les options suivantes pour commencer :

» **Rappelez-vous que la communication est essentielle.** Commencez par parler et restez en contact étroit avec les enseignants de votre enfant pour obtenir leurs points de vue sur les besoins de votre enfant. Apprenez à connaître le conseiller d'orientation ou un travailleur social qui est impliqué. Une communication continue vous fournit des informations et démontre votre intérêt et votre engagement - des outils importants dans vos négociations en cours avec l'école et le rectorat.

- **Rassemblez des données.** Obtenez des rapports du psychiatre et du thérapeute de votre enfant. Apportez-les à des réunions. Encouragez l'école à appeler ou à envoyer un e-mail à l'équipe médicale de votre enfant.
- **Former un réseau d'entraides avec d'autres parents**[12]. Des groupes éducatifs spéciaux, associations et des réunions informelles entre parents peuvent vous fournir une mine d'informations, ainsi que de la camaraderie et du soutien.

Réaliser des changements de mode de vie

Les changements de mode de vie peuvent améliorer la gestion du trouble bipolaire et souvent soulager les symptômes. Bon nombre des suggestions que nous proposons ici et dans les chapitres 11 et 12 s'appliquent aux enfants souffrant d'un trouble bipolaire, ainsi qu'aux adultes :

- Maintenez les conditions d'une bonne santé et d'une nutrition qualitative (voir le chapitre 12).
- Ajustez vos exigences et développer des horaires et des routines structurées mais souples (voir le chapitre 12).
- Aménagez votre vie familiale et les activités de votre enfant (voir le chapitre 12).
- Suivez les humeurs (voir chapitre 11).

Ces techniques peuvent contribuer à la réussite du traitement de votre enfant, mais vous battre contre votre enfant sur des choses comme la nourriture et l'exercice physique n'est pas toujours souhaitable – si, ce faisant, vous créez des crises de colère ou le faites s'effondrer, par exemple. Au fil du temps, cependant, un travail par petites incrémentations, lorsque cela est possible, pour établir des routines et des habitudes de vie saines, paie bien souvent.

À retenir

Vérifiez par vous-même vos attentes et vos exigences au sujet de votre enfant, et essayez de lâcher prise sur certaines attentes tacites qui peuvent induire vos réponses. Embrassez l'enfant que vous avez, pas l'enfant que vous attendiez, pour vous responsabiliser et vous libérer tous les deux.

12. Consulter le site de l'association Bicycle : `http://www.bicycle-asso.org`

Reconnaître les signes d'alerte du suicide

Le trouble bipolaire est une maladie potentiellement mortelle. Le fait est que certaines personnes atteintes de ce trouble se donnent la mort. Le suicide est une cause majeure de décès chez les adolescents, et le trouble bipolaire augmente considérablement ce risque. Pour prévenir le suicide, suivez ces directives :

» **N'ignorez jamais les menaces de suicide ou d'automutilation.** N'essayez pas de déterminer si votre enfant le pense vraiment. Laissez un expert évaluer votre enfant pour évaluer le risque.

» **Faites attention à l'abus de substances.** L'intoxication alcoolique augmente considérablement le risque de suicide.

» **Surveillez les signes cachés.** Demandez de l'aide professionnelle, si vous remarquez que votre enfant s'organise et donne ses effets personnels (comme une préparation à « son départ »), s'il connaît des changements soudains et extrêmes de niveaux d'activité ou de socialisation, ou parle du désespoir ou de la mort, même si vous ne l'entendez pas parler précisément de suicide.

» **Si possible, gardez un œil sur les médias sociaux tels que Facebook, surtout avec les enfants plus jeunes.** Les enfants peuvent être plus ouverts au sujet de leurs pensées et de leurs sentiments dans ces contextes, même si cela peut ne pas être souhaitable pour de nombreuses raisons. Plus un enfant est jeune, plus l'intimité est appropriée ; surveiller sa page Facebook sans son consentement ne fera que provoquer davantage de conflits. Pourtant certains enfants sont à l'aise avec l'idée qu'un de leurs parents ou un autre parent de confiance (peut-être une tante plus jeune ou un ami de la famille) accède à leur compte Facebook et à d'autres sites, alors il ne faut pas avoir peur de présenter cela comme un moyen possible pour aider à rester dans la boucle.

» **Si vous avez des préoccupations au sujet de votre enfant, n'ayez pas peur de parler.** Aborder le suicide ne donnera pas l'idée à votre enfant ; vous ne créez pas de pensées suicidaires en lui parlant de ce sujet. Ne pas parler de vos soucis est beaucoup plus dangereux. Si votre enfant semble suicidaire ou hors de contrôle, votre médecin peut recommander une hospitalisation. Ne paniquez pas si cela arrive. Une hospitalisation psychiatrique, seulement pour une courte période (souvent moins de dix jours) a pour but la sécurité de votre enfant et la gestion des crises.

Voici quelques actions à mener lorsque l'on envisage l'hospitalisation de votre enfant :

- Parlez à votre médecin de l'endroit où il admet les patients qu'il suit ou demandez-lui s'il utilise un hôpital où un autre médecin gère le traitement en milieu hospitalier.
- Faites le point avec votre mutuelle sur les établissements avec lesquels elle a un éventuel accord.
- Attendez-vous à une longue journée lors de l'admission et à passer le plus de temps possible à l'hôpital pendant le séjour de votre enfant. Être présent, même quand votre enfant dit qu'il ne veut pas vous voir, est essentiel pour obtenir de bons soins et pour améliorer le bien-être de votre enfant.
- Renseignez-vous auprès du personnel de l'hôpital sur les politiques relatives à l'isolement et à la contention ainsi qu'aux médicaments prn (*pro re nata* : si les circonstances surviennent) – médicaments administrés à un enfant qui est hors de contrôle. Renseignez-vous sur le protocole et la formation du personnel pour désamorcer les crises et éviter l'isolement, la contention et l'administration de médication contre le gré du patient. Vous pourriez être en mesure d'obtenir des informations sur la fréquence des contentions dans le service, mais ces données sont souvent tenues à l'écart du public.

  Assurez-vous que le personnel comprend que vous vous attendez à être informé si ces mesures sont nécessaires. Faites un scandale si vous n'êtes pas contacté. Assurez-vous qu'ils savent que vous surveillez ce qu'ils font.

7 La partie des Dix

DANS CETTE PARTIE...

Bienvenue dans la partie des Dix, où nous vous proposons, sans aucun coût additionnel, non pas une, mais deux listes de dix points pour vous aider à mieux gérer votre trouble bipolaire.

Vous trouverez ici dix questions judicieuses à poser à votre psychiatre ou à votre thérapeute lors de votre premier entretien et dix stratégies pour gérer le trouble bipolaire et stabiliser efficacement votre humeur.

Chapitre 22

Dix questions à poser à votre psychiatre ou thérapeute

DANS CE CHAPITRE :

» **Évaluer les professionnels qui vous évaluent**

» **Contacter vos soignants en cas d'urgence**

» **Identifier les signes de votre rétablissement**

» **Savoir quoi faire si vous commencez à vous sentir mal**

Pour être un patient averti dans le monde des médecins et des thérapeutes, vous devez évaluer les diplômes et les qualifications de votre soignant, faire des choix de traitement éclairés, déterminer comment vous pouvez savoir si le traitement est efficace et savoir quoi faire si vous commencez à vous sentir mal. Ce chapitre fournit une liste de questions à poser à un psychiatre ou à un thérapeute pour obtenir les informations dont vous avez besoin. (Si vous avez d'autres questions, écrivez-les pour vous souvenir de les leur poser.)

À retenir

La recherche montre que les résultats médicaux s'améliorent considérablement lorsque les patients sont autorisés à poser des questions et à participer activement à leurs soins. Ne présumez pas que le médecin possède toutes les réponses et vous dira tout ce que vous devez savoir. Soyez proactif. Vous avez le droit de demander des éclaircissements, une simplification, ou plus d'informations, à tout moment dans votre parcours de soins.

Quelle expérience avez-vous du trouble bipolaire ?

Certains psychiatres et thérapeutes sont comme des médecins généralistes, tandis que d'autres se spécialisent dans des domaines particuliers, tels que le trouble bipolaire, la dépression, les troubles anxieux ou la schizophrénie. D'autres encore se spécialisent dans le traitement des enfants et des adolescents. Les professionnels qui ont davantage d'expérience dans le traitement des troubles bipolaires peuvent être plus sensibles aux nombreuses façons dont les gens éprouvent un trouble bipolaire et être mieux équipés pour passer au tamis votre histoire et poser des questions pertinentes afin d'identifier efficacement les schémas de votre pathologie. Ils peuvent aussi avoir une gamme plus étendue d'expériences avec différents traitements et savoir comment appliquer ce qu'ils ont appris de ces traitements au fil des années, comment les autres patients y ont réagi notamment. Voir le chapitre 5 pour plus de détails sur comment trouver un psychiatre bien qualifié.

Est-il difficile d'obtenir un rendez-vous ?

Si vous ne pouvez pas voir votre médecin ou un thérapeute quand vos humeurs entrent en crise, il ne pourra pas vous aider réellement. Donc, avant de choisir un psychiatre ou un thérapeute, assurez-vous que vous ne devrez pas attendre trois mois avant votre prochain rendez-vous. (Obtenir un premier rendez-vous avec le médecin peut prendre plus de temps parce que ces rendez-vous sont plus longs.) Demandez au cabinet médical combien de temps à l'avance vous devez généralement appeler pour prendre un rendez-vous de suivi, afin que vous puissiez avoir une idée de la difficulté pour consulter un médecin ou un thérapeute particulier.

Puis-je vous contacter lors d'une crise ?

Les nuits, week-ends et jours fériés – les trois moments –où vous avez le plus besoin de votre médecin ou d'un thérapeute, il est chez lui et passe du temps avec ses amis et sa famille. Quel toupet ! Tout le monde, même les médecins et les thérapeutes, a besoin d'un temps de repos, mais en tant que personne souffrant d'un trouble bipolaire, vous avez besoin de numéros à appeler en cas de crise. Les médecins et les thérapeutes ont une variété de systèmes d'organisation pour les urgences en dehors des heures de bureau. Demandez à votre médecin quelle est sa politique et quelles sont les procédures. Celles-ci devraient inclure les informations suivantes :

1. **Numéro de cabinet médical.** Lorsque vous appelez le cabinet médical en dehors des heures de travail, un message enregistré doit fournir des instructions pour les appels d'urgence.
2. **Numéro d'urgence.** Est-ce que le médecin utilise un service d'urgence qui peut le contacter en cas de besoin ? Appelez-vous son téléphone portable personnel en cas d'urgence ? Assurez-vous que vous êtes clair avec lui à ce sujet.
3. **Nom et numéro de la personne qui remplace le médecin ou thérapeute en cas d'absence.** Les médecins prennent souvent des tours de garde.
4. **Numéro d'urgence du centre hospitalier ou de santé mentale où vous devez aller en cas de crise.** Si vous êtes au milieu d'une crise et que vous ne pouvez pas entrer en contact avec votre médecin, où faut-il vous rendre ou qui devez-vous contacter ?

Conseil

Demandez combien de temps il faut généralement à votre médecin ou thérapeute pour vous rappeler si vous lui laissez un message. (Voir le chapitre 15 pour plus d'informations sur la façon de gérer une crise.)

Quel est le diagnostic et comment y êtes-vous arrivé ?

Parfois un médecin prescrit des médicaments sans fournir de diagnostic définitif, surtout quand persiste une certaine incertitude. Par exemple, si un patient souffre de manie, le médecin peut prescrire un médicament anti-manaique sans diagnostic de trouble bipolaire jusqu'à ce qu'il ait l'occasion de se prononcer sur d'autres possibilités.

Cependant, votre médecin aura quelques idées (des *diagnostics de travail*, comme on les appelle souvent) animant ses choix de traitement. Si votre médecin ne mentionne pas de diagnostic, demandez-lui d'expliquer sa pensée et les diagnostics possibles envisagés. Vous avez le droit de comprendre ce qu'il pense et pourquoi il fait ce choix particulier de traitement.

À retenir

Comment votre médecin est parvenu à votre diagnostic peut être tout aussi important que le diagnostic lui-même. Assurez-vous que votre médecin a examiné l'histoire de votre famille, des épisodes thymiques passés, la possibilité de symptômes induits par la prise de médicaments ou d'autres substances chimiques, les autres pathologies qui peuvent avoir des symptômes similaires, et les aspects de votre vie qui peuvent causer votre stress, vos insomnies, ou contribuent à vos symptômes. Voir les chapitres 4 et 5 pour comprendre comment exclure d'autres pathologies et obtenir un diagnostic précis.

Quel est le plan de soins ?

Votre médecin peut vous remettre une ou plusieurs ordonnances pour des antidépresseurs, des anti-maniaques, antipsychotiques, ou des sédatifs, mais vos médicaments ne constituent pas un traitement complet. Dans la plupart des cas, vous devez avoir un médecin et un thérapeute ; ils travaillent idéalement ensemble pour monter un plan de soins avec vous. Le médecin gère généralement les médicaments et le thérapeute traite tout le reste, bien que certains médecins soient plus activement impliqués dans le plan global de soins.

À retenir

Votre plan de soins devrait inclure les éléments suivants :

- Des médicaments.
- Une thérapie individuelle, de l'auto-assistance et un changement de mode de vie.
- Une éducation de la famille et éventuellement une thérapie familiale.
- Des instructions sur ce qu'il faut faire si vos humeurs commencent à vriller.

Chaque fois que votre médecin vous recommande un changement de traitement médicamenteux, assurez-vous de lui demander quel est l'objectif de ce changement et comment il compte évaluer son efficacité.

Dans la vraie vie, avoir accès à un psychiatre et un thérapeute n'est pas toujours possible. Dans de tels cas, vous pouvez vous retrouver à compter sur votre médecin généraliste, l'auto-assistance, des changements de mode de vie et le soutien de votre famille, vos amis ainsi que des groupes de soutien Vous voulez en savoir plus sur les plans de soins ? Retournez aux chapitres 3 et 5.

Quand puis-je espérer me sentir mieux ?

Votre médecin et votre thérapeute sont susceptibles de vous dire de rester patient, et nous sommes d'accord, mais vous devez savoir ce que signifie « être patient ». Une semaine ? Un mois ? Deux mois ? Dans la plupart des cas, vous pouvez vous attendre à voir une certaine amélioration en une à deux semaines, mais les effets de certains médicaments peuvent prendre de quatre à six semaines, voire plus longtemps. Demandez à votre médecin et thérapeute pour en être sûr.

En règle générale, votre médecin assurera un suivi auprès de vous, deux à quatre semaines après votre traitement initial ou après avoir commencé un nouveau médicament pour évaluer l'efficacité de celui-ci et en surveiller les effets secondaires. Si vous vous sentez très instable, il peut vouloir vous voir encore plus tôt. Si le médecin vous dit de revenir dans plus d'un mois après le début d'un nouveau médicament, essayez de savoir pourquoi il ne veut pas suivre votre situation de plus près.

Comment saurais-je que je vais mieux ?

Avec le trouble bipolaire, vous sentir mieux peut vous convaincre que vous *êtes* mieux, même lorsque vous ne l'êtes pas, en particulier si vous êtes dans une phase de manie. Demandez à votre médecin quels sont les signes plus objectifs qui indiquent que votre santé mentale s'améliore.

Quand un épisode de dépression s'atténue, vous pouvez constater les signes suivants :

- Vous dormez plus régulièrement et la qualité de votre sommeil est meilleure.
- Vous faites plus de choses avec moins d'efforts – en d'autres termes vous avez plus d'énergie.
- Vous êtes plus sociable.
- Vous pleurez moins.
- Vous avez moins de pensées suicidaires ou de mort.

Lors de la récupération d'un épisode de manie, ces signes peuvent apparaître :

- » Vous dormez plus en général et votre sommeil est moins agité.
- » Vos schémas de pensée sont plus stables – pas de course et de saut d'un sujet à un autre.
- » Réduction du débit de parole.
- » Des niveaux plus normaux d'énergie et d'activité.
- » Moins de confrontations intenses avec les autres.
- » Amélioration de la capacité à contrôler vos pulsions.
- » Vous êtes moins irritable.

Que dois-je faire si je me sens plus mal ?

Obtenir la bonne combinaison de médicaments nécessite une communication entre vous et votre médecin. Pouvoir entrer en contact avec votre médecin entre les rendez-vous est particulièrement important lorsque vous commencez votre traitement. Certains médicaments peuvent ne pas être efficaces pour vous ou même avoir un effet négatif. Si votre état ne parvient pas à s'améliorer ou se détériore ou encore si vous avez une mauvaise réaction au médicament (comme une éruption cutanée ou de l'essoufflement), contactez votre médecin, qui pourra suggérer un ou plusieurs des étapes suivantes :

- » Cesser de prendre le médicament.
- » Continuer à prendre le médicament pour voir si l'effet secondaire s'installe ou si les effets désirés apparaissent et appeler ou venir au cabinet médical quelques jours plus tard.
- » Prendre une dose plus faible du médicament.
- » Prendre une dose plus élevée du médicament.
- » Ajouter quelque chose au traitement.

Assurez-vous de compléter toutes ces actions par des appels téléphoniques supplémentaires ou des visites au cabinet du médecin pour optimiser davantage votre traitement.

Quels effets secondaires dois-je surveiller ?

La plupart des médecins vous remettront une ordonnance de médicaments qu'ils pensent être les plus efficaces pour vous et qui ont le moins de risques de provoquer des effets secondaires graves. Si vous voulez être impliqué dans la décision, prenez la parole avant que votre médecin n'ait pris son bloc d'ordonnances. Pour chaque médicament prescrit, soyez sûr d'obtenir les réponses aux questions suivantes :

- » Quelle est l'efficacité du médicament pour traiter mes symptômes ?
- » Y a-t-il des médicaments plus efficaces ?
- » Quels sont les risques potentiels et les effets secondaires de ce médicament, et quels sont les risques que j'en souffre ?
- » Y a-t-il des médicaments qui ont moins d'effets secondaires ?

Assurez-vous que vous connaissez les effets secondaires possibles d'un médicament avant de commencer à le prendre afin que vous sachiez ce qu'il faut surveiller. Armé d'une liste des effets secondaires potentiels les plus courants et les plus graves, demandez ce que vous devez faire si vous remarquez ou rencontrez un ou plusieurs de ces effets. Pour un tour complet de la pharmacie bipolaire, jetez un coup d'œil au chapitre 7.

Comment allez-vous travailler avec mes autres soignants et soutiens ?

Un traitement coordonné, en particulier entre votre médecin et votre thérapeute, est une composante essentielle du succès. Demandez à votre médecin et à votre thérapeute s'ils sont disposés à s'échanger des informations. Assurez-vous qu'ils ont leurs coordonnées respectives ainsi que tous les documents nécessaires qui les autorisent à partager des informations entre eux.

Si vous voulez que des membres de votre famille, des amis, et d'autres non-professionnels entrent dans les échanges au sujet de votre traitement, demandez aux médecins s'ils sont prêts à parler avec les gens de votre réseau de soutien. Votre médecin et votre thérapeute ne peuvent pas légalement discuter de votre pathologie ou traitement avec qui que ce soit, sauf si vous avez signé des formulaires de consentement pour eux. (Pour monter votre équipe de gestion de l'humeur, consultez le chapitre 6.)

Chapitre 23

Dix conseils pour gérer la bipolarité

DANS CE CHAPITRE :

- **Voir votre médecin et thérapeute et se conformer au traitement convenu**
- **Réguler votre sommeil et « monitorer » vos humeurs**
- **Développer des routines quotidiennes et pratiquer la pleine conscience**
- **Rester attentif aux signes avant-coureurs et être prêt à agir**

Toute maladie a un meilleur pronostic quand les gens qui en souffrent sont informés, investis et impliqués dans leurs traitements. Cela est spécifiquement vrai pour les troubles de l'humeur graves, y compris bipolaires. En général, plus vous êtes impliqué dans votre rétablissement et la stabilisation de votre humeur, meilleur est le résultat. L'ensemble de ce livre vous propose une multitude de stratégies et de compétences pour la gestion du trouble bipolaire, mais ce chapitre résume les dix plus importantes.

Faites équipe avec votre thérapeute

Gérer efficacement le trouble bipolaire est un sport d'équipe. Pour gagner, tous les membres de l'équipe doivent se respecter mutuellement et communiquer ouvertement, afin que chacun reste bien informé et puisse travailler avec les autres pour atteindre des objectifs communs. Pour faire équipe avec votre médecin et thérapeute, mettez ces suggestions en pratique :

- **Prenez et maintenez des rendez-vous réguliers.** Régulier peut signifier tous les six mois, quand tout va bien, ou une fois par semaine lorsque les signes d'alerte apparaissent.

» **Soyez ouvert et honnête.** Les médecins et les thérapeutes ne sont efficaces qu'à la hauteur de l'exactitude des informations que vous leur fournissez. Soyez honnête au sujet de votre état, dites-leur si vous suivez ou non leurs conseils et prenez vos médicaments, parlez-leur de la quantité et la qualité de votre sommeil, de votre consommation de drogues et d'alcool, etc. Ne présumez pas que votre médecin ou thérapeute puisse lire dans votre esprit.

» **Consultez votre médecin avant d'apporter des changements de médicaments ou de traitement.** Si vous vous sentez l'envie de réduire ou d'arrêter de prendre un médicament, contactez votre médecin avant de le faire. Votre médecin vous proposera des solutions à toutes les préoccupations que vous avez au sujet de vos médicaments.

» **Posez des questions.** Quand vous savez pourquoi votre médecin ou thérapeute recommande un certain médicament, un traitement ou une thérapie, vous êtes plus susceptible de vous y tenir. Votre médecin et votre thérapeute sont généralement les meilleures sources d'information, car ils connaissent votre situation spécifique. Si vous obtenez des informations supplémentaires sur Internet ou par des amis et connaissances, demandez à votre médecin ou thérapeute de confirmer leur validité. Allez au chapitre 22 pour une liste de dix questions que vous devez poser à votre médecin ou thérapeute.

» **N'hésitez pas à parler.** Vous êtes un « consommateur » de services et de produits médicaux, vous avez le droit de dire à votre médecin et thérapeute ce qui fonctionne et ce qui ne fonctionne pas, ce que vous aimez et n'aimez pas, ce qui vous fait vous sentir mieux ou plus mal, et quels sont les effets secondaires que vous ne tolérez pas. Soyez patient et rappelez-vous que certains médicaments peuvent nécessiter un certain temps avant de faire effet et pour que certains effets secondaires diminuent. Sachez aussi néanmoins que, parfois, vous avez besoin de parler pour obtenir les résultats que vous attendez et méritez.

Prenez bien le traitement prescrit

L'étape la plus importante pour arrêter et prévenir un épisode thymique majeur est de prendre vos médicaments comme ils sont prescrits. Gardez à l'esprit que certains médicaments nécessitent plusieurs semaines pour établir un niveau thérapeutique dans la circulation sanguine et soulager vos symptômes. Si vous êtes préoccupé par l'efficacité de vos médicaments ou par leurs effets secondaires indésirables, consultez le médecin prescripteur. Lorsque vous démarrez ou changez un médicament, assurez-vous de demander au bout de combien de temps (heures, jours, semaines) vous allez remarquer des effets positifs ou secondaires.

Attention

Ne cessez pas de prendre vos médicaments lorsque vous commencez à vous sentir mieux. Les médicaments sont susceptibles d'être la raison pour laquelle vous vous sentez mieux. De plus, l'arrêt brusque d'un médicament anti-maniaque ou antidépresseur peut déclencher un épisode de manie, de dépression, ou des convulsions.

Régulez votre sommeil

En quantité trop importante ou insuffisante, ou de mauvaise qualité, le sommeil est à la fois un symptôme et un facteur contribuant à la manie bipolaire et à la dépression. Vous devriez avoir huit à dix heures de sommeil de qualité par nuit. Que vous dormiez huit heures d'affilée ou le diviser en petits morceaux vous appartient, mais essayer d'établir une routine régulière de sorte que vous dormiez la même durée chaque jour.

À retenir

La privation de sommeil peut vraiment faire partir vos humeurs en vrille. Si vous éprouvez des difficultés à trouver le sommeil ou à rester endormi, consultez votre médecin. N'essayer de « tenir le coup », en pensant que vous finirez par être assez fatigué pour vous endormir.

Mettez en place des routines quotidiennes

Les routines quotidiennes soulagent le stress, les niveaux d'humeur et aident à réguler le sommeil. Commencez par les bases, comme se coucher et se réveiller à heures régulières, puis ajoutez des heures de repas précises. Suivez votre planning pendant une semaine pour repérer les variations sévères et essayer de les mettre plus en phase avec vos horaires. Certaines variations, en particulier le week-end et pendant les vacances, ne sont probablement pas très graves, mais faites tout pour réduire les écarts importants dans votre routine quotidienne. Voir le chapitre 12 pour des conseils sur l'établissement de routines quotidiennes saines.

Développez la pleine conscience et d'autres techniques autocentrées

La *pleine conscience* est un état mental de conscience accrue qui est libre de toute distraction et propice à la réflexion attentive et à l'action. Grâce à la pleine conscience, vous vous concentrez sur l'ici et maintenant afin de vivre pleinement le présent et de vous libérer de vos regrets ou de vos soucis futurs, et des ruminations négatives. En outre, les études montrent que la pleine conscience a des effets positifs sur la façon dont le cerveau traite les informations sensorielles. Essayez ces exercices de pleine conscience[13] de base pour vous aider à vous centrer sur le présent :

» **Respirer.** Fermez vos yeux et ne pensez qu'à vos inspirations et expirations. Concentrez-vous sur les sensations. Faites attention à ce que vous voyez, entendez, goûtez et sentez à ce moment précis dans le temps.

» **Passez du mode « faire » au mode « être ».** La plupart du temps, les gens sont en *mode faire* – ils se fixent des objectifs et essayent de les atteindre. En *mode être*, vous acceptez votre situation actuelle et la façon dont vous vous sentez au lieu de la combattre ou de l'analyser.

» **Observez vos pensées sans les juger.** Lorsque vous pensez, évitez la tentation de considérer vos pensées comme bonnes ou mauvaises ou de vous y impliquer émotionnellement. En observant vos pensées objectivement, vous réduisez leur capacité à déclencher des réactions émotionnelles.

» **Acceptez-vous.** Se comparer à quelqu'un d'autre n'apporte que de la rancœur. Soyez reconnaissant de votre vie et de la personne que vous êtes.

» **Passez du temps en pleine nature.** Laissez votre téléphone et autre gadget à la maison et offrez-vous la joie d'une promenade en forêt ou dans un parc. Au contact de la nature, les gens ont tendance à être davantage conscients des choses qui les entourent et moins absorbé dans le flot de leurs pensées à ruminer ou anticiper.

Conseil

Vous pouvez pratiquer la pleine conscience indépendamment de ce que vous faites en faisant l'inventaire de vos ressentis : que voyez-vous, qu'entendez-vous, que sentez-vous à cet instant ? Cet état des lieux vous permettra de vous concentrer sur l'instant présent plutôt que de vous enliser dans votre bavardage mental et vous encombrer de pensées tortueuses sur des préoccupations passées ou futures.

13. Sylvie Beacco, Christian Gay, *Mieux contrôler mon trouble bipolaire avec la Mindfulness*, Dunod, 2016.

Communiquez clairement vos besoins

Même si vous avez le meilleur réseau de soutien (famille et amis) de la planète, prenez l'habitude de plaider pour vous-même. Dites aux gens que vous avez besoin d'eux, ce que vous attendez d'eux, exprimer vos préférences, ce dont vous avez réellement besoin, et s'ils ne semblent pas comprendre, dites-le. Vous pouvez dire quelque chose comme : « Je pense que je ne suis peut-être pas clair. Ce dont j'ai vraiment besoin est... »

À retenir

Demander ce que vous voulez et ce dont vous avez besoin n'est pas égoïste. Penser que les autres doivent savoir par eux-mêmes ce que vous voulez et ce dont vous avez besoin est inefficace. Cela place des attentes irréalistes sur les autres – à savoir l'espoir qu'ils peuvent lire dans votre esprit. Quand vous dites aux autres clairement ce dont vous avez besoin, vous leur rendez un service formidable.

Évitez l'alcool et les stimulants

Lorsque vous et votre médecin travaillez dur pour stabiliser votre humeur avec des médicaments et une thérapie, évitez de consommer des substances qui peuvent déstabiliser cet équilibre fragile. Ceux-ci incluent les éléments suivants :

- **Alcool.** La consommation modérée d'alcool (un ou deux verres occasionnels) est correcte, mais vous pouvez avoir des ennuis, si vous en consommez plus que cela. La consommation d'alcool peut neutraliser les effets bénéfiques des médicaments, déclencher un large éventail d'humeurs et de comportements préjudiciables, interagir avec certains médicaments et causer des dommages au foie, des convulsions, des changements imprévisibles de l'humeur, et d'autres problèmes de santé. Si vous ne savez pas boire avec modération, ne buvez pas.
- **Stimulants.** La caféine, la nicotine, les boissons énergisantes et d'autres stimulants peuvent faire basculer votre humeur, surtout si elles vous empêchent de dormir.
- **Drogues et autres substances.** La marijuana, la cocaïne, la méthamphétamine et d'autres drogues et médicaments que votre médecin ne vous a pas prescrits peuvent également contribuer à une instabilité sévère de l'humeur.

  À retenir

  Discutez avec votre médecin de tous les compléments alimentaires ou médicaments sans ordonnance que vous utilisez ou envisagez de prendre. Certains de ces produits peuvent avoir des effets puissants sur le sommeil, l'humeur et l'énergie.

Monitorez vos humeurs

Une intervention précoce est essentielle dans la prévention des épisodes thymiques majeurs, et le monitoring de l'humeur est la meilleure façon de dire quand cette intervention est nécessaire. Accrochez un calendrier sur votre mur ou gardez-en un dans votre sac à main ou sur votre téléphone portable ou votre ordinateur et classez votre humeur de - 5 à 5 sur une base quotidienne, - 5 étant sévèrement déprimé, 0 étant la ligne de base (ni déprimé, ni maniaque), et 5 étant très maniaque. Si votre humeur dérive des niveaux moyens pendant plusieurs jours, contactez votre médecin.

À retenir

Vous ne pouvez pas toujours être dans la meilleure position pour évaluer votre propre humeur. Envisagez de mettre à contribution un ami ou membre de la famille de confiance, et que vous voyez régulièrement, pour vous aider à suivre vos humeurs.

Identifiez les signes avant-coureurs

Le trouble bipolaire a des signes avant-coureurs, mais ils diffèrent selon que vous rencontriez une manie ou une dépression, et ils varient selon les individus. En apprenant quels sont vos signes avant-coureurs, et en y devenant plus sensibles, vous êtes dans une meilleure position pour demander de l'aide avant qu'un épisode de manie ou de dépression soit hors de contrôle.

Les signes extérieurs communs de l'escalade de la manie incluent :

- Une nuit complète sans sommeil sans se sentir fatigué.
- Entendre de plus en plus de personnes vous dire de ralentir.
- Être moins inhibé sexuellement qu'à l'habitude.
- Dépenser beaucoup plus d'argent qu'à la normale.
- Adopter des comportements à risque, y compris conduire trop rapidement.
- S'habiller de façon excentrique ou porter un maquillage qui sort de l'ordinaire.

Les signes extérieurs communs de l'escalade de la dépression sont les suivants :

- Entendre de plus en plus de personnes vous demander ce qui ne va pas.
- Dormir beaucoup et se sentir toujours fatigué.
- Manger beaucoup moins ou beaucoup plus qu'à la normale.
- S'isoler socialement.
- Pleurer ou être bouleversé sans raison particulière.

Cherchez de l'aide dès la première alerte rouge

Peu importe toute l'attention que vous vous portez en monitorant vos humeurs, en surveillant les signes avant-coureurs, vous ne pouvez pas toujours prévenir les symptômes.

Grâce à une intervention précoce, cependant, vous pouvez réduire la gravité et la durée d'un épisode thymique en suivant ces conseils :

- Demandez à votre médecin et thérapeute ce qu'il faut faire si vous commencez à remarquer des signes de dépression ou de manie. Votre médecin pourra vous prescrire quelque chose pour vous soulager à court terme.
- Contactez votre médecin ou thérapeute dès que vous remarquez des signes avant-coureurs d'un épisode thymique ou des signes qui vous inquiètent.
- Soyez prêt à appeler le 15 ou à aller aux urgences si vous sentez que vos humeurs deviennent hors de contrôle. (Ne pas conduire vous-même, sauf si vous êtes sûr d'être en sécurité.)

8 Annexes

Annexe A

Tout lire sur la bipolarité

De l'adaptateur

HANTOUCHE Élie, Philippe BRENOT, *Les Mots de l'humeur*, Bordeaux, L'Esprit du Temps, 2001.

HANTOUCHE Élie, *Troubles bipolaires, obsessions et compulsions. Les reconnaître et les soigner*, Paris, Odile Jacob, 2006.

HANTOUCHE Élie, HOUYVET Barbara, *Cyclothymie. Troubles bipolaires des enfants et adolescents au quotidien*, Paris, Josette Lyon, 2007. Voir aussi la 2e édition, 2012, avec MAJDALANI Caline.

HANTOUCHE Élie, BLAIN Régis, *La Cyclothymie pour le pire et pour le meilleur. Bipolarité et créativité*, Paris, Robert Laffont, 2008.

HANTOUCHE Élie, *Troubles bipolaires. Manie, hypomanie et dépression*, Paris, Medi-Text, 2009.

HANTOUCHE Élie, TRYBOU Vincent, *Soigner sa cyclothymie. 7 clés pour retrouver le contrôle de soi*, Paris, Odile Jacob, 2009.

HANTOUCHE Élie, BLAIN Régis, MAJDALANI Caline, *J'apprends à gérer ma cyclothymie*, Paris, Josette Lyon, 2010.

HANTOUCHE Élie, TRYBOU Vincent, *Vivre heureux avec des hauts et des bas*, Paris, Odile Jacob, 2011.

Hantouche Élie, Faucheux Nathalie, *Le Journal de Léa. Cinéma, TOC et trouble bipolaire*, Paris, Odile Jacob, 2011.

Hantouche Élie, *Les Tempéraments affectifs. L'Architecture naturelle de nos émotions*, Paris, Josette Lyon, 2014.

D'autres experts

Adida Marc, *Prise de décision et biais émotionnels dans les troubles bipolaires*, Éditions Universitaires Européennes, 2016.

Beacco Sylvie, Gay Christian, *Mieux contrôler mon trouble bipolaire avec la Mindfulness*, Paris, Dunod, 2016.

Bellivier Frank, Llorca Pierre-Michel, *Devenir expert de son trouble bipolaire*, Levallois-Perret, Tempo Médical, 2016.

Bourgeois Marc L., *Manie et dépression. Comprendre et soigner le trouble bipolaire*, Paris, Odile Jacob, 2007.

Colom Francesco, Vieta Eduard, *Manuel de psychoéducation pour les troubles bipolaires*, Marseille, Solal, 2006.

Duchesne Nicolas, *Des hauts et des bas. Bien vivre sa cyclothymie*, Paris, Odile Jacob, 2006.

Ferrero François, Aubry Jean-Michel, *Traitements psychologiques des troubles bipolaires*, Issy-les-Moulineaux, Elsevier Masson, 2009.

Fieve Ronald, *Comment bien vivre avec des troubles bipolaires. Savoir soigner les bas pour tirer profit des hauts*, Paris, Flammarion, 2011.

Gay Christian, Colombani Marianne, *Manuel de Psychoéducation des troubles bipolaires*, Paris, Dunod, 2013.

Gay Christian, Génermont Jean-Alain, *Vivre avec des hauts et des bas*, Paris, J'ai Lu, 2004.

Gay Christian, *Vivre avec un maniaco-dépressif*, Paris, Fayard, 2008.

Giachetti Raphaël, Vialard Dominique, *La maladie bipolaire expliquée aux souffrants et aux proches*, Paris, Odile Jacob, 2012.

GINDRE Claire, SORBARA Frédéric, *Mon humeur enfin stable. Votre stratégie personnalisée*, Paris, Puf, « Les Psychoguides », 2012.

GUICHARD Jean-Pierre, *Vivre et comprendre les troubles bipolaires*, Paris, Ellipses, 2014.

HAUSTGEN Thierry, *Idées reçues sur les troubles bipolaires*, Paris, Cavalier Bleu, 2013.

LEADER Darian, *Bipolaire vraiment ?*, Paris, Albin Michel, 2014.

MARTIN Emily, *Voyage en terres bipolaires. Manie et dépression dans la culture américaine*, Paris, Éditions Rue d'Ulm, 2013.

MASSON Marc, *Les Troubles Bipolaires*, Paris, Puf, « Que Sais-Je ? », 2016.

MIRABEL-SARRON Christine, LEYGNAC-SOLIGNAC Isabelle, *Les Troubles bipolaires. De la cyclothymie au syndrome maniaco-dépressif*, Dunod, 2015.

MIRABEL-SARRON Christine, PROVENCHER Martin, AUBRY Jean-Michel, BEAULIEU Serge, LEYGNAC-SOLIGNAC Isabelle, *Mieux vivre avec un trouble bipolaire. Comment le reconnaître et le traiter*, Paris, Dunod, 2016.

PRICE Prentiss, *Manuel du cyclothymique*, Paris, Eyrolles, 2011.

RAMIREZ-BASCO Monica, *Le Trouble bipolaire. Manuel d'exercices pour une meilleure qualité de vie*, Marchienne-au-Pont, Socrate Promarex, 2008.

Revivre, *Autogestion de la Bipolarité. Atelier*, Montréal, Revivre, 2014.

SCOTT Jan, *Réussir à surmonter les troubles de l'humeur*, Paris, Dunod - InterÉditions, 2009.

WALLENHORST Thomas, *Les Troubles bipolaires en clair*, Paris, Ellipses, 2016.

Des livres témoignages

ALVERY Marie Alvery, GABERT Hélène, *J'ai choisi la vie. Être bipolaire et s'en sortir*, Paris, Payot, 2013.

CORVOISIER Manon, *Moi, Manon, bipolaire*, Paris, Salvator, 2012.

GREENBERG Michael, *Le jour où ma fille est devenue folle*, Paris, Flammarion, 2010.

Guillon Émilie, Guillon Patrice, Samson Sébastien, *Le Journal d'une bipolaire* [bande dessinée], Antony, Éditions La Boîte à Bulles, 2010.

Heberlein Ann, *Bipolaire. Je ne veux pas mourir, mais en finir avec la vie*, Arles, Actes Sud, 2011.

Jamison Kay R., *De l'exaltation à la dépression. Confessions d'une psychiatre maniaco-dépressive*, Paris, Robert Laffont, 2003.

Jones Paul E., *La Vérité sur les troubles bipolaires. La vie avec des hauts et des bas*, Paris, Josette Lyon, 2013.

Layma Yann, *J'ai dû chevaucher la tempête. Les tribulations d'un bipolaire*, Paris, La Martinière, 2012.

Lenoël Agathe, *Qui je suis quand je ne suis pas moi ? Une bipolaire témoigne*, Paris, Odile Jacob, 2015.

Lubie Lou, *Goupil ou face* [bande-dessinée], Paris, Vraoum, 2016.

Luxis Sylvie, *Verbier bipolaire. Abécédaire imaginaire, Photos et Textes* (Kindle), Amazon Médias, 2015.

Pérignon Hélène, *Je suis bipolaire mais le bonheur ne me fait pas peur*, Paris, Hugo Doc, 2015.

Rochet Michel, Hossenlopp Jean, *Des hauts et des bas qui perturbent votre vie*, Paris, Éditions Chiron, 2006.

Annexe B

Glossaire de la bipolarité

Acide gamma-aminobutyrique (AGAB) : neurotransmetteur d'acide aminé qui fonctionne principalement comme un inhibiteur ou un agent calmant dans le cerveau.

Acides gras essentiels (AGE) : graisse saine que le corps utilise pour développer entre autres du tissu et qui doit être intégrée par l'alimentation. Les Oméga-3 sont une source de nombreux acides gras essentiels qui peuvent être utiles dans le traitement de nombreux problèmes de santé, y compris les troubles de l'humeur.

Adjuvant : complémentaire au traitement principal.

Aigu : relativement court mais grave, comme dans « épisode thymique aigu ».

Akathésie : agitation sévère ; un effet secondaire possible de certains médicaments, en particulier certains antipsychotiques.

Anticonvulsif : classe de médicaments mis au point principalement pour prévenir les crises d'épilepsie. De nombreux anticonvulsifs, y compris le valproate (Depakote) et la carbamazépine (Tegretol), sont également utiles dans le traitement de la manie.

Antidépresseur : classe de médicaments efficaces pour traiter les symptômes de la dépression.

Antidépresseurs tricycliques : ancienne classe de médicaments, découverts en début des années 1960, qui traitent la dépression et inhibent la recapture des neurotransmetteurs sérotonine et noradrénaline.

Antipsychotique : classe de médicaments initialement développés pour réduire la fréquence et la sévérité des épisodes psychotiques. Les nouveaux antipsychotiques « atypiques » ou de deuxième génération sont maintenant le plus souvent utilisés pour traiter le trouble bipolaire ou la dépression plus sévère. La plupart des gens qui prennent ces médicaments ne présentent pas de symptômes psychotiques.

Automédication : tentative de stabiliser l'humeur en prenant des substances chimiques en vente libre, y compris de l'alcool et de la marijuana, ou en régulant les doses de médicaments sur ordonnance sans l'aide d'un médecin.

Classification internationale des maladies (CIM) : manuel de diagnostic mis au point par l'Organisation mondiale de la santé (OMS) et utilisé dans la plupart des pays en dehors des États-Unis. Le CIM comprend un chapitre sur la classification des troubles mentaux et comportementaux, qui est similaire au *Diagnostic and Statistical Manual of Mental Disorders (DSM)* utilisé aux États-Unis.

Comorbidité : toute pathologie médicale qui se présente en parallèle d'une autre pathologie et qui est souvent indépendante. Les personnes qui souffrent d'un trouble bipolaire peuvent souffrir d'autres pathologies comorbides – le trouble déficitaire de l'attention avec hyperactivité (TDAH), l'alcoolisme, ou le trouble d'anxiété – qui compliquent le diagnostic et le traitement du trouble bipolaire.

Cycle rapide : spécification du trouble bipolaire (BP-I ou BP-II) quand le nombre d'épisodes est de quatre par un an ou plus.

Cyclothymie, appelée parfois à tort la « bipolarité légère » : forme distincte du trouble bipolaire qui interfère néanmoins avec la vie de la personne qui en souffre. Elle implique de multiples épisodes d'hypomanie et des symptômes dépressifs qui ne répondent pas aux critères de manie ou de dépression majeure. Les symptômes doivent durer au moins deux ans, période au cours de laquelle il ne se passe pas plus de deux mois sans symptômes. On parle de « trouble cyclothymique » quand les conséquences péjoratives sont présentes, pour le distinguer du « tempérament cyclothymique ».

Dépression résistante au traitement (DRT) : dépression qui ne répond pas bien aux traitements médicaux classiques, y compris les médicaments (au moins à deux antidépresseurs bien prescrits et de familles différentes).

Dépression unipolaire : trouble de l'humeur caractérisée par des épisodes de dépression majeure sans symptômes bipolaires (manie, hypomanie, cyclothymie ou hyperthymie).

Diagnostic and Statistical Manual of Mental Disorders (DSM) : bible de la psychiatrie aux États-Unis qui décrit divers syndromes et pathologies ainsi que les critères permettant d'établir un diagnostic particulier. Le DSM est similaire à la Classification internationale des maladies (CIM) utilisée dans la plupart des pays hors États-Unis.

Diagnostic différentiel : processus pour faire la distinction entre deux ou plusieurs maladies ou affections qui présentent des symptômes identiques ou similaires. Un médecin effectue généralement un diagnostic différentiel pour exclure d'autres possibilités.

Dopamine : généralement considérée comme le neurotransmetteur du bien-être, elle est liée aux sentiments de plaisir. Elle a une influence et module l'attention, la concentration et les mouvements musculaires. Elle est liée à la psychose.

Dose d'entretien : quantité d'un médicament prescrit sur ordonnance qui est destiné à prévenir l'apparition des symptômes plutôt que de traiter les symptômes existants.

Dyskinésie tardive : pathologie – parfois causée par l'utilisation à long terme de neuroleptiques – qui se traduit par des mouvements musculaires anormaux et incontrôlables, souvent concernant la bouche et le visage.

Dysthymie : dépression chronique de faible intensité qui est généralement caractérisée par une irritabilité et une incapacité à ressentir du plaisir ou de la joie.

Élocution rapide (logorrhée) : urgence à parler non-stop, difficile à interrompre. Une élocution rapide est l'une des caractéristiques de l'hypomanie et de la manie.

Émotion exprimée : terme utilisé par les chercheurs pour décrire l'expression de la critique ou du conflit qui peut avoir des effets négatifs sur les personnes ayant des troubles de l'humeur ou d'autres maladies mentales.

Épigénétique : étude des changements qui affectent l'expression des gènes, mais ne changent pas les gènes eux-mêmes.

Épisode dépressif majeur : humeur sombre extrême qui dure au moins deux semaines et se caractérise par des symptômes tels que le désespoir, la fatigue, la perte ou l'augmentation de l'appétit, la perte d'intérêt dans des activités agréables, un besoin accru de sommeil ou une incapacité à dormir, ainsi que des pensées de mort ou de suicide.

Épisode maniaque : période d'élévation de l'humeur, qui est soit euphorique ou irritable, typiquement caractérisée par l'impulsivité, la nervosité, des troubles du jugement, de l'irritabilité et une réduction du besoin de sommeil. La période doit durer au moins une semaine (ou plus courte si elle conduit à une hospitalisation).

Euthymique : humeur considérée comme étant dans la normale – ni maniaque ni dépressive. Classiquement, c'est le fameux intervalle « libre » qui sépare deux épisodes bipolaires.

Facteur de stress : tout ce qui bouscule votre cerveau et votre corps. Les facteurs de stress sont généralement négatifs, mais les événements passionnants et positifs peuvent aussi être stressants.

Fonction exécutive : capacité d'organiser, de trier et de gérer l'information entrante et de prendre des décisions. De nombreux troubles psychiatriques affaiblissent le fonctionnement exécutif, ce qui conduit souvent à une altération du jugement et à un comportement désinhibé.

Glutamate : neurotransmetteur qui est impliqué dans la relance du système nerveux central. Les circuits du glutamate peuvent jouer un rôle important dans le développement de la manie et de la dépression.

Groupe de soutien : groupe de patients et/ou des membres de la famille qui se réunissent pour discuter et se responsabiliser les uns les autres face à une maladie commune. En France, l'association Argos organise des groupes de soutien.

Hypersexualité : intérêt excessif ou activité sexuelle hyperintense.

Hyperthymique : terme médical utilisé pour désigner un tempérament caractérisé par une extraversion, un « haut niveau d'énergie », une intensité affective stable, ce qui signifie être très sociable et actif, souvent très confiant, capricieux, et parfois arrogant ou narcissique. La différence avec l'hypomanie, qui comporte les mêmes éléments, c'est que l'hyperthymie est un tempérament de base habituel de la personne.

Hypomanie : élévation de l'humeur qui présente des points communs avec la manie, mais implique généralement une énergie accrue, avoir moins besoin de sommeil, une clarté de la vision et un fort élan créatif. Ces changements sont perceptibles aux autres, mais n'altèrent pas significativement le fonctionnement quotidien, ne nécessitent pas d'hospitalisation ou ne comportent pas de symptômes psychotiques comme dans la manie.

IMAO : classe de médicaments antidépresseurs qui ralentissent l'action de la monoamine-oxydase, une enzyme responsable de la dégradation de la dopamine, sérotonine et noradrénaline dans le cerveau. En raison des changements de régime strict nécessaires lors de la prise d'un IMAO, les médecins les prescrivent généralement que si une personne réagit mal à d'autres antidépresseurs.

Inhibiteurs sélectifs de la recapture de la sérotonine (ISRS) : classe de médicaments antidépresseurs qui empêchent sélectivement la recapture de la sérotonine au niveau synaptique. Il n'est pas certain que cela soit le mécanisme adapté pour réduire les symptômes de la dépression bipolaire (risque de virage, accélération des cycles, résistance).

Inhibiteurs sélectifs de la recapture de la sérotonine et de la noradrénaline (ISRSN) : classe de médicaments antidépresseurs qui empêchent la recapture de deux neurotransmetteurs : la noradrénaline et la sérotonine. Il n'est pas certain que cela soit le mécanisme adapté pour réduire les symptômes de la dépression bipolaire (risque de virage, accélération des cycles, résistance).

Lucidité : acceptation claire et compréhension d'un trouble psychologique et capacité d'observer objectivement ses propres comportements et des attitudes qui sont caractéristiques de la maladie.

Maniaco-dépression (PMD) : nom donné par Kraepelin au début du XXe siècle pour désigner l'ensemble des troubles de l'humeur, englobant ainsi les troubles « bipolaires » et « unipolaires ». C'est dans les années 1950-60 que l'entité PMD a été divisée en deux familles.

Manie : période avec élévation anormale de l'humeur, généralement caractérisée par de l'euphorie, une énergie excessive, de l'impulsivité, de la nervosité, des troubles du jugement, une irritabilité et une réduction du besoin de sommeil, avec une sévérité suffisante et une altération significative du fonctionnement.

Mécanisme d'action : façon dont un médicament agit sur la biologie ou la physiologie du cerveau pour produire l'effet désiré.

Neuroleptique : autre nom pour les antipsychotiques. Les neuroleptiques ont été mis en avant dans le traitement pharmacologique de la maladie mentale dans les années 1950 et 1960.

Neurones : cellules qui font partie du réseau de télécommunication du cerveau et d'autres parties du système nerveux ; ils transportent des signaux à travers le corps.

Neuroplasticité : capacité du système nerveux à s'adapter en réponse à des stimuli ou à des événements internes et externes. Certains traitements du trouble bipolaire semblent affecter la capacité de changement et de croissance du système nerveux.

Neurotransmetteur : substance chimique qui fait partie des systèmes de communication entre les cellules du système nerveux et du système nerveux vers d'autres parties du corps.

Niveau ou taux thérapeutique : concentration d'un médicament nécessaire dans le sang pour qu'il soit efficace.

Noradrénaline : neurotransmetteur qui régule l'humeur, l'anxiété et la mémoire ; mieux connue pour son rôle dans la réaction de combat ou de fuite.

Oméga-3 : source de plusieurs acides gras essentiels que certains experts estiment vitaux pour le développement sain et le fonctionnement du cerveau. Les Oméga-3 sont présents en forte concentration dans les poissons de mer froide, y compris les sardines, le hareng et le saumon, mais aussi dans les noix, les graines de lin ; ils existent également sous forme de compléments alimentaires.

Phase retardée : état par rapport à la synchronisation du rythme quotidien sur le lever et le coucher du soleil. Les noctambules sont considérés comme étant en phase retardée.

Photothérapie : utilisation de la lumière pour stimuler les changements d'humeur.

Pleine conscience : processus de se concentrer uniquement sur le moment et être pleinement présent à ce moment. De nombreuses études scientifiques soutiennent les avantages émotionnels et comportementaux d'une variété de stratégies de pleine conscience.

Prodromes : premiers signes qui indiquent un épisode thymique imminent.

Prophylaxie : autre mot pour désigner la prévention. Les médecins prescrivent habituellement une dose d'entretien d'un médicament pour prévenir l'apparition des symptômes.

Protéines kinases : enzymes qui déclenchent des changements de protéines à l'intérieur des cellules.

Psychiatre : médecin qui se spécialise dans la biologie et la physiologie du cerveau. Le rôle d'un psychiatre dans le traitement bipolaire comprend le diagnostic, la prescription du traitement, l'éducation du patient et la psychothérapie.

Psychoéducation : type de thérapie qui se concentre principalement sur l'éducation de la personne atteinte, sur les causes de sa pathologie et son traitement afin qu'elle puisse la gérer plus efficacement.

Psychologue : professionnel qui se spécialise dans le développement et le fonctionnement du cerveau, les processus de pensée, les émotions et les comportements. Un psychologue peut jouer un rôle essentiel dans la stabilisation de l'humeur en évaluant les fonctions cérébrales et en aidant le patient à ajuster ses pensées négatives et processus de pensée, à réguler les réponses émotionnelles, et à contrôler les comportements autodestructeurs ou mésadaptés.

Psychopharmacologie : étude des effets des médicaments sur le cerveau.

Psychose : dysfonctionnement du cerveau qui brouille la frontière entre l'illusion et la réalité, causant souvent des hallucinations auditives et des peurs irrationnelles.

Récepteurs couplés aux protéines G : type le plus commun des récepteurs présents sur la surface des cellules. Les récepteurs couplés aux protéines G font partie d'un système de signalisation qui fait communiquer les produits chimiques à l'extérieur de la cellule, y compris les neurotransmetteurs comme la sérotonine. Ces substances se fixent sur les récepteurs couplés aux protéines G, déclenchant des réactions spécifiques à l'intérieur de la cellule. Ces systèmes ont été reliés à l'apparition des symptômes de l'humeur et à la plupart des médicaments utilisés pour traiter le trouble bipolaire.

Rythme circadien : modèle/cycle biologique du sommeil, de l'éveil et de l'énergie d'un individu qui se joue au cours d'une journée. Certaines études montrent que des irrégularités dans le rythme circadien peuvent déstabiliser les humeurs.

Schizophrénie : trouble psychiatrique dans lequel la pensée se dissocie des sens et des émotions sensorielles et est accompagnée d'hallucinations et idées délirantes. Le trouble bipolaire est parfois diagnostiqué à tort comme étant de la schizophrénie.

Sérotonine : neurotransmetteur constituant une partie importante des circuits cellulaires qui régulent l'humeur, l'anxiété, la peur, le sommeil, la température du corps, la vitesse à laquelle votre corps libère certaines hormones, et de nombreux autres processus du corps et du cerveau.

Stabilisateur de l'humeur : strictement parlant, médicament qui réduit la fréquence et/ou la gravité des épisodes de dépression et/ou de manie. Le terme, même s'il est inexact, est devenu couramment associé aux médicaments qui ont des effets anti-maniaques ou qui réduisent l'agitation.

Stigmatiser : étiqueter quelqu'un comme infâme et honteux.

Stimulation cérébrale profonde (SCP) : stimulation électronique des zones ciblées du cerveau qui ont été identifiées pour aider à réduire les symptômes de dépressions résistantes au traitement (DRT).

Stimulation du nerf vague (SNV) : stimulation cérébrale électronique à travers les nerfs vagues du cou qui a fait ses preuves pour aider à réduire les symptômes de la dépression résistante aux traitements (DRT).

Stimulation magnétique transcrânienne répétitive (TMSr) : application sur le cerveau de champs magnétiques puissants pour produire des champs électriques indirectement, ce qui permet d'activer certaines régions cérébrales qui sont hypo-actives dans la dépression.

Substance psychotrope : toute substance chimique (habituellement un médicament) qui affecte le fonctionnement mental, les émotions ou le comportement.

Symptômes révélateurs : signes d'inconfort qui poussent à une visite chez le médecin.

Syndrome malin des neuroleptiques : effet secondaire potentiellement mortel, mais très rare, de médicaments antipsychotiques qui se traduit par une température élevée, des muscles rigides et une altération de la conscience.

Systèmes des seconds messagers : circuits qui transmettent des signaux au sein d'une cellule du cerveau plutôt qu'entre les cellules du cerveau.

Tableau d'humeur : graphique qui montre l'élévation et la chute des niveaux d'humeur au fil du temps. Les tableaux d'humeur sont très utiles pour prédire l'apparition d'épisodes thymiques et pour documenter la réponse aux médicaments.

Tempérament affectif : partie biologique de la personnalité, à distinguer du « caractère » qui désigne la partie sociale et rationnelle de la personnalité (valeurs, morales, principes, modes de vie, etc.). Un tempérament fait référence à la réactivité émotionnelle, l'intensité affective, l'extraversion, la stabilité émotionnelle, etc. Il en existe quatre types : hyperthymique (sanguin), dépressif (mélancolique, bile noire), irritable (bileux, bile jaune) et cyclothymique (tempérament le plus cyclique et instable).

Thérapie cognitive-comportementale (TCC) : thérapie qui tente d'identifier les pensées négatives, le processus de pensée et les comportements qui en résultent, puis de former les individus à penser et agir de manière plus positive. Plusieurs études montrent que la TCC est très efficace pour le traitement de certaines formes de dépression.

Thérapie interpersonnelle et des rythmes sociaux (TIPRS) : thérapie développée pour maintenir la stabilité de l'humeur grâce à une planification stricte, un apprentissage des rôles personnels, à faire face à des transitions, un développement de saines habitudes ; ce qui augmente le contact social et permet de résoudre et de prévenir les problèmes interpersonnels.

Thérapie par électrochocs (ECT) : procédure médicale qui consiste à délivrer un courant électrique d'intensité variable sur le cuir chevelu pour toucher le cerveau et qui déclenche une crise légère de convulsions afin de traiter la dépression sévère. L'ECT est souvent efficace dans le traitement de la dépression qui ne répond ni médicaments ni à une thérapie, ou lorsque les patients préfèrent l'utiliser par rapport aux autres options de traitement. L'ECT peut également constituer un traitement efficace en cas de manie sévère, mixte et réfractaire aux anti-maniaques.

Thyroïde : glande située au-dessous de la pomme d'Adam qui produit les hormones qui contrôlent la croissance, régulent de nombreuses fonctions du corps et influencent les humeurs.

Trouble affectif saisonnier : trouble de l'humeur qui est fortement liée au changement des saisons. Les gens qui ont ce trouble éprouvent généralement des épisodes dépressifs majeurs pendant les mois d'hiver.

Trouble affectif (ou de l'humeur) : catégorie de troubles psychiatriques qui inclut la dépression, le trouble bipolaire et le trouble affectif saisonnier. L'affect est le terme médical pour « l'humeur ».

Trouble bipolaire (BP) : pathologie psychiatrique caractérisée par des états d'humeur extrêmes de manie et de dépression. Une personne peut avoir un trouble bipolaire, même s'il n'a souffert que de l'un des états d'humeur extrêmes, ce qui rend le diagnostic très difficile.

Trouble bipolaire de type I : type de trouble bipolaire caractérisé par au moins un épisode maniaque complet que les médecins ne peuvent pas attribuer à une autre cause, comme à l'abus d'un médicament ou d'une autre substance chimique. Un diagnostic de trouble bipolaire de type I ne nécessite pas un épisode de dépression majeure.

Trouble bipolaire de type II : type de trouble bipolaire caractérisé par au moins un épisode dépressif majeur que les médecins ne peuvent pas attribuer à une autre cause, accompagné d'un ou plusieurs épisodes hypomaniaques. La dépression a tendance à être chronique et est habituellement plus problématique que l'hypomanie. Certaines personnes avec un trouble bipolaire de type II développent un épisode maniaque complet, et le diagnostic est alors modifié pour un type I.

Autre trouble bipolaire spécifié (ATPS) : type de trouble bipolaire présent dans la cinquième édition du *Diagnostic and Statistical Manual of Mental Disorders* (DSM-5) qui se caractérise par des épisodes hypomaniaques, maniaques ou dépressifs qui ne rentrent dans aucune des autres catégories bipolaires et ne peuvent pas être attribués à la dépression unipolaire. Il s'agit des cas avec hypomanies sub-syndromique, brèves, sans dépression associée et cyclothymie de moins de deux ans.

Trouble de l'humeur : état psychiatrique qui se traduit par des humeurs constamment perturbées et/ou une régulation de l'humeur.

Trouble schizo-affectif : trouble psychiatrique dans lequel les symptômes du trouble bipolaire et de la schizophrénie sont tous deux présents.

Usage hors AMM : utilisation légale d'un médicament sur ordonnance pour traiter les symptômes, qui n'a pas reçu son autorisation de mise sur le marché (AMM) pour une indication précise. Par exemple, prescrire du pramipexole (Sifrol) pour traiter une dépression bipolaire, ou du topiramate (Epitomax) pour réduire la frénésie alimentaire et l'obésité induite par les anti-maniaques.

Index

A

Abilify, 65, 143

accident de voiture, 83

acide

- docosahexaénoïque (DHA), 187
- eicosapentaénoïque (EPA), 187

acide folique, 21, 85, 188

activités sociales, 246

adolescent, 28, 373

affection longue durée (ALD), 71

âge, 99

agitation, 36, 154

agression, 99

akathisie, 143, 144, 177

alcool, 18, 25, 35, 40, 43, 46, 48, 57, 62, 67, 79, 84, 97, 99, 100, 106, 110, 139, 148, 153, 163, 173, 188, 245, 254, 304, 423

alimentation, 2

alprazolam, 152

ami, 26, 126, 313

amphétamines, 43, 79

anémie, 79, 85

angoisse, 25, 97, 112, 126, 127, 160, 388

antécédents

- familiaux, 84, 98
- médicaux, 84, 98

anticonvulsifs, 139

antidépresseurs, 19, 25, 31, 36, 39, 44, 56, 63, 65, 75, 145, 383, 433

antihistaminiques, 80

anti-maniaques, 64

antipsychotiques, 142

antitussifs, 80

anxiété, 77, 78, 94, 99, 114, 140, 146, 147, 149, 151, 152, 154, 163, 186, 190, 213, 233, 307

anxiolytiques, 56, 65, 66, 106, 147, 148, 151, 213, 223, 254

appétit, 32, 149

arbre généalogique, 48

aripiprazole, 65, 143

arrestation, 364

associations de patients, 125

Atarax, 154

attaque de panique, 99

autisme, 46

autogestion, 70

autre trouble bipolaire spécifié (ATBS), 43

avantages sociaux, 23

B

benzodiazépines, 142, 154

biochimie, 50

blogs, 129

brainstorming, 271, 276, 277, 308

bromazépam, 152

bupropion, 149

burn-out, 25, 39, 57

buspirone, 153

C

café, 67, 245

caféine, 80

cellules gliales, 51, 53, 54, 55

centres communautaires de santé mentale (CCSM), 23
centres d'intérêt, 327
cerveau, 51, 76, 194
cervelet, 53
changements hormonaux, 201
champignons, 80
chlorpromazine, 144
Churchill, Winston, 38
classification internationale des maladies, 31
clonazépam, 152
clozapine, 144
cocaïne, 39, 79
coenzyme q10, 190
colère, 45, 99
collègues, 23, 320
communauté LGBT, 215
communicabilité, 36
communication, 70, 130, 257
compétences, 327
compléments alimentaires, 21, 66, 185
comportements agressifs, 359
conduite dangereuse, 362
conduites à risque, 36
confiance, 126
conflit, 42, 239
confusion, 307
constipation, 144
continuité des soins, 2, 71
cortex cérébral, 53
corticoïdes, 80
créativité, 38
crise, 412
critique, 239, 263
culpabilité, 32
cycle rapide, 43, 434
cyclothymie, 30, 41, 43
Cymbalta, 148

D

décongestionnants, 80
délégation de pouvoir, 292
délire, 33
démence, 18, 78, 190, 211, 212, 250
démission, 42
déni, 11
Dépakine, 139
Depakote, 140
dépenses, 360
dépression, 15, 196
  majeure ou caractérisée, 32
  maniaque, 33
dépressions mixtes, 36
Deroxat, 65, 112
desvenlafaxine, 148
dévalorisation, 32
développement personnel, 22, 67
dextrométhorphane, 80
diabète, 143
diagnostic, 11, 17, 101, 115, 120, 395
  de trouble bipolaire associé à une autre pathologie médicale, 43
  de trouble bipolaire induit par une substance, 42
diazépam, 152
différences culturelles, 214
disparition, 363
divalproate, 140
dizygote, 47
dopamine, 46, 55, 149, 150, 253, 435, 436

douleurs musculaires, 82
drogues, 98, 340, 346, 363, 382, 420, 423
duloxétine, 148
dyskinésie tardive, 144

E

ecstasy, 79
EEG (l'électro-encéphalographie), 85
effets indésirables, 176
Effexor, 65, 148
électricité, 194
électrocardiogrammes (ECC), 159
électrochocs, 112
électro-convulsivo-thérapie (ECT), 194
émotions, 29, 51, 58, 100, 110, 127, 133, 155, 175, 228, 233, 239, 257, 258, 264, 267, 268, 337, 339, 350
empathie, 23, 340
emploi, 326
encéphalite, 46
encéphalopathie traumatique chronique (ETC), 78
énergie, 221, 307
enfant, 28, 243, 373
  dépressif, 381
  en colère, 376
  en opposition, 384
  hyperactif, 376
  qui enfreint la loi, 386
entourage, 23
entretien, 64, 138, 168, 229
environnement, 238
éphédrine, 80
épigénétique, 47, 48, 56, 435
épisodes thymiques, 11
Epitomax, 140
éruptions cutanées, 82
escitalopram, 65
estime de soi, 33
exacerbation prémenstruelle (EPM), 202
examen médical, 75, 84
exercice physique, 67, 250
expression émotionnelle, 214, 239

F

faiblesse, 82
famille, 48, 71, 126, 313
fatigue, 25, 32, 33, 77, 79, 100, 107, 138, 154, 178, 207, 284, 380, 391, 400, 435
femme, 200
fer, 78
fibromyalgie, 77
films, 128
flexibilité cognitive, 385
fluoxétine, 65, 146
fœtus, 204
formulaire d'autorisation de divulgation d'informations médicales, 291
fruits, 253
fugue, 363

G

GABA, 55, 152, 190
gabapentine, 140
gènes, 46
glutamate, 55, 436
glutathion, 190
glycémie, 159
grossesse, 83, 202, 203
groupes de soutien, 133, 235
guérison, 11

Guronzan, 80
gynécologue, 87, 121
gyrus cingulaire, 53

H

Haldol, 144
hallucinations, 33, 37
halopéridol, 144
Haute autorité de la santé (HAS), 125
Havlane, 154
hémisphères cérébraux, 51
hépatite, 78
hormone, 58, 77, 159, 190, 201
hospitalisation, 13, 33, 61, 132, 297, 368
humeur, 13, 33, 119, 185, 196, 204, 424
hyperactivité, 19, 28
hyperglycémie, 143
hypersexualité, 263, 362, 436
hyperthymie, 77, 383, 434, 436
hyperthyroïdie, 39
hypnotiques, 43
hypomanie, 13, 30, 34, 101
hypothalamus, 51, 52, 53
hypothyroïdie, 77

I

idéation, 284
IMAO, 150
Imovane, 154
infections, 77
inhibiteurs sélectifs de la recapture de la sérotonine (ISRN), 147, 437
inhibiteurs spécifiques de la recapture de la sérotonine (ISRS), 146
inhibiteurs tricycliques et de la monoamine-oxydase, 149
inositol, 190
insomnie, 151
insuline, 159
IRM, 85, 95
irritabilité, 36

J

jugement, 264
jumeau, 47

K

kétamine, 79, 151
Klonopin, 152

L

langage corporel, 261
Largactil, 144
légumes, 253
Leponex, 144
Lexomil, 152
libido, 82
licenciement, 42
Lincoln, Abraham, 38
lithium, 35, 44, 56, 65, 86, 113, 115, 138, 157, 163, 179, 189, 192, 205, 206, 208, 211, 212, 251, 255
livres, 128
lorazépam, 152
Loxapac, 144
loxapine, 144
LSD, 80
luminothérapie, 66
lupus, 77
Lyrica, 154
Lysanxia, 152

M

magnésium, 189
magnétisme, 194
maladie
chronique, 77
d'Alzheimer, 46, 78
de Cushing, 39
de Parkinson, 78, 143
maladies auto-immunes, 77
manie, 6, 13, 14, 16, 21, 28, 30, 33, 95, 97, 100, 101, 112, 138, 140, 141, 142, 196, 200, 437
Manuel diagnostique et statistique des troubles mentaux (DSM), 19, 375
marijuana, 79
maux de tête, 82, 144
médecin, 17, 75, 80, 81, 90, 121, 299, 352
médicaments, 21, 56, 62, 64, 79, 120, 135, 299, 392
mégalomanie, 33
mélatonine, 80, 155, 190
mémoire, 306
méningite, 46
ménopause, 83, 203, 209
menstruations, 202
millepertuis, 191
minéraux, 187
mirtazapine, 148
mode de vie, 237
monozygote, 47
mort, 32, 101, 284

N

N-acétylcystéine (NAC), 21, 190
nausées, 82
neuroleptiques, 65
neurologue, 87, 121
Neurontin, 140
neurones, 51
neurostimulation, 196
neurotransmetteurs, 54
Noctamide, 154
noradrénaline, 55
Normison, 154
Norset, 148
noyau gris central, 53
numération formule sanguine, 159

O

observance thérapeutique, 166
œstrogènes, 87, 201
olanzapine, 65, 143
oméga-3, 21, 186
oxcarbazépine, 140

P

paranoïa, 15, 45, 114
paroxétine, 65, 112
pathologies comorbides, 163
patient, 302
péri-ménopause, 203
personnes âgées, 210
peurs, 127
phencyclidine, 43
photothérapie, 193
pilules contraceptives, 204
planning, 238
plantes, 189
plasticité, 54
pleine conscience, 69, 233
poids, 149, 179
polyarthrite rhumatoïde, 78

ponction lombaire, 85
post-partum, 202
posture, 261
poussée, 62
prédestination, 49
prégabaline, 154
Pristiq, 148
problèmes financiers, 60, 331
processus cognitifs, 57
proche, 26, 337
progestérone, 87, 201
prolactine, 144
pronostic positif, 59
protéines, 67, 253
Prozac, 65, 146
psychiatre, 75, 88, 121, 411
psychoéducation, 68, 70, 225
psychopharmacologie, 155
psychose, 13, 37, 112
psychotrope, 44
puberté, 28, 86, 202

Q

quetiapene, 143

R

radio, 37
rage, 45
règles, 202
relations, 248
rémission, 31
reproche, 265
rétablissement, 23, 297
revendication, 265
Risperdal, 143
risperidone, 143
Rivotril, 152
Roaccutane, 80
routine, 67
rupture, 42
rythme cardiaque, 144

S

SAMe, 191
saison, 83
sanatorium, 49
schizophrénie, 45, 99
sédatifs, 65
Seroplex, 65, 147
Seropram, 147
Seroquel, 143
sérotonine, 55, 190, 203, 206, 252, 437, 439
sertraline, 147
sexualité, 362
shopping, 33
sida, 78
signes avant-coureurs, 424
sites, 129
soin
  psychiatrique à la demande d'un tiers (SPDT), 368
  psychiatrique libre (SPL), 368
  psychiatrique sur décision d'un représentant de l'État (SPDRE), 369
sommeil, 100, 213, 221, 244, 421
somnifères, 65, 148, 151, 154, 168, 213, 255
somnolence, 178, 179
souffrance, 26
soutien familial, 70
spasmophilie, 112
spontanéité, 246

stéroïde, 39
Stilnox, 154
stimulants, 43, 80, 423
stimulation
cérébrale, 21, 66
du nerf vague (SNV), 194, 196, 197, 439
magnétique trans-crânienne répétitive (TMSr), 196
stress, 60, 63, 67, 204, 223, 250
émotionnel, 57
physique, 57
suicide, 75, 99, 101, 138, 207, 284, 358, 406
switching, 44
Symbyax, 146
de Cushing, 78
prémenstruel (SPM), 202
système limbique, 53

T

taurine, 191
télévision, 37
Témesta, 152
Tercian, 154
testostérone, 87, 201
tests
neuropsychologiques, 95
sanguins, 85
textes réglementaires, 372
thalamus, 51
thé, 67
Théralène, 154
thérapeute, 91, 124, 411, 419
thérapie, 22, 220, 225, 299, 391
cognitivo-comportementale (TCC), 22, 68, 226
comportementale dialectique (TCD), 68, 228
de résolution de problèmes (TRP), 271
interpersonnelle et des rythmes sociaux (TIPRS), 22, 69, 233
par électrochocs (ECT), 66, 440
professionnelle, 69
thérapies familiales et conjugales, 235
thyroïde, 76, 86
tics, 144
topiramate, 140
toxicomanie, 48, 99
traitement, 185
ambulatoire intensif, 62
transaminases, 159
transit intestinal, 82
travail, 315
travailleur handicapé, 323
tremblements, 143
tricycliques, 149
Trileptal, 140
tristesse, 42
tronc cérébral, 53
trouble
affectif saisonnier, 193, 441
bipolaire, 38
bipolaire de type I, 18, 39
bipolaire de type II, 18, 40
bipolaire non spécifié, 18
cyclothymique, 18, 41
de la personnalité borderline (TPB), 45, 111
déficitaire de l'attention avec hyperactivité (TDAH), 28, 45
dépressif unipolaire, 44
du spectre de l'autisme, 385
dysphorique prémenstruel (TDPM), 202
obsessionnel-compulsif, 163

troubles
  convulsifs, 46
  de la mémoire, 181
  envahissants du développement (TED), 46
  moteurs, 143
  obsessionnels compulsifs (TOC), 153
  schizo-affectifs, 45
  sexuels, 180
TSH, 159
tumeurs cérébrales, 46

U

urgence, 347

V

valériane, 80, 191
Valium, 152
valproate, 1239
Van Gogh, Vincent, 38
venlafaxine, 65
vertiges, 144
vidéos, 128
VIH, 78
virus, 78
vitamine b12, 79, 85
vitamines, 21, 66, 187
Vivarin, 80
vomissements, 82

W

Woolf, Virginia, 38

X

Xanax, 152
Xeroquel, 143

Z

Zeldox, 143
zinc, 189
ziprasidone, 143
Zoloft, 147
Zyban, 149
Zyprexa, 65, 146

Notes

Notes

Notes

Notes

Notes

Notes

Notes

Notes

Notes

Notes

Notes

Notes